팀 코치 되기
팀 코칭 가이드

Coaching teams at work
The definitive guide to team coaching

2nd edition

This second edition published by Nicholas Brealey Publishing in 2020 An imprint of John Murray Press A division of Hodder & Stoughton Ltd, An Hachette UK company

1

Copyright © David Clutterbuck 2020

The right of David Clutterbuck to be identified as the Author of the Work has been asserted by him in accordance with the Copyright, Designs and Patents Act 1988.

The acknowledgments on pp. vii constitute an extension of this copyright page. All rights reserved. No part of this publication may be reproduced, stored in a retrieval system, or transmitted, in any form or by any means without the prior written permission of the publisher, nor be otherwise circulated in any form of binding or cover other than that in which it is published and without a similar condition being imposed on the subsequent purchaser. A CIP catalogue record for this title is available from the British Library Typeset by Cenveo® Publisher Services.
Printed and bound in Great Britain by Clays Ltd, Elcograf S.p.A.

Korean Translation Copyright © 2024 by Korea Coaching Supervision Academy
Korean edition is published by arrangement with David Clutterbuck

이 책의 한국어판 저작권은 NB LIMITED(No. 02782638)와의
독점 계약으로 한국코칭수퍼비전아카데미에 있습니다.
저작권법에 의해 한국 내에서 보호를 받는 저작물이므로 무단전재와 무단복제를 금합니다.

호모코치쿠스 47

팀 코치 되기
팀 코칭 가이드

Coaching teams at work
The definitive guide to team coaching

2nd edition

데이비드 클러터벅 지음
동국대학교 동국상담코칭연구소 옮김

코칭북스

목차

감사의 글 6
저자 소개 7
역자 서문 8

들어가며 15
1장. 코칭에 대해 우리는 무엇을 알고 있는가? 35
2장. 팀에 대해 우리는 무엇을 알고 있는가? 69
3장. 무엇이 고성과 팀을 만드는가? 121
4장. 팀 코칭의 특별한 점은 무엇인가? 145
5장. 팀 코칭 프랙티스 187
6장. 목적과 동기 유발 211
7장. 외부 시스템 및 프로세스 227
8장. 관계 245
9장. 내부 시스템 및 프로세스 299
10장. 학습 팀 343
11장. 팀 리더의 핵심 역할 445

12장. 경영진과 이사회 코칭	⋯⋯ 477
13장. 셀프 코칭 팀	⋯⋯ 501
14장. 팀 코칭의 도전과제	⋯⋯ 527
15장. 팀 코치 육성	⋯⋯ 551
16장. 미래 전망	⋯⋯ 569
부록: 추천 도서 목록	⋯⋯ 579
PERILL 설문	⋯⋯ 581
PERILL 설문: 360 버전	⋯⋯ 590
색인	⋯⋯ 599
역자 소개	⋯⋯ 611
발간사	⋯⋯ 616

감사의 글

실제 팀에서든 팀 코치 훈련 맥락에서든 모든 효과적인 팀 코칭 개입은 모두에게 집중적인 학습으로 이어집니다. 저는 최근 몇 년간 팀원들과 필요한 대화를 나눌 수 있도록 지원해 준 팀들, 전 세계 워크숍에서 만난 많은 팀 코칭 참가자들 그리고 제가 수퍼비전하는 팀 코치들에게서 배운 것에 감사하고 있습니다. 이 모든 분께 감사를 표합니다.

데이비드 클러터벅

저자 소개

데이비드 클러터벅은 현대 코칭과 멘토링의 선구자 가운데 한 명이다. 유럽 멘토링 및 코칭 위원회 European Mentoring and Coaching Council(EMCC)와 그 전신인 EMC의 공동 창립자로서 전 세계에 모범 사례를 전파하는 임무를 맡은 EMCC의 두 명의 특별 홍보대사 가운데 한 명이다. 헨리 비즈니스 스쿨(레딩 대학교), 옥스포드 브룩스, 셰필드 할람, 요크 세인트 존의 코칭 및 멘토링 학부 객원 교수이자 다른 곳의 겸임 교수로 재직하고 있다. 동화책을 제외하고 70여 권의 책을 저술, 공저 또는 공동 편집했다. 매년 새로운 배움에 도전하고 있으며, 스카이다이빙부터 스탠드업 코미디언이 되기까지 다양한 도전을 해왔다! 이제 70대가 된 그는 지속적인 연구 활동과 더불어 전 세계를 돌며 강연과 마스터클래스 일정을 소화하고 있다. 그의 많은 프로젝트 가운데에는 500만 명의 학령기 코치와 멘토를 양성하는 프로젝트도 있다.

역자 서문

이번 번역 작업을 통해 코칭이 개인과 팀의 성장을 얼마나 깊이 이끌어낼 수 있는지 깨닫게 되었습니다. 특히 코칭이 사람들의 마음을 열고 팀 전체의 협력을 강화하는 데 얼마나 중요한 역할을 하는지 알게 되었습니다. 이번 작업을 함께해주신 모든 분의 도움과 협력에 진심으로 감사드립니다. (신현정)

『팀 코치 되기』를 번역하며, 단순히 영어를 한국어로 전환하는 작업 뿐만 아니라 코치로서 지금 '나'의 모습은 어디쯤 있는가를 고민해 보는 시간이었습니다. 알고 있는 지식이라 생각하면서도 코치로서 외면하고 싶었던 자신의 부족한 모습을 책을 통해 객관적으로 인지하게 되어 성장할 수 있는 감사한 시간이었습니다. 독자들께서도 저마다 가진 진정한 코치의 모습을 일깨우는 시간이 되

시기를 소망합니다. 이 책을 함께 번역할 기회를 주셔서 감사합니다. (신서정)

'Becoming a Coach'에 대해 자주 생각합니다. 코칭 덕분에 이전보다 조금 더 성장하는 존재가 되어간다고 느낍니다. 이 여정에 함께해주신, 그리고 앞으로 함께해주실 분들에게 감사드립니다. (양유정)

임원에게 혼나고 구성원 설득에 애쓰는 이른 바 낀세대 팀장들의 고뇌를 가까이서 지켜보던 제게 이 책의 번역 작업은 한 줄기 희망으로 다가왔습니다. 서로 다른 가치관의 구성원들을 어떻게 원팀, 원스피릿으로 만들 수 있는지 하나씩 하나씩 해답을 찾아가는 과정이었습니다. 실시간으로 번역작업에 함께해주신 저자와 서로에게 힘이 되어주고 지혜를 나누어주신 열 한 분의 번역팀에게 진심으로 감사의 마음을 전합니다. (문상숙)

함께 작업하면서 마음의 태도와 실행력이 균형이 맞추어져야 한다는 것을 깨달았습니다. 또 팀 코칭에서 리더 역할의 중요성에 대해 다시 한번 생각하는 계기가 되었습니다. 이번 번역 프로젝트에 함께한 팀원들 덕분에 기쁜 마음으로 참여할 수 있었습니다. (이송이)

인생은 제가 가진 생각대로 펼쳐진다는 걸 느끼고 나서부터는 삶의 모든 과정이 항상 감사와 기쁨의 연속이었습니다. 존경하는 교수님, 훌륭한 교우님들과 멋진 책을 함께 번역한 경험 역시 제 인생에 빼놓을 수 없는 멋진 추억이 되었습니다. 작업하면서 제가 느낀 이 감사와 기쁨이 책을 읽는 다른 코치님들에게도 잘 전달되어 서로의 인생에 멋진 열매가 되었으면 합니다. (이남기)

13년전에 경영학 박사과정 인사조직 수업에서 저자의 'Further Techniques for Coaching and Mentoring'을 발제하고 학습하였는데, 그때는 원서를 이해하려고 하니 코칭을 제대로 학습하거나 연구하지 않아서 어려웠습니다. 이제는 코칭학 학위를 마치고 대학원에서 코칭을 연구하고 강의하면서 코칭을 좀더 알게 되었고, 다차원적으로 살펴보게 되었습니다. 번역 작업은 어쩌면 새로운 창작과도 같아서 결코 쉬운 일이 아니었지만, 팀으로 함께하면서 의미 있는 결과를 얻게 되어 참여하신 모든 분께 감사드립니다. 아무쪼록 팀 코칭이 코칭 실무자 및 연구자들에게도 새로운 코칭 적용과 통찰을 주기를 기대하며, 코칭 관련 실무자와 연구자들이 꼭 읽어 보시기를 추천 드립니다. (김유천)

저마다의 크고 작은 팀 안에서 오늘을 열심히 살아가고 있을 우리를 생각해 봅니다. 많은 시간을 보내는 우리의 일터가 어쩔 수 없음에 타협하거나, 나를 잃어가는 것이 아닌 저마다의 존재가 빛나며, 서로 성장할 수 있는 환경이 되길 꿈꿉니다. 제가 만난 이 책은 그 꿈에 한 발짝 더 다가갈 수 있게 안내해 주었습니다. 번역 과정에서 함께 해주신 동국대 상담코칭학과 교수님들과 선생님들께 존경과 감사의 마음을 전합니다. 이 책이 독자님들께도 반가움이자, 가능성의 통로가 되길 희망합니다. (이지성)

머지않은 미래에 확산될 코칭의 새로운 영역이 바로 조직의 실질적인 성장과 변화에 도움이 되는 '팀 코칭'이라고 믿습니다. 올바른 팀 코칭 방법의 모색에 이 책이 하나의 좋은 길잡이가 되어 줄 수 있기를 기대하며, 포기하지 않고 끝까지 할 수 있도록 원팀으로 일하는 귀한 경험을 선물해 주신 번역팀에게 감사드립니다. (윤경희)

'팀 코치 되기' 번역 작업을 통해 팀 활동의 필요성을 깨닫게 되었고, 공동 작업을 하면서 발생하는 시너지 효과를 직접 경험하였습니다. 팀 코칭은 향후 코칭 산업에서 매우 중요한 분야라고 생각합니다. 특히, 비즈니스 현장에서 어느 한 사람이 바뀌는 것보다 팀 전체가 코칭 경험을 통해 동시에 성장·변화한다면 그 팀의 성과가 향상할 가능성은 매우 크다고 생각합니다. (김해덕)

번역 작업을 하면서 스스로 통찰하며 셀프 코칭하는 시간이었습니다. 한 사람 한 사람의 의식이 바뀌고 주위가 변하며 팀과 조직이 성장하고 발전하는 데 팀 코칭은 충분히 그 역할을 할 것으로 기대합니다. 더 행복한 삶을 꿈꾸는 여러분에게 이 한 권의 책이 나침판이 되길 희망하며 의미 있는 삶의 여정이 되시길 언제나 응원합니다. 이 책이 나오기까지 함께한 모든 분께 따뜻한 감사의 마음을 드립니다. (임연제)

3년 전에 '글로벌 코치 되기'를 번역할 때도 동국대학교 상담코칭학과 대학원 수업을 함께하시는 학생분들의 의견을 담아서 책을 마무리했던 기억이 있는데, 이번에는 '팀 코치 되기'를 열한 분의 교수님들, 박사과정 코치님들과 함께 팀으로 번역하게 되어 제게는 매우 뜻 깊은 경험이었습니다. 물론 이 소감을 적는 순간에도 conversation과 dialog, sub-group, co-coach 등 어떻게 한국어로 옮겨야 읽으시는 분들이 저자의 의도를 온전히 전달받으실 수 있을지 고민 중이긴 합니다. 공동 작업이다보니 소통의 어려움, 스타일의 차이, 작업 진도 맞추기 등 쉽지는 않았지만, 제게는 팀 코치의 역할이 이렇게 팀 작업을 하는 이들에게는 큰 힘이 될 수 있음을 실감했습니다. 역자들이 다들 코치이다보니 서로 격려하고 응원하는데 선수들이셔서 이렇게 일정 안에 번역서를 선보일 수 있었습니다. 지금까지 역자들만 공동작업을 한 것이 아닙니다. 영문/한글 구글 문서를 온라인으로 공유해서 저자인 클러터벽 교수님까지 거의 실시간으로 본인의 생각을 남겨주셨습니다. I really appreciate that, David! 부디 이 책이 팀 코치들의 실천 지침서가 되어 무늬만이 아닌 제대로 된 팀 코칭으로 한국 내 많은 조직을 도울 수 있길 바랍니다. (김상학)

Coaching
the team
at work

들어가며

『팀 코치 되기』 초판은 개인 코칭에 관한 글은 많이 쓰였지만, 직장 내 팀 코칭에 관한 연구는 상대적으로 적었다는 점을 지적하면서 집필을 시작했다. 10년이 지난 지금도 코칭에 관한 관심은 여전히 개인에 집중되어 있다. 그동안 팀 코칭에 관한 문헌이 세 배로 늘어났다고는 하지만, 여전히 매우 적은 편이다. 이 소개 글을 쓰고 있는 지금 『팀 코칭 이론과 실천: 팀을 넘어 위대함으로』의 출간을 준비하고 있다. 동료 심사를 거치고 해당 분야 전문가들의 근거에 기반을 둔 연구를 담은 학술 핸드북이 등장했다는 것은 이 분야가 진화하고 성숙하기 시작했다는 신호이다. 따라서 지금이야말로 내가 쓴 원고를 다시 살펴보고 최신 상태로 업데이트할 적절한 시기이며, 특히 팀의 시스템적인 성격과 대내외적 상호작용을 더욱 강조할 수 있는 시기이다. 실제로 개정의 폭을 보면 이 책은 완전히 새로운 책이라고 할 수 있다!

초판이 출간된 뒤 수년 동안 팀 코칭에 관한 다양한 모델과 이론이 제안되었으며, 이 가운데 일부는 (전부는 아니지만!) 경험적 연구에 어느 정도 근거가 있다. 초판에서 나는 지금까지의 모든 연구를 한 권의 책으로 정리하고 이를 모범 사례에 대한 논의와 통합하려고 했다('완벽한 사례'라는 것은 존재하지 않으며 발전하는 모범 사례만 있을 뿐이다!). 이번 버전에서도 같은 시도를 했다.

인간은 혼자서 사냥하고 채집하는 것보다 팀으로 일하는 것이 더 효과적이었으므로 팀으로 일하도록 진화했다. 인류학자들은 인간의 난해하고 복잡한 언어 구조가 팀에서 더 잘 협력해야 하는 필요성에서 진화했다고 주장한다. 최근의 이론(Spinney, 2018)에 따르면 초기 인류가 양, 소, 개를 길들여 협동심을 키웠을 때 우리 조상들도 비슷한 변화를 하며 진화했다고 한다. 오늘날 우리를 당혹스럽게 하는 스톤헨지 같은 선사시대 유적 대부분은 가족이나 부족 단위보다 더 큰 규모의 프로젝트에서 협업하고자 하는 사람들의 욕구를 표현한 것으로 보인다. 영구히 지속하여 온 것으로 보이는 지금의 경관도 자주 지어지고, 허물어지고, 다시 지어졌다. 이 과정은 건설을 위해 협업하는 노력이 공동의 동기 유발을 바탕으로 핵심적인 역할을 했음을 보여준다. 선사시대의 거대한 기념물이 일반적으로 강제 노예 노동을 통해 건설되었다는 가정은 고고학적 발견으로는 확인되지 않았다.

농경사회, 산업사회, 후기 산업사회를 거치면서 팀의 필요성이 커져 왔다. 이러한 의존성의 핵심은 전문화라는 경향에 있다. 오늘날 선진국에서는 거의 모든 직업이 전문화되어 있으며, 교육 시스템도 점점 더 좁아지는 직업군에서 더 깊이 있는 전문성을 갖추도록 진화했다. 물론, 대부분 직업 분야에는 여전히 일반직 종사자들이 존재한다. 예를 들어, 의학 분야의 일반 개업 의사들이나 도시마다 있는 일반 법률 사무소 같은 경우가 그렇다. 그렇지만 돈과 영향력은 대체로 더욱 전문화된 분야의 전문가들에게 집중되어 있으며, 이들 전문가에 대한 의존도는 점점 더 높아지고 있다. 그리고 이러한 전문가들조차도 자신의 업무를 관리하기 위해 주변에 지원 팀이 필요하다. 전문화가 어느 정도까지 이르렀는지를 잘 보여주는 예가 현대식 주택 건설 현장이다. 기초를 다지는 인부들은 보통 벽돌을 쌓거나 목재를 자르는 일을 하지 않는다. 그들은 건축가를 만나지 못할 수도 있다. 전문 설치공들은 다른 전문가들이 제공한 키트를 이용해 욕실과 주방을 조립한다. 지붕공, 미장공, 타일공, 전기공, 가스공, 카펫공, IT 엔지니어, 중앙 난방 엔지니어, 창호공, 조경 정원사 등 모든 전문가가 함께, 그러나 따로 작업해야만 완성된 결과물을 얻을 수 있다.

유발 노아 하라리가 『호모 데우스』(Harari, 2015)에서 지적했듯이, 전문화가 심화됨에 따라 훨씬 더 좁고 전문적인 작업을 잘하는 AI와 로봇에 인간은 취약해진다. 그렇지만 이는 협업을 촉진하기도 한다. 벽돌공이 창문 구멍의 크기를 잘못 만들면 대혼란이 일어난다!

그렇지만 협업이 반드시 팀워크를 의미하는 것은 아니다. 모든 사람이 건축가의 계획을 따르고, 공사를 감독할 유능한 사람도 있다면 모든 것이 순조롭게 진행될 것이다. 팀워크는 효과와 효율을 높이는 또 하나의 차원이다. 업무망에 있는 다른 사람들의 필요를 예측하고, 그들과 소통하여 함께 문제를 해결하고, 도움이 필요할 때 지원할 수 있다면 프로젝트가 훨씬 더 순조롭게 진행될 수 있다.

조직의 규모가 커질수록 효과적으로 협업하기가 더 어려워진다. 이는 부분적으로는 우리가 사회적으로 유대감을 형성할 수 있는 사람의 수에 한계가 있기 때문이다. 인류학자들은 인간의 최대 인맥 규모가 약 150명이라고 말한다. 늑대나 침팬지처럼 집단으로 작업을 하는 다른 동물들은 이 숫자에 근접하지 못한다. 침팬지는 최대 30~80마리의 무리 troop[1]를 지어 생활한다. 최대 집단 규모에 도달하면 내부 갈등으로 인해 두 개 이상의 작은 공동체로 분열하는 경향이 있으며, 이러한 행동은 다른 많은 종에서도 반복된다. 침팬지는 식량을 찾거나 사냥과 같은 특정 협업 작업을 할 때는 유연한 형태의 소규모 그룹으로 나뉘는데, 주로 한 성별로만 구성하여 분리한다.

복잡한 조직을 사회적 행동과 소통이 활발하게 이루어질 수 있는 작은 단위, 즉 팀으로 나누는 것은 실용적이고 효율적이다. 물론 이

---

[1] 대규모 집단과 팀을 연결하는 중간의 형성물 formatio로서의 troop의 개념은 문헌상으로는 거의 언급되지 않았으나, 군대에서는 수 세기에 걸쳐서 보아 왔다.

를 위해서는 팀 업무의 전문화가 필요하다! 문제는 팀이 가장 효과적으로 되려면 구성원 수가 충분히 적어야 신속한 의사소통과 높은 수준의 사회적 통합이 가능하다는 것이다. 다양한 실험 결과에서 알 수 있듯이 최적의 팀 규모가 8명 이하이고, 인원이 두 배로 늘어날 때마다 협업과 유대감의 평균 수준이 30%씩 감소한다면 150명 규모의 그룹이 사회적 응집력의 한계에 도달하는 이유는 명확해진다. 최근 미발표된 대형 닷컴기업 내 고성과 팀에 관한 연구에서 60명 내외의 팀원으로 최적의 팀 규모에 대한 모든 규칙을 깨는 일부 팀이 있다는 사실에 흥미를 느꼈다. 추가 조사를 통해 밝혀진 사실은 이들이 끊임없이 소규모 팀으로 나뉘며, 각 팀은 큰 팀을 위한 명확한 전체 목적 내에서 다른 팀과 지속해서 수평적 커뮤니케이션을 유지한다는 것이었다. 8명으로 구성된 8개 팀이 64개 팀이 된 것은 결코 우연이 아니다.

팀에 관한 연구 비중과 대부분 팀 코칭 프랙티스의 문제점 가운데 하나는 팀 내에서 벌어지는 일, 특히 높은 성과 또는 낮은 성과를 유발하는 요인에 집중하는 경향이 있다는 것이다. 그러나 다른 팀들과의 연계를 포함하여 팀이 운영되는 맥락도 팀의 성과 및 발전 가능성과 밀접한 관련이 있다. 기업 계층 구조 내에서 연결핀linking pin 개념에 대한 렌시스 리커트Rensis Likert(1961)의 초기 연구는 팀 리더의 역할에 초점을 맞추었다. 최근의 연구에서는 이를 팀 전체와 관련된 역동 관계로 확대했다. 예를 들어, 맥콤McComb 등

(2005)의 연구에 따르면 연결의 질은 팀 규모, 팀원의 능력, 상위 경영진의 지원, 자원, 팀 리더십의 지속성 등 다양한 요인에 따라 달라진다고 한다.

시스템 내에서 진화하는 시스템으로서의 팀이라는 개념은 팀 코칭 맥락에서 탐구되어 왔는데, 호킨스Hawkins(2011)는 팀과 이해관계자 간의 상호작용, 예를 들어 팀에 기대하는 바를 이해하고 자원을 협상하는 데 초점을 맞췄다.

성과 대 능력

조직이 팀을 도입하는 이유는 복잡한 업무를 조직화하는 데 있어 지금까지 고안된 그 어떤 대안보다 효과적인 방법이라고 알았기 때문이다. 팀은 개인과 조직, 한정된 의사 결정과 맞춤화의 필요성, 대규모 계획과 전략을 준수해야 하는 요구 사항 사이에서 가교 역할을 한다. 또 팀은 사람들의 사회화 욕구를 충족할 수 있는 활동에 집중하게 한다. 사람들이 노력과 보상, 위험을 공유할 수 있는 환경을 조성한다. 공유된 아이디어, 목적, 이야기, 태도에 뿌리를 둔 공통의 정체성을 제공한다. 또 대화, 지원, 인정 및 기타 활동을 통해 사람들의 동기가 유발되고 자존감을 높일 기회를 제공한다.

안타깝게도 팀이 항상 좋은 결과에 부응하는 것은 아니다. 이는 요즘 직장 내 많은 팀이 집단적 역량을 최대로 활용하지 못한다는 점에서 알 수 있다. 구조와 프로세스의 실패, 목적이나 헌신의 결여, 내부 갈등, 리더십의 부재는 팀의 잠재력을 최적의 수준으로 끌어올리지 못한다. 이러한 업무적 손실 일부는 피할 수 없지만(예: 팀 규모의 단순한 역동 관계), 대부분은 팀원과 리더가 팀 운영 방식을 현명하게 성찰하고 이를 위한 역량을 갖추고 있다면 쉽게 관리할 수 있다.

이때 팀 코칭이 도움이 될 수 있다. 팀원들은 일반적으로 업무에 너무 바빠서 자신을 돌아볼 시간이 거의 없다. 팀 코칭은 팀이 성과를 검토하고, 성과를 높이고, 커뮤니케이션을 개선하고, 친밀감을 형성하는 데 도움이 된다.

어떤 형태로든, 성과 관리 프로세스가 부재한 상태에서 팀이나 조직 차원의 목표를 달성하는 경우는 거의 없다. 성과 검토를 통해 드러난 문제를 개인 수준에서 해결하는 것도 도움이 되지만, 실제로는 대부분 문제가 어떤 식으로든 팀원 사이의 상호작용이나 다른 팀원에게 영향을 미친다. 개인 수준에서만 성과를 다루는 것은 모든 구성원이 문제에 참여하는 것보다 훨씬 덜 효과적일 수 있다. 다른 팀원들이 동료 팀원의 성과 향상을 돕기 위해 무엇이 필요한지 더 많이 이해할수록 성과 개선의 달성 가능성과 지속 가능성이 커진다.

팀 코칭은 팀 성과 저하에 대한 중요한 해결책의 하나다. 지능과 호기심의 조합을 활용하여 팀이 무엇을 왜 하고 있는지, 개별 스킬을 어떻게 통합하고 혁신할지 생각해 볼 수 있도록 도와준다. 또한 팀이 성과 문제를 효과적으로 해결하는 데 필요한 지적 다이알로그(역자 주: 저자는 우리 말 번역으로는 같은 의미의 '대화'를 conversation과 dialogue, 두 용어로 구분하여 사용하고 있다. 10장에 두 용어의 정의를 밝히고 있지만, 구분을 위해 conversation은 대화, dialogue는 다이알로그로 번역함을 밝혀둔다.)를 자극하는 질문을 할 수 있도록 도와준다.

팀 코칭은 팀 내부와 팀과 팀 사이, 팀과 외부 이해관계자 사이의 커뮤니케이션의 질을 높여 지적이면서 동시에 감성적인 다이알로그가 이루어지도록 한다. 또한 팀 코칭은 친밀감을 형성하는 사회적 대화를 촉진하고, 자신과 다른 팀원들에 대한 이해를 촉진하며, 팀 내에서 부정적인 갈등을 피하고 긍정적인 갈등을 개선하는 기술을 개발한다.

그렇지만 업무 성과는 팀 코칭 주제의 일부일 뿐이다. 팀이 성장하고 환경 변화에 적응하여 미래에 성과를 낼 수 있는 능력, 즉 역량도 팀 코칭이 다룬다. 현재의 성과에만 집중하면 단기적인 관점이 생겨 미래의 성과를 저해할 수 있다. 단기적 사고의 전형적인 증상은 몇몇 기업에 큰 타격을 주었던 폭스바겐의 배기가스 배출량 허위 보고와 대형 금융 기관의 리보LIBOR 사기 거래와 같은 세계 최대 규모이자 (적어도 과거에는) 존경받던 일부 기업의 스캔들로 알 수 있다.

조직에서 혼자 일하는 사람은 거의 없다. 사실 조직이 존재하는 이유는 함께 일하는 사람들의 집단적 효율성을 활용하기 위해서이다. 하지만 이러한 효율성을 유지하려면 함께 배워야 한다. 피터 센게Peter Senge는 지식의 창출은 팀 내에서 이루어지는 경향이 있지만 개별 학습은 부산물에 불과하다고 지적한다. 개인 학습이 집단 학습보다 우선시된다면 이는 집단의 역기능이 될 수 있다.

고정관념 깨기

이 책의 목적은 팀 학습과 팀 코칭에 관한 학술적 연구와 관리자 및 코치의 실무 경험 사이의 간극을 메우는 것이다. 초판과 마찬가지로, 개정판에서도 되도록 프랙티스와 이론을 증거에 기반을 두고 통합하고자 한다. 이 책에서 다루고자 하는 주요 질문은 다음과 같다.

- 팀 코칭은 개인 코칭과 무엇이 다른가? 그리고 퍼실리테이션과 같은 다른 프로세스들과는 어떤 차이가 있는가?
- 효과적인 팀 코칭에 필요한 스킬은 무엇인가?
- 이 과정에서 팀원들의 책임은 무엇인가?
- 팀 코칭의 효과가 있었는지 어떻게 판단할 수 있는가?
- 팀 코칭이 적절한 경우는 언제이며, 어떤 경우에 다른 접근법이 더 나은 결과를 가져오는가?

- 조직이 팀 코칭을 지속 가능하고 자동화된 프로세스로 어떻게 만들 수 있는가?

그 과정에서 팀과 코칭에 관한 여러 가지 통념을 깨뜨린다. 그 가운데에는 다음과 같은 것들이 있다.

- **팀워크는 혼자 일하는 것보다 항상 낫다.** 그렇지 않다. 다양한 사회적 요인들로 인해 협업에서 기대할 수 있는 효율성이 저해되기도 한다. 제한적인 협업(명확한 가이드라인과 가끔 연락을 주고받으며 각자의 일을 하는 방식)은 모든 사람이 함께 일하는 것보다 더 나은 결과를 가져다주는 경우가 많다. 링크드인 그룹이나 인터넷과 같은 다양한 시스템은 팀의 주요 특징 없이도 광범위한 긍정적 결과를 만들어 낼 수 있다. 다른 유기체와 마찬가지로 팀도 다른 사람이 일을 대신 해줄 것이라는 가정하에 모두가 조금씩 느슨해지는 사회적 태만social loafing과 같은 만성 질환에 시달릴 수 있다(Ringelmann, 1913; Ingham et al., 1974). 팀이라고 주장하면서도 팀처럼 행동하지 않는 '척하는 팀pretend team'은 집단으로 착각하는 분위기에서 작동하므로 스스로 인정하는 그룹보다 성과가 더 나쁠 수 있다. 그러나 적절한 상황과 목적에 따라 잘 관리된 팀은 조직의 높은 성과를 이루는 기반으로 작용한다.

- **코칭은 팀 리더의 책임이다.** 그렇지 않다. 코칭이 효과가 있으려면 팀 전체의 책임이어야 한다. 관객은 없다. 코칭 프로세스 관리는 코치와 코치이coachee 모두의 몫이다.
- **코치가 팀 리더이다.** 꼭 그래야 하는 건 아니다. 팀 리더의 역할은 코칭이 이루어질 수 있는 환경을 조성하고, 코치이자 코치이로서 다른 팀원들에게 좋은 코칭 사례를 모범으로 제시하는 것이다. 상호 코칭은 팀 리더나 외부인의 코칭보다 팀의 성공에 더 중요하며, 때로는 더 중요한 역할을 하기도 한다.
- **팀 내에서 코칭은 가끔 하는 활동이다.** 코칭이 가장 효과적일 때는 그렇지 않다. 실제로 코칭이 일상적인 활동과 프로세스에 더 많이 통합될수록 성과에 미치는 영향은 더 크고 오래 지속한다.
- **팀 코칭은 업무 성과에 관한 것이다.** 부분적으로 맞다. 그렇지만 업무 수행의 지속 가능한 개선은 과업 달성, 운영 및 더 넓은 맥락 수준에서 지속적이고 관련성 있는 학습 관리, 팀 내 및 팀과 외부 이해관계자 사이의 행동 관리 등 팀의 세 가지 주요한 측면을 효과적으로 관리한 결과이다. 이러한 측면을 통합하는 것이 장기적으로 성공하는 팀의 토대가 된다.

이번 개정판에 대해

이 개정판은 초판과 상당히 다른 구조로 되어 있다. 이렇게 변화를 줄 수 있었던 원동력은 전 세계 수백 명의 팀 코치와 협업하고 수퍼비전한 경험과 팀 코칭의 본질에 대한 개인적이거나 간접적인 프랙티스와 연구에서 얻은 통찰에 있다. 특히, 팀 학습 개입에 실용적인 구조를 제공한 PERILL 모델은 일련의 주제들을 논리적으로 제시한다. 여느 코칭 대화와 마찬가지로, 일반적인 방향과 목적의식을 가지고 시작되며 이리저리 (여전히 목적을 가지고) 길을 가게 된다. 이 책의 여정은 팀을 이해하는 방법과 팀을 위한 효과적인 개입의 본질을 이해할 수 있도록 인류학, 신경과학 및 기타 다양한 학문으로 안내한다. 또 코칭과 마찬가지로 다소 어려운 질문들을 통해 통찰을 이끌어내고자 했다.

1장에서는 팀에 관해 일반적으로 알고 있는 최신 정보를 제공한다. 탐구하는 질문들은 다음과 같다.
- 팀 협력의 본능은 어디에서 비롯되는가?
- 팀과 그룹의 차이점은 무엇인가? 그 차이가 얼마나 중요한가?
- 팀은 얼마나 유용한가?
- 무엇이 팀 역동 관계를 복잡하게 만드는가?

2장에서는 성과 개념에 초점을 맞춰 아래와 같은 질문을 던진다.
- '고성과 팀'이란 무엇을 의미하는가?
- 고성과 팀은 일반 팀과 무엇이 다른가?
- 높은 성과는 얼마나 지속 가능한가? (우리가 너무 많은 것을 기대하는가?)

3장에서는 현재 코칭의 본질과 역할에 대한 이해를 검토하고, 일대일 코칭과 팀 코칭 사이의 전환에 관해 논의한다.
- 효과적인 코칭이란 어떤 모습인가?
- 일대일 코칭에서 코칭, 멘토링 및 기타 개입의 차이점은 무엇인가?
- 팀 코칭은 그룹 코칭, 팀 퍼실리테이션, 팀 빌딩과 어떻게 다른가?

4장에서는 아래와 같은 질문을 통해 팀 코칭의 본질을 더 깊이 살펴본다.
- 팀 코칭은 개인 코칭과 어떻게 다르며, 팀의 집단적 이익을 위해 두 프로세스를 어떻게 통합할 수 있나?
- 코치가 팀 리더가 되는 것이 적절한 경우는 언제이며, 외부 전문가가 코치가 되어야 하는 경우는 언제인가?
- 팀 코칭으로 개입하는 주요 단계는 무엇인가?
- 효과적인 팀 코치는 코칭 대화를 어떻게 진행하는가? (효과적

인 팀 코칭 세션은 어떤 모습인가?)

또 이 장에서는 팀과 팀 성과에 관한 20년간의 연구와 관찰의 결과물인 PERILL 모델을 소개한다. 이 모델은 성과 또는 역량(장기적으로 성과를 낼 수 있는 잠재력)을 개선하기 위해 팀의 다양성을 탐구하도록 돕는 실용 방안이다. PERILL은 목적과 동기 유발(P: Purpose and motivation), 외부지향 시스템, 프로세스 및 구조(E: Externally-facing systems, processes and structures), 관계(R: Relationships), 내부 지향 시스템, 프로세스 및 구조(I: Internally-facing systems, processes and structures), 학습(L: Learning)과 리더십(L: Leadership)의 약자이다.

5장부터 10장까지는 이 여섯 가지 이슈를 더 깊이 탐구하는데, 팀 코치가 팀과 팀 리더와 협력하면서 팀이 하는 일과 방식에 영향을 미치는 조직적 추진력과 한계점을 이해하고, 이것이 조직의 미션 달성에 어떻게 기여하거나 저해하는지 살펴본다.

5장(목적과 동기 유발)에서는 다음 질문에 대한 답을 찾고자 한다.
- 팀은 어떻게 자신과 다른 이해관계자들에게 영감을 주는 공동의 목적을 수립할 수 있나?
- 목표는 어떤 때 목적 달성에 기여하고 어떤 때 제약이 될까?

- 팀 코칭은 팀이 집단 에너지를 발견하고 키우는 데 어떻게 도움이 될 수 있을까?

6장에서는 다음과 같은 질문에 대해 다룬다.
- 어떻게 하면 팀이 이해관계자의 기대치를 더 잘 이해하고 이에 대응할 수 있을까?
- 사회적 절차는 우리가 이해관계자와 다른 외부인을 인식하고 행동하는 방식에 어떤 영향을 미치는가?

7장에서는 팀 내 관계의 복잡성에 대해 살펴본다. 높은 성과를 위해서는 '잘 지내는 것'만으로는 충분하지 않다. 적어도 상당 수준의 심리적 안정감과 강력한 상호 존중이 필요하다(동료를 단순히 좋아하는 것도 도움이 되지만, 동료들을 가치 있게 여기는 것만큼 중요하지는 않은 것 같다!). 진정한 척도는 '이 미션에서 가장 함께 일하고 싶은 팀을 선택할 수 있다면 지금과 같은 사람들일까?'라는 질문이다. 그 밖에도 다음과 같은 질문을 던진다.
- 높은 성과를 도출하기 위해 신뢰가 중요한 이유는 무엇이며, 팀 코칭을 통해 어떻게 하면 더 큰 신뢰를 구축할 수 있을까?
- 팀원들 간의 협업은 실제로 얼마나 필요한가?
- 팀원들이 서로의 웰빙, 성장, 성과에 대해 책임감을 느끼도록 하려면 어떻게 해야 할까?

- 어떻게 하면 팀이 다양성을 성과의 저해 요소가 아닌 향상 요소로 만들 수 있을까?

8장에서는 팀이 시간과 자원을 관리하는 방법, 우선순위를 할당하고 이동하는 방법, 의사 결정을 내리는 방법 등 내부 절차, 시스템 및 구조에 대해 살펴본다. 중요한 질문은 다음과 같다.
- 우리 팀의 이야기가 팀원들에게 어떤 가능성을 제공하며 어떤 제약을 가하는가?
- 우리는 변화에 얼마나 개방적인가?
- '매몰 비용의 함정'과 같은 의사 결정의 어려움을 어떻게 피할 수 있을까?

9장에서는 팀 성공의 가장 중요한 토대가 되는 학습에 관해 이야기한다. 팀에 학습 지향성이 있다면 다른 영역의 실패를 파악하고 해결할 가능성이 훨씬 크다. 이러한 관점에서 생각해 볼 질문들은 다음과 같다.
- 팀 내 학습에 도움이 되거나 방해가 되는 요소는 무엇인가?
- 학습 관리와 관련해서 팀 유형에 따라 발생하는 문제들이 다른가?
- 팀이 경험하는 학습의 양과 질을 높이려면 어떻게 해야 할까?
- 팀이 주변의 변화 속도에 맞춰 적절한 학습 속도를 유지하려면 어떻게 해야 할까?

10장에서는 팀 리더의 중추적인 역할을 집중 조명한다. 자신의 역할을 다른 사람을 관리하는 것보다 자기 자신을 관리하도록 돕는 '안정감 있는' 리더의 개념에 대해 살펴본다. 또 공적 위계질서가 느슨한 유동적 리더십을 가진 팀의 관점도 살펴본다. 여기에는 다음과 같은 질문이 있다.

- 팀에게 필요한 리더는 어떻게 확보할 수 있는가?
- 팀 코치는 약한 팀 리더를 어떻게 도울 수 있는가? (팀의 주요 문제가 리더라면 어떻게 해야 하는가?)

11장에서는 여러 팀 유형 가운데 핵심이라고 할 수 있는 최고 경영진이나 이사진에 관해 이야기한다. 이사회는 팀의 특성을 너무 드러낼 때 능률을 따져야 하는 개인의 독립적인 시각을 잃게 된다는 점에서 특별하다. 일반적으로 최고 경영진은 강력한 - 또는 적어도 권력에 적응한 - 사람들로 구성되는 경향이 있는데, 이들은 팀원으로서 자신의 존재감을 감추기보다는 개인 성과의 능력을 인정받아 높은 지위에 오른 이들이다. 이러한 사람들은 팀원이 우선이고 리더는 그다음이라는 사실을 상기하기 어려울 수 있는데, 이러한 상황은 실질적인 상호의존성 없이 조직 운영 단계에서 부서 이기주의 경향이 있을 때 더욱 악화할 수 있다.

12장에서는 팀 코칭의 궁극적인 목표인 팀 스스로 코칭할 수 있는 역량을 강화하는 데 초점을 맞춘다. 일대일 코칭이 의존성을 유발하므로 이를 오용한 것으로 간주한다면, 팀 코칭 또한 비슷하다고 볼 수 있다. 집단 의존성은 개인 수준보다 훨씬 더 치열하고 깨뜨리기가 어려울 수 있다. 따라서 팀 코치의 핵심 역량은 팀의 지속 가능한 코칭 문화를 조성하는 시스템, 규범, 습관을 개발할 수 있도록 준비하는 것이다. 또 팀 성장 계획을 수립하여 개인과 조직의 사업 개발에 대한 기대를 통합하는 것도 중요하다. 이를 위해 아래와 같은 질문을 사용한다.

- 팀원들이 자신과 서로를 코칭하는 데 책임감을 갖도록 하려면 어떻게 해야 할까?
- 리더나 외부 코치가 그룹 코칭 습관을 형성하는 것을 돕기 위해 팀원들이 할 수 있는 일은 무엇인가?

13장에서는 팀 코치에게 가장 흔하고 중요한 몇 가지 문제를 다룬다. 그중에는 흔히 한 그룹을 하나로 뭉치게 하는 유일한 요소가 코치를 싫어한다는 (코치에 대한 혐오감?) 문제도 있다! 다른 도전 과제로는 갈등을 관리하는 방법과 두 명의 팀 코치가 함께 일하는 것이 있다(소규모 팀으로서 팀 코치들의 흥미로운 역동 관계를 불러온다!). 내가 탐구하는 질문은 다음과 같다.

- 팀을 잘 코칭하고 있는지 어떻게 알 수 있는가?
- 너무 편안해지지 않으려면 어떻게 해야 하는가?

- 효과적인 팀을 위한 적절한 갈등의 수준과 종류는 무엇인가?

14장에서는 팀 코칭을 하지 말아야 할 때, 팀 리더도 안전하게 팀 코칭하는 방법, 가상 팀 코칭 등 팀 코칭의 몇 가지 도전 과제에 대해 살펴본다.

15장에서는 팀 코치의 역량과 이를 개발하는 방법에 대해 살펴본다. 팀 코치와 수퍼바이저를 대상으로 한 최근 연구를 바탕으로 수퍼비전의 역할에 대해 살펴본다.

마지막으로 16장에서는 인공지능과의 파트너십 구축, 가상 세계의 활용, 조직 내 리더가 최소한의 팀 코칭 기본 역량을 갖추길 바라는 욕구가 증가하고 있는 이슈를 다루면서 팀 코칭의 미래를 조금 들여다보려고 한다.

코칭의 본질은 코치의 지혜를 사용하여 코칭을 받는 사람들이 내면에 품고 있는 지혜를 의식화하도록 하는 것이다. 코칭과 학습이 집단적 맥락에서 어떻게 작동하는지 더 많이 이해할수록 팀은 더 효과적으로 될 것이다. 이 책을 통해 경험 많은 팀 코치가 자신의 업무를 개선하는 데 도움이 되는 아이디어와 통찰을 얻고, 일대일 코치들이 더욱 복잡하고 까다로운 팀 코칭의 세계로 모험을 떠나는 데 자신감을 가지며, 조직이 미션을 달성하고 더 나은 일터를 만들기 위해 팀 코칭을 활용하는 방법을 더 명확히 알 수 있기를 바란다.

참고 문헌

Harari, YN (2016) *Homo Deus: A Brief History of Tomorrow*, Penguin Random House, London. 유발 하라리 (2023) 『호모 데우스: 미래의 역사』, 김영사

Hawkins, P (2011) *Leadership Team Coaching*, Kogan Page, London. 피터 호킨스 (2022) 『리더십 팀 코칭』, 한국코칭수퍼비전 아카데미

Ingham, A G, Levinger, G, Graves, J and Peckham, V (1974) The Ringelmann Effect: Studies of Group Size and Group Performance, *Journa of Experimental Social Psychology*, 10(4), pp 371–384

Likert, R (1961) *New Patterns of Management*, McGraw-Hill, New York, NY

McComb, SA, Green, SG and Compton WD (2005) The Relationship between Team Context and the Team Leader's Linking Pin Quality. In Turnipseed, DL (ed) *Handbook of Organizational Citizenship Behavior: A Review of 'Good Soldier' Activity in Organizations*, Purdue University Press, West Lafayette, IN, pp 328–343

Ringelmann, M (1913) *Recherches sur les moteurs animés: Travail de l'homme* [Research on animate sources of power: The work of man], Annales de l'Institut National Agronomique, 2nd series, 12, pp 1–40

Spinney, L (2018) Unearthed: Why We've Got Monuments Like Stonehenge All Wrong, *New Scientist*, 10 January

1장
코칭에 대해 우리는 무엇을 알고 있나?

자매 개념인 멘토링과 비교하면 코칭은 비교적 최근에 등장한 개념이다. 코치라는 단어가 처음 사용된 것은 19세기 중반으로, 옥스브리지 대학 시험에 합격시키기 위해 부유하지만 게으른 학생을 가정교사가 끌고 다니는 것을 가리켰다(여성의 학위 취득이 장려되기 훨씬 이 전의 일). 그때 코치는 헝가리에서 유래한 고급 마차 형태를 일컬었다. 콕스coax(말을 구슬리다/달래다)라는 단어는 코치coach에서 의도된 말장난이다. 코칭이 스포츠 세계로 옮겨지면서, 조정(보트를 이용한 레이싱 스포츠)하는 학생들에게 코치가 전방에서 소리치며 지시 내리는 것으로 지원했다. 그 뒤 1970년대에 테니스 코칭에서 출발한 협력적 탐구를 통한 지도법인 현대적 코칭은, 티머시 갤웨이Timothy Gallwey가 1972년에 인식한 대로, 사람들의 성과를 향상하는 것은 간섭을 제거하고 스스로 문제를 해결하도록 돕는 것에 달려 있으며, 이것이 무엇을 해야 하는지에 대한 지시를 받는 것보다 훨씬 중요하다는 것을 깨닫게 되었다. 골웨이의 통찰력은 GROW 모델을 대중화시킨 존 휘트모어 경Whitmore(1992)에 의해 더욱 발전되었다(이후 너무 단순하다고 평가받게 됨).

코칭의 기원을 알려주는 지시적 행동은 21세기로 넘어오면서도 계속해서 우리와 함께 남아 있다. 코칭 문헌 분석에 따르면, 지시적 행동에 대한 언급 비율이 최근 몇 년 동안 비지시적 접근 방식에 대한 언급 비율보다 일관되게 앞지르고 있다는 것을 알 수 있다(Gray et al., 2016). 이와 대조적으로, 멘토링에 관한 언급의 대부분은 비지시적인 어조였다. 미국 웹사이트인 코칭 인사이더Coaching Insider의 코칭에 대한 정의에서는 훈련, 지도, 시연 및 피드백과 같은 단어들을 강조하며 성과나 결과를 향상하기 위한 것으로 표현하고 있다.

이 비교적 지시적인 형태의 코칭은 가장 일반적이며 관리 행동에 깊숙이 내재한 것으로 볼 수 있다. 우리는 이를 **전통적 코칭**이라고 부른다. 이러한 유형의 코칭에서 중요한 요소는 다음과 같이 요약할 수 있다.

코치는 학습자가 달성하고자 하는 목표를 명확히 하도록 도와준다. 이 목표 또는 요구되는 관련 성과 수준은 학습자가 선택하거나 정의한 것이 아닌 경우가 많다. 일선 관리자가 코치 역할을 하는 경우, 목표는 팀 목표 또는 일반적인 역량 프레임워크에 따른 성과 요구사항일 수 있다. 스포츠에서는 초보자부터 마스터까지 다양한 레벨에서 요구되는 표준을 일반적으로 관리 단체에서 설정한다. 같은 단체에서 코치 역량에 대한 표준도 설정할 수 있다.

코치는 학습자와 함께 원하는 수준의 성과를 달성하기 위해 무엇을 할 것인지 학습자와 합의한다. 이를 위해서는 일반적으로 연습이 포함된 활동 계획이 필요하다.

코치는 활동을 관찰하거나 결과를 모니터링하고, 이러한 정보를 사용하여 학습자가 잘못을 파악하거나 접근 방식을 수정할 수 있도록 도와준다. 여기에는 직접적인 피드백 또는 학습자에게 무슨 일이 일어났는지에 대한 안내를 통해 자체적으로 피드백을 생성하는 리뷰 토의를 포함할 수 있다.

이러한 사이클은 반복된다. 효과적인 전통적 코칭을 통해 학습자는 점차 코치의 개입이 더는 필요하지 않을 때까지 스스로 주도적으로 실험하고 복습 과정에 점점 더 많은 관찰과 성찰을 할 수 있는 자신감을 키우게 된다. 이렇게 되면 코치의 개입이 더는 필요하지 않게 된다. 비지시적인 코칭 스타일은 동기 *유발*, *질문*, *잠재력 발휘*와 같은 말을 강조한다. 그러나 대부분 정의는 여전히 성과 향상, 효과적인 업무 수행 및 피드백 제공과의 관련성을 유지하고 있다.

비지시적이거나 발전적developmental 코칭은 유럽의 발전적인 멘토링 프랙티스와 행동 과학의 융합을 기반으로 한다. 이 모델의 핵심은 코치가 다음과 같은 역할을 하는 것이다.

- 숙련된 질문법을 사용하여 학습자가 상황, 업무상 프로세스, 성

과를 장려하거나 저해하는 내부 및 외부의 힘을 이해하도록 돕는다.
- 학습자가 선택한 목표를 추구하기 위한 동기를 유발하고 지속할 수 있도록 돕는다.
- 학습자가 필요할 때마다 추가적인 자극과 성찰 질문에 대응할 수 있도록 한다.

요약하자면, 발전적 코치는 다른 사람들에게 내재한 잠재력에 대한 외부 자극제 역할을 한다. 그들은 참을성, 통찰력, 인내심, 보살핌caring(카리스마라고도 함)의 조합을 사용하여 코칭 대상자가 성과를 개선할 수 있도록 내외부 자원을 찾는 것을 돕는다. 상황에 따라 코치는 코칭 대상자의 요구를 충족하기 위해 매우 다양한 스타일을 써야 할 수도 있다. 코칭 접근 방식에 영향을 미치는 요인으로는 과업의 복잡성, 과업을 잘못 수행했을 때의 위험성, 과업과 관련된 코치이coachee의 시작 시점에서의 의지, 자신감 및 역량 수준, 코치의 학습 성숙도(코칭 과정을 얼마나 잘 관리할 수 있는지), 코치의 개인적(사회 정서적 및 인지적) 성숙도 및 코치로서의 성숙도 등이 포함될 수 있다.

이와는 대조적으로 멘토링에 대한 대부분 언급은 항상 질문 형태의 학습 대화와 관련이 있으며, 이는 지혜의 여신 아테네가 오디세우스와 그의 아들 텔레마코스와 나눈 다이얼로그를 바탕으로 한다. 훗날 유럽 최초의 리더십 저술가로 평가받는 프랑스 성직자 페넬롱Fénelon(1699)에 의해 재현된 이 대화의 핵심은 경험에 대한 반영이었다. 현재 우리는 한 사람이 자신의 지혜를 사용하여 다른 사람이 스스로 지혜를 개발하도록 도울 때 멘토링이 일어난다고 이야기한다. 몇 년 전 존 리어리-조이스John Leary-Joyce가 멘토링을 설명하기 위해 '코칭 플러스'라는 문구를 만들었는데, 이것은 효과적인 멘토는 코치와 매우 유사한 비지시적 사고방식을 사용하지만, 관련 지식과 경험(삶의 경험일 수 있음)을 활용하여 더 깊이 있고 통찰력 있는 질문을 할 수 있다는 개념을 바탕으로 하고 있다. 물론 이러한 전문 지식의 단점은 조언을 하거나 학습자를 해결책으로 이끄는 방향으로 기울 수 있으나, 그것이 학습자에게 적절한 것이 아닐 수 있다. 코치들은 흔히 같은 문제를 겪지만, 주제에 대한 지식 부족이 해결책antidote이 되는 경향이 있다!

코칭이라는 새로운 분야가 자리를 잡으려고 할 때, 아직 일부 지역에서는 여전히 혼란스러운 시기가 있었다. 이러한 문제는 일부분 문화적인 오해에서 비롯되었다. 후원자/대부godfather와 멘토의 역할은 대체로 양립할 수 없지만, 미국에서는 어떤 이유에서인지 두 역할이 어우러져 있었다. 미국의 상업적인commercial 코치들은 이러한 문화적 이해를 바탕으로 멘토와 차별화를 추구했지만, 유럽에서 이러한 구분을 인정하지 않았다. 1999년 유럽에서 코치와 멘토를 하나의 조직, 즉 유럽 멘토링 및 코칭 협의회European Mentoring and

Coaching Council(EMCC)로 통합하면서 코칭과 멘토링 실무자 간에 대화의 기회가 생겼고, 이를 통해 코치의 스킬이 멘토의 스킬과 크게 다르지 않다는 공감대가 형성되었다. 실제로 전문 코치와 멘토를 위한 EMCC 역량 프레임워크는 그들 사이에 차이를 나타내지 않는다. 멘토는 코칭 스킬에 (프랙티셔너 또는 아마추어 수준에 관계없이) 상황에 맞는 지식을 추가하여 상대방의 세계를 더 잘 이해하고 암묵적, 명시적 지식을 활용하여 강력한 질문을 만들 수 있게 한다. 또한 멘토는 롤모델이 될 가능성이 크며, 자신의 통찰력을 활용하여 고객이 네트워크를 구축하고 조직이나 직업의 정치를 이해하는 데 도움을 주기도 한다.

코칭과 멘토링의 역할과 본질에 관한 이 명확한 설명은 경험이 풍부한 코치가 자기 경험과 지식을 활용할 때 느낄 수 있는 일부 죄책감을 극복하는 데 도움이 되었다. 경험이 부족한 코치나 멘토의 경우 상대방의 세계에 대해 너무 많은 것을 아는 것이 고객의 사고력을 돕는 데 방해가 될 수 있지만, 지식과 경험을 포함한 우리 자신 전체를 피코치와의 관계 속으로 가지고 오는 것이 중요하다. 고객이 올바른 결정을 내리는 데 필요한 정보를 숨기는 것은 비윤리적이다. 그러나 이것은 코치들이 초기 교육에서 훈련받는 것 가운데 하나이다.

역할 명확성은 *조언*과 *맥락*의 차이를 인식함으로써 도움받을 수 있다. 효과적인 코치나 멘토는 조언을 하지는 않지만 맥락을 제공한다. 즉 고객이 가지고 있지 않은 관련 정보를 제공함으로써 다양한 관점을 고려하는 데 도움을 준다. EMCC 콘퍼런스에서 나온 또 다른 유용한 정의는 다음과 같다.

- 멘토는 상황에 맞는 전문 지식이나 지식을 보유하고 있으며, 이를 비지시적인 코칭 스타일로 다른 사람의 학습을 지원하기 위해 적용할 수 있는 스킬을 갖추고 있다.
- 코치는 지원적인 환경에서 학습 대화를 사용하여 고객이 발전적인 목표를 달성할 수 있도록 지원한다.

코칭과 멘토링을 바라보는 또 다른 관점은 두 가지 맥락에 대한 이해를 연결하는 수단이다. 첫 번째는 내적 맥락으로, 그 사람이 얼마나 자기를 인식하고 있는지, 소중히 여기는 가치, 강점과 약점, 포부, 꿈, 두려움 등을 파악하는 것이다. 두 번째는 외부적 맥락으로, 주변에서 일어나는 일, 활용할 수 있는 자원, 위협과 기회, 자신과 타인이 서로에게 미치는 영향, 문화, 시스템, 프로세스 등을 이해하는 방식이다. 코칭과 멘토링은 사람들이 이 두 가지 맥락에 대한 인식을 높이고 더 나은 의사 결정, 자기 관리, 개인 계발 및 변화를 지원하는 방식으로 이러한 이해를 통합할 수 있도록 도와주는 대화이다.

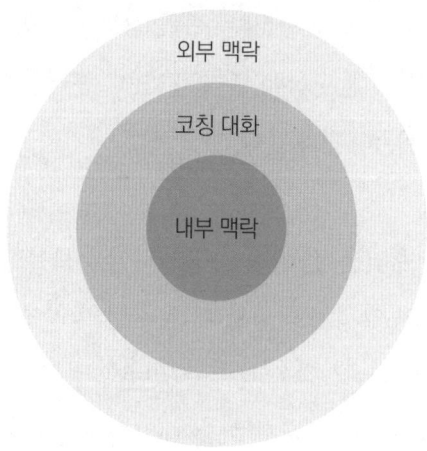

[그림 1.1] 연결 대화로서의 코칭

    이론적으로 보았을 때는 코칭과 멘토링 사이에 큰 차이는 없다. 실제로 코치는 자신의 프랙티스를 설명할 때 고객이 내면의 세계를 이해하도록 돕는 데 약간 더 중점을 두는 경향이 있고, 멘토는 외부 세계를 이해하는 데 약간 더 중점을 두는 경향이 있다. 코치가 경험이 많을수록 두 중점을 넘나들 가능성이 더 크다.

전문가 대 일선 관리자 코칭

전문 코칭에서 개방적인 대화를 지원하는 중요한 요소 가운데 하나는 코치와 코치이 사이에 실질적인 권력 차이가 없다는 것이다. 물론 상대적 지위의 영향은 항상 어느 정도 존재하며, 경영진 코치는 코치이의 성공적인 커리어와 비교하여 열등감을 느끼거나 더 심하게는 '고객 질투client envy'를 경계해야 한다(Clutterbuck & McKie, 2016). 권력 거리는 특히 내부 코치에게 영향을 미치는 요인으로, 내부 코치는 고위 임원에게 도전하는 데 더 많은 제약을 받을 수 있다(St-John Brooks, 2013). 그러나 외부 코치가 내부 코치보다 더 효과적이라는 가정에는 강한 반론이 제기되고 있다(Jones et al, 2015). 일선 관리자가 진정으로 코치가 될 수 있는지 아니면 단순히 코칭 스타일을 채택할 수 있는지도 논란의 여지가 있는데, 페라Ferrar(2006)는 그렇지 않다고 주장하며 팀 리더와 팀원 사이의 개방적인 학습 대화를 가로막는 여러 가지 장애물을 구체적으로 언급한다. 그러나 페라의 연구는 그가 평가한 단위가 그룹이 아닌 팀인지는 테스트하지 않았다. 팀 내에서 코칭 문화를 구축한 여러 영국 기관 조직을 대상으로 한 저자의 실험에 따르면 심리적 안전감이 높고 모든 사람이 자신과 동료의 학습에 책임을 다한다면 이러한 모든 문제를 극복할 수 있었다.

일선 관리자의 표준 코칭 개입은 [표 1.1]과 같이 일곱 단계로 구성될 수 있다.

[표 1.1] 일선 관리자 코칭 개입의 일곱 단계

1	개선/변화 필요성 파악
2	관찰 및 증거 수집
3	개인 개선 목표를 설정하고 스스로 달성하도록 동기 유발
4	목표 달성을 위한 계획 수립 지원
5	원하는 스킬을 연습할 기회 만들기
6	실제 행동을 관찰하고 객관적인 피드백 제공
7	좌절을 극복하는 데 도움 주기

개선 / 변경 필요성 파악

모든 코칭은 변화의 필요성에서 시작된다. 일반적으로 이러한 필요를 결정하고 소유하는 것은 코치이지만, 때로는 직속 상사, 가까운 친구나 친척 또는 사회 전반의 다른 당사자가 이러한 필요를 요구하기도 한다. 이러한 요구는 매우 구체적일 수도 있고(예: 판매 또는 고객 만족을 위해 정해진 목표 달성), 훨씬 더 광범위할 수도 있다(예: 더 효과적인 팀 리더가 되기). 이는 단기적일 수도 있고 장기적일 수도 있다.

일반적으로 이 단계에서는 명확한 성과 목표로 분류할 수 있을 만큼 필요성이 충분히 정의되지 않았거나, 무엇을 해야 하는지는 명확하지만 *얼마나* 해야 하는지는 불분명한 경우가 많다. 저자는 이러한 현상을 '성과 가려움증performance itch'이라 표현하기도 하는데, 더 나은 성과를 낼 수 있고 그래야 한다는 것을 알지만 아직 이 문제를 깊이 있게 다루고 생각해 보지 못한 상태이기 때문이다.

관찰 및 증거 수집

성과 문제에 대처하기 전에 코치이가 어떤 성과를 목표로 삼아야 하는지(또는 원하는지)와 그들을 제약하는 성과의 중요한 하위 영역을 이해하는 것이 중요하다. 예를 들어, 펜싱에서 상대를 찌르지 못하는 것은 흔히 팔의 움직임이 좋지 않아서 발생하는데, 이는 발 위치가 좋지 않아서 발생하는 경우가 많다. 성과에 영향을 미치는 사건의 순서를 이해하려면 동일한 작업이나 상황을 여러 차례에 걸쳐 관찰해야 한다. 이러한 초기 피드백과 분석은 전문 코치, 직장 동료(특히 360도 피드백을 통한), 개인 등 다양한 출처에서 얻을 수 있다.

관리 행동에서 일어나는 가장 극적인 변화 중 일부는 스크립팅scripting이라는 기법을 사용하여 달성되었다. 여기서 코치이는 잘못된 상호작용의 텍스트를 작성하고 동일한 언어 교환 패턴을 따르는 것으로 보이는 상황을 기록한다. 또한 대화의 각 지점에서 자신의 감정을 기록한다. 거의 다른 상황의 스크립트들을 비교하면 공통적으로 반복되는 패턴이 나타난다. 코치의 도움을 받으면 스크립트에서 어떤 요소를 어떤 순서로 바꾸고 싶은지 파악할 수 있다.

훈련 받은 코치의 직접적인 관찰은 객관성이라는 장점이 있다. 또한 코치는 일반적으로 경험을 바탕으로 코치이나 동료들에게는 분명하지 않을 수 있는 실제 또는 잠재적인 인과적 요인을 파악할 수 있다. 일반적으로 코치이가 활용할 수 있는 초기 피드백의 출처가 많을수록 코치가 구축할 수 있는 증거가 더 유용하고 신뢰할 수 있다.

개인 개선 목표를 설정하고 스스로 달성하도록 동기 유발

개인적인 변화의 기회를 인식하는 것과 그에 대해 무언가를 실행하는 것 사이의 단계는 클 수 있다. 대부분 사람은 지식, 행동 또는 스킬의 다양한 영역에서 성과를 향상시키면 잠재적인 혜택을 볼 수 있다는 가능성이 있다. 이러한 변화를 실현하고 유지할지는 다음과 관련이 있다.

- 변화를 달성하는 것에 우리가 부여하는 가치와 그로부터 기대되는 혜택
- 자신의 능력에 대한 자신감 정도와 변화의 실현 가능성에 대해 느끼는 정도
- 변화에 투입해야 할 것으로 예상되는 노력의 양

변화에 대한 동기 유발 정도를 방정식으로 표현하면 기본적으로

다음과 같다.

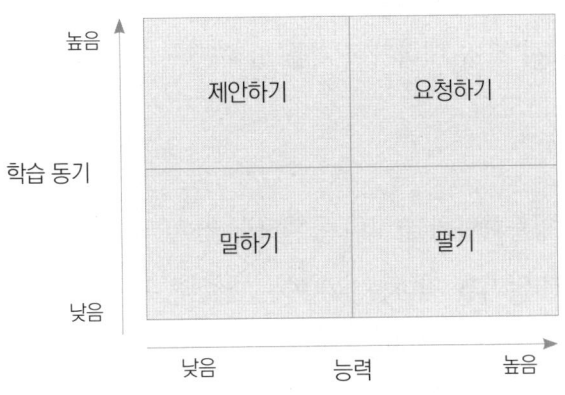

[그림 1.2] 변화를 위한 동기 유발

인지된 노력·비용과 인지된 혜택을 조정하는 것은 인지된 리스크일 수도 있다(좋은 코칭 질문 가운데 하나는 '성공의 위험은 무엇인가요?'이다). 기타 관련 코칭 질문은 다음과 같다.

- 이것이 코칭 대상자의 자아 이미지에 얼마나 중요한가? 인지된 변화가 그들의 이상적인 자아에 더 많이 부합할수록 개인에게 변화를 만드는 것이 더 중요할 것이다.
- 변화를 이루기 위해 무엇을 그만두어야 할까? 풍족한 삶이나 바쁜 업무 환경에서는 흔히 기존의 목표나 활동을 중단하지 않고 새로운 목표나 활동을 추가할 여유가 없는 경우가 많다.

목표 달성을 위한 계획 수립 지원

이 시점에서 코칭 대화가 진가를 발휘한다. 중요한 단계는 다음을 포함한다.

- **결과 명확화하기**(코치이가 원하는 것은 무엇이고 어떤 일이 일어나지 않기를 원하는가?) 이는 단순히 목표를 설정하는 것 이상의 의미를 갖는다(GROW의 G, 아래 질문 참고). 또한 자신의 동기에 대한 자기 인식을 재검토하고 발전시키며, 이러한 동기가 명시적, 암묵적 가치와 어떻게 연결되는지 살펴보는 것과도 관련이 있다. 코치는 코치이가 성공이 어떤 모습일지 상상할 수 있도록 도와준다. 중요한 질문은 다음과 같다.
    - 이 목표를 달성하면 다음 목표를 달성하는 데 어떤 도움이 되는가?
    - 성공하면 더 많은 옵션이 열리는가, 아니면 닫히는가?
    - 또 누가 이 문제에 이해관계가 있는가?

- **영향 맥락 매핑**: 원하는 변화를 달성하고 유지하기 위한 내부 및 외부 동력과 장벽을 매핑한다. 이러한 요인은 내부적 요인(예: 코치의 자신감 수준)일 수도 있고, 내야 선수(도움이 필요한 직장 동료) 또는 외야 선수(변화에 더 먼 영향력을 행사하거

나 이해관계가 있는 사람)와 관련될 수도 있다. 코치는 코치이가 이러한 각 영향 요인에 대해 어떻게 작용하며, 그들이 장벽을 극복하고 동력을 활용할 수 있는 정도를 이해하는 데 도움을 준다.

- **청크**chunking **업과 다운**. 코칭의 의미에서 청크는 학습 작업을 관리 가능한 요소로 나누거나, 겉보기에 개별적인 문제를 한데 모아 더 크고 포부 있는 과제를 만드는 것과 관련이 있다. 코치는 코치이가 작업의 구성 요소를 인식하고 우선순위를 정할 수 있도록 도와준다.

- 코치와 코치이가 진척을 이루고 있는지 알 수 있는 방법 설정. 코칭 질문에는 다음이 포함된다.
    ◦ 어떤 중간 목표를 설정할 수 있는가?
    ◦ 이러한 목표를 달성했다고 당신과 다른 사람들이 어떻게 알 수 있는가?
    ◦ 당신은 어떻게 느끼는가?
    ◦ 다른 사람들이 무엇이라 말해주는가?
    ◦ 당신은 어떻게 다르게 행동하게 될 것인가?
    ◦ 다른 사람들은 어떻게 다르게 행동하게 될 것인가?

원하는 스킬을 연습할 기회 만들기

실천의 기회는 일선 관리자에 의해 생성되었든 코치이 자신에 의해 생성되었든, 일단 계획이 나오면 신속하게 실행하는 것이 중요하다. 의지는 시간이 오래 걸릴수록 사라지기 쉽다.

실제 행동을 관찰하고 객관적인 피드백 제공

이 시점의 피드백과 프로세스 초기의 피드백 간의 가장 큰 차이점은 전자가 더 구체적이고 집중적이라는 점이다. 피드백이 실천 시점에 가까울수록 더 큰 영향을 미칠 가능성이 크다. 두 번째 차이점은 이 시점에서 피드백을 제공할 때 효과적인 코치는 외부적 피드백(코치이에 대한 피드백)에서 내부적 피드백(코치이 스스로 하는 피드백)으로 점차 강조점을 옮긴다는 것이다. 내부적 피드백에 기반을 둔 성찰적 다이알로그가 많을수록 학습자는 새로운 도전으로 나아가는 데 더 쉽게 적응할 수 있다. 학습자가 스스로 피드백을 수집하는 데 책임을 질 수 있다면 이는 더욱 강력해지며, 성과 관리 시스템이 관리자의 관찰에 의존하기보다는 직원이 스스로 피드백을 관리하는 방향으로 나아가고 있는 것도 눈에 띄는 변화이다.

좌절을 극복하는 데 도움 주기

개인적인 변화의 여정에는 좌절이 가득하다. 때로는 상황을 효과적으로 분석하여 이러한 상황을 예측하고 각 상황을 관리할 수 있는 전술을 준비할 수 있다. 그러나 다른 경우에는 코치이가 낙담하여 포기할 준비가 되어 있을 수도 있다. 효과적인 코치는 좌절이 발생할 것임을 인지하고 학습자가 그러한 상황에 대비할 수 있도록 준비하고, 검토, 재확인, 재편성, 재가치화, 목표 재설정, 자원 확보 및 재출발의 일곱 단계 프로세스를 통해 지원하고 공감한다.

- **검토** 단계에서 코치는 코치이가 진행 상황에 대해 논의할 기회를 갖고 필요한 외부 피드백을 받고 있는지 확인하고, 자신의 진행 상황을 되돌아보는 시간을 갖도록 권장한다.
- **재확인** 단계는 코치이가 원하는 변화를 달성하고 장애물을 극복할 수 있는 능력에 대한 자신감을 쌓는 데 관여한다.
- 코치는 코치이가 이 문제에서 한 발짝 물러나서 성취한 것(흔히 학습자가 스스로 인정한 것보다 더 많은 것을 성취한 것)을 살펴보고 현실을 점검하도록 도와주어 **재편성**할 수 있게 도와준다.
- **재가치화** 단계에서 코치이는 자신의 개선 동기와 추진력을 다시 검토한다. 이러한 동기와 추진력이 여전히 강력한가? 그렇

지 않다면 코치이의 동기를 다시 유발할 방법은 무엇인가?
- **목표 재설정**은 목표를 새로 조정하고 다시 중점을 맞추는 것이다. 3개월 안에 목표를 달성할 수 없다면 6개월 안에 달성할 수 있는가? 코치이가 지금 원하는 승진을 할 수 없다면, 직무 만족도를 높이고 다른 회사에서 비슷한 역할을 맡을 수 있는 대체 역할은 무엇인가?
- 코치이가 사용 가능한 **자원**을 평가하면, 그들이 원하는 변경 사항에 대한 추가 지원을 어디서 어떻게 찾을 수 있을지 고려하는 데 도움이 된다.
- 마지막으로, **재출발**은 코치이가 새로운 열정과 에너지로 어떻게 다시 길을 떠날지 살펴보는 것이다.

| 검토 | 재확인 | 재편성 | 재가치화 | 목표 재설정 | 자원 확보 | 재출발 |

[그림 1.3] 장애에 대처하는 일곱 단계

코칭 대화

코칭 대화를 설명하는 몇 가지 모델이 있다. 가장 일반적으로 사용되는 모델은 존 휘트모어가 대중화한 GROW(목표Goal, 현실Reality, 옵션Options, 의지Will의 약자)로, 학습 다이알로그에 대한 이전의 관찰을 간소화한 것이다. 많은 사람이 약어 순서대로 네 단계를 따르는 경향이 있지만, 실제로 이 모델을 사용하는 숙련된 코치는 고객이 어디서부터 시작하는 것이 가장 도움이 될지에 대한 관찰을 바탕으로 네 단계를 혼합하여 사용한다. 맥락을 완전히 이해하지 못한 채 특정 목표에 너무 일찍 집중하는 것은 잘못된 코칭 프랙티스와 관련이 있다. 이것은 또한 양쪽 당사자가 문제가 무엇인지 명확히 알 때까지 먼저 문제에 관해 이야기하는 것이 일반적인 접근 방식인 대부분 세계에서는 문화적으로도 부적절하다. 이는 목표에서 시작하여 맥락을 거꾸로 살펴보고자 하는 미국 및 일부 유럽 코치에게 매우 실망스러울 수 있다.

데이비드 메긴슨David Megginson과 저자는 『Beyond Goals(목표 너머)』(2013)라는 책을 위한 연구에서 대부분 코칭 모델이 목표를 새롭게 생겨나고 진화하는 것으로 간주한다는 사실을 관찰했다. 호킨스(2011)가 개발한 CLEAR 모델(계약Contracting, 경청Listening, 탐색Exploring, 실행Action, 검토Review)은 추후 CID-CLEAR 모델로 발전되었는데, 이는 계약1, 질문Inquiry, 진단Diagnosis, 계약2, 경청, 탐색, 실행 및 검토의 패턴을 따른다. 이와 유사한 모델의 핵심은 유연성이다. 이 대화는 계약 단계로 계속해서 돌아가는 순환 구조가 있다.

더 높은 수준의 성숙도를 향한 코치 발전에 관하여 저자의 지속적인 연구(Clutterbuck & Megginson, 2011)에서 반복되는 주제는 코칭 대화를 통제하거나 관리하려는 욕구를 내려놓는 것이다. 가장 통찰력 있는 코치들은 '고객이 자신과 필요한 대화를 할 수 있도록 곁에서 지지하는 사람'이라 묘사된다. 매우 효과적인 코칭은 시스템적(다중 시스템의 맥락에서 고객과 고객의 문제를 보는 것)이고 대화적(새로운 통찰력과 의미를 개발하여 자신만의 길을 만들어 가는 대화)인 코칭 사고방식에서 이루어진다(Lawrence & Moore, 2019). 코칭의 전체 학파는 코칭을 '내러티브-협업 프랙티스'로 간주한다(Stelter & Law, 2010; Drake, 2009).

코치와 멘토의 경험에 따르면, 학습자가 이해를 쌓고 앞으로 나아갈 길을 식별하며 자신의 개발을 주도하는 데 사용할 수 있는 일곱 가지 수준의 다이알로그가 있다고 시사한다(Lancer et al., 2016).

- 학습 다이알로그의 첫 번째 수준은 **사회적**이며, 화합을 증진하고 효과적인 학습 관계의 기반이 되는 신뢰 구축을 목표로 한다.
- **기술적**technical 다이알로그는 코치가 수행해야 하는 작업에 필수적인 시스템과 프로세스를 이해하는 데 도움을 준다.
- **전술적** 다이알로그는 직장이나 삶의 다른 측면에서 마주치는 문제에 대처하는 실용적인 방법을 찾는 데 도움을 준다. 예를 들어, 두 명의 상사에게 받는 과도한 시간 요구에 대처하는 방법과 같은 것이다.

- **전략적** 다이알로그는 프로세스를 더 심층적으로 살펴보며, 문제 뒤의 맥락과 큰 그림을 검토하고 장기적인 해결책을 개발하는 기회를 제공한다.
- **자기 통찰**을 위한 다이알로그는 대화의 초점을 외부 환경에서 내부로 전환한다. 예를 들어, 학습자가 경험하는 문제에 어떻게 기여하는지 검토하고, 어려운 상황에서 실제로 원하는 것이 무엇인지 찾아내며, 자신감을 증진시킨다.
- **행동 변화**를 위한 다이알로그는 이러한 통찰을 기반으로 외부 및 내부 중심의 통찰을 적용하고 코치를 환경에 적응시키기 위한 계획을 수립한다.
- **통합** 다이알로그는 모든 다른 수준을 포괄하여 더 큰 개인적인 의미와 학습자의 역할 및 목적에 대한 심층적인 이해를 찾는다. 이는 업무 및 비업무 맥락에서 모두 해당한다.

이러한 모든 수준은 성과 향상 및 역량 개발과 어느 정도 관련이 있다. 통합 다이알로그는 숙련, 더 정확하게는 숙련에 대한 인식과 가장 밀접한 관련이 있을 것이다. 또한 각 수준은 그 아래 단계에 어느 정도 의존하고 있다. 만약 소셜 다이알로그 중에 라포가 형성되지 않았다면, 전략적 대화의 질이 떨어지게 된다. 예를 들어, 우리는 더 풍부한 지식을 가진 사람보다 믿음직스러운 영업사원의 조언을 더 쉽게 받아들이기 때문에 전략적인 관점 없이는 진정한 전략가가 되기 어려우며, 자기 인식 없이 계획된 행동 변화는 힘든 싸움이 된다. 대화의 수준이 높을수록 개인에게 미치는 영향도 더 깊어지게 된다.

다이알로그 사슬 바깥에는 대부분 업무 기반 상호작용을 지배하는 일반적인 거래적 대화가 있다. 거래적 대화는 공유된 의미를 추구하지 않으며, (두 가지 의미 모두에서) 지시와 모니터링을 용이하게 하려고 이루어진다. 이러한 대화는 중요하고 유용하지만 사람들의 사고방식이나 태도에 긍정적인 영향을 미치지는 못한다(강제적인 지시가 분노와 소극적인 저항을 불러일으킬 수 있다는 점에서 '위생hygiene' 효과도 있음).

효과적인 코치는 특정 역할에 적합한 다이알로그 수준과 각 수준에서 일할 수 있는 자신의 역량을 이해해야 한다. 놀랍게도 통합 수준에서 유능하게 일할 수 있는 코치의 비율은 상대적으로 적다. 한 단계에서 다음 단계로 넘어가는 데 필요한 스킬 향상은 수학 대수logarithmic 스케일인 것으로 제안되었는데, 각 단계는 이전 단계보다 세 배 더 어렵다고 한다. 코칭 직업의 문제점은, 예를 들어 라이프 코치가 현실적으로 통합 대화 수준에서 활동해야 하지만, 이 역할을 수행한다고 주장하는 많은 사람이 전술적 또는 전략적 수준을 넘어서는 데 능숙하지 않다는 것이다.

코칭 대화의 일곱 가지 전 단계에 해당하는 아래에 설명된 몇 가지 기본 원칙이 있다.

코칭 대화의 원칙

- 이해를 위한 경청 – 경청이 깊어질수록 가정과 관습적 견해가 도전받고 변화할 것으로 기대한다.
- 다른 사람들이 자신의 추론이 연결되는 방식에 대해 명시적으로 말하도록 장려하고, 그 과정에서 발생하는 가정을 테스트한다.
- 자신의 생각에 대해서도 위와 동일하게 한다.
- 개방적이고 솔직하게 행동하고 상대방도 똑같이 하도록 격려하며, 도전받을 때 그들이 말하는 것을 존중한다.
- 자신의 견해를 명확하게 갖고 상대방의 견해를 환기시키는 것, 상대방이 어떤 견해를 채택하는지에 대해 무관심하다.
- 말하지 않은 것과 이것이 코칭 관계 및 코치이 세계의 나머지에 미치는 함의를 탐색한다.

시스템적 관점

코치 수퍼비전에서 나온 유용한 모델은 코칭을 하나의 대화가 아니라 여러 가지 다른 대화로 보고, 그 가운데 일부는 동시에 진행되는 것으로 본다(Clutterbuck, 2011). 초보 코치들은 말로 하는 대화만을 인식하는 경향이 있지만, 이러한 대화가 진행되는 동안 코치의 마음속에는 내부적인 무언의 대화(이 질문을 해야 할까 말아야 할까? 내 직관이 작동하고 있나? 여기서 놓치고 있는 것은 뭐지?)와 코치이의 마음속에도 유사하게 무언의 대화(여기서 얼마나 솔직할 수 있을까? 코치를 충분히 신뢰할 수 있나?)가 동시에 진행된다. 코칭 세션 전에 코치와 코치이 모두 준비 과정에서 약간의 성찰을 해야 한다. 마찬가지로 코칭이 끝난 후에도 두 사람 모두 무엇을 배웠고 다음에 무엇을 할 것인지에 대해 자신과 대화를 나누어야 한다. 이 분석을 사용하여 코치를 수퍼비전할 때, 코치가 고민하는 문제가 말하는 대화에서 비롯되는 경우는 드물며, 대부분 둘 중 하나 또는 둘의 복합적인 문제에서 비롯된다.

피터 호킨스(Hawkins & Smith, 2013)는 코치가 수퍼비전에 사례를 가져올 때 작동하는 여러 시스템을 탐색하기 위해 '눈'이라고 부르는 또 다른 일곱 가지 관점을 제시한다. 다음과 같다.

1. 고객 상황
2. 코치의 개입
3. 코칭 관계
4. 코치(마음과 몸에서 내부적으로 일어나는 일)
5. 수퍼비전 관계 및 병행 프로세스
6. 수퍼바이저(그들의 마음과 몸에서 일어나는 일)
7. 더 넓은 맥락

오버Ober(2010)는 시스템적 코칭을 '세 가지 세계를 인식하고 이들이 어떻게 상호작용하여 결과를 만들어내는지 인식하는 것'으로 설명했다.

1. 대면 세계 - 고객과의 상호작용, 그리고 그들의 다른 주요 인물과의 대면 상호작용을 포함한다([그림 1.1]에서 설명된 코칭 대화와 동일).
2. 더 큰 외부 세계 - 예를 들어, 고객의 조직, 비즈니스, 고객, 시장과의 관련이 포함된다(외부 대화에 해당).
3. 더 깊은 내부 세계: 고객인 리더가 어떻게 생각하고 느끼는지, 그들의 사고 모델/기저에 깔린 가정, 더 심층적인 신념 및 경우에 따라 그들의 깊은 이야기를 포함한다(내부 대화에 해당).

모든 사람은 수천 개의 상호 연결된 시스템으로 이루어져 있지만, 그 가운데 대부분은 우리가 인식하지 못하고 있다. 또한 시스템의 집합체인 우리가 다른 사람 및 그들의 시스템과 어떻게 상호작용하는지, 그리고 우리가 또 다른 시스템과 어떻게 상호작용하고 또 다른 시스템을 생성하는지에 대한 인식도 낮다. 따라서 코칭을 바라보는 한 가지 방법은 개인과 그 주변에서 작동하는 시스템에 대한 인식을 높여 그 안에서 더 효과적으로 일할 수 있도록 돕거나, 적절한 경우 시스템을 변경하여 더 바람직한 결과를 도출할 수 있도록 하는 것이다. 이는 초보 코치들이 적용하는 경향이 있는 간단한 '문제를 명확히 하고 해결책을 찾는' 코칭 접근 방식과는 거리가 멀리 떨어져 있다. 코칭 세션에서 도출된 해결책이 실제로는 효과가 없는 사례를 어렵지 않게 찾을 수 있는데, 이는 실행을 가로막는 시스템(예: 동료, 직속 부하 또는 상사가 지지하지 않는 환경에서는 새로운 행동이 정착될 가능성이 작음)을 충분히 고려하지 않았기 때문이다.

이 몇 가지 예시들만 보더라도 효과적인 코칭은 생각보다 훨씬 복잡하다는 것을 알 수 있으며, 아직까지는 팀이 아닌 일대일 대화만을 이야기하고 있다!

코치 성숙도

초판에서 저자는 코치 역량에 대한 프레임워크를 제안했다. 이는 현재 코칭 분야의 주요 전문 기관의 역량에 관한 연구에 의해 대체되었다. 그러나 저자는 이미 코치 평가 센터라는 다른 관점에서 무엇이 효과적인 코치를 만드는지 탐구하기 시작했다. 옥스퍼드 브룩스 대학의 타티아나 바흐키로바Tatiana Bachkirova와 함께 외부에서 경영진 코치를 고용하는 기업이 각 코치가 적합한지를 검토할 때 정보에 입각한 결정을 내릴 수 있도록 지원하는 접근법을 개발했다.

코치의 철학과 프랙티스를 치밀하게 평가하는 엄격한 시험인 이 프로세스에 주요 전문 기관 가운데 여섯 기관이 참여했으며, 이 프로세스는 집중 인터뷰와 관찰된 '리얼-플레이real-plays'를 포함한다.

이 기회에 대한 코치들의 참여 의지와 역량 평가 결과 사이에 밀접한 상관관계가 있다는 것은 놀라운 일이 아닐 것이다. 가장 뛰어난 코치들은 객관적으로 피드백받을 기회를 노리고 있다!

영국과 유럽에서 수백 명의 코치가 이러한 프로세스를 거쳐 온 것으로 나타났다. 시간이 지남에 따라 코치들이 자신과 자신의 업무를 인식하는 방식에서 네 가지 뚜렷한 생각의 프레임이 나타났다(Clutterbuck & Megginson, 2011). 이는 [표 1.2]에 나와 있다. 코치가 게슈탈트 치료와 같이 유사한 관점을 가진 다른 분야를 통해 직업에 입문하지 않는 한, 다음 단계에 도달하기 전에 각 성숙 단계를 거쳐야 하는 것이 일반적이다. 또한 더 성숙한 코치가 고객의 요구를 충족하는 가장 좋은 방법이라면 언제든지 한두 단계 뒤로 돌아갈 수도 있다. 각 단계를 더 간단하게 설명하는 방법은 다음과 같다.

- 모델 기반 코치: 고객에게 *코칭을 한다*.
- 프로세스 기반 코치: 고객과 함께 *코칭을 진행한다*.
- 철학 기반 코치: 코치로서 하는 일과 한 사람으로서 자신이 누구인지를 통합한다(코치로서의 존재에 관한 것).

- 시스템적인 절충 코치: '고객이 자신과 필요한 대화를 하는 동안 고객을 안전하게 붙들고 있다(hold).'

이러한 사다리를 올라가려면 경험에 대한 진지하고 깊은 성찰이 필요하다. 수퍼비전의 많은 이점 가운데 하나는 이러한 과정을 장려하고 지원한다는 점이다. 또한 많은 것을 내려놓을 수 있다.

- 모델 기반에서 벗어나기 위해 코치는 *구체적이고 명확한 목표*에 대한 필요성을 버려야 한다(코칭이 훌륭하다면 목표는 어찌 되더라도 다른 것으로 발전할 것!).
- 프로세스 기반 이상으로 발전하기 위해 코치는 즉각적인 *해결책*에 대한 욕구를 버려야 한다(고객이 필요한 것은 당장 해결책을 찾는 것이 아니라 생각을 진전시켜 자신만의 시간에 선택지를 탐색할 수 있도록 하는 것).
- 철학 단계를 넘어서기 위해 코치는 자신과 세상, 특히 고객의 세상에 대한 가정을 버려야 한다(예를 들어, 코치는 고객이 자신을 이해하도록 돕는 것보다 고객의 말을 이해하기 위해 덜 듣는 것이 필요함).

[표 1.2] 코칭 대화의 네 가지 코칭 성숙도 수준 비교

코칭 접근 방식	스타일	중요한 질문
모델 기반	통제하기 Control	필요한 곳으로 데려가려면 어떻게 해야 하는가? 이러한 상황에 맞게 내 기술이나 모델을 조정하려면 어떻게 해야 하는가?
프로세스 기반	담아내기 Contain	고객에게 충분한 통제권을 부여하면서도 목적에 맞는 대화를 유지하려면 어떻게 해야 하는가? 이 경우 프로세스를 적용하는 가장 좋은 방법은 무엇인가?
철학 기반	촉진하기 Facilitate	고객이 스스로 이 작업을 수행할 수 있도록 도와주려면 어떻게 해야 하는가? 내 철학이나 학문의 관점에서 고객의 문제를 어떻게 맥락화할 수 있는가?
시스템적 절충	가능하게 하기 Enable	우리 둘 다 문제와 해결책이 어떤 방식으로든 나타날 수 있도록 충분히 여유를 가지고 있는가? 어떤 기술이나 프로세스를 적용해야 하는가? 적용해야 하는 경우, 다양한 선택지 중에서 어떤 것을 선택해야 하는지에 대한 고객의 맥락은 무엇을 알려주는가?

코치이의 역량

코칭이 대화라는 점을 고려할 때 일반적인 코칭 문헌과 많은 코칭 과정에서 코치를 '주인공'으로, 코치이를 수동적인 수용자, 즉 일종의 환자로 묘사하는 것은 다소 유감스러운 일이다. 이러한 의학적 비유는 맞지 않다. 특히 현대 의학은 환자가 자신의 치료에 참여함으로써 얻을 수 있는 이점을 깨달았기 때문이다. 학습 프로세스가 작동하도록 하는 책임은 코치와 코치이가 공유해야 한다. 양측은

라포 형성에 필수적인 신뢰와 개방성의 행동을 보여야 하고, 경청하고 성찰하며 이해를 구해야 하며, 결과에 대한 주인의식을 가져야 한다.

그렇다면 코치이에게 중요한 스킬은 무엇인가? 코치와 마찬가지로 상황에 따라 다르겠지만, 문헌과 관찰을 통해 도출한 일반적인 스킬에는 다음과 같은 능력이 포함된다.

- 도움이 필요한 문제, 진행 상황, 코치의 도움을 원하는 방식에 대해 명확하게 표현해야 한다(연구 결과에 따르면 어떤 형태의 도움이 필요한지 표현하는 것은 코치에게 실질적인 출발점을 제공하기 때문에 코칭 대화의 스타일, 초점 및 관리에 강력하고 긍정적인 영향을 미친다. 효과적인 코치는 대화의 첫 단계에서 학습자에게 어떤 종류의 대화가 가장 도움이 될 것이라고 생각하는지 물어봄으로써 문제가 무엇인지, 학습자가 문제를 이해하고 대처하는 데 있어 어느 단계에 도달했는지 확인한다).
- 코칭 대화 전후에 문제에 대해 생각해 보아야 한다. 코칭을 받는 사람이 실제 문제가 무엇인지 생각하고, 사례를 찾아 설명하며, 원하는 결과를 결정할 수 있도록 준비하는 것이 중요하다.
- 적극적으로 경청하기 - 여기에는 코칭 대화의 주요 지점에서 생각할 시간을 요청하는 것도 포함한다.
- 문제의 이성적 요소와 감정적 요소 모두에 개방적 태도를 가져

야 한다. 코치이가 자신의 생각과 느낌에 대해 정직하고 숨김없이 표현하지 않는다면 코치가 도움을 주기가 훨씬 더 어렵다. 개방적이라는 것은 자신에게 정직하고 대안적인 아이디어와 관점을 고려할 수 있는 능력을 포함하기도 한다.

- 코치로부터, 자기 자신으로부터, 코치에게 그리고 기타 이해관계자에 대한 도전challenge을 관리한다. 여기에는 개인의 자신감, 자기 통찰력, 목표 관리 등과 관련된 하위 스킬 포트폴리오가 있다. 팀 리더나 팀 관리자의 코칭을 받으려면 코칭을 요청하고 코칭이 이루어질 때까지 인내할 수 있는 용기와 역량이 있어야 한다.
- 관계 관리 – 예를 들어, 존중을 주고받기, 친밀감 형성 및 유지 등이 있다.
- 적극적 학습 – 예를 들어 코칭 대화를 행동으로 옮기고, 학습 자원 네트워크를 개발하고, 학습 목표에 대한 진행 상황을 검토한다.

셰필드 할람 대학교의 폴 스톡스Paul Stokes는 코치이 역량이라는 주제를 좀 더 엄밀하게 다루기 위해 '숙련된 코치이The Skilled Coachee'라는 제목으로 코칭 관계 샘플에 대한 심층 분석을 수행했다. 그는 다음과 같이 결론을 내렸다.

- 코칭은 양측이 프로세스 스킬을 활용하는 숙련된 협업 파트너십이다.
- 모든 행동은 지원적이든 방어적이든 성장 관계를 유지하는 데 있어 참여자에게 기능적이다.
- 코칭 프로세스에 대한 책임은 코치와 코치이 모두를 포함하도록 확장할 수 있다.

이러한 스킬의 개발은 어느 정도 코칭 계획의 일부가 될 수 있다. 그렇지만 코치이가 이미 이러한 역량을 갖추고 있다면 코칭 대화의 범위와 깊이, 가치는 훨씬 더 커질 수 있다. 그리고 개인이 한 팀에 모였을 때 이러한 스킬 가운데 일부 또는 전부가 부족하면 팀 코칭의 효과가 떨어질 수 있다.

요약

지난 몇 년 동안 저자에게 그리고 프로페셔널 전반적으로 코칭에 대해 많은 것을 배운 시간이었다. 지시적 접근 방식에서 비지시적 접근 방식으로의 전환은 쉽지 않았지만, 이제는 확고하게 자리 잡았다. GROW와 같은 단순한 모델의 한계를 인식한 코치들이 늘어나고 있지만, 스스로를 코치라고 칭하는 대다수 사람은 여전히 매우 기본적인 수준에서 활동하고 있으며 실제 경험 시간에 따른 인증은 거의 의미가 없다(수백, 수천 시간의 코칭을 수행했다고 주장하지만 여전히 모델 기반 수준에도 미치지 못하는 코치들을 평가 센터에서 만나본 적이 있다!).

팀 코치가 되겠다고 생각한다면, 일대일 코치들은 복잡성을 인식하고 대처할 수 있는 사고방식이 필요하며, 다양한 관련 분야를 활용할 수 있어야 한다. 그렇지만 일대일 코칭을 개선할 수 있는 가장 좋은 방법 가운데 하나는 더 시스템적인 인식을 통해 팀 코치가 되는 것이다.

참고 문헌

Bachkirova, T (2011) *Developmental Coaching: Working with the Self*, McGraw-Hill, Maidenhead

Clutterbuck, D (2011) Using the Seven Conversations in Supervision. In (Eds) Bachkirova, T, Jackson, P and Clutterbuck, D, *Coaching and Mentoring Supervision: Theory and Practice*, McGraw-Hill, Maidenhead

Clutterbuck, D and McKie, D (2016), Breaking Taboos, *Coaching at Work*, 11(4)

Clutterbuck, D and Megginson, D (2011) Coach Maturity: An Emerging Concept. In Wildflower, L and Brennan, D (Eds) *The Handbook of Knowledge-Based Coaching*, Jossey-Bass, San Francisco, CA

David, S, Clutterbuck, D and Megginson, D (2013) *Beyond Goals*, Gower, Farnham

Drake, DB (2009) Narrative Coaching. In Cox, E, Bachkirova, T and Clutterbuck D (Eds), *The Sage handbook of coaching*, Sage, London, pp 120–131

Fénelon, F (1994) *Les Aventures de Télémaque, fils d'Ulysse (The Adventures of Telemachus, son of Ulysses)* (Patrick Riley, Ed, & Tobias Smollett, Trans) Cambridge University Press, Cambridge

Ferrar, Phillip (2006) *The Paradox of Manager as Coach: Does being a manager inhibit effective coaching?* Thesis submitted to Oxford Brookes University

Gallwey, TW (1974) *The Inner Game of Tennis*, Random House, New York, NY. 티머시 갤웨이 (2022) 테니스 이너 게임. 소우주

Gray, D, Lane, D and Garvey, B, (2016) *A Critical Introduction to Coaching and Mentoring*, Sage, London

Hawkins, P (2011) *Leadership Team Coaching*, Kogan Page, London. 피터 호킨스 (2023) 리더십 팀 코칭 프랙티스. 한국코칭수퍼비전아카데미

Hawkins, P and Smith, N (2013) *Coaching, Mentoring and Organizational Consultancy*, Open University Press, Maidenhead

Jones, RJ, Woods, SA and Guillaume, YRF (2016) The Effectiveness of Workplace Coaching: A Meta-analysis of Learning and Performance Outcomes from Coaching, Journal of Occupational and Organizational Psychology, 89 (2), 249–277

Lancer, N, Clutterbuck, D and Megginson, D (2016) *Techniques for Coaching and Mentoring*, Routledge, Abingdon, pp 35–39

Lawrence, P and Moore, A (2019) Routledge, Abingdon

Ober, S (2010) *Coaching Leaders: A Systems Approach*, down-loaded August 2018 https://managementhelp.org/blogs/leadership/ 2010/06/20/coaching-leaders-a-systems-approach/

St-John Brooks, K (2013) *Internal Coaching: The Inside Story*, Karnac Books, London

Stelter, R and Law, H (21010) Coaching as Narrative-Collaborative Practice, *International Coaching Psychology Review*, 5 (2) September, © The British Psychological Society – ISSN: 1750–2764

Stokes, P (2015) *The Skilled Coachee: An Alternative Discourse on Coach*. Doctoral thesis, Sheffield Hallam University

Whitmore, J (1992) *Coaching for Performance: GROWing People, Performance, and Purpose*, Nicholas Brealey, London

2장
팀에 대해 우리는 무엇을 알고 있나?

"협력이 핵심이라면 개미와 벌은 우리보다 수백만 년 전에 집단으로 협력하는 법을 배웠는데도 어떻게 우리를 핵폭탄으로 이기지 못했을까? 그들의 협력에는 유연성이 부족하기 때문이다. 꿀벌은 매우 정교한 방식으로 협력하지만, 하루아침에 사회 시스템을 재창조할 수는 없다… 우리가 아는 한, 오직 사피엔스만이 셀 수 없이 많은 낯선 사람과 매우 유연한 방식으로 협력할 수 있다."

- 유발 하라리, 호모 데우스

행동 과학자들과 다른 사람들은 한 세기가 넘는 시간 동안 팀의 본질에 매료되어 왔으며 호손 효과(Franke & Kaul, 1978; McCarney et al, 2007 참조)와 같은 가장 유명한 사회적 실험의 대부분은 팀을 효과적이거나 비효율적으로 만드는 과정에 대한 통찰을 창출하는 것을 목표로 하고 있다. 코치의 관점에서 일반적인 팀과 그들 또는 그들의 고객이 일하는 팀 모두의 근본적인 역동을 이해하는 것은 지식과 스킬에서 중요한 부분이다. 그러나 이번 챕터는 팀에 대한 방대한 문헌을 철저하게 검토하기 위한 것은 아니다. 오히려 팀 코치가 특히 주의해야 할 주제를 파악하고 논의를 시도하고자 한다.

그렇다면 팀에 대해 코치에게 도움이 될 어떤 것들을 알고 있는가? 이 질문에 답하기 위해서는 먼저 팀이 무엇을 의미하는지 정의해야 하는데, 이는 결코 생각만큼 간단하지 않다. 그런 후에 최근 수십 년 동안 수백 개의 연구에서 나타난 팀의 구조, 역동과 행동에 대한 주요 주제를 검토하고, 이러한 주제가 코치 역할과 업무에 어떤 영향을 미칠 수 있는지 결정해야 한다. 마지막으로 팀이 어떻게 진화하는지 간략히 살펴볼 것이다.

정의부터 시작해보자!

팀이란 무엇인가?

여러 면에서 무엇이 팀인지보다 무엇이 팀이 아닌지를 설명하기가 더 쉽다. 특히, 팀은 그룹과 다르면서도 그 이상이다. 그룹의 구성원들은 의식적으로 자신들이 연결되어 있다고 생각하지 않을 수 있다. 예를 들어, 대기업 내 동성애 커뮤니티를 위한 멘토링 프로그램이 시작되었지만, 게이와 레즈비언 구성원들이 함께 분류되기를 원치 않는다는 점을 명확히 하자 프로그램은 급속하게 실패하게 되었다. 그룹의 구성원들은 그룹 목표보다 개인 목표에 우선순위를 두고, 집단적인 필요나 안녕에 대한 고려 없이 일방적인 행동을 하기가 더 쉽다.

집단의 정의는 공통의 특성을 공유하는 것에 초점을 둔다. 이는 형태나 크기, 정치적 의견에 이르기까지 다양할 수 있다. 집단 구성원들은 동일한 의도를 공유할 수 있다(예를 들어, 인기 없는 지배자를 바꾸거나, 자기 축구팀의 승리를 보는 것). 따라서 우리는 주주팀이나 동호인 hobbyist 팀에 관해 이야기하지 않는다. 특정한 공동 이익을 공유하고 공동의 목표(예: 인기 없는 회사 대표의 파면)를 달성하기 위해 집단으로 행동하는 것은 어느 정도의 협력과 공동 계획이 필요할 수 있지만, 그것이 지속적인 상호작용과 지지를 위한 기반을 형성하지는 않는다.

팀은 그룹 구성원 간의 상호작용의 성격과 질에 추가적인 무엇인가가 있다. 가장 일반적으로 인용되는 정의 가운데 하나는 팀과 그룹 사이의 일반적인 혼란에 대해 엄격하게 비판한 존 카젠바흐 John Katzenbach(1994)의 정의이다.

"공동의 목적, 성과 목표 및 접근 방식에 전념하는 상호 책임을 지는 보완적인 스킬을 가진 소수의 사람들"

이 정의의 핵심 요소를 차례로 살펴보면, 팀은 **규모** 측면에서 제한이 있다는 것이 분명하다. 참여하는 사람이 많을수록 상호작용이 더 복잡해지고, 따라서 그룹의 기능이 줄어든다. 예를 들어, 군대 행진이나 럭비 경기장의 멕시코 파도 같은 경우, 그룹은 많은 수의 사람을 조정할 수 있지만 상호작용은 비교적 간단해야 한다. 팀 내부 또는 외부에 있는 사람은 상황에 따라 달라질 수 있다. 예를 들어, 축구팀은 현재 경기장에 있는 선수, 선수와 벤치에서 기다리고 있는 동료, 선수단 전체, 감독, 상담사, 물리치료사 및 기타 전문가의 직접적인 지원 네트워크, 더 넓게는 경기장을 유지하고 프로그램을 판매하는 전체 직원과, 자원봉사자로 다양하게 해석될 수 있다. 정의가 좁을수록 단위는 작아지고, 다른 팀의 특성들을 더 명확하게 볼 수 있다.

보완적 스킬은 다양한 재능과 지식을 활용하여 더 많은 가치를 창출할 수 있으므로 중요하다. 이러한 스킬은 전체적으로 팀 과제를 해결하기에 충분해야 한다.

공동의 목적에 대한 헌신은 공유된 방향 감각에 대한 필요성을 강조한다. 공동의 목적이 없다면 개인의 우선순위와 의도가 사람들이 하는 일을 지배하고, 조정coordination도 거의 이루어지지 않게 된다.

같은 성과 목표에 대한 헌신은 모든 사람이 자신의 업무 결과가 어떠해야 하는지를 똑같이 이해하기 위해 마찬가지로 필요하다.

똑같은 목표를 위해 헌신한 팀 실패의 전형적인 예는 영국의 한 중공업 공장에서 발생했다. 주문부터 납품까지 고객 프로젝트의 진행 상황을 감독하기 위해 영업과 생산 직원으로 구성된 혼합 '팀'이 구성되었다. 안타깝게도 양측은 우선순위에 대한 기존의 인식을 유지했다. 영업사원은 아무리 까다롭더라도, 신속한 처리와 고객 마감일 준수가 가장 중요하다고 주장했다. 그렇지만 생산 인력은 충분한 생산 일정을 보장하여 비용을 최소화하는 데 중점을 두었다. 그 팀은 결국 컴퓨터로 작동하는 중재 시스템에 업무를 넘겨주게 되었다.

공통된 접근 방식에 대한 헌신은 팀이 업무를 관리하는 방법과 관련이 있다. 방법이나 과정에 대한 갈등은 매우 흔한데, 사람들은 항상 시도하고 테스트해왔던 방식이 최고의 방법이라고 생각하는 경향이 있기 때문이다.

상호 책임과 상호 헌신은 동전의 양면과 같다. 예를 들어, 명령하고 통제하는 command-and-control 경영 방식에서 큰 문제 가운데 하나는 사람들이 책임을 상부로 위임하는 것이다.

그러나 카젠바흐의 정의는 많은 정의 가운데 하나일 뿐이다. 팀의 운영과 심리학에 대한 광범위한 검토로 표준이 된 리 톰슨Leigh Thompson(2000)은 팀을 다음과 같이 설명한다.

"정보, 자원, 스킬과 관련하여 상호의존적이며, 공동의 목표를 달성하기 위해 노력을 결합하려는 사람들의 그룹."

톰슨은 해크먼(1990)의 정의에 대해 다음과 같이 주장한다.

- 팀은 공유 목표를 달성하기 위해 존재한다.
- 구성원들은 목표를 달성하기 위해 서로 의지한다.
- 팀은 경계를 가지고 있다(누가 팀 소속이고 누가 아닌지가 분명하다).

- 팀은 시간이 경과함에 따라 안정적으로 된다.
- 팀은 자신의 업무와 내부 프로세스를 관리할 권한이 있다.
- 팀은 사회 시스템 맥락에서 운영된다(그들은 더 큰 조직 일부로, 더 큰 조직의 목표에 기여하거나 영향을 미치려고 시도한다).

이러한 특성 가운데 일부를 더 자세히 살펴보자.

목표goals. 팀의 공유 목표는 누가 설정하는가? 업무 맥락에서 목표는 위에서부터 부여될 수 있으며, 팀의 응집력은 목표가 영감을 주는 집단적 동기의 정도에 따라 달라질 수 있다. 목표는 팀의 일부 구성원에게 다른 구성원보다 더 많은 동기를 유발할 수 있고, 이는 팀 성과를 떨어뜨릴 수 있다. 게다가 개인의 목표와 팀의 목표는 전체 조직의 목표와 충돌할 수 있다. 그룹에서 팀을 구성할 때 구성원은 자신의 목표 중 일부 또는 전부를 공동 목표에 종속시키는 데 동의한다.

상호의존성interdependence. 팀의 목표에 대한 팀원들의 애착attachment이 다를 수 있듯이 서로에 대한 의존도 또한 다를 수 있다. 사람들이 특정 업무를 수행하기 위해 서로 의존한다고 해서 반드시 팀이 되는 것은 아니다. 대량 생산 공장에서 라인의 한 작업자가 실패하면 다음 단계의 사람들에게 영향을 미친다. 그렇지만 팀이 되기 위해서는 현장에 있는 사람들이 적극적으로 협력하고, 프로세스에 의해 관리되기보다는 프로세스를 함께 관리하려고 노력해야 한다. 찰리 채플

린의 유명한 패러디인 모던 타임즈는 이러한 협업 프로세스 관리가 부재할 때 어떤 일이 일어나는지를 보여준다.

경계boundaries. 팀의 경계는 단순히 누가 급여를 받는가의 문제가 아니다. 예를 들어, 경영진 팀에는 영향력 있는 컨설턴트(또는 코치)와 같은 보이지 않는 감독shadow director을 포함할 수 있다. 마찬가지로 팀 내에 경계가 있을 수 있으며, 수행하는 전문적인 작업이나 다른 동료보다 일부 동료에 대해 느끼는 더 큰 동료애comradeship로 인해 별도의 하위 정체성sub-identity을 갖는 파벌이 있을 수 있다. 중요한 것은 멤버십과 내부자 또는 외부자를 구성하는 요소에 대한 집단적인 감각이다. 집단적 정체성이 없다면, 팀은 빠르게 해체될 가능성이 크다.

컨설턴트, 퍼실리테이터, 코치 등 팀과 함께 일하는 사람에게 가장 큰 위험 중 하나는 누가 팀 안에 있는지, 팀 밖에 있는지 사이의 경계가 모호해진다는 것이다. 중간 상태는 권한이나 책임 없이 영향력을 부여하며 이는 급속한 갈등과 혼란의 원인이 될 수 있다.

안정성stability. 팀의 중요한 특성으로서 안정성에 대한 해크먼의 견해는 다른 유형의 팀 내 학습 접근 방식에 관한 우리의 연구에서 뒷받침되지 않는다(10장 참조). 모든 팀이 멤버 구성memberhip이나 수명 면에서 안정적이지는 않다. 많은 팀이 특정한 단기적인 과업을 위해 만들어졌다. 멤버 구성은 빠르게 변경될 수 있다. 한 조직에서 60명의 관리자로 구성된 청중에게 그들 가운데 몇 명이 6

개월 이상 같은 팀에 있었는지 물었다. 소수만이 손을 들었다. 그렇지만 모두가 자신들이 현재 팀의 일원이라고 확신했다. 멤버 구성과 지속 기간 모두 불안정한 팀의 또 다른 예는 바바리안스와 같은 럭비 팀인데, 이들은 보통 서로 함께 경기를 하지 않는 다른 국가의 선수들로 구성되어 있으며, 팀의 다른 모든 특성을 보여주면서, 강력한 단위로 빠르게 이동할 수 있다. 이러한 협업의 일관성은 경기 중에 구성원들이 교체될 때도 계속된다. 공유된 협업 루틴을 따르는 능력은 안정성 그 자체보다 더 중요한 요소로 보인다.

사회 시스템의 일부가 되는 것. 이는 축복과 저주를 동시에 가져다준다. 조직은 적절한 행동을 정의하는 데 도움이 되는 지원, 자원 및 광범위한 문화적 규범을 제공할 수 있다. 그러나 이는 또한 제약 조건이 되어, 자원에 대한 접근을 제한하고, 팀의 노력을 저해하거나 그렇게 하는 것처럼 보이는 규칙을 부과할 수도 있다. 조직 전체의 편의를 위해 설계된 시스템은 팀의 효과성에 유리하게 작동하지 않을 수 있으며, 그 반대의 경우도 마찬가지다. 예를 들어, 가장 재능 있는 팀원이 다른 곳에서 새로운 역할로 승진하는 것은 조직에 이익이 될 수 있다. 만약 팀이 이것을 해롭다고 생각하면, 성과 저하로 이어질 가능성이 크고 리더는 사람들에게 매달리려고 할 수 있다. 반면에 이것을 새로운 아이디어와 스킬을 갖춘 새로운 피를 수혈받는 환영 받은 기회로 생각한다면, 그 반대일 수도 있다.

우리는 이 책의 후반부에서 시스템 차원에 관해 더 자세히 살펴보겠지만, 여기에서는 팀이 여러 시스템으로 구성되어 있고, 그 가운데 일부는 팀 바깥의 시스템과 상호작용하며, 이러한 복잡한 역동은 대부분 관찰되지 않고 무의식적으로 발생한다고 언급하는 것만으로도 충분하다.

저자의 연구에서(Clutterbuck, 1998) 팀 리더, 팀원, 인사 전문가에게 팀에서 일하는 것과 그룹에서 일하는 것의 차이를 어떻게 보는지 설명하도록 요청했다. 그들이 응답한 내용에는 앞서 말한 대부분 특징뿐 아니라 여러 가지 추가적인 요소가 포함되어 있었다. 특히 팀 구성원은 다음과 같다.

- 그룹 구성원보다 더 체계적이고 다양한 형태의 의사소통을 사용한다. 팀원은 공식적이든 비공식적이든 다양한 수준에서 의사소통하고, 의사소통의 질을 유지하는 데 에너지를 투자한다.
- 서로 도움을 주고받는다. 팀원들은 다른 팀원이 도움이나 격려가 필요할 때를 인식하고, 자신의 업무 우선순위에서 벗어나 동료를 지원하는 데 시간을 쏟는다.
- 자신의 이익과 팀 전체의 이익이 충돌하는 상황에서 개인적인 불편이나 불이익을 감수한다. 예를 들어 다른 팀원의 필요가 더 시급하므로 새 컴퓨터 구입을 보류하는 경우가 있다.
- 업무와 동료의 필요에 맞게 역할과 행동을 조정한다. 특정 유형의 업무(예: 조립 라인 제조)는 이러한 유연성이 떨어지지만, 모

든 진정한 팀은 사람들이 다양한 상황의 요구를 충족하기 위해 자신이 하는 일을 조정할 수 있는 능력을 갖추고 있다.

팀이 목표를 효과적으로 달성할 수 있는지(즉, 수행할 수 있는지)는 많은 요인에 의해 영향을 받으며, 이는 3장의 뒷부분에서 살펴보고자 한다. 여기에는 도구, 돈, 공간, 그리고 역사적 이야기와 같은 팀이 사용할 수 있는 자원이 포함된다. 정신건강 간호사 팀을 예로 들면, 다음과 같은 경우 팀처럼 행동하는 것은 어렵다.

- 그들의 작업량이 제대로 수행할 수 있는 정신적, 육체적 역량의 두 배에 이른다(시간 자원).
- 교대 근무 패턴으로 인해 동료 관계를 개발하기가 어렵다(사회적 자원).
- 환자 복지에 대한 높은 수준의 긍휼감과 헌신이 팀 가치에 알맞은 서비스 품질을 제공하지 못하는 집단적, 개인적 죄책감에 의해 약해진다.

내부적인 요인도 팀 성과와 팀이라는 느낌에 영향을 미칠 수 있지만, 외부의 시스템적인 요인도 이러한 팀의 주요 장애물이 되는 경우도 많다.

이것은 진짜 팀인가?

아래 15개의 질문은 저자와 저자가 훈련한 많은 팀 코치가 결국 논리적으로 연결되는 질문인 "당신은 얼마나 팀이 되고싶고 필요로 하는가?"로 이어지는 집단적 대화의 기회로 활용하는 것이다.

1. 우리는 함께 성취하고자 노력하는 것이 무엇인지 명확하게 이해하고 공유하고 있다.
2. 우리는 우선순위를 명확하게 이해하고 공유하고 있다.
3. 우리는 흔히 개인의 우선순위보다 공동의 우선순위를 중시한다.
4. 우리는 각자의 역할에서 서로의 역량을 확신한다.
5. 우리는 서로를 향해 강한 선의goodwill를 가지고 있다.
6. 우리는 어려운 주제에 관해 진심으로 열린 대화를 나눈다.
7. 우리는 갈등을 잘 관리할 수 있는 잘 이해된 행동 규범을 가지고 있다.
8. 우리는 정기적으로 우리의 가설에 도전한다.
9. 우리는 높은 수준으로 서로 의지한다.
10. 우리는 팀의 성과에 대해 상호 책임을 진다.
11. 우리는 누가 팀에 있고 누가 그렇지 않은지 매우 명확하다.
12. 우리는 함께 성취하는 것에서 가치를 느낀다.

13. 우리는 개인의 전문성에 따른 리더십의 변화를 허용한다.
14. 우리는 공동 목표에 대한 진행 상황을 측정한다.
15. 우리는 우리 자신과 서로의 지속적인 발전을 책임진다.

그룹이 얼마나 팀이 되기를 원하고 필요로 하는지에 대한 질문은 팀원들이 정기적인 정보 교환으로는 스스로 이룰 수 없었던 긴밀한 협업과 상호의존성을 통해 달성할 수 있는 것들을 고려함으로써 시작될 수 있다. 이것이 항상 명확한 것은 아니다. 저자가 함께 일한 한 팀은 대학에서 비학술적 기능의 다양한 측면을 담당하는 8명의 관리자로 구성되어 있었다. 그들과 새로운 팀 리더는 모두 자신들이 하나의 팀이 되어야 한다고 느꼈지만, 그들 사이에는 업무 상호의존성이 거의 없다는 것을 인식했다. 예를 들어, 체크포인트 check-point 위치에 대한 시설부서와 보안부서 간의 협의 등 협업이 필요한 문제가 발생하면 보통 이중적으로 나누어 업무가 진행되었다. 팀이 되고 싶다는 본능은 그들이 서로에게서 배우고 지원할 방법을 탐구하도록 이끌었다. 이는 우리가 친밀한 혈연관계를 추구하는 것과 비슷하다. 초기의 돌파구는 각자 다른 사람에게 도움이 될 수 있는 다양한 스킬을 인식한 것이었지만, 그룹에서 팀으로의 전환은 한 구성원이 큰 불안을 야기하는 딜레마를 제시했을 때 일어났다. 이는 소시오패스와 같은 행동을 하는 직원이 병가 후 직장에 복귀하는 문제와 관련되어 있다. 다른 팀원들은 a) 누구에게나 이런 일이 일어날 수 있다는 점과 b) 그러한 상황에 대해 일관되고 실용적인 접근 방식이 필요하다는 점을 바탕으로 모였다. 이후에 팀 회의 안건에 대한 업무 조정은 아직 거의 없었지만, 앞으로 모든 팀원은 그들의 가장 큰 걱정거리를 자유롭게 논의할 수 있게 되었고, 팀의 다른 사람들이 필요할 때 공동 코칭과 실질적인 지원을 제공하는 것을 자신의 역할 일부라고 인식하게 되었다.

팀 유형

팀에 관한 많은 연구와 글은 그룹을 팀과 혼동할 뿐만 아니라, 팀은 다 똑같다고 가정한다. 팀 사이의 목적, 구조 또는 근본적인 역동의 차이에 대한 이해나 인식은 거의 없이, 예를 들어 스포츠 또는 음악과 같은 하나의 맥락에서 팀 사이의 유사점을 도출한다. 업무 맥락 내에서도 팀 사이에는 매우 큰 차이가 있으므로 코치는 이를 인지하고 고려하여 개입을 고안할 필요가 있다.

지난 20년 동안 배운 큰 교훈 가운데 하나는 일반적으로 그룹과 팀 사이에 선명하고 분명한 경계가 없다는 것이다. 조직에서 가장 일반적으로 볼 수 있는 것은 유사 팀$_{quasi-team}$으로 그룹과 팀 측면이 모두 있다. 또 이러한 유사 팀이 그룹으로서, 팀으로서, 또는 하이브리드로서 가장 좋은 성과를 낼 것인지도 불분명할 수 있다. 사실상 이 분야의 모든 연구는 그룹이나 팀 가운데 하나, 또는 둘 다에 초점을 맞추었지만 그 사이에는 초점을 맞추지 않았다. 코치나 프로세스 컨설턴트의 경우, 그룹이나 유사팀이 팀 특성을 좀 더 갖추면 더 나을 것이라는 자동적인 가정은 의심스럽다. 예를 들어, 준공식적인 링크드인 그룹은 팀의 의무와 상호의존이 어렵기 때문에 실질적인 참여와 창의적인 공동 창출이 가능하다.

단순 비유의 문제점

직장에서의 코칭과 스포츠에서의 코칭에 대한 비유는 흔한 일이고 자주 오해를 불러일으킨다. 스포츠에 비유하면 코치(감독)는 터치라인의 리더, 즉 팀이 자신감과 역량을 쌓는 데 도움을 주지만 뒤로 물러서서 팀 스스로 잘하든 못하든 내버려 두는 사람으로 본다. 현장에서는 주장이 주도권을 잡으며, 그들의 역할은 코치와는 별개이다. 이러한 모델은 외부 코치가 팀과 팀 리더, 때로는 오직 팀 리더와 함께 일하는 조직에서 볼 수 있다. 그러나 직장에서는 팀 리더와 팀 코치가 동일한 사람이기를 기대하는 것이 훨씬 더 일반적이다.

스포츠 비유를 예리하게 관찰한 로버트 카이델Robert Keidel(1987)은 스포츠 팀이 구조와 역동 측면에서도 서로 다르다고 지적한다. 그는 리더가 조직에 부적절한 스포츠 모델을 강요함으로써 발생한 기업 재난에 대한 목록을 제공한다. 야구, 미식축구, 농구는 겉으로는 비슷해 보이지만 몇 가지 근본적인 면에서 다르다.

첫째, 상호의존성의 수준이 다르다. 야구에서 팀원의 기여도는 상대적으로 서로 독립적이다. 언제든지 소수의 선수만이 활동에 관여한다(크리켓도 비슷하다). 팀의 성공은 개인의 성과에 의해 크게 좌우된다. 카이델은 이를 공동 상호의존성pooled interdependence이라고 부른다. 미식축구는 선을 넘어 안정적인 추진력을 얻기 위해 순차적인sequential 상호의존성을 필요로 한다. 성공은 팀 내 전문가 집단 구성원의 협력에 달려 있다. 농구는 호혜적reciprocal 상호의존성이 필요하다. 각 선수는 대체로 예측할 수 없는 경기 흐름에서 다른 선수를 도울 준비가 되어 있어야 한다. 그러므로 기본 단위는 팀 그 자체이다.

둘째, 야구에서는 선수들이 경기장 전체에 분산되어 있어 선수들의 밀집도가 매우 낮다. 미식축구에서는 선수들이 한데 뭉쳐 있다. '선수들이 유연하고 열린 방식으로 팀 동료와 연결되는' 농구에서 선수들의 밀집도가 가장 높다.

카이델은 이러한 요소가 팀 관리에 있어 조정coordination, 관리 역량management competence 및 개발 초점development focus이라는 세 가지 측면에 영향을 미친다고 주장한다. 조정은 야구에서 주로 경기의 형식적인 구조와 복잡한 규칙을 통해 이루어진다. 즉 미식축구에서는 '계획과 계층적 방향'을 통해, 야구에서는 선수들의 상호 조정에 의해 이루어진다.

야구에서 매니저나 감독의 역할은 각 선수들이 최상의 경기를 펼칠 수 있는 환경을 만드는 것이다. 따라서 수퍼비전과 통제에 관해서는 상당히 가볍게 다루지만, 개인을 개발하는 데는 높은 집중력이 필요하다. 이에 비해 미식축구에서 매니저나 감독의 역할은 상당히 적극적으로 이루어지며, 경기를 분석하고, 계획을 수립하며, 움직임이 일상화될 때까지 선수들을 함께 훈련시킨다. 개발은 각 전술을 실행에 옮길 하위 그룹에 중점을 둔다. 농구에서 매니저나 감독은 팀이 서로에게 방해되지 않고, 정확히 올바른 방식으로 협력할 수 있도록 통합하는 역할을 한다. 개발의 초점은 팀 전체에 있으며 사회적, 기술적 통합에 모두 적용된다.

관리 접근 방식에 근거한 잘못된 모델을 선택하는 것은 스포츠 팀에 심각한 결과를 초래할 수 있다. 마찬가지로 비즈니스 팀에 잘못된 스포츠 비유를 적용하는 것은 비즈니스 팀의 이행 능력을 손상할 수 있다. 영업팀은 야구팀, 조립라인은 미식축구팀, 다기능 프로젝트 팀은 농구팀과 가장 큰 공통점을 가지고 있다.

코치나 관리자가 얼마나 직접 참여해야 하는지, 개인과 하위 그룹 간의 상호의존성에 얼마나 밀접하게 집중해야 하는지, 개인, 그룹 또는 팀 개발에 얼마나 중점을 두어야 하는지를 파악하는 데 비유가 도움이 될 수 있다. 스포츠 비유를 잘 활용하는 것은 업무 사이의 핸드오프의 중요성을 이해하고 전략적 인적자원 관리와 협력을 구축하는 측면에서 매우 드러날 수 있다.

그렇지만 모든 비유는 부분적인 비교일 뿐이다. 하버드 경영대학의 낸시 카츠$^{Nancy\ Katz}$(2001)는 스포츠 비유를 따르는 것의 장단점을 심도 있게 살펴보았다. 그는 잘못된 스포츠 모델을 선택하는 것 외에도 다음과 같은 일반적인 실수가 있다고 결론지었다.

- **코칭과 관리를 혼동하는 것**. 코칭은 중요하지만 구조적 변수(예: 과제 및 팀 자체, 그리고 필요한 자원 확보에 대한 설계)를 정확하게 파악하는 것보다 팀에 미치는 영향이 적다.
- **다리가 아닌 경계를 만드는 것**. 모든 사람이 스포츠 비유에 잘 반응하지는 않으며, 많은 사람이 지루해할 수 있다. 미국에 본사를 둔 한 컨퍼런스 기관에서는 현지에서 유명한 스포츠 코치를 기조 연설자로 두었는데, 그는 청중이 스포츠 측면에 대한 비유를 이해할 것이라고 가정했다(아직도 그것이 어떤 경기였는지는 확실하지 않다). 안타깝게도 청중 대부분은 미국 이외의 지역에서 왔고, 연설 내용을 이해할 수 없었다!
- **승리만이 유일한 것이라고 가정하는 것**. 비즈니스에서는 고려해야 할 훨씬 더 광범위한 윤리적 문제가 많이 있다. 카츠^{Katz}는 사람들이 직장의 윤리적인 복잡성을 무시하도록 권장될 수 있기 때문에 '승리가 전부다'라는 철학을 전파하는 것은 매우 위험할 수 있다고 말한다.

마찬가지로 오케스트라와 팀 간의 비유도 타당성이 제한되어 있다. 이 비유는 피터 드러커에 의해 처음으로 널리 퍼졌으며, 많은 유명한 지휘자가 경영 콘퍼런스의 참가자에게 팀워크를 보여주는 수익성 있는 부업을 하도록 이끌었다. 재즈 밴드의 비유는 가장 열렬한 지지를 받았다.

메리 해치Mary Hatch와 칼 위크Karl Weick는 재즈 은유에 대한 열정적인 사례를 제시하는데, 이는 팀과 재즈 밴드 모두 다른 팀원들의 활동, 강점 및 스킬에 대한 끊임없는 즉흥성과 주의를 요구한다는 사실에 근거한다. 그들은 재즈 은유의 강점이 '계획하고 예상하는 것에 대한 대안으로서 즉흥성과 회복력을 보여주는 것'에 있다고 말한다. 물론 구조와 프로세스는 상업적인 성공과 발전에 중요하지만, 단지 하나의 요소에 불과하다. 20년 전 저자가 독창적인 기업을 대상으로 실시한 연구에서(Clutterbuck, 1999), 와우 토이즈Wow Toys와 벤 앤 제리Ben & Jerry's를 포함한 매우 성공적인 조직들을 발견했는데, 이 조직은 고객과의 지속적인 학습 대화를 위해 정형적인 사업 계획을 포기했다. 일반적으로 시스템이 포괄적일수록, 사람들은 변화하는 요구에 대한 대응에서 민첩성이 떨어질 수 있다. 계획이 잘못되었을 때 성과에 중요한 요소는 팀이 문제를 인식하고 대응하는 속도와 그것을 스스로 털어내고 새로운 길을 모색하는 회복탄력성resilience이다. 애자일 팀과 '스크럼'(McCann & Selsky, 2012)에 대한 더 최근의 연구는 이러한 견해를 뒷받침한다.

이 은유의 한계는 해치와 위크가 뒤 이어 논의하는 바와 같이, '재즈 음악가들은 무대에서 관객들을 향한 것이 아니라 서로를 향한 일련의 음악적 상호작용을 통해 그들의 음악을 발전시킨다'라는 사실을 포함한다. 이 그룹은 자기 방임self-indulgence의 수단이 된다. 이러한 특성을 가진 작업 그룹(예를 들어, 다수의 프리마돈나에 대한 법률 업무)이 있지만, 이들이 팀이 될 수 있는지는 논쟁의 여지가 있다. 게다가 팀은 매우 다양한 수준의 상호의존성으로 운영된다.

팀 역동에 대한 다양한 연구자들은 팀 유형을 분류하는 매우 다양한 방법을 개발했다. 해크먼(1987, 1990)의 유형론은 누가(리더/관리자 또는 팀원) 무엇에 책임을 지는지에 기반을 두고 있다. 팀원들은 항상 과제 실행에 대한 책임을 지고 있지만, 성과 프로세스를 모니터링하고 관리하고, 그룹이 기능하는 방식을 설계하고, 그룹이 더 넓은 조직에 적합한지를 살펴보거나 상호작용하는 방식을 설계할 수도 있고 그렇지 않을 수도 있다. **관리자가 이끄는 팀**manager-led team에서 관리자는 목표가 무엇인지, 팀이 어떻게 구성되는지를 결정하고 팀의 성과를 감독한다. 관리자는 팀 외부의 프로세스, 구성원의 선택과 상호작용을 통제한다. **자기 관리 팀**self-managing team에서 관리자는 목표와 팀이 운영하는 맥락에 대한 책임을 맡지만, 팀원은 프로세스를 관리한다. **자기 설계팀**self-designing team은 한 단계 더 나아가 자체 목표를 설정하는 책임을 진다. 관리자는 외부로부터 자원과 보호를 제공한다. 마지막으로 **자치 팀**self-governing team은 조직 맥락을 설계하는 것뿐만 아니라, 우리가 무엇을 해야 하는지, 왜 해야 하는지에 대한 책임을 진다. 이사회는 이러한 팀의 전형이지만, '협업적 독립성collaborative independence'을 보여줄 것으로 기대되므로 결코 진정한 팀이 될 수 없다.

이러한 분류의 유용성은 두 가지 기준, 즉 팀 유형을 얼마나 쉽게 구분할 수 있는지와 서로 다른 상황에 얼마나 명확하게 이 유형들을 관련시킬 수 있는지에 달려있다. 첫 번째 기준에서 이러한 팀 유형 간의 구별 방식은 문제가 있다. 팀은 설정된 과제에 따라 두 가지 이상 유형의 특성을 나타낼 수 있다.

이전 연구(Clutterbuck & Kernaghan, 1994)에서 관리자나 조직이 안전하게 책임을 위임할 수 있는 정도를 기준으로 작업 유형의 계층 구조를 확인했다. '재량의 계층 구조hierarchy of discretion'는 완전히 규정적인 프로세스(예를 들어, 텔레마케팅 직원이 엄밀한 스크립트에 맞춰 작업하는 것)부터 자신의 기준 프레임 내에서 수행하는 작업과 방법을 모두 정의하는 자체 정의 작업 팀에 이르기까지 다양하다. 팀의 자체 관리 수준을 결정하는 요소는 다음과 같다.

- 영향력 있는 외부인들이 인식하는 그들의 전문성
- 관련된 위험의 정도(인식된 위험이 클수록 필요한 통제 증가)
- 필요한 혁신 또는 독립적 사고 수준(혁신이 더 많이 요구될수록 더 많은 재량권이 부여됨)

- 더 적은 위험을 처리한 이력
- 프로세스 통제와 결과 통제 사이에서 강조 균형. 결과에 대한 낮은 통제와 프로세스에 대한 높은 통제는 관료제 시스템에서 볼 수 있는데, 예를 들어 보조금 지급에서 의도된 수혜자가 규칙을 따라야 하기 때문에 때로는 권리를 놓치거나 기다려야한다. 결과에 대한 높은 통제와 프로세스에 대한 낮은 통제는 훨씬 더 높은 수준의 재량과 위임을 주장할 수 있다. 두 가지를 모두 통제해야 할 필요성이 낮은 것은 드문 상황으로, 예를 들어 결과가 불확실하고 프로세스 실험이 업무의 일부로 예상되는 대학 기초 연구 환경에서 자주 발견된다. 프로세스와 결과 모두에 대한 높은 통제 필요성은 역설적으로 시스템 설계에 대한 높은 수준의 참여와 관리자 주도의 높은 수준의 모니터링을 모두 요구할 수 있다.

   환경이 변화하고 팀의 역량과 경험이 진화함에 따라 책임의 분배도 변화할 필요가 있다. 따라서 해크먼의 팀 유형은 경계가 있는 분류가 아니라 변화하는 스펙트럼의 지점으로 보아야 한다.
   두 번째 기준인 팀 유형을 특정 상황과 얼마나 명확하게 연관시킬 수 있는지에 대해서는 더 긍정적일 수 있다. [표 2.1]은 각 팀 유형의 장단점을 보여준다.

[표 2.1] 해크먼의 팀

팀 유형	장점	단점	적합한 상황
관리자 주도	• 시작하기에 쉽고 비용 효과적 • 업무의 명확성 • 책임의 명확성	• 관리자가 과도하게 확장될 수 있음 • 프로세스에 의문을 제기하지 않음 • 목표가 이해/ 공유되지 않을 수 있음	• 역할과 목표가 명확한 간단한 작업 • 위험도가 높은 상황
자기 관리	• 헌신 • 동기 유발/사기 • 창의성	• 진행 상황을 평가하기 어려움 • 토론에 많은 시간이 필요	• 분산 운영: 각 팀이 지리적 영역이나 개별 시장을 가지고 있고 다른 팀에 비해 비교적 독립적
자체 설계	• 헌신 • 동기 유발/사기 • 창의성	• 진행 상황을 평가하기 어려움 • 갈등의 소지가 많음 • 잠재적으로 책임에 대한 명확성이 떨어짐 • 합법성	• 복잡하거나 정의가 잘못되었거나 모호한 문제 • '블루 스카이' 개발
자치	• 운영과 사고의 독립성	• 자기 영속적으로 될 수 있음 • 견제와 균형의 결여	• 심각한 문제 조사(예: 병원 내 MRSA – 메티실린 내 성황색포도알균)

팀 유형에 대한 또 다른 견해는 에드먼슨^{Edmondson}(1999)에게서 나왔는데, 그는 해크먼의 분류를 팀이 진행할 수 있는 세 가지 스펙트럼 가운데 하나로 보고 있다.

• 교차 기능 – 단일 기능
• 한시적 – 지속적
• 관리자 주도 – 구성원 주도

팀의 역동은 이러한 차원들의 조합에 따라 달라진다. 따라서 단순한 제조 조립 팀은 반영구적이지만, 높은 수준의 자율성을 가지고 운영될 수 있다.

몇 년 전에 관찰했던 이러한 팀 가운데 하나는 자동차 거울을 만들었다. 그들은 기계 작동, 작동 방식 계획, 그리고 가장 중요하게는 얼마나 오래, 언제 일할지 완전히 통제했다. 그들은 생산 품질에 대한 책임은 있었지만(자율성이 낮은 다른 팀은 즉각적이고 비공식적인 점검을 했지만), 자체 생산 목표는 설정하지 않았다. 비록 그들은 관리자가 주도하는 방식으로 운영되는 통제 그룹의 팀보다 훨씬 짧은 시간을 일했지만, 생산성, 품질, 고객 서비스의 모든 측면에서 성과가 더 높았다.

다른 팀은 단기적이고 긴급한 프로젝트를 관리하기 위해 다양한 다른 팀의 사람들로 구성될 수 있으며, 요구 사항을 자세히 이해하고 다른 팀 구성원들을 더 자율적인 접근이 가능한 지식 수준으로 끌어올리기에는 시간이 부족하다고 인식하는 관리자에 의해 비교적 실제적인 방식으로 이끌어질 수 있다.

또 다른 유형론은 팀 내 업무 흐름에 근거한 분석이다. 리차드 라틀리프Richard Ratliff와 동료들(1999)의 네 가지 분류는 다음과 같다.

- **단순 작업 팀**. 많은 생산량을 달성하기 위해 기본적으로 동일한 작업을 수행하는 여러 사람으로 구성된다. 예를 들어 선거에서

투표 수를 계산하는 집계원이나, 각 운영자가 동일한 다중 구성 요소 부품을 구성하는 조립 작업과 같은 것이다.

- **릴레이 팀**. '일련의 작업이 대상(상품 또는 서비스)에 대해 지정된 순서로 수행되어야' 하는데, 대상은 한 사람에서 다른 사람에게 순서대로 전달되어야 한다. 예를 들어, 맥도날드에서 샌드위치를 만드는 것과 장거리 우편 배달이 있다.
- **통합 작업 팀**. 동시에 수행되는 여러 작업을 하며 제품으로 생산하기 위해 관련된 다양한 작업을 결합한다. 예를 들어, 병원 연극팀과 도서 제작이 있다.
- **문제 해결 팀**. 구조, 경계, 때로는 정의조차 명확하지 않은 문제를 해결하기 위해 다양한 기술과 지식이 결합된다.

팀 규모

라틀리프와 같은 분석은 [표 2.2]에서 알 수 있듯이 적절한 팀 규모를 결정하는 데 도움이 될 수 있다.

[표 2.2] 적정 팀 규모 산출

팀 유형	규모 산출 기준
단순 작업 팀	작업량, 작업 가능한 시간, 한 사람이 주어진 시간 내에 할 수 있는 일의 양
릴레이 팀	순차적 작업 간의 차별화 정도, 병목 현상과 유휴 자원을 방지하기 위한 작업 할당의 균형 조정, 사이클 소요 시간
통합 작업 팀	업무 간 차별화, 택takt 타임– 생산 가능 시간을 필요한 양으로 나눈 시간(제품 하나당 소요되는 생산 시간)
문제 해결 팀	해결에 큰 영향을 미치는 문제의 관점에 대한 수

팀 규모에 영향을 미치는 다른 요소는 다음과 같다.

- **예비 팀원의 필요 여부**. 예를 들어, 소방대원은 일반적으로 심각한 비상 상황에 대처하기 위해 각 팀 내, 그리고 예비 팀에 예비 대원을 보유하고 있다.
- **기술적인 역량 필요**. 이는 일을 하는 데 있어 현실적인 한계를 나타낸다. 라틀리프와 그의 동료들은 비좁은 공간과 즉각적인 의사소통의 필요성으로 인해 참석 인원이 제한되고, 주의를 기울이는 능력의 한계로 원격 기술을 통해 참여하여 조언을 제공할 수 있는 사람의 수가 제한되는 수술실의 예를 사용한다.
- **사회적 요구**. 사람들이 정서적, 심리적으로 어떻게 팀과 관계를 맺는지와 관계가 있다. 일정한 규모를 넘어서면, 사람들은 자신이 누구인지, 자신의 역할이 무엇인지에 대해 서로 친밀감을 유

지하는 것이 어려워지고, 결과적으로 팀에 대한 개인적 정체성이 줄어든다.

라틀리프의 연구에 따르면 단순한 팀의 경우 일반적인 제한은 15명, 통합 팀의 경우 5~8명, 문제 해결 팀의 경우 최대 10명이다. 적게는 2~3명에서 많게는 24명에 이르는 릴레이 팀의 이상적인 최대 규모를 정의하기는 더 어렵다. 실용적인 관점에서 편안한 규모의 사회적 그룹을 형성하려는 사람들의 요구는 너무 큰 작업 그룹 내에 하위 그룹을 만들도록 이끌 것이고, 이는 각 집단이 다른 집단과의 관계를 어떻게 보는지에 따라 팀 응집력과 성과에 긍정적이거나 부정적일 수 있다.

팀 규모에 관한 다른 연구(Olson & Branch, 2002)는 그룹 규모가 클수록 다음과 같다고 말한다.

- 팀원들의 만족도가 낮다.
- 생산성이 낮다.

다른 사람들이 해이할 것이라는 기대로 인해 개인의 노력이 감소하는 '사회적 태만'을 경험하는 경향이 크다. 프랑스 엔지니어(Ringelmann, 1913)가 무거운 짐을 끄는 팀들을 대상으로 한 독창적인 실험은 개인이 혼자서 노력하는 평균적인 양이 8명으로 구성된 팀에서 일할 때 같은 개인이 쏟는 노력에 비해 약 두 배 이상 많다는 것을 발견했다. 그러나 높은 성과를 나타내는 팀에서 예상할 수 있듯이 그 그룹이 매우 응집력이 있다면 그 효과는 훨씬 작고 (Karau & Williams, 1997), 사람들은 능력이 낮은 동료들과 일할 때 실제로 더 큰 노력을 할 수 있다.

팀 학습 방법

이는 뒤에 나올 10장 전체의 주제이다. 팀들과 자주 나누는 논의 가운데 하나는 팀이 변화의 속도에 맞추거나, 그보다 조금 앞서 있도록 적응하는 방법에 관한 것이다. 여기서 두 가지 특정한 개념이 중요하다. 하나는 변화 역량으로, 팀이 외부에서 오는 현재와 미래의 변화를 인식하고 대응하는 방법, 그리고 팀의 프로세스와 행동이 적응을 방해하기보다는 지원하는 방법이다. 다른 하나는 회복탄력성으로, 특히 변화가 팀의 상태, 기능 또는 존재 이유에 어느 정도의 위협을 가할 때, 팀이 예측하지 못한 변화에 어떻게 대응하는지에 관한 것이다. 고전적인 변화 모델(예: Kubler-Ross, 2005)은 충격, 부정, 분노, 우울, 수용 및 통합의 여러 단계를 아우른다. 이 단계들은 여전히 어느 정도 유효하지만, VUCA 세계에서는 애도의 시간이 불가능하거나 기껏해야 사치스러운 것일 수도 있다. 빠르게 진화하는 환경에 더 적합한 변화 곡선은 다음과 같다.

- 여러 변경 옵션을 예상한다.
- 각각의 가능성에서 긍정적인 잠재력을 찾는다(주요 고객을 잃는 것은 새롭고 더 수익성이 높은 고객을 확보하는 데 집중할 수 있도록 주의와 에너지를 확보해준다면 기회가 될 수 있다). 훨씬 더 어려울 때, 충격에 휩싸일 게 아니라, 그 사건 전에 상상력을 발휘하라.
- 신속한 변화를 계획하라. 어떤 자원이 필요한가? 어떤 지식과 정보인가? 무엇이 우리를 에너지에 다시 집중시키고, 빠르게 나아갈 수 있게 해 줄 것인가?
- 빠르게 변화를 일으켜서 뒤를 돌아볼 시간이 없도록 하라. 슬퍼하거나, 무엇이 잘못되었는지를 분석하는 데 큰 노력을 기울이는 대신, 새로운 상황에 즉시 적용할 수 있는 교훈에 집중하라.

[그림 2.1] 변화 회복력

다양한 관점의 가치

팀을 바라보는 이러한 다양한 시각은 팀을 구별하는 단순한 방법이 없고, 아무도 할 수 없다는 것 이외에 무엇을 말해주는가? 첫째, 팀이 정말로 팀인지에 대한 여부는 어떤 종류의 접근 방식이 필요한지, 팀이 습득해야 할 학습은 무엇인지, 또는 그룹이 어찌되었든 팀이 되기를 원하는지 아니면 팀이 될 필요가 있는지를 재평가를 하는 데 매우 유용한 출발점이 된다. 하나의 그룹이나 여러 상호 보완적인 그룹을 성공적으로 이끄는 것은 특히 대규모 조직의 최고위층에서 가능하다(Katzenbach, 1998). 실제로 회사의 이사회 구조는 임원과 비임원이 지나치게 편해지는 것을 방지하기 위해 설계되는 경우가 많다.

둘째, 팀, 외부 퍼실리테이터, 또는 팀과 함께 일하는 코치가 어떻게 기능하는지에 대한 역동을 이해하기 위해 적용할 수 있는 관점이 많을수록 성과 문제를 해결할 수 있는 해결책의 범위가 넓어진다. 셋째, 관점의 다양성은 그 자체로 학습 다이알로그의 유용한 자원이다.

팀워크

팀워크는 누구나 알고 있지만 정의하기 어려운 단어 가운데 하나다. 팀에서 일하는 것 working in a team 이 반드시 팀으로서 일하는 것 working as a team 과 같은 것은 아니다. 협업은 의지, 헌신, 효율성 및 효과성의 다양한 형태로 나타난다. 더 실용적인 구성은 팀워크의 질 (Hoegl & Gemeunden, 2001)로, 잘 관리된 협업에 내재한 광범위한 과업과 행동적 상호작용을 포괄한다.

팀워크 품질은 다음과 같은 여섯 가지 요소를 포함한다.

- **의사소통** – 팀워크를 지원하는 의사소통은 적절하게 자주, 공식화되고, 구조화되고 개방적이다. 여기서 '적절하다'라는 단어가 중요하다. 다양한 팀 작업과 다양한 팀 구조에는 이러한 각 자질의 다양한 수준이 필요하다. 정기적이고 긴밀한 안건 회의에서는 의사 결정과 운영 검토가 중요하고, 복도에서의 임시 회의나 온라인에서의 비공식적인 교류는 관계의 질을 높이고 아이디어를 전달하는 데 중요하다. 행동에 대한 열린 대화는 일반적으로 바람직하지만, 팀이 긴급한 활동에 초점을 맞추고 상황상 성찰과 냉엄한 정직에 더 도움이 될 때까지 때로는 신중함을 양보해야 할 수도 있다.
- **조정** – 조정은 각 구성원이 어떻게 그리고 무엇을 기여하고 있

는지에 대한 공통된 이해 수준, 그리고 그들 기여 사이의 상호
관계에 관한 것이다. 여기에는 명확한 목표와 우선순위가 필수
적이다.

- **구성원 기여의 균형** – 팀의 모든 사람은 자신의 지식과 경험을
  최대한 활용하고 제공한다. 지배적인 개인은 다른 사람의 생각
  과 견해를 억압하지 않는다.
- **상호 지원** – 경쟁적인 사고방식이 아닌 협력적 사고방식을 갖
  는다. 상호 존중을 보여주고, 도움을 주고, 다른 사람들의 생각
  을 발전시킨다.
- **노력** – 작업량에 대한 긍정적인 기준을 갖고, 다른 의무보다 팀
  과업에 우선시한다.
- **응집력** – '함께 뭉치는 것'. 팀 구성원들이 서로 얼마나 좋아하
  고 잘 지내는지, 팀 과제에 얼마나 헌신적인지, 그리고 이 그
  룹의 일원이 된 것에 얼마나 자부심을 느끼는지 등(Mullen &
  Copper, 1994) 세 가지 요소로 구성된다.

팀워크에 필요한 지식knowledge, 스킬skill 및 역량ability(KSA)에 대한
포괄적인 개요(Stevens & Campion, 1994)는 세 개의 대인 관계
KSA와 두 개의 자기 관리 KSA로 확인한다. 대인 관계 KSA는 다음
과 같다.

- **갈등 해결** – 갈등의 가능성을 인식하고 이를 관리하여 상생의 결과를 달성하는 것
- **협력적 문제 해결** – 문제를 함께 해결하는 시기와 방법을 아는 것
- **커뮤니케이션** – 네트워크 이해 및 사용, 개방적이고 지지적인 의사소통, 효과적인 경청, 비언어적 의사소통 및 사회적 의사소통

자기 관리 KSA는 다음과 같다.

- **목표 설정 및 성과 관리** – 구체적이고 도전적이며 수용 가능한 팀 목표 설정, 모니터링 및 피드백 제공
- **계획 및 작업 조정** – 구성원 사이의 활동, 정보, 상호의존성에 대한 조정 및 종합, 작업량 균형 조정, 팀 내 작업 및 역할 기대 관리

아래 설문은 팀원들이 자신이 얼마나 팀 플레이어인지 성찰하는 데 사용한다. 평점은 사람들을 분류하는 것이 아니라 토론을 자극하는 데 사용된다. 적절한 경우, 동료들에게 360도 피드백을 요청할 수 있다.

[표 2.3] 당신은 얼마나 팀 플레이어입니까?

팀 플레이어	5 = 매우 그렇다 1 = 전혀 그렇지 않다	5 = 매우 그렇다 1 = 전혀 그렇지 않다	외톨이
팀 동료의 과부하를 감지한다.	5 4 3 2 1	1 2 3 4 5	오로지 자신의 일에만 집중한다.
다른 사람의 아이디어를 환영하고 기반을 다진다.	5 4 3 2 1	1 2 3 4 5	자신의 생각에만 사로잡혀 있다.
동료들의 멘토다.	5 4 3 2 1	1 2 3 4 5	자기계발에만 집중한다.
성과에 대한 인정을 공유한다.	5 4 3 2 1	1 2 3 4 5	자신에 대한 인정을 추구한다.
자신의 우선순위를 팀 우선순위의 다음에 놓는다.	5 4 3 2 1	1 2 3 4 5	자신의 우선순위를 최우선으로 한다.
다른 사람들과 함께 일하는 것을 선호한다.	5 4 3 2 1	1 2 3 4 5	혼자 일하는 것을 선호한다.
다른 사람과 자주 상의한다.	5 4 3 2 1	1 2 3 4 5	다른 사람과 필요할 때만 상의한다.
합의에 의한 결정을 선호한다.	5 4 3 2 1	1 2 3 4 5	'허락보다는 용서를 구하는 것이 낫다.'
팀에 맞게 속도를 조정한다.	5 4 3 2 1	1 2 3 4 5	자신의 속도대로 하는 것을 좋아한다.
팀 성과에 자부심을 느낀다.	5 4 3 2 1	1 2 3 4 5	자신의 성취에 자부심을 느낀다.
팀 분위기 개선에 책임진다.	5 4 3 2 1	1 2 3 4 5	주로 자신의 기분에 관심이 있다.

사회적 정체성

팀이든 아니든 그룹을 식별하는 중요한 요소 가운데 하나는 그 그룹이 얼마나 강한 사회적 정체성을 가졌는지이다. 사람들은 다른 사람들이 기대하는 바대로 존재한다고 말하는 사회적 정체성 이론에 관한 연구는 사람들이 자신의 그룹에 속한다고 느낄 때 어떤 일이 일어나는지에 대한 몇 가지 흥미로운 단서를 보여준다.

- 구성원 간의 상호의존과 상호작용을 촉진하는 그룹은 '나' 보다 '우리'를 더 많이 사용한다(Kernis et al., 1988).
- 그룹은 자신만의 공유된 신화, 상징, 사회적 역할 및 주변 세계를 해석하는 방식을 개발한다. 그룹은 그룹 외부의 사람들이 승인하지 않을 수 있는 태도나 행동에 대한 지원을 제공한다.
- 자아 정체성과 집단 정체성은 불안한 타협에 지나지 않는다. 신입 사원을 업무 집단으로 안내하는 연구에 따르면 그룹 구성원 초기 단계에서 이러한 갈등을 집단적으로 인식하고 관리하는 것은 직무 만족도를 높이고 일-가정 갈등을 감소시키는 것으로 나타났다(Cushman, 1986). (물론 가족은 강력한 자아 정체성의 대안적 원천을 제공한다.)
- 희생양은 내·외부적으로 나타난다. 집단 내 희생양은 행동 규범을 강화할 수 있지만, 사람들이 다음 차례일 경우 규칙을 어

기거나 문제를 인정하는 것을 두려워하게 만들 수 있다. 그룹 밖의 다른 사람들을 향한 희생양은 특정 상황에서 그룹 결속력을 강화할 수 있다(Wright et al., 1988). 즉 그룹 구성원 사이에 발생했을 갈등은 외부인에게 대신 투사된다. 개인과 그룹의 감정을 공개적으로 연구함으로써 이러한 보호적 망상을 해결하면 사람들이 희생양에 의존할 필요성이 줄어든다(Oehler & Perault, 1986).

팀이 진화하는 방법

팀은 시간이 지남에 따라 분명히 변하며, 특정 팀이 발전하는 과정에서 어느 위치에 있는지 파악하는 것은 코치에게 도움이 된다.

새로운 팀의 발달단계에 있어 형성기forming, 갈등기storming, 규범기norming, 성취기performing, 그리고 해체기adjourning의 단계(Tuckman, 1965)는 1960년대 중반에 제시되었다. 그룹이 모이는 형성기에는 예의, 혼란, 주의, 갈등기에는 우려, 갈등, 비판, 규범기에는 협력, 협업, 응집력 및 헌신, 성취기에는 도전, 창의, 서로에 대한 배려, 해체기에는 화해, 소통, 합의, 종결로 특징 지을 수 있다.

이것을 설명하는 개념과 언어는 간결하지만 실제로 일어나는 일을 반드시 묘사하는 것은 아니다. 그런 논리 정연하고 명확한 단계는 현실 세계에서 흔히 일어나지 않는다.

1980년대 후반의 코니 거식Connie Gersick(1988, 1989)의 연구는 팀이 어떻게 진화하는지에 관해 매우 다른 역동을 보여준다. 그는 다양한 조직의 프로젝트 팀에 초점을 맞추고 시간이 지남에 따라 (며칠에서 몇 달까지) 팀이 어떻게 행동하는지 관찰했다. 그가 발견한 것은 팀이 존재하는 기간에 관계없이 유사한 역동을 거쳤다는 것이다.

- 팀이 모이자마자 매우 빠르게 등장한 과제에 대한 독특한 접근 방식
- 구성원들이 일하는 방식에 큰 변화가 없는 관성inertia의 시기
- 팀 수명 주기 중간 지점에서 발생하는 갑작스러운 전환기 – '집중된 활동의 폭발로 그룹은 기존의 방식을 버리고, 외부 감독자와 다시 협력하고, 업무에 대한 새로운 관점을 받아들이고, 극적인 진전을 이루는 새로운 접근 방식'
- 전환 중에 수립된 계획을 실행하는 기간 중 두 번째 관성 시기
- 두 번째 전환에 해당하는 마지막 활동의 폭발 – '그룹은 마감 직전에 행동 패턴에서 마지막 변화를 일으켰다.'

거식은 이 과정을 평형이론이라고 설명한다. 중간 지점에서의 집단 행동은 이것이 심리적 지표 지점이기 때문에 발생하는 것으로

보이며, 이 지점에서 대부분 그룹은 적어도 무엇이 잘 진행되고 있는지, 덜 진행되고 있는지에 대해 성찰하기 시작하게 될 것이다. 만약 집단적 성찰 없이 중간 지점을 지나간다면, '팀은 통과를 실패로 경험하게 될 것이고, 공유된 기회에 대한 감각은 아마도 다음의 일시적인 이정표까지 상실될 것이다.' 코치가 적시에 개입하는 것은 이러한 일이 일어나지 않도록 보장하는 하나의 방법이다.

반영구적인(안정적인) 팀의 경우 이 가운데 어떤 것도 큰 도움이 되지 않는다. 학문적 연구에서는 팀의 업무와 구성원이 본질에서 동일하게 유지될 것이라는 가정이 있다. 또는 이는 단순히 변하지 않는 팀을 연구하기가 훨씬 쉽다는 사실을 반영하는 것일 수 있다. 어떤 관점에서 보면, 누군가가 떠나거나 교체될 때마다 다른 팀이다. 그렇지만 그룹의 규범, 업무 및 절차는 동일하게 유지될 수 있다. 시간이 지남에 따라 이러한 팀에 어떤 일이 일어나는지에 대한 유효한 모델은 없지만, 몇 가지 관련 관찰에서 팀이 더 오래 지속될수록 다음과 같은 특징이 있다는 것을 발견했다.

- 구성원이 집단 규범에 도전하려는 의지가 적을 수 있음
- 외부 세계에 대한 인식이 적음
- 관계 갈등을 묻어버리거나, 반대로 공개전으로 비화할 가능성이 큼
- 새로 입사한 사람이 사회화(적응)하는 것이 더 어려워짐

팀 성숙도

어느 팀이든 각 구성원은 인지적, 사회정서적 발달 수준이 다를 수 있다. 이는 팀의 역동과 수행 능력에 상당한 영향을 미칠 수 있다.

키건Kegan(1982), 토버트Torbert(Rook & Torbert, 2005), 바세체스Basseches(2005) 등 인간 발달에 관한 여러 이론들이 있다. 오토 라스케Otto Laske(2006)는 이 모든 것을 토대로 어떻게 개인과 팀이 자신과 주변 세계를 지각하는 방식으로 진화하는지 탐구한다. 그는 특히 이건Egan의 성인 발달 단계에 주목한다:

- 3단계: 자신에 대한 정의를 타인에게 의존함
- 4단계: 자기 저술(자기 가치관 또는 내면화된 가치에 따라 다름)
- 5단계: 자기 인식(자신과 타인의 가치에 대해 객관적인 관점을 가질 수 있음)

사람들은 다음 단계에 도달하기 위해 각각의 단계를 거쳐야 한다. 많은 사람이 아무리 오래 살더라도 5단계에 도달하지 못한다.

팀 내의 도전은 팀 내 사람들이 세상과 자신에 대한 내적인 그림과 인지 능력 수준에 따라 도전에 다르게 반응하는 방법과 관련된다. 다음 시나리오를 고려해 보자.

- 팀 대부분이 3단계인 상황에서 5단계의 팀 리더
- 팀 대부분은 4, 5단계인 상황에서 3단계의 팀 리더
- 높은 수준의 성찰적 사고와 과제 접근 방식에서 상당한 유연성이 필요한 문제를 해결하는 과업을 맡은 3, 4단계의 팀

처음 두 시나리오에서는 가치관의 충돌과 갈등이 일어날 여지가 충분히 있다. 3단계에 있는 사람들은 자신이 직면한 문제의 복잡성을 이해하지 못하고 명백한 우유부단함에 조급해할 수 있다. 5단계에 있는 사람들은 3단계에 있는 사람들의 단순한 기대에 절망할 수 있다. 4단계에 있는 사람들은 중간에 끼어 있다고 느낄 수 있다. 세 번째 시나리오에서는 팀이 고려해야 할 모든 요소에 압도될 가능성이 크다.

팀의 성숙도를 정확하게 평가하기는 어렵다. 모든 구성원을 대상으로 구조화된 평가 인터뷰를 하는 것 외에, 팀 코치가 할 수 있는 최선은 팀이 자신의 역사에 관해 얘기하는 것을 듣고, 그것이 어떤 관점에서 비롯되는지에 대한 단서를 찾는 것이다. 이는 질문에 답할 수 있는 실제적인 가설을 세우는 데 도움이 된다.

- 구성원의 개인적인 성숙도가 어느 정도인가?
- 구성원이 협력하는 방식에 미치는 (실제적 또는 잠재적) 영향은 무엇인가?
- 팀의 집단적 성숙도가 팀 목적에 부합하는가?

팀과 그룹의 신경과학과 심리학

신경과학은 두 사람 모두의 행동 근원에 대한 가치 있는 통찰을 지속해서 제공한다. 여러 사람을 동시에 연결하고 그들이 어떻게 상호작용하는지 모니터링하는 것은 그룹에 관한 한 더 어려운 일이다.

SCARF 모델(Rock, 2009)은 개인에게 일어나는 일을 설명하기 위해 고안된 반면, 팀 내 및 팀 간의 상호작용에 적용할 수 있는 기본적인 증거 기반 접근법이다. 이는 뇌 활동의 다섯 가지 동인을 제시한다.

- 지위감 status
- 확실성 certainty
- 자율권 autonomy
- 관계감 relatedness
- 공정성 fairness

다섯 가지 동인은 모두 보상(접근 동기)이나 불안(회피 동기)을 발생시킬 수 있다. 분명히 팀 내에는 얼마든지 외부 자극에 대한 팀원들 사이의 반응이 복합적으로 섞여 있을 수 있으며, 이러한 자극에 대한 각 개인의 반응은 동료의 사고 패턴과 행동에 영향을 미칠 가능성이 있다.

데이비드 록은 다음과 같이 설명한다. 지위감은 다른 사람들에 대한 상대적인 중요성에 관한 것이다. 확실성은 미래를 예측할 수 있다는 것과 관련이 있다. 자율권은 사건에 대한 통제감을 제공한다. 관계감은 적이 아닌 친구라는 안전에 대한 느낌이다. 그리고 공정성은 사람들 사이에서의 공정한 교환에 대한 인식이다.

이 다섯 가지 영역은 뇌의 '1차 보상' 또는 '1차 위협' 회로(및 관련 네트워크)를 활성화한다. 예를 들어, 자신의 지위에 대한 인식된 위협은 자신의 생명에 대한 위협과 유사한 뇌 네트워크를 활성화한다. 같은 방식으로, 공정성에 대한 인식이 향상하면 금전적 보상을 받는 것과 동일한 보상 회로가 활성화한다.

개인 및 경영진 코칭은 다섯 가지 SCARF 영역을 모두 증가시킬 수 있다. 지위감은 정기적으로 긍정적 피드백을 하고, 점진적 개선에 관한 관심과 큰 목표 달성을 통해 높아질 수 있다. 확실성은 중심 목표를 확인하고, 이후 여러 초점을 유지하는 데 내재한 불확실성을 줄임으로써 증가시킬 수 있다. 큰 목표를 작은 단계로 세분화하면 목표 달성 방법에 대한 확실성이 향상된다. 극복하기 어려운 것처럼 보이는 도전을 극복할 때 자율권은 증대된다. 코치와 함께 함으로써 관계감을 높일 수 있다. 다른 관점에서 상황을 보는 것을 통해 불공정성을 줄일 수 있다. SCARF 모형은 코칭이 왜 변화를 촉진하는 데 효과적일 수 있는지 설명하고, 코칭의 전달을 개선하는 방법을 제시하는 데 도움이 된다.

팀 코칭 과제에서 목표와 환경에 대한 팀이 인식하는 맥락에서 다섯 가지 영역 각각을 탐색하는 것은 도움이 된다. 위협 회로는 어떤 상황에서 개별적이고 집단적으로 활성화하는가? 이것이 서로와 외부 당사자에 대해 행동하는 방식에 어떤 영향을 미치는가? 위협 대응을 사전에 방지하고 보상 대응을 강화하기 위해 무엇을 할 수 있는가? 이에 대해 어떻게 서로 지원할 수 있는가?

그룹과 팀의 심리에 대한 또 다른 관점은 시스템 정신역동의 선구자인 비온Bion(1961)에게서 비롯된다. 비온은 작업 그룹에는 두 가지 현실이 있다고 주장한다. 그것은 의식적 작업 그룹(작업 과제에 몰두함 - 의식적이고 합리적인 의도)과 무의식적인 기본 가정 그룹(집단에 대한 부적응적 가정에 기반을 둔 불안에 몰두함)이다. 후자는 전자를 방해하는 경향이 있다. 이러한 무의식적인 기본 가정은 그룹의 효과성을 약화하고, 매우 강력한 영향을 미칠 수 있다. 그가 특별히 주목하는 세 가지는 다음과 같다.

- **투쟁 또는 도피**fight or flight - 그룹이 공동의 적에 맞서 연합한다. 일반적으로 이는 외부에서 인식된 위협에 대한 것이지만, 이러한 위협이 없다면 그룹은 자신의 구성원 가운데 한 명을 희생양으로 삼을 수 있다.
- **의존성**dependency - 모든 사람이 자신의 모든 문제를 해결하기 위해 한 사람 또는 작은 하위 그룹을 찾는다. 이 사람(보통 리더)

이 성과를 내지 못하면 그룹은 자신이 아닌 리더를 비난한다.
- **짝 이루기** pairing - 짝을 이루고 어떻게든 새로운 리더를 만들어 두 명의 멤버에 의해 구조될 수 있다는 희망으로 인해 그룹의 발전이 정지된다.

팀 코치는 그룹 또는 팀원 간 상호작용의 복잡성에 관해 가족 치료에서 배울 것이 많다. 그룹 역동에 대한 기본적인 이해를 하는 것은 팀 코치에게 필수적이며, 역기능적인 행동이 발생할 때 팀에서 무슨 일이 일어나고 있는지 확실히 인식하기 위해서 더욱 그러하다. 예를 들어, 팀이 합의된 결정을 내리려고 시도할 때, 애빌린 역설 Abilene Paradox이 실제로 일어나는 것을 흔히 볼 수 있다(Harvey, 1974). 누구도 확고한 의견을 갖고 있지 않고, 모두가 협력하기를 원할 때, 그들은 그것이 다른 사람들이 원했던 것이라고 가정하면서 결국 아무도 원하지 않은 일을 하게 될 수 있다.

팀의 진동 oscillating 시스템

팀으로 진행되는 대부분 시스템은 정적인 것과는 거리가 멀다. 내적 자극과 외적 자극이 집단적 변화로 이어지는 감정과 관점의 개인적 변화를 만들어낼 때, 한 상태에서 다른 상태로 이동하기 때문에 팀을 진동 시스템이라고 설명할 수 있다.

아래의 예는 상당히 전형적인 것이다. 팀이 모두 첫 번째 삼각형에 속해 있으면, 한 명 이상의 구성원이 충분하다고 결정하고 다른 삼각형으로 이동할 때까지 요소는 서로를 강화하는 경향이 있다. 나머지 팀은 그 뒤를 따르고 이들의 집단적 감정 반응은 그들을 반대 극단으로 밀어낸다. 그 삼각형에 있게 된 계기는 인지된 실패 또는 실제적 실패(예: 큰 고객을 놓치는 것, 잘못된 윤리적 결정으로 인한 평판 손상, 또는 부적절한 리더십)일 수 있다.

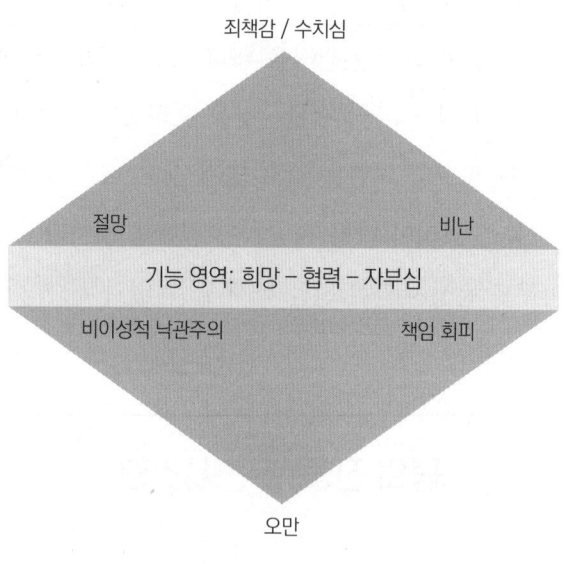

[그림 2.2] 진동 시스템

팀 내에서 개별적이고 집단적인 감정 상태와 이것이 어떻게 작용하는지를 인정하는 것은 진폭을 감지하고, 진동이 허용 가능한 평형에 도달할 때까지 진동을 완화하는 기회를 생성한다. 이를 기능 영역이라고 부른다. 팀 코치의 역할은 팀이 이러한 진동을 잠시 멈추고 인식하도록 돕는 것이며, 다음으로 구성원이 자신에 대해 무엇을 하고 싶은지 결정하는 데 도움을 주는 것이다.

다중성 multiplicity 이론과 팀 코칭

인간은 하나의 단일한 자아나 성격이 아니라 서로 다른 자극에 반응하여 다르게 생각하고 행동하는 수많은 서로 다른 '자아'로 구성된다는 개념이 이제 확고히 자리 잡았다(Berne, 1964; Rowan, 1990, 1993). 바흐키로바Bachkirova(2011)와 로렌스Lawrence(2018)는 일대일 코칭의 맥락에서 다중성 이론의 함의를 연구했다. 그러나 팀에는 구성원의 성격이 혼합되며 나오는 성격도 있다(팀 과제 유형 및 외부인이 팀에 대해 가진 이야기와 같은 다른 요인도 팀의 집단적 성격에 기여할 수 있다).

팀 성격은 여러 가지 측면에서 팀 성과와 관련이 있다. 많은 연구에서 빅 5 성격 요인이 팀 성과에 미치는 관계를 조사했다. 뉴먼Neuman 등(1999)은 팀원 사이의 평균 특성 간 차이를 발견했다. 성실성, 친화성 및 경험에 대한 개방성은 성과에 긍정적 관련이 있었고, 성격 특성에서 외향성과 정서적 안정성의 다양성 수준이 높을수록 팀 성과에 긍정적 관련이 있었다. 피터스Peeters 등(2006)은 이러한 성실성과 친화성 및 다양성의 높은 특성 수준이 팀 성과와 관련이 있음을 발견했다. 여기서 주의할 점은 이러한 연구가 개인의 성격 요인의 총합을 측정한다는 것이며, 이는 팀 성격과 동일하지 않을 수도 있다.

로렌스의 생각을 불러일으키는 분석은 다중인격의 맥락에서 코치에게 중요한 여섯 가지 문제를 확인하게 한다. 그의 말을 요약하면 다음과 같다.

- 코칭룸에서 나타나는 자아 또는 자아 패턴은 코칭룸 외부의 맥락에서 작동하는 무수한 자아를 대표할 가능성이 거의 없다. 따라서 성격에 대한 이상적 목표에 너무 빨리 뛰어들면 다른 성격과 멀어질 수 있다.
- 코칭 환경이 달라지면 공식 코칭 세션에서 표현되지 않은 성격이 드러날 수 있다
- 다중 평가 도구는 응답자를 하나 또는 몇 가지 맥락에서만 주제를 보는 경우가 많기 때문에 오해의 소지가 있는 데이터를 제공할 수 있다. 코치는 그러한 데이터를 해석할 때 주의해야 한다.
- 사람들이 다양한 사회적 역할에서 표현하는 성격은 사회정서적, 인지적 발달 수준이 다를 수 있다. 어떤 맥락에서 누군가를

바라보는 틀은 다른 맥락에서는 부적절할 수 있다.
- 코치가 고객에게 반응하는 방식은 코치 자신의 다중인격을 반영한다. 따라서 코치는 이러한 특성과 자신을 표현하는 방법 및 시기를 스스로 인식하는 것이 중요하다.
- "다양성 관점은 코치를 더 포스트모던한 관점, 즉 무지의 관점으로 이끌 수 있다." 이는 코치 성숙도 모델을 점진적으로 '내버려두는 letting go' 것과 같다.

이를 팀에 적용하면 다음과 같은 추론이 가능하다.

- 팀 목표와 코칭을 통한 결과에 대한 명백한 합의는 다양한 의견과 감정적 반응을 포괄할 수 있다.
- 팀 코칭에서 권장되는 모범 사례는 2인 1조 coaching in pairs로 코칭하고(코칭 중에 더 많이 관찰할 수 있도록), 정규 팀 회의와 같은 '자연스러운' 환경에서 팀을 관찰하는 것이다. 예를 들어, '고객, 공급업체 또는 고위 관리자가 있을 때 어떻게 반응하는가?'와 같이 될 수 있는 대로 많은 맥락에서 팀을 관찰하기 위한 논의가 이루어질 수 있다.
- 팀 코치는 다중 평가 도구를 문제를 식별하는 출발점으로 사용하는 것이 일반적이며, 이는 팀 성과 향상에 유용하게 작용될 수 있다. 충분히 체계적이고 다중인격적인 관점이 나타나게 하

려고 이 정보는 다양한 관점과 다양한 맥락에서 팀 내러티브를 탐색하는 인터뷰의 데이터와 통합될 수 있다.

- 2인 1조 코칭을 통해 두 명의 코치는 어떤 자아를 언제 코칭룸으로 데리고 올 것인지를 스스로 성찰할 수 있는 공간을 가질 수 있고, 그들이 어떻게 함께 수행할지에 더 많은 정신적 에너지를 투자할 수 있다. 결국 두 사람으로 구성된 팀에도 다양한 개성이 있다.
- 다양한 집단적 성격이 어떻게 수행되고 상호작용하는지에 관해 자기 인식을 할 수 있도록 팀 고객을 돕는 것은 팀이 스스로 코칭을 더 잘할 수 있도록 해주는 전조이다.

이러한 다른 성격 가운데 일부를 드러낼 수 있는 간단한 방법은 일이 잘되고 있고 자신감이 있을 때, 위협을 받고 있다고 느낄 때, 또는 확신과 불확실함을 느낄 때, 또는 통제와 표류할 때, 집단적으로 생각하고 행동하는 방식의 특징을 팀과 함께 탐구하는 것이다. 이러한 다양한 상황은 어떻게 대응하는지에 영향을 미친다. 예를 들어, 위협에는 어떻게 반응하는가? 이러한 차이점 뒤에 숨겨진 이야기는 무엇이고 어떻게 발생하는가? 다양한 내러티브와 이에 수반되는 성격 특성을 인정하고 가치 있게 여기는 것은 팀을 더 많이 고려하고 더 나은 선택을 할 수 있는 힘을 실어줄 수 있다.

요약

이제 팀은 매우 복잡한 사회적 실체이고, 팀 성과에 미치는 영향은 훨씬 복잡하며, 팀과 협력할 때 단순한 답이나 접근법이 없다는 것이 분명해졌다. 개인의 성과가 향상된다고 해서 반드시 팀의 성과가 향상되는 것은 아니다. 따라서 효과적인 팀 코치는 이 장에서 검토한 팀 역동의 문제 일부 또는 전부를 팀이 다룰 수 있도록 도움을 줄 수 있는 유연한 대응의 폭넓은 레퍼토리가 필요하다. 이러한 역동 가운데 몇 가지가 동시에 작동할 수 있으므로, 팀 코치는 이를 인식하고, 해결하고, 팀이 복잡성을 관리하기 위한 일관되고 통합된 전략을 고안하도록 도울 수 있어야 한다. 이러한 대응 가운데 일부는 다음 장에서 살펴볼 것이다. 아울러 9장에서 살펴보겠지만, 코치의 역할은 또한 팀 자체의 역동(팀에 미치는 영향과 이에 대응하는 방식)에 대한 팀의 인식을 높이고, 팀이 코칭 자체에 능숙해지도록 돕는 것을 포함한다.

# 참고 문헌

Bachkirova, T. (2011) *Developmental Coaching. Working with the Self*. Maidenhead: Open University Press

Basseches, M (2005) The Development of Dialectical Thinking as an Approach to Integration, *Integral Review*, June 47-63

Berne, E (1964) *Games People Play. The Psychology of Human Relationships*, Penguin, London. 에릭 번 (2009) 심리게임 – 교류분석으로 읽는 인간 관계의 뒷면, 교양인

Bion, WR (1961) *Experiences in Groups*, Routledge, London. 윌프레드 비온 (2015) 집단에서의 경험, NUN

Clutterbuck, D (1998) *Learning within Teams*, Herts TEC/ European Social Fund, St Albans

Clutterbuck, D (1999) *Doing it Different*, Orion, London. 데이비드 클러터벅 (2002) 잘나가는 기업, 남다른 경영, 시대의 창

Clutterbuck, D and Kernaghan, S (1994) *The Power of Empowerment*, Kogan Page pp 39-44

Cushman, P (1986) The self-besieged: Recruitment-indoctrination processes in restrictive groups. Special Issue: The rediscovery of self in social psychology, *Journal for the Theory of Social Behavior* Vol.16 pp1-32

Edmondson, a (1999) Psychological Safety and Learning Behaviour in Teams, *Administrative Science Quarterly*, Vol 44 pp 350-383

Franke, R.H. & Kaul, J.D. The Hawthorne experiments: First statistical interpretation. *American Sociological Review*, 1978, 43, 623-643

Gersick, C (1988) Time and transition in work teams: Toward a new model of groupo development, *Academy of Management Journal*, 31 9-41

Gersick C (1989) Marking time: Predictable transitions in work groups, *Academy of Management Journal*, 32(2) 274-309

Hackman, JR (1987) The Design of Work Teams". In Lorsch, JW (Ed) *Handbook of Organizational Behavior*, Prentice Hall, NJ

Hackman, JR (1990) *Groups that work (and those that don't): Creating conditions for effective teamwork*, Jossey-Bass, San Francisco, CA

Harvey, JB (1974) The Abilene Paradox: The Management of Agreement, *Organizational Dynamics*, 3, pp 63-80

Hatch, MJ and Weick, K (1998) Critical Resistance to the Jazz Metaphor, *Organization Science* 9(5) pp 600-604 (p 601)

Hoegl, M and Gemeunden, HG (2001) Teamwork Quality and the Success of Innovation Porjects: A Theoretical Concept and Empirical Evidence, *Organization Science*, 12 (4) July–August, pp 435–449

Karau, SJ and Williams, KD (1997) The Effects of Group Cohesiveness on Social Loafing and Social Compensation, *Group Dynamics: Theory, Research, and Practice*, 1, pp 156–168

Katz, N (2001) Sports Teams as a Model for Workplace Teams: Lessons and Liabilities, *Academy of Management Executive*, 15(3), pp 56–57

Katzenbach, J and Smith, D (1994) *The Wisdom of Teams: Creating the High-Performance Organization*, Harper Business, New York, NY

Kegan, R (1982) *The Evolving Self*, Harvard University Press, Cambridge, MA

Keidel, R (1987) Team Sports as a Generic Organizational Framework, *Human Relations*, 40, pp 591–612

Kernis, MH, Grannemann, BD, Richie, T and Hart, J (1988) The Role of Contextual Factors in Relationship Between Physical Activity and Self-awareness, *British Journal of Social Psychology*, 23, pp 119–145

Kubler-Ross, E and Kessler, D (2005) *On Grief and Grieving: Finding the Meaning of Grief Through the Five Stages*, Scribner, New York, NY

Laske, O (2006) *Measuring Hidden Dimensions: The Art and Science of Fully Engaging Adults*, IDM Press, Medford, MA

Lawrence, P (2018) A Narrative Approach to Coaching Multiple Selves, *International Journal of Evidence Based Coaching and Mentoring*, 16(2), pp 32–41

McCann, J and Selsky, JW (2012) *Mastering Turbulence*, Jossey-Bass, San Francisco, CA

McCarney, R, Warner, J, Iliffe, S, van Haselen, R, Griffin, M and Fisher, P, (2007) The Hawthorne Effect: A Randomised, Controlled Trial, *BMC Medical Research Methodology*, 7(30)

Mullen, B and Copper, C (1994) The Relation Between Group Cohesiveness and Performance: An Integration, *Psychological Bulletin*, 115(2), pp 210–227

Neuman, GA, Wagner, SH and Christiansen, ND (1999) The Relationship between Work-Team Personality Composition and the Job Performance of Teams, *Group and Organization Management*, 24 (1), pp 28–45

Oehler, JM and Perault, PZ (1986) The Process of Scapegoating in a Neonatal Nurses' Group, *Group*, 10, pp 74–84

Olson, J and Branch, KM (2002) Teams and Project and Program-Based Organizations, Provisional chapter for unpublished book. Accessed online: http://www.au.af.mil/au/awc/awcgate/doe/benchmark/ch08.pdf

Peeters, MAG, van Tuijl, HFJM, Rutte, CG and Reymen, IMM (2006) Personality and Team Performance: A Meta Analysis, *European Journal of Personality*, 20 (5), pp

377–396

Ratliff, R, Beckstead, SM and Hanke, SH, (1999) The Use and Management of Teams: A How-To Guide, *Quality Progress*, June

Ringelmann, M (1913) *Aménagement des fumiers et des purins*, Librarie agricole de la maison rustique, Paris

Rock, D (2009) *Your Brain at Work*, Harper Business, New York, NY

Rooke, D and Torbert, W (2005) Seven Transformations of Leadership, *Harvard Business Review*, April, pp 41–57

Rowan, J (1990) *Subpersonalities. The People Inside Us*, Routledge, Abingdon

Rowan, J (1993) *Discover Your Subpersonalities. Our Inner World and the People in it*, Routledge, Abingdon

Stevens, MJ and Campion, MA (1994) The Knowledge, Skill and Ability Requirements for Teamwork: Implications for Human Resource Management, *Journal of Management*, 20(2), pp 503–530

Tuckman, HW (1965) Developmental Sequences in Small Groups, *Psychological Bulletin*, 63, pp 384–99

Wright, F, Hoffman, XH and Gore, EM (1988) Perspectives on Scapegoating in Primary Groups, *Group*, 12, pp 33–44

3장
무엇이 고성과 팀을 만드는가?

'고성과'라는 말은 조직, 팀 그리고 개인에 관한 일반 문헌에서 널리 사용되고 있다. 그렇지만 '고성과'가 무엇인지 정의된 적은 거의 없다. 대규모 다국적 닷컴 기업의 한 연구 프로젝트에서 일반적으로 고성과팀으로 동의할 수 있는 샘플 팀을 선정해야 했으나 합의된 기준이 없어 어려움을 겪었다. 목표 달성이 전부가 아니라는 것이 인정되었는데도, 결국 사용된 기준은 다음과 같았다.

- 중장기적으로 매출 또는 기타 정량적 지표에서 목표 이상의 성과를 지속해서 달성한다(정의를 어떻게 하든).
- 팀 외부에서 설정한 우선순위의 변화에 대응할 수 있는 충분한 민첩성과 회복탄력성을 갖추고 있다.
- 정기적인 직원 의견 조사에서 전반적으로 높은 점수를 받는다.
- 외부인들이 참여하고 싶은 팀으로 평판이 좋다.

성과는 역량 또는 능력과 다르다. 성과는 과거 또는 현재를 측정하는 것이고, 역량과 능력은 미래에 해낼 수 있는가에 대한 것이다. 역량과 능력의 차이는 다양한 방법으로 정의할 수 있지만, 역량은 스킬과 관련이 있고 능력은 자원과 관련이 있다고 생각할 수 있다. 이들 사이에는 일부 중복이 있을 수 있다. 예를 들어, 지식은 모두에 해당한다. 그러나 이 구분은 무엇을 할 수 있는지와 얼마나 할 수 있는지에 관한 것이다. 팀은 흔히 적은 자원으로 더 많은 성과를 내야 하는 경우가 많으며, 이는 역량을 강화해야만 달성할 수 있다는 점을 지적한 피터 호킨스Peter Hawkins(2014)의 글에 감사한다. 경쟁이 치열한 환경에서 탁월함은 끊임없이 진화하고 있다. (내가 만든 문구 가운데 후회되는 것 하나는 '모범 사례best practice 벤치마킹'이다. 원래는 경쟁적 벤치마킹이라고 불렸지만, 이는 프로세스의 본질인 협업적 특성을 놓치고 있다. 물론 모범 사례 같은 것은 존재하지 않으며 발전하는 좋은 사례만 있을 뿐이다!)

마찬가지로 개인의 성과와 집단적인 팀 성과가 반드시 연관되는 것은 아니다. 한 그룹 내 개인이 모두 최고의 성과를 내거나 그에 근접한 성과를 내는 것은 결코 드문 일이 아니지만, 개별적으로 조율되지 않은 의제에 따라 성과가 달라질 수 있다.

따라서 고성과 팀에 대한 실무적인 정의는 다음과 같을 수 있다: **이해관계자의 기대치를 충족하거나 초과하는 수준의 효과적인 협업을 장려하고 달성하는 분위기를 지속해서 유지하고 발전시키는 팀.**

이러한 정의인데도 성과를 정확히 파악하기는 매우 어렵다. 팀 코치로서 팀원들이 성과가 의미하는 바를 이해하는 데 도움이 되는 몇 가지 분명한 질문은 다음과 같다.

- 성과는 종합적으로 측정되는가, 아니면 개인적인 성취의 합산으로 측정되는가?
- 누가 성과를 판단하고 어떻게 판단하는가?(다양한 이해관계자들이 성과를 다르게 평가하는가?)
- 어떤 기간에 성과를 평가하는가?(현재의 결과를 달성하는 대신 미래의 결과를 희생하고 있는 것은 아닌가?)
- 성과는 어떻게 달성되는가?(예를 들어, 숫자를 달성하는 것은 좋지만 비윤리적인 방법을 통해 달성해도 괜찮은가?)

고성과를 내는 팀의 특성

위 닷컴기업의 연구에서 고성과를 내는 것으로 확인된 팀들을 대상으로 인터뷰하여 이들의 공통된 특성을 파악했다. 그렇지만 원인과 결과, 즉 공통된 특성이 높은 성과를 가져온 것인지 아니면 이것이 높은 성과의 결과인지에 대한 인과관계를 규명하지는 못했다(팀 성과에 관한 많은 연구에서 성과가 낮은 팀이 성과가 높은 팀처럼 행동함으로써 자신을 개선할 수 있다고 가정하는 것은 기본적인 실수이다!).

1987년 리처드 해크먼Richard Hackman의 고성과 팀에 관한 연구(2장에서 참조)에 따르면 64개 팀 표본에서 변수의 74%를 설명하는 다섯 가지 핵심 기준이 발견되었다. 그것은 다음과 같다.

- 경계가 명확하고 구성원 사이의 상호의존성이 있으며 구성원들의 적절한 안정성이 보장되는 팀인가?
- 설득력 있는 방향성, 명확하고 도전적이며 중요한 목적을 가지고 있는가?
- 업무, 구성, 핵심 행동 규범 등 팀의 구조가 팀워크를 저해하기보다는 오히려 활성화하고 있는가?
- 작업을 수행하는 데 필요한 자원과 외부 지원이 충분한가?
- 팀원들이 어려운 부분을 극복하고 새로운 기회를 활용할 수 있도록 도와주는 유능한 코칭이 제공되고 있으며, 팀원들이 코칭을 받고 활용할 준비가 가장 잘 되어 있는 시점에 그러한 코칭이 제공되고 있는가?

이 모델은 루스 웨이그먼Ruth Wageman이 주도한 이후의 연구에서 고위 리더십의 효과성을 위한 두 가지 범주로 세분화되었다(Wageman et al., 2008). 필수적인essential 특성은 진정한 팀이 되는 것, 적절한 인재를 확보하는 것, 그리고 설득력 있는 방향성을 가지는 것이다. 활성화enabling 조건은 견고한 구조, 지원적인 맥락 및 팀 코칭이다. 리더십은 이러한 특성들 사이에서 중재 역할을 한다.

글로벌 닷컴 기업을 위해 저자와 연구 동료인 줄리 해독-밀라Julie Haddock-Millar는 세계의 여러 팀과 다수의 인터뷰를 했다. 이때 여러 가지 반복되는 특성들을 다수 발견하였다. 응답자들에게 현재 소속 팀에서의 경험을 성과가 낮다고 판단되는 다른 팀과 비교하도록 요청했지만, 비교된 특성들이 높은 성과의 원인이었다고 말할 수는 없었다 - 이는 그저 단순한 결과일 수 있다. 또 이러한 특성이 모든 회사에 적용할 수 있는 일반적인 특성이라고 가정하는 것은 타당하지 않다. 이러한 특성들은 부분적으로 또는 전체적으로 기업 문화의 산물일 수 있으며, 실제로 성과가 높은 팀이 성과가 낮은 팀에 비해 이러한 특성을 더 두드러지게 강조했다는 증거를 상당히 발견했다. 어떤 팀도 경영진은 아니었다 - 모두 실무 역할을 가지고 있었으며 대부분의 팀에는 일부 다른 장소에서 협업하는 구성원이 포함되어 있었다.

여덟 가지 특징이 일관되게 나타났다.

적합한 인재 채용

어떤 팀은 중요한 포지션을 채우기 위해 2년을 기다리기도 하고, 그동안 임시 인력을 활용하는 등 '적합성'을 확보하는 데 많은 시간을 투자했다. 신입 사원을 채용할 때 상당수 팀원이 면접을 보는데, '이 사람과 하루 8시간 동안 마주 앉아 일하고 싶은가?'를 고려하도록 요청한다. 이는 이론적으로 복제를 유발할 수 있지만, 또 다른 기준은 '이 사람이 어떤 독특하고 가치 있는 기여를 할 수 있는가'이다. 여러 예시가 보여주듯이 처음 몇 번의 면접에서 설득력 있게 보였던 지원자가 이후 면접에서 팀 규범에 맞지 않는 부적격 행동을 보이며 경계를 늦추는 사례는 수없이 많았다. 결과적으로 이러한 팀에서는 '잘못된 채용'이 거의 일어나지 않았다.

반대로, 다른 팀의 경험(그리고 개인적인 경험)에 따르면 일단 잘못된 사람을 채용하면 실수를 인정하고 바로잡기까지 팀 에너지가 상당히 소진될 수 있다. 그사이 큰 피해가 발생했을 수도 있다. 아래 매트릭스는 채용을 바라보는 한 가지 유용한 방법을 제시한다.

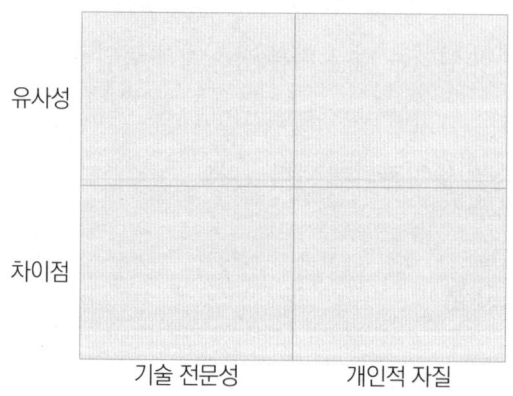

[그림 3.1] 채용 매트릭스

모든 팀 작업은 호환성/유대감과 보완성 - 즉 유사성과 차이점의 조합이 필요하다. 기술 전문성의 유사성은 모든 직원이 가져올 것으로 기대되는 기본 지식, 경험 및 역량과 관련이 있다. 개인적 자질의 유사성은 고성과 팀의 경우, 팀이 필요로 하는 협업 작업을 가능하게 하는 사교성, 공유, 유연성, 동료애, 서로를 배려하는 마음, 겸손함 등과 관련이 있다. 기술 전문성의 차이는 신입 사원이 가져올 수 있는 전문 지식과 전문성을 의미한다.

개인적 차이는 개인이 어떤 사람인지, 그리고 삶, 일, 교육, 문화 등에서 얻은 경험에서 비롯된 대안적 관점과 아이디어의 측면에서 부가가치를 창출하는 것과 관련이 있다.

성공에 집중/실패에 대한 긍정적인 시각

포커스 그룹에서 나온 강력한 주제는 무엇이 잘못되었는지 또는 무슨 일이 일어날 수 있었는지에 대해 생각하며 시간을 보내는 것은 에너지와 시간을 낭비하는 것이라는 인식이었다. 그러나 이러한 사고방식은 실수로부터 배우는 것을 차단하는 것이 아니라 검토 과정을 의미 있게 활용하는 데 초점을 맞추는 것이다.

업무 배정 시 사람들의 강점과 가치에 맞춰 업무 수행하기

이것은 에너지와 함께 하는 것이다. 사람들은 자신이 흥미를 느끼는 일을 처리할 때, 그리고 적당한 여유가 있을 때 더 빨리 일하고 더 '몰입'하는 경향이 있다. 이러한 분위기가 팀 전체의 분위기가 되는 것이 고성과 팀의 핵심 조건이다.

- 개인은 무엇이 자신에게 활력을 주는지 잘 알고 있어야 한다.
- 동료, 특히 업무 배분을 담당하는 사람들은 무엇이 서로에게 활력을 불어넣는지 알고 있어야 한다.
- 필요에 따라 동료가 자신을 지원할 것이라는 믿음이 있어야 한다.
- 성과를 내기 위해서는 내부적으로 발생하는 압력과 외부에서 발생하는 압력 사이에 균형이 맞아야 한다(내부 압력에 조금 더 신경을 쓰면서).

팀은 역동적이고 대체로 직관적이며 규정되지 않은 시장 marketplace인데, 끊임없이 변화하는 요구에 따라 개인의 기술과 에너지가 매칭되고 재매칭되는 대규모 복잡 적응 시스템 내의 작은 복잡 적응 시스템이다.

높은 수준의 존중과 신뢰

신뢰를 받아야 한다는 것이 일반적인 통념이다. 이는 채용 과정과도 관련이 있을 수 있는데, 사람을 알아가는 채용 과정에서 자연스럽게 신뢰가 쌓이는 것은 당연한 결과이다. 포커스 그룹 토론에서 팀장이 팀원들에게 보여준 신뢰와 존중의 수준과 팀원들이 서로에게 보여준 수준 사이의 인과관계를 의심할 만한 몇 가지 힌트가 있었지만, 이를 추적할 수는 없었다.

끊임없는 변화에 대한 긍정적인 태도

업무와 구조의 변화에 대한 높은 수준의 회복탄력성은 다음과 관련이 있는 것으로 보인다.

- 지위, 수입 또는 기회의 상실이라는 측면에서 변화로 인한 개인적 비용이 낮음
- 변화를 새로운 기회(경험 쌓기, 다른 동료 그룹과의 협업 등)를 열어주는 것으로 포지셔닝하는 것
- 변화에 대해 동료들이 전적으로 지지할 것이라는 믿음

명확한 목표

데이터는 여기서 두 가지 힘이 작용하고 있음을 분명하게 보여준다. 하나는 팀이 무엇을 하기 위해 존재하는지 - 할당된 업무가 그 목적에 어떻게 기여하는지에 대한 중요한 목적의식이다. (WTFAWHF[2]) 다른 하나는 목표 내에서 지속해서 그리고 단기간에 우선순위를 재지정하려는 의지이다. 럭비나 하키 경기에 비유하자면, 경기의 흐름에 따라 선수들이 집중하는 것은 빠르게 변하지만 궁극적인 목표는 명확하게 유지된다.

사회적 측면

고성과 팀의 사회적 측면은 결속력을 증진하기 위해 강요된 과정이라기보다는 함께 일하면서 자연스럽게 형성된 결과인 것으로 나타났다. 모든 팀이 그렇지는 않지만 일부 팀은 업무 외적으로 자주 사회적 상호작용을 하는 것으로 나타났다. 대규모 팀에서는 대인관계 갈등을 경험하는 것이 일반적이지만, 성과가 높은 팀들은 갈등이 확대되지 않도록 초기 단계에서 갈등을 해결하는 과정을 보여줬다. 팀원들은 갈등을 관리하기 위해 개인적, 집단적 책임과 의무를 다해야 했다.

---

2) 우리는 왜 여기 있는 걸까요? What The F**** Are We Here For?

안전한 리더

이 팀의 리더들은 자신과 자기 역할에 대해 충분히 안전감을 느끼고 있었기 때문에 세세하게 팀을 관리할 필요가 없었다. 오히려 자기 역할은 팀원들이 스스로 관리할 수 있도록 지원하는 것이라고 생각했다. 이러한 특징에 주의를 기울임으로써 조직의 팀 성과가 보통에서 우수로, 우수에서 최고로 향상될 수 있다는 증거를 발견했지만, 성과가 저조한 팀을 개선하려면 고성과자처럼 행동과 규범을 바꾸기를 기대하는 것보다 더 많은 것이 필요할 수 있다. 마찬가지로, 이 회사에서 관찰된 특성은 프로젝트 기반이 약하고 빠르게 변화하지 않는 등 문화가 크게 다른 회사에는 적합하지 않을 수 있다.

팀 성과에 관한 광범위한 연구

팀 성과에 관한 실증적 연구(그리고 개인의 관찰과 경험에 기반을 둔 검증되지 않은 모델)들이 너무 많아서 이를 모두 언급할 수는 없다. 독창적인 기여를 한 연구로는 닉 코일Nick Coyle(2018)이 있는데, 그는 고성과 팀의 스킬에 초점을 맞추어 다음과 같이 정의하고 있다.

- **안전감의 구축** - 팀원 간의 연결 신호가 소속감과 정체성의 유

대감을 형성하는 방법
- **취약성 공유** – 상호 위험을 감수하는 습관으로, 신뢰를 기반으로 협력을 촉진하는 방법
- **목적 수립** – 내러티브를 공유하여 공동의 목표와 가치를 창출하는 방법

샴푸Champoux 등(2015)은 문헌 분석을 통해 고성과 팀의 여섯 가지 특성을 파악하고, 서로 다른 분야의 8개 조직 리더를 인터뷰하여 여섯 가지 특성이 조직 문화에 어떻게 반영되어 있는지를 확인하였다(Champoux et al., 2015). 여섯 가지 행동 특성은 높은 신뢰 수준, 높은 존경 수준, 명확하고 공통된 목적에 대한 헌신commitment, 갈등을 관리할 수 있는 의지와 능력, 결과에 대한 집중, 권한과 책임의 정렬 등이었다. 이러한 특성에 크게 영향을 미칠 수 있는 행동 모델을 제시한다. 행동의 핵심 사분면은 주로 결과에 초점을 맞춘 '지시', 사람에 초점을 맞춘 '영향', 관계에 초점을 맞춘 '지원', 품질, 정확성, 완벽성에 초점을 맞춘 '분석'이다. 연구팀은 개인의 행동 성향이 팀 성공에 필수적인 요소가 될 수 있지만, 이러한 차이를 적극적으로 관리하지 않으면 비생산적인 갈등이 발생할 수 있다고 결론지었다.

광범위한 문헌 분석을 통해 팀 성과에 대한 반복되는 주제를 [표 3.1]과 같이 정리했다.

[표 3.1] 고성과 팀의 특징 제안

특징	예제
목적 및 목표	명확한 목적의식. 명확한 동기를 부여하는 목표. 모두가 같은 목표를 향해 일함. 모두가 팀과 개인의 성과 목표를 모두 이해하고 자신에게 기대되는 것이 무엇인지 알고 있음
역할 명확성	정의된 역할. 미션은 각 팀원이 추구해야 할 의미 있는 성과 목표로 세분화됨. 개인 및 팀 역할에 대한 헌신
성과 중심	'표준보다 상대적으로 더 야심 찬 목표'
기술	상호 보완적인 기술, 그리고 때로는 상호 교환 가능한 기술. 높은 수준의 정서지능
작업 프로세스	팀원들은 함께 일하는 방법과 업무를 수행하는 방법을 명확히 알고 있다. 결정하거나 행동할 수 있는 권한
관계 프로세스	팀원들은 편안하고 비공식적인 분위기에서 긴장과 마찰을 적극적으로 해소한다. 든든한 가족처럼 운영한다.
의사 결정	의견 불일치를 좋은 것으로 간주하고 갈등을 관리한다. 팀은 자연스럽게 합의가 이루어지면 결정을 내리고, 합의가 어려운 경우에는 팀장이나 임원이 결정을 내리며, 결정 이후에는 더는 의심하지 않는다.
신뢰	사람들은 서로와 팀의 목적에 대해 견고하고 깊은 신뢰가 있으며, 감정과 아이디어를 자유롭게 표현한다. 상호 지원과 신뢰
팀 내 커뮤니케이션	다방향 커뮤니케이션 청취
심리적 안전	비판은 건설적이며 문제 해결과 장애물 제거를 지향한다. 팀은 광범위한 토론에 참여하며, 내성적인 사람들도 모두 기여할 기회를 얻게 된다. 균형 잡힌 참여
협업 프로세스	각 팀원은 자기 역할을 다하고 팀 프로세스와 다른 팀원을 존중한다. 상호 책임; 각자의 역할에 대한 개별적인 의무와 더불어 공동 목적에 대한 공동 책임을 인정한다. 성과가 높은 팀은 사심 없이 일한다.
리더십 프로세스	팀의 리더십은 성과를 내기 위해 필요에 따라 수시로 바뀐다. 팀보다 더 중요한 개인 팀원은 없다.
갈등 관리	갈등은 건설적일 때 권장되며, 사람들은 관계의 갈등보다는 아이디어의 갈등에 집중한다.
'필요한 다양성'	다양한 인재에 대한 의존
오너십	자신과 동료에 대한 책임감

팀 역기능

팀 역기능 5단계에 대한 패트릭 렌시오니Patrick Lencioni의 설명은 팀 행동을 설명하는 데 널리 사용된다(Lencioni, 2002). 그가 제안한 5단계 피라미드 맨 아래에는 신뢰 부족이 있다. 여기서 신뢰는 팀원들 사이에 서로의 의도가 선하다는 확신을 갖는 것을 의미하는데, 신뢰가 없으면 사람들은 자신을 다치지 않게 보호하려고 한다. 신뢰 부족은 갈등에 대한 두려움을 유발하고, 이것은 (갈등이 실제로는 없는 척) 인위적인 화합을 만들어낸다. 이는 결국 헌신 부족과 목표와 업무에 대한 모호함으로 이어진다(따라서 책임을 묻기가 더 어려워진다). 그다음 단계에 나타나는 것은 책임 회피이다. 그리고 마지막으로 결과에 대한 무관심은 모든 사람이 공동으로 달성하려는 목표보다는 자신의 지위와 자존심에 집중하는 것이다.

렌시오니는 자기 책을 우화라고 부르는데, 이는 팀이 어떻게 길을 잃었는지 설명하는 설득력 있는 가상의 이야기이다. 이 책은 증거에 기반을 둔 원인과 결과 모델이 아니다. 사실, 그가 설명하는 특성들 사이에서 인과관계의 방향은 때때로 그가 설명하는 것과 반대일 수 있다. 또 복잡 적응계 문제에 대한 선형적 접근 방식이기도 하다. 렌시오니 모델의 가치는 팀이 성과를 달성하는 과정에서 직면할 수 있는 몇 가지 문제에 대한 논의의 기초를 제공한다는 점이다. 여기서 '일부'를 강조한 것은 의도적이다. 이 결핍 모델은 자원의 가용성이나 상위 경영진의 정치에 휘둘리는 것과 같은 외부 영향은 전혀 고려하지 않는다. 또한 다양성 및 의사 결정 과정과 같은 근본적인 기능 요소는 다루지 않는다.

팀 역기능이 팀 효과성의 거울 이미지일 가능성이 크며, 따라서 다각적이고 복잡하며 체계적이라는 결론을 피하기는 어렵다. 또한 우리가 집단으로 고성과 또는 저성과를 귀인하는 방식은 우리가 생각하는 것보다 더 복잡하고 흔히 덜 합리적이라는 것도 분명하다. '귀인 편향'이란 사람들이 성과에 대한 책임을 잘못 부여하는 현상을 말한다. 연구에 따르면 팀원들은 팀 성공의 공로를 리더나 '스타 성과자'에게 불균형적으로 돌리고, 팀 실패의 책임을 내부 희생양에게 불균형적으로 돌리는 경향이 있는 것으로 나타났다 (Corn, 2000).

팀 성과 및 역기능에 대한 체계적 접근

복잡 적응계에서는 여러 요소가 서로 끊임없이 상호작용한다. 이러한 상호작용은 대부분 눈에 보이지 않는 곳에서 일어나기 때문에 이를 추적하는 것은 현실적이지 않다. 현실적으로는 거시적 수준에서 힘 사이의 상호작용을 볼 수 있는 방법으로 이들을 묶어야 한다. [표 3.1]의 분석과 팀 및 그룹에 대한 실험을 통해 우리는 팀의 성과 또는 역기능에 영향을 미치는 여섯 가지 핵심 영역을 정의할 수 있다. 이들 각각은 하나 또는 다른 요소와 결합하여 팀의 효율성을 높이거나 낮출 수 있지만, 리더십 자질과 행동leadership qualities and behavior(LQB)은 다른 요소에 대한 지속적인 조절요소로 작용한다. 다른 다섯 가지 영향 영역(또는 앞서 언급한 팀 성과의 기둥)은 다음과 같다.

목적 및 동기 유발

목적은 팀이 무엇을 하기 위해 존재하는지에 관한 것이다. 이것이 호킨스Hawkins의 사명이다. 팀의 목적은 더 큰 조직 목적의 부분집합일 수도 있고 내부에서 생성된 것일 수도 있다. 목적에서 '부분의 합보다 전체를 더 크게' 만드는 집단적 에너지가 흘러나온다. 지표에는 공유된 비전, 목표, 우선순위의 명확성이 포함된다.

외부 프로세스, 시스템 및 구조

이는 팀이 고객, 공급업체, 주주, 조직 내 다른 팀, 고위 경영진 등 다양한 이해관계자들과 어떻게 상호 관계를 맺고 있는지에 관한 것이다. 지표에는 평판, 목표 대비 성과, 환경 인식(진화하는 시장, 기술, 경쟁 등) 등이 포함된다. 또 정보 및 재무와 같은 자원에 대한 팀의 접근성도 포함한다.

관계

이는 사람들이 서로 즐겁게 일하고, 서로의 능력을 존중하며, 서로에게 정직하게 대하는 등 함께 일하는 방식에 관한 것이다. 지표에는 심리적 안전 수준을 포함한다.

내부 프로세스, 시스템 및 구조

이는 외부에 대한 내부의 거울로, 팀이 업무 흐름을 관리하고, 서로를 지원하며, 높은 수준의 커뮤니케이션(업무 관련 및 정서적 커뮤니케이션 모두)을 유지하는 방법을 포함한다. 지표에는 역할의 명확성과 의사 결정의 질이 포함된다.

학습

이는 변화하는 환경에 대응하고 지속적인 개선과 성장을 유지하는 팀의 능력과 관련이 있다. 지표에는 환경 변화에 앞서 있는지 뒤처져 있는지, 구성원들의 학습 목표가 명확하고 관련성이 있는지 등이 포함된다.

리더십

리더와 팀원 사이 교류에 관한 광범위한 문헌이 있으며, 현재는 팀 성과 조정자로서 리더의 역할을 지원하는 코치로서의 리더에 관한 문헌도 있다. 리더십에 관한 많은 문헌은 증거 없이 리더가 팀을 만든다고 주장한다. 실제로 팀과 리더, 그리고 팀 내외부의 상황은 역동적인 시스템이다. 팀 코칭의 효과도 리더와 팀 사이의 관계에 따라 영향을 받는 것으로 보인다(Chin-Yun et al., 2010).

아래 [표 3.2]는 이러한 상황에 대한 지표가 자세히 설명되어 있다(일부 지표는 두 가지 이상의 문제를 나타낼 수 있으므로 두 번 이상 표시된다).

[표 3.2] 팀 역기능과 고성과를 나타내는 지표

내용	역기능 지표	고성과 지표
목적 및 동기 부여	• 목적이 너무 모호함/다른 사람들은 다른 방향을 보고 있음 • 위에서 승인되지 않은 목적/위에서 승인되지 않은 방향 • 사람들이 가진 가치관의 연관성이 거의 또는 전혀 없음(이를 달성하기 위한 에너지가 너무 낮음)/강하게 주장하는 다른 가치관의 충돌 • 목표 사이 우선순위에 대한 충돌 • 개인적인 의제가 집단의 의제보다 우위에 있음 • 낮은 개인 및 집단 회복탄력성	• 명확한 미션, 더 광범위한(흔히 사회적 또는 환경적) 목적과 연계된 미션 • 목표 명확성 • 역할 명확성 • 높은 수준의 집단 및 개인 에너지 • 팀 우선순위를 개인의 우선순위보다 우선시하려는 의지 • 목표를 신속하게 검토하고 변경할 수 있는 능력 • 미션에 대한 이해관계자들의 참여 • 강하게 공유되는 가치 • 좌절에서 빠르게 회복

내용	역기능 지표	고성과 지표
외부 프로세스, 시스템 및 구조	• 평판 문제 • 핵심 자원 부족 • 정치 환경 내에서의 운영 • 이해관계자와 명확한 기대를 형성하지 못함 • 환경/시장의 변화 • 문화적 영향	• 위협 및 기회에 대한 강력한 레이더 • 이해관계자들 사이에서 높은 평판 • 이해관계자의 요구와 기대에 대한 명확성 • 강력한 커뮤니케이션(듣기 및 알림) • 고객 및 공급업체의 쉬운 접근성 • 품질에 대한 높은 관심
관계	• 충돌이 해결되지 않음/거부됨 • 심리적 안정감의 결여 • 과소평가되거나 지지받지 못한다고 느낌 • 파벌 및 하위 그룹 • 집단적 성과에 대한 책임을 분담할 의지가 없음(책망) • 의사소통 문제(관계적)	• 적합한 기술을 갖춘 적합한 인재 • 상호 보완적인 강점 및 약점 • 높은 수준의 정직한 피드백 • 서로의 강점과 단점 이해하기 • 긍정적인 갈등을 장려하고 가치를 둠 • 동료에 대한 높은 수준의 지원 • 심리적 안정감 • 다양성 중시
내부 프로세스, 시스템 및 구조	• 반복되는 품질 문제 • 업무 및 역할에 대한 명확성 부족 • 부적절한 검토 시스템 • 좋은(높은) 성과를 구성하는 것에 대한 명확성 부족 • 불분명한 의사 결정 과정 • 의사소통 문제(체계적)	• 누가 팀인지 아닌지 명확함 • 적정한 팀의 규모 • 분산형 리더십 • 강력한 의사 결정 프로세스 • 모든 사람의 강점 발휘 • 품질에 대한 강한 관심 • 신속한 혁신 • 역할 명확성
학습 과정	• '너무 바쁜 증후군'(반성의 시간 없음) • 개인 및 집단 학습의 가치가 충분하지 않음 • 외부 관점 및/또는 아이디어의 출처 부족 • 낮은 학습 성숙도/개인적 성숙도 차이 • 변화에 대한 저항 • 실수는 반복된다(학습되지 않음).	• 집단 학습을 위한 팀 개발 계획 • 실수에 대한 긍정적인 태도 • 진화하는 환경과 연계된 학습 목표 • 성찰의 습관 – 하던 일에서 한 발짝 물러서는 시간 • 피드백 요청하기 • 코칭/코칭 마인드 • 변화에 앞서나가기 위한 노력
리더십	• 부재 중이거나 지나치게 통제하는 리더십 • 리더에게 지나치게 집중 • 리더와 팀 사이의 열린 대화 부족 • 정치	• 도덕적 방향을 제시하는 리더 • 학습 및 가치관의 롤 모델 • 리더십의 배분 • 리더의 안전감

© David Clutterbuck & Coaching and Mentoring International, 2015

[표 3.3]은 이러한 맥락이 상호작용하여 팀 성과와 역기능에 영향을 미치는 방식을 보여준다. [표 3.3]에서 '**리더의 자질과 행동**' 위의 항목은 긍정적인 증상이고, 아래 항목은 부정적인 증상이다. 물론 이것은 관련된 복잡한 시스템을 2차원적으로 표현한 것일 뿐이다. 실제로는 여섯 가지 영역이 모두 포함된 모든 조합이 동시에 작용할 수도 있다. 아직 그 정도의 복잡성을 처리할 수 있는 도구는 없다!

이 모델을 기반으로 한 PERILL 진단은 20개의 심층 질문으로 각 상황을 측정한다. 팀이 이런 종류의 설문에 정직하게 답하기 어려운 때가 있다는 것을 관찰할 수 있었으므로, 응답자에게 각 답변에 대한 신뢰도를 평가하도록 추가로 요청했다. 진단 관련 섹션은 6장부터 11장까지 각 장의 마지막에 나와 있다. 이 장에서는 팀 코치가 이 여섯 가지 관점에서 팀의 역동성을 이해하도록 도울 수 있는 아이디어와 관찰을 통해 각 영역의 복잡성을 극복하고자 했다.

[표 3.3] PERILL: 팀 성과와 역기능의 맥락

리더의 자질과 행동	목적 및 동기 부여	외부적으로 직면한 프로세스	관계	내부적으로 직면한 프로세스	학습
목적 및 동기 부여	**리더의 자질과 행동**	팀과 주요 이해관계자 사이의 가치 일치	공동의 목표를 향해 열정적으로 함께 일하기	우선순위의 명확성; 개인적 우선순위보다 집단적 우선순위를 먼저 함	팀의 강점을 활용하고 확장할 수 있는 방법을 적극적으로 모색
외부적으로 직면한 프로세스	이해관계자가 팀이 어떤 가치를 지지하는지 모름	**리더의 자질과 행동**	이해관계자와의 강력한 협업 관계	품질 문제에 대한 신속하고 효과적인 대응	신속한 제품 및 서비스 혁신
관계	사람들은 각자 의제를 추구함	이해관계자와의 갈등, 이해관계자에 대한 무례함	**리더의 자질과 행동**	높은 수준의 심리적 안정감은 우리가 하는 일에 대한 지속적인 질문으로 이어짐	사람들은 서로의 발전을 위하여 적극적인 책임을 짐
내부적으로 직면한 프로세스	중복 및 노력 낭비	인정되지 않거나 해결되지 않은 품질 문제	사람들은 서로의 영역에 '간섭'하는 것을 피함. 거대한 '방 안의 코끼리'	**리더의 자질과 행동**	지속적인 프로세스 개선 문화
학습	집단이 아닌 개인에게 초점을 맞춘 학습	혁신의 속도가 느림	사람들은 지식과 전문성을 '저장'함	변화에 대한 저항	**리더의 자질과 행동**

© David Clutterbuck and Coaching and Mentoring International, 2017

> **요약**
>
> 성과라는 개념은 매우 유동적이며, 상황, 관점, 내부 및 외부 요인의 혼합에 따라 달라진다. '성과 모델'과 '팀 역기능(성과 부족) 모델'은 일반적으로 단순화되어 있다. 코치가 팀이 성과를 이루는 데 집중할 수 있도록 하기 위해서는, 먼저 성공은 일관성보다는 운의 문제인 경우가 많으며, 성과 잠재력은 팀 내부 및 팀에 영향을 미치는 시스템에 따라 달라진다는 점을 인식하는 것이 중요하다.

참고 문헌

Champoux, T, Chirls, C and Myers, M (2015) *Teams That Work: The Six Characteristics of High Performing Teams*, Effectiveness Institute, Bellview, WA Chin-Yun, L, Long-Sheng, LL, Ing

Chuang, H and Kuo-Chin, L (2010) Exploring the moderating effects of LMX quality and differentiation on the relationship between team coaching and team effectiveness. Paper to 17th International Conference on Management Science and Engineering, Taiwan 24–26 October https://ieeexplore.ieee.org/xpl/mostRecentIssue.jsp?punumber=5711625

Corn, R (2000) Why teams get poorer: The influence of team effective ness and design quality on the quality of group diagnostic processes, doctoral thesis, Harvard University, Cambridge, MA

Coyle, N (2018) *The Culture Code*, Penguin Random House, London

Hackman, JR (1987) The Design of Work Teams. In Lorsch, J (Ed.), *Handbook of*

Organizational Behavior (pp 315-342), Prentice-Hall, Englewood Cliffs, NJ

Hawkins, P (2014) *Leadership Team Coaching: Developing Collective Transformational Leadership*, Kogan Page, London. 피터 호킨스 (2022) 『리더십 팀 코칭: 변혁적 팀 리더십 개발을 넘어』, 한국코칭수퍼비전아카데미

Lencioni, P (2002) *The Five Dysfunctions of a Team: A Leadership Fable*, Jossey-Bass, San Francisco, CA. 패트릭 랜시오니 (2021) 『팀워크의 부활』, 위즈덤하우스

Wageman, R, Nunes, DA, Burruss, JA and Hackman, JR (2008) *Senior Leadership Teams*, Harvard Business Review Press, Cambridge, MA

4장
팀 코칭의 특별한 점은 무엇인가?

이 책 저술을 위한 연구를 하면서, 팀 코칭 서비스를 제공하는 컨설턴트와 교육자들의 웹사이트 수십 개를 살펴보았다. 대다수가 팀 전체와 함께 코칭하지 않거나 주요 전문 기관에서 인정하는 코칭 방식을 사용하지 않고 있었다. 최근 피터 호킨스와 저자는 팀 코칭의 본질을 파악하기 위해 팀 코칭을 다음과 같이 정의했다.

팀 코칭이란… 팀 전체와 지속적인 관계 속에서 집단적으로 인식을 제고하고, 팀의 내외부 시스템과 연결을 더 강화하여, 현재와 미래의 도전에 대처할 수 있는 팀 역량을 끌어올리고자 하는 목적으로 파트너십을 유지하는 것이다.

팀 코칭은 목표 중심의 성과뿐만 아니라 장기적인 팀 역량을 키우고, 팀이 모든 이해관계자와 함께 가치를 공동 창출할 수 있도록 돕는 데 중점을 둔다. 또한 코치는 팀 코치가 현장에 함께 없을 때와 과제를 마친 후에도 팀 코칭이 이루어질 수 있도록 노력한다. 팀 코칭은 코칭 프로세스, 접근 방식 및 사고방식을 시스템적, 조직적 및 비즈니스 이해와 결합한다.

팀 코칭이 아닌 것

- 같은 팀에 속한 개인들을 코칭하는 것(팀 코치가 이 작업을 추가로 수행할 수 있음)
- 팀의 일부만 코칭하는 경우
- 그룹을 코칭하는 것(그룹이 팀이 되도록 지원하는 의도가 있는 경우 제외)
- 팀 빌딩(팀 코칭 활동의 부수적인 이점일 수 있지만) - 결과에 초점이 맞춰져 있어야 한다.
- 프로세스 촉진(특정 문제 해결을 목표로 함)
- 사외 워크숍과 같은 일회성 개입
- 교육 및 컨설팅
- 고정된 방법론에 집중하는 것

팀 코칭의 기준을 충족하지 못하는 한 예로, 각 세션의 진단과 대화 초점을 지정하는 경직된 구조 내에서 '팀 코칭' 세션에 고정 프로그램을 제공하는 컨설팅을 들 수 있다. 이것은 코칭이 아니며, 결과 중심이 아닌 프로세스 중심이므로 이 개입은 실패한다.

팀 코칭과 혼동되는 다른 개입으로는 팀 빌딩, 팀 퍼실리테이션, 그룹 코칭, 팀 어웨이 데이team away days[3], 일선 관리자 코칭 및 팀 퍼실리테이션 등이 있다. 그러나 이러한 각각의 개입을 살펴보기 전에 팀 코칭의 사례를 검토하고 팀 코칭과 일대일 코칭의 차이점을 살펴보겠다.

지금까지 팀 코칭에 관한 보편적이고 간단한 정의가 없는데, 이는 팀의 성격과 목적이 다르기 때문이다. 조직 및 팀과 함께 일하면서 발전시킨 정의는 다음과 같다.

> 성찰과 대화를 통해 팀의 성과와 성과를 달성하는 프로세스 개선을 지원하기

팀 코칭이 완벽하지는 않지만 대부분 팀에 효과가 있다. 마찬가지로 팀 코치에 관한 표준 역할 정의도 없다. 호킨스Hawkins(2018, p.1)는 시스템적 팀 코칭을 이렇게 정의한다.

> 일정 기간 전체 팀을 함께 또는 따로 코칭하여 팀원들이 역량을 발휘할 수 있도록 지원하는 과정이다.

---

[3] 팀 어웨이 데이team away days: 친목을 형성하고 팀 역동을 개선하기 위한 팀 빌딩 활동 및 실내외 이벤트에 참여하는 조직 행사. 팀 어웨이 활동으로는 의사소통, 협업, 정렬 및 비전 등을 다루는 워크숍, 게임 및 운동이 있다.

- 공동의 목적에 맞춰 정렬
- 다양성을 아우르는 협업과 학습
- 집단적 리더십 개발
- 성과 목표 달성
- 주요 이해관계자 그룹과 효과적으로 소통하기
- 더 광범위한 비즈니스로 공동 혁신

특별히 리더십 팀을 대상으로 고안되었지만, 조직의 내외부 환경과 시스템 사이의 접점interface으로 작동하므로 다른 수준의 팀에서도 잘 작동한다.

팀 코칭 사례

최고 경영진에게 비즈니스 사례를 제시할 때 이성적, 정서적 지지를 모두 얻을 수 있는 몇 가지 논거가 있다. 대체로 다음과 같다:

- 성과의 특정 측면을 개선하기 위한 경우(일반적일수록 신뢰도가 떨어짐)
- 성과를 더 빨리 낼 수 있게 하려는 경우
- 성과를 다른 방식으로 낼 수 있게 하려는 경우

성과 개선

팀 코칭에 투자하는 가장 큰 이유는 팀 성과를 개선하기 위해서이다. 문제는 2장에서 살펴본 것처럼, 성과는 다양한 의미가 있을 수 있다는 것이다. 즉 성과는 업무 결과물의 양인가, 아니면, 결과물의 질인가, 매출이나 수익인가? 팀이 계획대로 자체 업무를 수행하는 정도 또는 다른 팀의 업무를 얼마나 잘 지원하는가? 고객을 얼마나 늘리고 유지하는가? 얼마나 효율적인가 또는 얼마나 효과적인가? 등의 의미가 있다.

2장에서 살펴본 바와 같이 현재의 성과만으로는 충분하지 않다. 불확실하고 복잡한 환경에서 미래를 대비할 수 있는 팀 역량이나 능력도 그에 못지않게 중요하다. 선형적인linear 접근 방식은 단순한 가정과 과정으로 이어지는 경향이 있으므로 시스템적 관점이 중요하다. 지속해서 높게 나오는 성과는 팀의 내외부 시스템에서 필요한 변화를 인식하거나 이에 대응(또는 예측)할 수 있는 능력에 달려 있다.

팀 코칭 사례의 시작은 창의적이고 동기를 유발하는 질문을 고민하는 것부터 시작하는데, 이는 거의 묻게 되지 않는다. 적어도 팀이 존재하는 이유는 무엇이며 현재와 미래의 업무 수행 능력에 대해 무엇을 알고 있는가? 이론적으로는 팀 사명 선언문을 수립하는 것이 도움이 될 수 있지만, 일상적으로 이러한 문제에 관해 생각하지 않는 핑계가 되는 경우가 더 많다. 문제는 어느 날 사명과 우선순위를 결정한 것이 다음 날 바뀌는 경향이 있다는 것이다. 고성과 팀은 확실한 답을 찾는 데 시간과 에너지를 낭비하지 않는다. 그 대신, 이들은 변화하는 요구 사항을 따라잡을 수 있도록 적시에 올바른 질문을 하는 데 집중한다.

따라서 성과를 측정할 때 팀과 팀에 책임이 있는 사람들은 유연한 현재 측정치와 몇 가지 근본적이고 영구적인 지표를 모두 파악해야 한다. 예를 들어, 한 영업팀은 회사가 원하는 고객 구성의 변화를 반영하여 팀 보너스에서 개인 보너스로, 그리고 다시 팀 보너스로 바뀌는 잦은 보너스 제도의 변경에 지쳐 있었다. 코칭 대화를 통해 이 회사는 성과에서 가장 중요하고 지속적인 측면이 영업 마진 유지라는 점을 인식할 수 있었다. 이 팀은 고위 경영진과 협상을 통해 이 부분을 보너스 제도의 핵심으로 삼아 전체의 60%에 해당하는 금액을 지급하기로 했다. 또 두 가지 다른 우선순위를 설정하여 6개월에 한 번씩 성과를 검토하고 필요한 경우 다른 우선순위로 변경하기로 했다. 이를 통해 직원들은 안정감을 느끼고, 성과 목표를 달성하는 방법을 계획하고 시스템과 행동에 필요한 조정을 할 수 있었다. 또한 잠재적으로 충돌할 수 있는 성과 우선순위를 관리할 수 있는 공간과 기회도 제공했다. 예를 들어, 기존 고객과 신규 고객 모두에게 고부가가치 서비스로 전환하도록 설득하지 않는 한, 마진을 손상시키지 않고 고객 판매량 증가를 달성할 수는 없다.

따라서 좋은 코칭 질문은 다음과 같다.

- 다른 사람들은 여러분의 성과를 어떻게 평가하나요?
- 누구의 판단이 (가장) 중요한가요?
- 성과 측정 방식을 더 잘 통제하기 위해 무엇을 할 수 있나요?
- 이것에 대해 어떻게 하고 싶은가요?

팀 코칭의 또 다른 장점은 리더의 팀 구성원들에 대한 성과 관리 능력을 향상시킨다는 점이다.

관리자는 성과 저하의 원인을 잘못 파악하기 쉽다. 동기를 지나치게 강조하고 다른 요인들, 특히 지식이나 스킬의 부족을 과소평가하는 경향이 있다(Szulanski, 1996). 이 모든 것은 저조한 성과가 직원의 의지 부족보다는 잘못된 관리 및 코칭 실패와 훨씬 더 관련이 있다는 메시지를 강조한다. 팀 코칭은 이러한 잘못된 원인을 파악하고, 해결할 수 있는 공론의 장을 제공한다.

더 빠른 업무 진행하기

새로운 팀, 특히 프로젝트 팀과 합병이나 구조 조정의 결과로 형성된 안정적인 팀들은 흔히 즉각적인 성공을 기대한다. 그러나 대부분 새로운 분야들은 복잡하고 어려운 상황으로 가득 차 있다. 터크먼Tuckman(1977)의 팀 발전 단계인 형성기Forming, 격동기Storming, 규정기Norming, 수행기Performing를 빠르게 통과할 수 있는 유일하게 신뢰할 만한 방법은 코칭이다. 코칭이 없다면 의사소통의 실패, 불신, 부적절한 과정, 중요하지만 덜 명백한 질문을 회피함으로써 각 단계가 연장될 가능성이 있다.

일을 다르게 진행하기

조직 문화를 변화시키기 위한 프로그램은 큰 노력과 비용을 투입하는데도 성공률이 저조한 편이다. 문제는 변화 과정에서 몇 가지 중요한 요소를 흔히 놓치기 때문이다. 그 가운데 하나는 변화에 대한 사람들의 우려와 개인적으로 어떻게 다르게 행동할지에 관해 깊이 탐구할 기회이다. 소용돌이치는 캠페인 이벤트는 개인이나 팀 전체가 사려 깊은 반성과 성찰을 할 수 있는 환경을 조성하지 못한다. 조직 문화의 변화는 개인과 팀 코칭에 상당한 투자와 함께 추진되었을 때 변화의 속도와 깊이가 급격히 증가한다. 팀 코칭은 조직 문화 변화의 본질과 영향을 이해하고, 개인과 팀을 부정적으로 만드는 요소에 맞서며, 변화를 실현하기 위한 실용적인 계획을 수립하고 적극적으로 추진하며, 새로운 태도와 행동을 내재화하는 데 도움을 준다.

팀 코칭이 필요한 다른 이유

또한 팀 코칭이 다음과 같은 역할을 한다는 몇 가지 증거가 있다.

- 팀 내 그리고 팀 사이의 갈등 감소(후자는 많은 조직에서 최고 경영진의 주요 골칫거리 가운데 하나임)(Kets de Vries, 2005)
- 팀 프로세스 및 시스템의 효율성 향상(예: 업무가 왜 지금과 같은 방식으로 수행되는지 의문을 제기함으로써)(Carr & Peters, 2012; Peters & Carr, 2013)
- 혁신성 증대(Rousseau et al., 2013)

종합하자면, 팀 코칭은 다음과 같은 효과가 있는 것으로 보인다.

- 팀 외부 주요 이해관계자(특히 최고 경영진)와의 팀 커뮤니케이션 품질 개선
- 핵심 인재 유지retention(사람들은 새로운 기술을 배울 수 있다고 느끼길 원함)
- 팀장/관리자 및 팀원의 경력(실력)을 부각하고 승진 가능성을 높여 승계 계획 수립하기
- 일반적인 지식 경영(팀원들이 코칭 스킬을 사용하여 팀 외부 사람들의 학습을 도울 수 있음)

팀 코칭의 경우, 가장 좋은 접근 방식은 흔히 최고 경영진을 코칭 대화에 참여시키는 것이다. 유용한 질문은 다음과 같다.

- 조직 전체가 팀 코칭을 받을 준비가 되어 있나요?
- 해당 팀이 조직 전체를 뛰해 무엇을 하길 기대하나요?
- 성과를 내지 못하면 어떤 결과가 초래되나요?
- 성과를 내지 못했다는 사실을 어떻게 알 수 있나요?
- 성과를 내기 위해 얼마나 큰 노력을 기울일 준비가 되어 있나요?
- 코칭 없이 그렇게 할 가능성은 얼마나 되나요?
- 팀 코칭에 투자하는 시간과 외부 코칭 전문가에 대한 비용을 상쇄하는 팀 코칭의 이득pay-off은 무엇인가요?
- 투자 대비 성과를 어떻게 측정하나요?
- 팀 코칭을 제공하는 데 따른 위험이 있다면 어떤 것이 있나요?

팀 코칭과 일대일 코칭

팀 코치와 수퍼바이저를 대상으로 한 설문조사(Clutterbuck & Hodge, 2017)에서 개인 코칭과 팀 코칭의 가장 큰 차이점은 팀 코칭이 훨씬 더 복잡하다는 것이다. 팀 코칭은 개인 코칭과 거의 같은 주제를 다루지만 추가적으로 다음과 같은 고려 요인들이 있다.

비밀 유지

경영진을 일대일로 코칭할 때 중요한 문제는 코칭 세션에서 언급된 내용에 대한 비밀을 유지하면서 고객 성과의 중요한 영역에서 진전이 일어나고 있음을 조직이 느끼게 하는 것이다. 멘토링에서 멘토와 멘티 관계는 공개적인 정보이지만 그 안에서 언급되는 내용은 공개되지 않는다(비밀 유지의 범위에는 항상 법적, 윤리적 한계가 있다). 그러나 팀 코칭에서는 다른 역동 관계가 적용된다. 팀 토론의 투명성은 팀과 조직 간에 매우 높을 수 있다. 그렇지만 코치와 개별 구성원 간의 일대일 대화는 팀 대화의 질을 떨어뜨리지 않도록 철저한 기밀로 유지되어야 한다. 코치가 일대일 대화를 통해 얻은 정보를 철저히 비밀로 유지하면서도 더 넓은 팀 대화와 관련이 있다는 것을 알고 있어야 매우 민감한 균형을 맞출 수 있다.

관계 범위

팀 코칭에는 더 많은 사람이 참여하지만 팀원 사이의 코칭이라는 추가적인 역동성이 있다. 팀 코칭은 코칭 습관을 자극하고 지원할 때 가장 효과적이다. 일대일 코칭 가운데 팀 전체에 중요한 의미가 있는 문제를 식별한 뒤, 해당 개인이 경험한 사고의 진화를 팀 전체에 코칭하도록 권장한다. 이렇게 하면 학습을 공유할 뿐만 아니라 개인이 추출한 학습 포인트들을 깊이 있게 확장할 수 있다.

의사 결정에 도달하기

팀 내 구성원들의 이해와 헌신 정도에 따라 의사 결정이 크게 달라질 수 있다. 이러한 현상은 특히 여러 국적의 팀원들로 구성된 팀에서 더욱 극명하게 드러난다. 한 다국적 화학 기업의 관리자는 다음과 같이 상황을 설명했다.

    우리는 4시간 동안 해외 판매와 관련된 다양한 솔루션의 장단점을 놓고 논쟁을 벌였는데, 유럽 지역 부사장은 이 지역을 위한 공통의 정책을 마련해야 한다고 했다. 그는 모든 사람에게 각자의 최우선순위가 무엇인지 말하게 했다. 그러고는 각 사안에 대한 다수의 견해를 대변하는 논리적인 정책으로 정리했다. 그리고 그는 "결정을 내렸나요?"라고 물었다. 모두가 "예."라고 대답했다. 그러나 두 달 뒤, 이전보다 더 큰 혼란이 찾아왔다. 독일인과 덴마크인은 다른 국가들의 명백한 침해에 대해 불평하면서 정책을 완강히 고수했고, 영국인과 스페인인은 문자 그대로 지키지만 정신은 지키지 않으면서 정책을 우회할 방법을 계속 찾았다. 프랑스인은 단순히 권고로 간주하고 이전부터 해오던 일을 계속하되 조금 더 신중하게 했다. 국적에 따른 고정관념을 고려하더라도 (매니저가 네덜란드인이었기 때문에 더욱 다양한 국적의 사람들이 섞여 있었다) 이 경험은 한 사람의 결정이 다른 사람에게 도전이 된다는 보편적인 진리를 보여 준다!

개인이 내리는 의사 결정의 질을 향상하는 것은 대체로 통찰력(예: 감정이 의사 결정에 미치는 영향)과 더 엄격한 분석 그리고 문제 해결 단계를 개발하는 것이다. 팀 차원에서는 또 다른 역동이 있다. 사람들은 일반적으로 특정 문제에 대해 서로 다른 속도로 작업을 한다. 다양한 내부 대화를 하나의 열린 대화로 통합해야 한다. 핵심적인 코칭 질문은 개인 코칭과 동일하지만 훨씬 더 중요하다. 그 질문은 "지금 결정을 내리고 실행할 준비가 되었는가?"이다. 위의 예에서 부사장은 팀이 심리적으로 결정을 내릴 준비가 되어 있지 않은 상황에서 자신의 권위를 이용해 결정을 강요하는 치명적인 실수를 저질렀다.

외부 팀 퍼실리테이터에게도 이는 큰 문제인데(아래 팀 코칭과 퍼실리테이션 참조), 외부 팀 퍼실리테이터들은 명성을 중요하게 여기고, 보수를 받는다는 이유로 팀이 정해진 시간 내에 명확한 결정을 내릴 수 있도록 하는 것을 당연하게 여기는 경향이 있다. 각 팀원이 솔루션에 전적으로 헌신할 수 있는 조건을 탐색하고, 그러한 통찰력을 기반으로 후속 대화를 위한 시간을 마련하는 것이 더 나을 수 있다. 이러한 메시지를 팀에 전달하는 것은 유용한 방법이 될 수 있다.

팀 코칭과 그룹 코칭

어떤 코치들은 그룹과 함께 일하기가 더 쉽다고 생각하고, 어떤 코치들은 팀과 함께 일하기가 더 쉽다고 생각한다. 그룹이 공동의 목적을 위해 헌신하도록 설득하기가 더 어려울 수 있지만, 다른 한편으로는 모든 사람이 다른 구성원들의 목적과 어떤 면에서는 일치하는 개별적인 목적을 가지고 있다는 것을 받아들이면 자유로울 수 있다!

그룹 코칭과 팀 코칭의 가장 큰 차이점은 팀은 코칭 과정이 끝난 후에도 계속 유지되는 반면, 그룹은 유지되지 않을 수 있다는 점이다. 이는 구성원들이 관계의 질을 높이기 위해 기울이는 개별적인 노력에 영향을 미친다. 다른 점들은 아래와 같다.

- 팀은 상호의존성을 발견하고 강화하는 데 도움이 필요할 수 있으며, 그룹은 함께 모여 최대한의 이익을 얻기 위해 상호의존성을 만들어야 할 수도 있다.
- 팀이나 그룹의 규모가 클수록 하위 그룹으로 나뉘는 경향이 있다. 팀은 공동의 목적에 초점을 맞추므로 이러한 분열을 최소화하는 것이 중요하며, 분열이 발생하더라도 다시 합칠 때까지 하위 그룹이 서로의 관점을 탐색하도록 유도하여 이를 유리하게 전환하는 것이 중요하다. 그룹이 분열될 때 코치의 임무는 그룹

을 하나로 모으는 것보다는 각 하위 그룹이 다른 그룹의 활동을 방해하지 않으면서 원하는 것을 달성할 수 있는 방법을 찾도록 돕는 것이다. 따라서 그룹 코칭은 팀 코칭보다 더 많은 하위 그룹을 수용할 수 있다.
- 리더십의 역동은 그룹과 팀에 따라 다를 수 있다. 일반 팀에서는 코치가 리더와 팀원 모두와 계약을 맺어야 한다. 그룹에서는 모든 멤버와 동등하게 계약을 맺는다(어떤 면에서 그룹 코칭이 덜 복잡하기도 하다!).

크리스틴 손튼Christine Thornton(2016)은 그룹 코칭과 팀 코칭의 기본적인 프로세스는 동일하다고 보지만, 팀의 경우, 집단적 노력을 더 강조한다. 새로운 그룹과 새로운 팀 모두 함께 계약하는 것이 필수적이다. 특히 다음과 같은 사항에 대해 계약하는 것은 중요하다.

- 그룹/팀 행동 규범(언어, 서로 존중하는 태도, 진행을 일시 중지하는 방법 등)
- 구성원들이 서로의 학습 또는 다른 결과를 어떻게 지원할 것인지
- 개방성과 솔직함을 보장하는 방법

전반적으로 그룹 코칭과 팀 코칭의 차이는 크지 않으므로 코치들은 그룹 코칭과 팀 코칭을 원활하게 오갈 수 있다.

팀 코칭과 퍼실리테이션

퍼실리테이터 협회의 팀 퍼실리테이션에 대한 설명은 팀 코칭과 많이 중복되며, 경험 많은 팀 코치는 그들의 접근법 포트폴리오 내에서 퍼실리테이션 기술을 사용하고 있었다. 그렇지만 팀 코칭과 퍼실리테이션 사이에는 상당한 차이가 있다(보편적으로 동의하는 것은 아니지만). 특히,

- 퍼실리테이션의 초점은 현재 또는 가까운 미래의 특정 문제를 해결하는 것이지만, 팀 코칭은 팀이 스스로 문제를 해결할 수 있는 역량을 키우는 것을 목표로 한다.
- 퍼실리테이션은 프로세스에 더 중점을 두고, 팀 코칭은 통찰력을 자극하는 질문을 생성하는 데 중점을 둔다.
- 퍼실리테이터는 대화를 이끌고 관리하는 반면, 팀 코치는 팀이 대화를 관리할 수 있도록 지원한다.
- 퍼실리테이션은 일반적으로 세션 내에서 해결책을 도출하는 것을 목표로 하지만, 코칭은 (잘 수행될 경우) 팀이 스스로 해결책을 찾을 수 있는 토대를 마련하는 역할을 한다.

둘 사이의 공통점은 팀이 중요한 변화를 이루기 위해서는 일상적인 루틴과 관점을 벗어나야 한다는 인식이다. 퍼실리테이터와 코

치 모두 팀 회의의 일반적인 정보 교환보다 훨씬 더 깊이 있는 문제에 대해 구조화된 대화를 할 수 있는 모델, 도구 및 기법을 제공해야 한다. 그리고 둘 다 먼저 인식을 형성한 다음, 새로운 지식에 대해 무엇을 할 것인지 결정하는 패턴을 따른다.

팀 코칭과 팀 빌딩

팀 빌딩이라는 용어가 의미하는 바가 불분명한데도, 여기에 큰 비용이 지출되고 있다. 적어도 이론적으로 팀 빌딩은 팀원들이 개인 및 집단적 헌신을 재확인하고, 동료에 대한 존중과 존경심을 키우며, 공동의 목표에 더 긴밀히 협력할 기회를 만들어 팀 성과를 개선하는 것을 목표로 한다.

팀 빌딩의 효과에 대한 증거는 엇갈리고 있다. 팀원 사이의 관계가 개선되는 것 같지만, 지속적인 생산성이나 성과 향상으로 반드시 이어지지는 않는다. 클라인Klein 등(2009)의 종합적인 연구에 따르면 정서를 고려하고 프로세스에 따른 결과(즉, 함께 일하고 업무 수행 방식을 개선하는 것)에는 중간 정도의 효과가 있지만, 성과 결과에는 영향이 적은 것으로 나타났다.

팀 구성원이 계속 바뀌는 것도 문제 가운데 하나인데, 새로운 인원이 들어올 때마다 프로세스를 다시 시작해야 한다. 팀 빌딩이 흔히 일반적인 업무 환경과 시간적으로 구분이 된 표면적인 활동이라는 점도 또 다른 요인이다. 따라서 팀 내에서 결함을 만드는 행동이나 대인관계 문제가 일시적으로는 해결되지만, 이러한 문제들은 서서히 재발하고 다른 방식으로 표출된다. 반면, 코칭 대화를 자주 하면 점진적으로 더 깊은 문제를 다루고, 재발을 방지하기 위해 이슈를 다시 검토할 수 있다. 팀 빌딩과 팀 코칭은 [표 4.1]에 비교되어 있다.

야외에서 진행되는 팀 빌딩 활동은 생존을 위해 협력하려는 원초적인 본능을 활용하기 때문에 효과가 있는 것처럼 보인다. 성별 문제를 떠나서(예를 들어, 적절한 그룹 행동에 대한 가정이 남성적인 인식과 규범에 기초한다는 가정), 팀 결속력이 높으면 '세상에 맞서는 우리'의 정신이 형성되는데, 이는 더 광범위한 직장에서 유익하지 않을 수 있다. 이를테면, 이러한 높은 결속력을 가진 팀은 상업적인 경쟁자들에 비해 자신의 능력을 실제보다 훨씬 더 긍정적으로 평가할 수 있다. 또 '블랙홀 효과'도 관찰됐다. 사람들이 떠나면, 서로 친밀한 관계를 느끼는 팀 구성원들의 핵심 구성원들이 줄어든다. 이들이 더 가까워질수록, 새로운 구성원이 들어와 팀의 일부가 되는 게 어려워진다. 결국, 내부 핵심 구성원들은 새로운 사람이 뚫고 들어갈 수 없을 만큼 밀도가 높아진다. 핵심 구성원과 새로운 구성원 사이의 갈등은 팀을 해체해야 할 정도로 많은 문제를 일으킨다.

[표 4.1] 팀 코칭과 팀 빌딩 비교

속성	팀 코칭	팀 빌딩
목적	업무 전달 및 협업 행동의 효과성	협업 행동 개선
초점	내부 및 외부	주로 내부
학습 프로세스	업무와 관련된 활동	업무와 관련이 없는 활동
성찰적 연습	어떻게 함께 일할 수 있을까요? 어떻게 함께 학습할 수 있을까요?	우리 자신과 서로를 어떻게 이해할 수 있을까요? 어떻게 함께 일할 수 있나요?
역할 초점	팀 내 작업 역할 및 학습 역할	팀 내 작업 역할
학습 대화	'열린 대화' - 내부에서 생성되는 구조	'지시적 대화' - 퍼실리테이터의 관찰 및 프로세스를 통한 구조
일반적인 기간	작업 기간 또는 팀의 성장 단계에 걸쳐 - 여러 차례의 작은 개입	적음(보통 1회) 며칠 동안 집중적인 개입
결과	서로의 가치를 인정하고 소중히 여기는 것 업무에 대한 기여도	서로와 서로의 기여에 대한 감사 및 평가

팀 코칭은 사람들이 팀의 사회적 역동을 이해하고 관리하도록 돕는 것으로, 때로는 건강한 현실감을 도입하고, 팀원들이 서로, 그리고 함께 일하는 환경에 대한 호기심을 유지함으로써, 팀 빌딩에 대한 전통적인 접근 방식의 단점을 상쇄할 수 있다.

팀 코칭과 팀 어웨이 데이

저자가 대표를 맡고 공동 소유했던 회사(결국 직원들에게 매각)에서는 1년에 한 번씩 전 직원을 해외로 장기 연수를 보냈다. 여기에는 세 가지 목표가 있었다. 첫 번째는 감사였고, 두 번째는 모든 직원이 전략적 계획에 참여하도록 하는 것이었다. 세 번째이자 가장 중요한 목표는 모든 사람이 다른 부서의 동료들과 시간을 보내며 서로를 알아가는 것이었다. 공식적인 팀 빌딩은 거의 없었지만, 모두가 일상적인 업무에서 벗어나 동료들과 즐겁게 지냈다.

팀 코치들은 흔히 팀 어웨이 데이를 진행하라는 요청을 받지만, 이런 상황에서는 의미 있는 코칭을 제공하기는 어렵다. 성찰과 자성introspection보다는 활동과 실행에 초점을 맞추기 때문이다. 심지어 전략 연수의 경우에도 참가자들이 명확한 전략 계획을 가지고 떠날 것이라는 기대가 있다(실제로 강력한 전략을 수립하고 실행하는 데 영향을 미치는 요인에 대한 깊은 통찰력 대신). 리더와 팀이 달성하고자 하는 목표를 명확히 하고, 그 목표를 중심으로 일정을 구성하는 것이 더 실용적이다. 예를 들어, 팀 빌딩(사람들이 더 잘 어울릴 수 있도록 돕는 재미있는 활동)과 프로세스 퍼실리테이션(새로운 전략 설계), 코칭(팀의 내외부 역동 관계에 대한 더 깊은 인식 창출)을 분리하는 것이다.

팀 리딩과 팀 코칭

코칭이 리더의 역할과 루틴의 필수적인 부분이라는 강력한 주장이 제기되고 있는 상황에서 팀 리더십과 팀 코칭을 구분하는 것이 이상하게 느껴질 수 있다. 코칭을 별도의 활동으로 만들면 코칭이 선택적 추가 기능이 될 위험이 있는데, 현재 많은 팀에서 바로 그런 일이 벌어지고 있다. 그렇지만 팀 리더는 일상적인 관리와 집단적 역량 및 창의성 개발 모두에 주의를 기울여야 한다.

한편으로 해크먼Hackman과 웨이그먼Wageman(2005)은 코칭을 일선 관리자의 핵심 자질과 활동 가운데 하나로 꼽았으며, 구글의 산소 프로젝트(2011)에서도 효과적인 관리자의 여덟 가지 자질 가운데 코칭을 가장 중요하다고 뽑았다.

반면에 일선 관리자의 역할 및 책임과 코치의 역할 및 책임 사이에 상당한 장벽과 이해 상충이 존재한다는 연구 결과도 있다. 페라Ferrar(2006)는 문제를 악화시키는 일선 관리자와 팀의 다양한 행동과 습관을 확인했는데 다음과 같은 것들이 있다.

- 관리자와 직속 상사가 대화에서 '부모/자식' 역할에 빠지는 경향이 있다.
- 양측 모두 숨겨진 의제가 있을 수 있다는 느낌(예: 관리자는 조직 개편 계획에 대해, 직원은 회사에 얼마나 오래 남아있을 것

인지에 대해)
- 일부 사항을 기밀로 유지하려는 직원의 욕구와 팀 전체의 복지 및 성과에 대한 관리자의 책임감 사이의 충돌
- 단기적인 업무 목표를 달성해야 한다는 압박과 팀원들의 장기적인 자기 계발 요구 사이의 갈등
- 집단사고. 함께 일하는 사람들은 주변 세계에 대해 동일한 필터를 적용하고 동일한 사각지대를 갖는 경향이 있다. 역설적이게도 일선 관리자와 학습자 사이의 관계가 좋을수록 이러한 현상이 발생할 가능성이 커진다.
- 누가 코칭을 받는지에 대한 불평등. 시간적 압박으로 관리자가 특정 개인이나 하위 그룹에 코칭을 집중하는 경우가 많이 있다. 이는 성과에 더 큰 문제가 있다고 생각하기 때문일 수도 있고, 잠재력이 더 크다고 생각하기 때문일 수도 있다. 전자의 경우, 사람들은 흔히 '괴롭힘'을 당하는 것에 분개하고, 후자의 경우 다른 사람들이 소외되는 것에 분개한다. 이런 상황에서는 일선 관리자/코치가 좋은 효과를 거둘 수 없다!

다음 [표 4.2]는 관리자로서 리더와 코치로서 리더의 접근 방식에 대한 주요 차이점을 보여준다.

[표 4.2] 팀 리딩과 팀 코칭의 차이점

이슈	리더-관리자	팀 코치
업무 목표	• 팀을 위한, 그리고 팀과 함께 목표 설정 • 목표에 대한 의지를 개발 • 목표 대비 진행 상황 검토	• 목표 설정 및 검토를 위한 프로세스 수립 지원 • 개인, 하위 그룹, 팀 목표 사이의 정렬 살펴보기 • 좌절/진행 실패의 원인 탐색하기
학습 목표	• 각 팀원의 개발 요구 사항 설정 • 개인적 개발 계획 승인	• 개인과 팀의 통합적 개발 계획 설정 지원
비전 설정	• 팀 내외부 이해관계자(예:고위 경영진)에게 팀의 포부 설명 • 기업 비전 내의 팀 비전 맥락화	• 비전의 질과 실행 가능성을 테스트하고 비전이 일상적인 활동에 미치는 영향 테스트 • 팀이 비전의 가치를 명확하게 설명하도록 지원
조정	• 모든 사람이 자신의 역할과 책임을 이해하도록 하기 • 팀과 협의하여 업무 프로세스를 검토하고 개선 • 계획 및 전략 수립	• 프로세스 및 절차에 대한 피드백 제공, 인적 요인이 프로세스와 절차에 미치는 영향에 대한 피드백 제공 • 팀의 프로세스와 접근 방식에 의문을 제기하도록 지원 • 전략 기술 개발
문제 해결 및 의사 결정	• 팀원들의 참여를 유도하고 합의를 도출하여 효과적인 의사 결정 및 문제 해결 행동을 보여줌	• 팀의 문제 해결 및 의사 결정 프로세스 개선 지원
갈등 관리	• 잠재적 갈등을 식별, 논의 및 예방하기 위한 선제적 조치 • 갈등을 줄일 수 있는 규칙 중재 및 합의하기	• 충돌을 인식할 수 있도록 피드백 제공 • 팀의 갈등 관리 능력 향상(가능한 경우, 갈등을 유익하게 활용)
커뮤니케이션	• 효과적인 커뮤니케이션 시연 • 필요할 때 사용 가능 • 소통할 수 있는 기회 만들기	• 커뮤니케이션의 이론과 실제에 대한 팀의 이해를 도움 • 커뮤니케이션 장애 조사 및 학습 지원
학습 과정	• 팀이 성찰하고 검토할 시간을 갖도록 보장하기	• 팀이 성찰적 대화의 기술과 프로세스를 구축할 수 있도록 지원
경계 관리	• 외부 위협과 간섭으로부터 팀 보호 • 리소스 확보	• 팀 경계 관리 및 팀 개선 지원
성과 관리	• 성과에 대한 기대 명확화 • 평가 • 성과에 대한 인정과 보상	• 개인 및 팀 수준의 성과에 미치는 영향 탐색

팀 문화의 매개 효과

코치로서의 리더에 대한 이러한 대조적 인식은 단순한 사고thinking로 이어진다. 예를 들어, 현재 성과 관리와 평가 과정을 재평가하는 흐름(예: Bersin, 2017)은 상당 부분 기계적인 과정을 코칭의 본질인 학습적 대화로 대체하는 것이다. 리더-구성원 교환 또는 LMXLeader-Manager Exchange에 관한 연구 문헌(Martin et al., 2017)은 30년 이상 많은 관리자가 과제 중심에서 사람 중심으로 전환하는 데 어려움을 겪는 것을 보여주고 있다. 팀원 사이의 상호의존도가 높을 때 LMX가 성과에 미치는 영향이 가장 크다는 것은 당연한 결과이다(Liden et al., 2017).

글로벌 리테일 체인의 영국 자회사, 공공시설과 대학 행정 부서 등 여러 조직이 참가한 미공개 실험에서, 우리는 일선 관리자들이 팀을 코칭하는 방법을 배우기 위한 교육 과정에 참여했을 때 어떤 일이 일어났는지를 알아보는 포커스 그룹 인터뷰를 하였다. 그 결과, 선의와 열정만으로는 관리자들의 행동에 의미 있고 지속적인 변화를 가져오는 경우는 드물었으며, 며칠 만에 코칭을 중도에 포기하는 경우가 많다는 사실이 일관되게 나타났다. 그 문제는 시스템 행동의 하나로 이론화된다. 복잡한 시스템 일부가 바뀌면 나머지 시스템은 그것을 원래의 상태로 되돌리려고 노력한다(Schneider et al., 2006). 일선 관리자는 코칭을 이해하는 유일한 사람이었고, 팀 내 개인에게 코칭을 제공하려고 할 때 의도적이든 아니든 저항에 부딪히는 것은 놀라운 일이 아니다(탱고를 추려면 두 사람이 필요하다!).

이 실험에서 팀과 관리자는 함께 코칭 이론과 프랙티스에 대해 배우고 지원받았다. 팀원들은 정기적인 팀 회의에서 학습 내용을 공유하고 이를 업무 방식에 통합하는 방법을 함께 고민하는 시간을 가졌다. 이 팀들을 관찰한 결과 가운데 다음과 같은 것이 있었다.

- 심리적 안전은 코칭 문화를 조성하는 데 필요한 열린 대화의 필수 기반이다.
- 팀원 모두가 코칭하는 방법과 코칭을 받는 방법을 알아야 한다(일선 관리자 포함).
- 팀원 모두가 성과와 서로의 학습에 대해 공동의 책임을 진다.
- 팀은 개인의 계발 계획과 팀 목표를 통합한 팀 개발 계획을 공동으로 작성하고 실행했다.

이 실험은 안전한 코칭 문화와 분위기를 조성할 수 있다면 일선 관리자가 팀원들에게 효과적인 코치가 될 수 있다는 것을 액면 그대로 입증했다. 또 다른 거대 닷컴 기업을 대상으로 한 미공개 연구에서 우리 가운데 네 명이 전 세계 여러 사내 팀 가운데 성과가 높은 팀(높은 평판, 직원 의견 조사에서 높은 점수, 다른 사람들이 함께 일하고 싶어 하는 팀이라는 평판, 지속적인 목표 초과 달성 등을 기준으로 선정)을 대상으로 포커스 그룹을 실시했다. 반복되는 주제는 리더의 역할이었는데, 리더는 스스로 자신에게 안전감을 줌으로써 안전한 코칭 환경을 조성했다. 확인된 특성으로는 다음과 같은 것들이 있었다.

1. 이들은 통제할 필요성을 느끼지 않는다. 실수가 발생해도 리더가 책임을 분담할 수 있을 만큼 충분히 큰 어깨를 가지고 있으므로 다른 사람을 신뢰한다.
2. 팀 목표뿐만 아니라 팀원 개개인에게도 관심을 두고 있다는 것을 보여준다. 인간적인 교류를 위해 시간을 할애한다.
3. 팀을 관리하려고 하는 대신 팀원들이 자신을 관리할 수 있도록 지원한다.
4. 이러한 리더는 팀원들이 리더에게 알려야 할 사항과 스스로 커뮤니케이션을 책임질 내용을 결정하도록 장려한다.
5. 외부의 방해 요소로부터 팀을 보호한다.
6. 모든 사람이 중요한 팀 목표를 이해하고 이에 동참하도록 하며, 목표를 달성할 수 있는 최고의 방법을 찾을 수 있다고 믿는다.
7. 팀원들의 피드백을 장려한다. 이들은 '성장 마인드'를 가지고 있으며, 자신과 팀의 발전에 동등하게 초점을 맞추고 자신을 '아직 완성되지 않은 프로젝트'로 여기고 수정과 개선을 계속한다.

팀 코칭에 관한 연구 결과

많지는 않지만, 업무 환경에서의 팀 코칭에 관한 거의 모든 연구는 팀 리더 코치 또는 관리자 코치의 역할에 초점을 맞추고 있다. 헤크먼과 웨이그먼이 쓴 문헌 리뷰(2005)에서는 팀 코칭이 팀에 제공하는 기능, 업무 수행 과정에서 코칭 개입이 긍정적인 결과를 가져올 가능성이 가장 큰 시기, 팀 코칭이 성과를 촉진할 가능성이 가장 큰 조건의 세 가지 영역을 다루고 있다.

이전 연구에서 웨이그먼과 그의 동료들(2004)은 88개 조직의 288개 팀을 조사하여 (팀 리더와 팀 매니저를 구분하지 않음) 리더가 팀과 업무의 구조화, 외부 간섭으로부터 팀 보호, 개인 코칭, 팀 코칭의 네 가지 활동에 얼마나 많은 주의를 기울였는지 순위를 매기게 했다. 이 가운데 팀 코칭이 가장 적은 비율을 차지했다. 그 이유는 리더들이 팀 코칭의 이점을 과소평가하고 팀 코칭 스킬이 부족하기 때문이라고 파악되었다.

팀 코칭에는 다양한 접근 방식이 있으며, 각 접근 방식에는 장단점이 있다. 이러한 접근 방식은 지시성과 비지시성의 스펙트럼으로 나뉜다. 가장 지시적이고 조작적 조건화 팀 코칭(Komaki, 1986; Smith et al., 1979)에서는 코치가 팀이 어떻게 행동해야 하는지에 대한 지침을 제공하고, 팀의 성과를 모니터링하며, 칭찬, 비판 또는 기타 형태의 긍정적 또는 부정적 강화를 제공한다. 이러한 '지시'

방식의 팀 코칭은 효과적일 수 있지만, 대부분 팀 전체에게 새로운 행동을 강요해야 할 정도로 팀의 발달 성숙도가 낮을 가능성이 크다. 또 팀원들이 학습 과정에 주도적으로 참여하는 경우보다는 성과 개선의 초점이 다른 곳으로 이동하면 행동을 지속하기가 더 어려울 수 있다.

절충적 접근 방식은 실무자와 컨설턴트의 경험을 팀이 행동, 역할 또는 갈등의 특정 문제를 해결하고 팀 리더에 대한 의존도를 낮추는 데 도움이 될 수 있는 기술로 체계화한다. 프로세스를 컨설턴트가 주도하기 때문에 이러한 접근 방식은 지시적인 경향이 있다.

슈워츠Schwarz(1994)가 주창한 행동주의 접근법behavioural approach은 팀의 업무 수행을 관찰하여 성과를 저해할 수 있는 행동을 파악하고, 코치가 관찰한 내용을 설명하며, 팀이 토론하고 도출하도록 돕는 3단계 프로세스로 구성된다. 코치가 관찰한 내용을 설명하고 팀이 논의하고 결론을 도출할 수 있도록 도와준다. 마지막으로 팀이 행동을 변화시키고 싶은지, 변화한다면 어떻게 변화를 만들고 유지할 것인지에 관한 토론을 끌어낸다. 여기에는 팀원이 아닌 코치가 관찰하고, 따라서 주목할 만한 중요한 사항과 그렇지 않은 사항을 판단한다는 점에서 여전히 지시적인 요소가 있다.

샤인Schein(1988)의 연구에 기반을 둔 프로세스 상담은 팀원들이 두 가지 수준에서 그룹 프로세스를 동시적으로 분석할 수 있도록 도와준다. 실질적인 수준에서의 분석은 행동과 조치가 특정 문제에 어떤 영향을 미치는지에 초점을 맞추고, 내부적인 수준에서는 전체 팀 기능에 영향을 미치는 구성원들이 상호작용하는 방식을 이해하는 더 넓은 문제에 초점을 맞춘다. 여기서 우리는 학습 대화를 통해, 무엇이 중요한지 팀 스스로 결정하고, 프로세스를 분석하고, 어떤 교훈을 얻을지 결정한다.

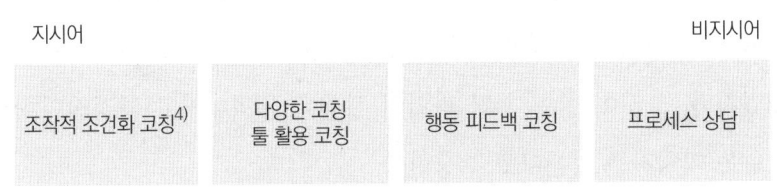

[그림 4.1] 팀 코칭의 네 가지 모델

또 팀 코칭에 대한 발달적 접근 방식은 팀이 발달 단계에 따라 서로 다른 문제에 대한 도움이 필요하며, 팀은 발달 주기의 어떤 시점에서 다른 시점보다 개입에 더 개방적이라고 가정한다. 이 철학을 채택하는 코치는 업무 강도에 따라 코칭 속도를 조절한다. 사람들이 가장 바쁘고 정신이 없을 때, 코치는 사람들이 더 잘 받아들일 때 사용할 데이터를 관찰하고 수집하는 데 시간을 할애한다

---

4) 조작적 조건화 코칭: 이는 행동주의 심리학 이론으로, 어떤 반응에 대해 선택적으로 보상함으로써 그 반응이 일어날 확률을 증가시키거나 감소시키는 방법을 말한다. 즉 특정한 행동을 보이면 코치가 보상을 주어 그 행동이 더 자주 나타나도록 유도하는 방법인데 이를 통해, 개인이 원하는 행동을 취할 가능성이 커지게 된다.

(Koslowski et al., 1996).

코칭이 팀에 제공하는 기능은 '사람들이 쏟은 노력(동기 유발), 성과 전략(상담), 지식과 기술 수준(교육), 이 세 가지 성과 프로세스 각각에서 프로세스 손실을 억제하고 프로세스 이득을 촉진하는 개입'으로 정의할 수 있다. 특히 2장에서 논의한 바와 같이 팀 내 대인관계와 관련된 기능은 분석에 포함되지 않았다. 코치들은 사람들 사이 관계의 질에 관심을 집중하면 태도와 팀 정신이 향상될 수 있지만, 그것이 반드시 팀 과업의 성취에 유의미하고 긍정적인 영향을 미치지는 않는다고 주장한다.

이 상반된 결론은, 점점 더 많은 연구 증거를 바탕으로 전통적인 팀 빌딩 활동의 또 다른 결함을 보여주고 있다. 코치들이 관계에 초점을 맞추는 것이 정말 시간을 낭비하는 것일까? 이 문제를 함께 논의한 전문 팀 코치들과 조직의 인사 담당자들의 공통된 의견은 관계 수준의 개입(팀 내부 구성원 사이의 상호작용 및 관계에 개입하는 것)이 '그들이 그렇게 말하겠지'라고 하며 무시할 수 있는 범위를 훨씬 넘어서는 도움이 된다는 것이다.

타이밍의 문제는 2장에서 인용한 거식^{Gersick}(1988, 1989)과 다른 연구자들의 연구와 관련이 있는데, 이들은 그룹과 팀이 과제에 접근하는 방식에서 공통적인 전환 패턴을 따른다는 결론을 내렸다. 팀들은 진화 과정의 특정 시점에서 자신들의 관심사에 대한 다른 요구에 과도한 부담을 느끼지 않으며, 코칭 이슈가 현재 자신들의 마음에 있으므로 코칭에 더 개방적이다.

팀 구성의 초기 단계에서 코칭은 팀 과제를 명확히 하고, 구성원들이 헌신을 이끌고, 어떻게 협력할 것인지에 대한 규범을 설정하고, 팀 경계, 역할 및 책임을 명확히 하고, 좋은 시작을 뒷받침하는 초기 동기 구축에 초점을 맞출 때 가장 효과적이다. 항공사 승무원을 대상으로 한 연구(Ginnett, 1993)에 따르면 비행 전 브리핑을 통해 모든 팀원이 토론에 참여하고 역할을 확인한 경우가 그렇지 않은 경우보다 더 나은 성과를 거두고 더 빨리 단합하는 것으로 나타났다. 이러한 브리핑이 코칭과 동일하진 않지만, 코칭의 더 집중적인 상호작용이 모든 유형의 팀에서 이러한 효과를 향상하게 하지 못하더라도 적어도 중복되는 것은 당연하다.

그러나 코칭을 통해서든 아니든 초기 단계에서 전략 문제를 해결하려고 시도하는 것은 실패로 끝날 가능성이 크다. 작업에 바로 착수하고 나중에 경험을 바탕으로 성찰하는 팀이, 시작하기 전에 전략을 세우는 팀보다 더 효과적이다(Hackman et al., 1976). 큰 그림의 문제를 해결하기 위해서는 어느 정도의 경험을 쌓는 것이 필요하다.

팀 진화 중간 지점에서 팀원들이 과제에 대해 어느 정도 경험을 쌓고 업무의 방향과 목표 달성 여부를 고민하는 시간을 갖게 되면, 팀은 전략적인 문제를 논의할 준비가 훨씬 더 잘 될 것이다. 헤크먼과 웨이그먼은 프로젝트 팀이 아니라 일상적으로 지속되는 팀도 업무 주기에서 비슷한 시점에 도달하면 진행 상황을 검토하고, 자원과 재능을 활용하는 방법을 재평가하고, 새로운 전략을 수립하기 위한 코칭을 받아들일 준비가 되어 있다고 말한다. 학습 팀 연구(10장 참조)에서 나온 여섯 가지 유형의 팀에 대한 일반적인 관찰 결과는 이러한 견해를 뒷받침한다. 마치 새떼나 물고기 떼가 일제히 방향을 바꾸는 것처럼 잘 작동하는 팀의 구성원들은 집단적 성찰 공간을 만들 때가 무르익었다는 무언의 합의에 도달하는 것 같다. 어떻게 이런 일이 일어나는지는 명확하지 않지만, 한두 명의 팀원이 자신을 돌아볼 필요성을 느끼기 시작하고 이것이 다른 팀원들에게 미묘한 방식으로 전달되는 것으로 추측할 수 있다. 관찰 결과, 흥미롭게도 업무에 대한 압박이 이 순간을 지연시킬 수 있지만, 이는 오히려 압박을 가중할 뿐이라고 한다.

세 번째 전환점은 과제 또는 하위 과제가 끝날 무렵으로, 팀원들이 과제를 수행하면서 얻은 학습을 체계화하고 내면화하여 활용할 수 있도록 코칭을 집중해야 할 때이다. 이 시기는 코치가 각 팀원이 기여한 부분과 팀과 팀원이 어떻게 성장했는지를 정확하고 공정하게 평가하도록 유도해야 하는 시기이기도 하다.

[표 4.3] 시간 경과에 따른 가장 효과적인 코칭의 초점

시간	개입의 초점
시작	동기 부여
중간 지점	자문
종료	교육

코칭이 효과적일 수 있는 조건은 두 가지 요소, 즉 주요 성과 프로세스가 외부적으로 제약을 받는 정도와 팀이 '잘 설계된 성과 단위'인지 여부에 따라 달라진다. 팀이 업무를 추진하는 프로세스를 거의 통제할 수 없는 경우, 코치가 제공할 수 있는 도움은 제한적이다. 그리고 웨이그먼(1997, 2001)의 이전 연구에 따르면 잘 설계된 팀은 그렇지 않은 팀보다 효과적인 코칭을 통해 더 큰 도움을 받고, 덜 효과적인 코칭을 통해서는 더 큰 타격을 받는 것으로 나타났다. 실제 코칭의 설계와 질 모두 팀의 자기 관리, 팀원 관계의 질, 팀원의 직무 만족도에 영향을 미친다.

효과적인 팀 코칭 조건에 관한 헤크먼과 웨이그먼의 요약된 결론은 다음과 같다.

- 동기 유발, 전략, 지식 및 스킬 습득과 같은 주요 성과 문제를 해결할 수 있는 여지와 기회가 있다. 즉 조직과 업무의 제약이 과도한 부담을 주지 않는다.
- 팀워크를 방해하기보다는 촉진하는 방식으로 팀이 잘 설계되어 있다.
- 코칭의 초점은 팀 업무에서 두드러지는 문제와 프로세스에 있다. '대인관계 프로세스나 팀이 통제할 수 없는 프로세스에 대해서는 다루지 않는다.'
- 코칭 개입 시기는 팀의 발전 주기에 맞춰야 한다.

팀 코치가 하는 일

위의 연구 요약은 팀 리더와 일선 관리자 코치의 자질, 지식, 행동에 대한 꽤 많은 단서를 제공한다. 이 가운데 일부는 외부 코치에게 확장하여 적용할 수 있지만, 역할에 충분히 차이가 있으므로 별도로 고려해야 한다. 특히 외부 코치의 경우

- 팀이 직면한 문제에 대한 직접적인 지식이 부족하다.
- 문제의 일부가 될 가능성이 작다(팀이 코치에게 의존하게 만들지 않는 한).
- 팀이 개발해야 하는 자질에 대한 롤 모델 역할을 할 필요성이 없다.

업무 환경에서 외부 팀 코치의 역할에 대해 분석적으로 접근한 소수의 저자들은 서로 다른 결론에 도달한다. 페리 제우스Perry Zeus와 수잔 스키핑턴Suzanne Skiffington(2000)은 팀 코치의 모델을 (문제 해결, 갈등 관리, 대인관계의) 퍼실리테이터, (목표, 장애물, 성과의) 감시자monitor 및 (팀 활동 및 외부 경영진과의 연락을 책임지는) 조정자coordinator의 조합으로 제시하며, 팀 외부의 고위 임원에게 보고하는 것으로 시작하고 끝나는 실무적이고 지시적이며 교훈적인 접근 방식을 취하고 있다. 권장 프로세스는 다음과 같이 여섯 단계

로 구성된다.

1. 고위 임원을 만나 팀 운영의 맥락과 조직의 목표를 설정한다.
2. 각 팀원과 개별적으로 만나 각자의 관점에서 문제를 파악한다.
3. 팀과의 첫 미팅을 통해 기대치를 파악하고, 팀 코칭에 대한 규칙과 절차에 동의하며, 코치의 역할을 이해한다.
4. 두 번째 회의에서 팀 목표 달성을 가로막는 장애물을 파악한다.
5. 팀별로 특정 문제에 초점을 맞춰 정기적인 팀 코칭을 시작한다 (코치가 새로운 지식과 행동 기술을 소개함).
6. 고위 임원에게 주기적으로(최소 2회) 보고한다.

이러한 접근 방식은 코칭을 팀을 대상으로 하는 것이 아니라 팀과 함께하는 것으로 보는 솔루션 중심 코치가 취하는 접근 방식과는 완전히 대조적이다. 솔루션 중심 코치는 강점 질문과 밀접한 관련이 있고 다음 네 가지 핵심 가정에서 시작한다.

- 문제나 문제의 원인이 아닌 솔루션에 집중해야 한다.
- 성공을 기반으로 구축 - 효과가 있다면 더 많이 해본다.
- 자원의 조명 - 솔루션에 적용할 수 있는 관련 스킬들을 확인한다.
- 새로운 관점 찾기 - 다양한 옵션과 가능성을 파악하기 위해 인식의 초점을 전환한다.

솔루션 중심의 팀 코치는 일이 잘 진행되고 있을 때 팀의 강점과 행동 및 과정의 특성을 경험에서 추출하도록 도와준다. 다음과 같은 질문이 유용하다.

- 이 우울한 시기에 어떤 긍정적인 순간이 있었는가? 무엇이 그들을 달라지게 했는가?
- 여기에서 문제를 다르게 해결하는 데 도움이 될 만한 교훈을 얻을 수 있는가?
- 어떻게 하면 이런 순간을 더 많이 만들 수 있는가? 그것들을 주요 테마로 삼을 수 있는가?

솔루션 중심 코치들(Meier, 2005; McKergow & Clarke, 2005)은 척도를 다르게 사용한다. 대부분 코치가 1부터 10까지의 척도를 사용하여 사람들이 자신의 현재 상태와 원하는 상태를 결정하도록 유도하는 반면, 이 코치들은 10(이상적인 상태)에서 1(정반대)까지의 척도를 사용한다. 그런 뒤 다음과 같은 질문을 한다.

- 이미 문제를 해결했다면, 당신과 다른 사람들은 무엇을 했는가?
- 어떻게 지금의 수치에 도달하게 되었는가?
- 여기까지 오는 데 각자 어떤 기여를 했는가?
- 그 수준 이하로 떨어지지 않게 하려고 어떤 자원을 요청할 수

있는가?
- 이상을 향해 한 걸음 더 나아가기 위해 어떤 자원을 요청할 수 있는가?
- 그 단계에 도달했는지 어떻게 알 수 있는가?
- 미래의 자신이라면 이 단계를 계속 발전시키기 위하여 무엇을 하라고 조언하겠는가?
- 당신이 지금 하는 것 중에 더 많이 하는 것이 도움이 될 것 같은 활동은 무엇인가?

그렇지만 팀 코칭 접근법의 범위는 이보다 훨씬 더 넓다. 팀 코치는 일반적으로 다른 여러 역할과 분야를 경험한 경력의 한 단계로 팀 코치 역할을 습득하므로 경험이 많은 팀 코치일수록 일대일 코칭 도구와 기법을 가족 치료와 같은 다른 분야의 도구와 기법과 결합하여 더 다양한 접근 방식을 취할 가능성이 크다. 따라서 "팀 코치는 무슨 일을 하나요?"라는 질문에 대한 답은 개별 코치들에 따라 달라질 수밖에 없다. 그러므로 한 접근 방식을 다른 접근 방식과 비교하기가 훨씬 더 어렵다!

그런데도 효과적인 팀 코치들이 보여주는 여러 가지 스킬을 구분해 낼 수 있는데 다음의 내용이 포함된다.

- 그룹 또는 팀에 집중하기(경청 및 관찰)

- 팀 시스템(그룹 또는 팀의 역동)으로 작업하기
- 하위 그룹과 함께 작업하기
- 피드백 제공(주로 팀이 스스로 피드백을 생성하도록 돕는 데 중점을 두어)
- 강력한 질문하기(팀이 스스로 강력한 질문을 생성하도록 돕는 데 중점을 두어)
- 팀이 성찰하는 스킬과 습관을 기를 수 있도록 지원
- 팀의 집단적 사고 전환 달성 지원
- 팀의 정체성과 내러티브 탐색 지원
- 팀의 심리적 안전감 구축 지원
- 팀의 집단적 정체성을 명확히 하고 관리하도록 지원
- 팀의 협업 및 갈등 관리 스킬 개발 지원
- 팀의 코칭 문화 발전 지원

요약

팀 코칭은 컨설팅, 팀 빌딩, 팀 리딩 및 기타 역할과는 다른 분야이다. 팀에 영향을 미치는 시스템과 팀이 상호작용하는 방식을 다루므로 더 복잡하다. 팀 코칭은 팀과 함께 발전하므로 팀 시스템의 일부가 된다.

참고 문헌

Bersin, J (2017) The death of performance appraisal. https://blog.bersin.com/death-of-the-performance-appraisal-a-new-era-of-performance management/ Accessed Sept 2017

Carr, C and Peters, J (2012) The experience and impact of team coaching: a dual case study, DProf thesis, Middlesex University

Clutterbuck, D and Hodge, A (2017) *Team Coach Supervision Survey*. Paper to EMCC Research Conference, Greenwich, 14 June

Ferrar, P (2006). The paradox of manager as coach: Does being a manager inhibit effective coaching? Unpublished Masters dissertation, Oxford Brookes University, Oxford

Gersick, C (1988) Time and Transition in Work Teams: Toward a New Model of Group Development, *Academy of Management Journal*, 31 pp 9–41

Gersick, C (1989) Marking Time: Predictable Transitions in Work Groups, *Academy of Management Journal*, 32(2), pp 274–309

Ginnett, HC (1993) Crews as Groups: Their Formation and Their Leadership. In Wiener, EL, Kanki, BG and Helmreich, RL (Eds) *Cockpit Resource Management*, Academic Press, Orlando, pp 71–98

Hackman, JR and Wageman, R (2005) A Theory of Team Coaching: *Academy of Management Review*, 30 (2), pp 269–287

Hackman, JR, Brousseau, KR and Weiss, JA (1976) The Interaction of Task Design and Group Performance Strategies in Determining Group Effectiveness, *Organizational Behavior and Human Performance*, 16, pp 350–365

Hawkins, P (Ed) (2018) *Leadership Team Coaching in Practice*, Kogan Page, London, 2nd edition. 피터 호킨스 (2023) 『리더십 팀 코칭 프랙티스』, 한국코칭수퍼비전아카데미

Kets de Vries, MFR (2005) Leadership Group Coaching in Action: The Zen of Creating High Performance Teams, *Academy of Management Perspectives*, 19(1)

Klein, C, DiazGranados, D et al (2009) Does Team Building Work? *Small Group Research*, 40 (2), pp 181–222

Komaki, JL (1986) Toward Effective Supervision: An Operant Analysis and Comparison of Managers at Work, *Journal of Applied Psychology*, 74, pp 522–529

Kozlowski, SWJ, Gully, SM, Salas, E and Cannon-Bowers, JA (1996) Team Leadership and Development: Theory, Principles and Guidelines for Training Leaders and Teams. In Beyerlein, M, Johnson, D and Beyerlein, S (Eds) *Advances in interdisciplinary studies of work teams: Team leadership*, 3 pp 251-289, JAI Press, Greenwich, CT

Liden, RC, Erdogan, B, Wayne, SJ and Sparrowe, RT (2006), Leader member Exchange, Differentiation, and Task Interdependence: Implications for Individual and Group Performance, *Journal of Organizational Behavior*, 27, pp 723-746

Martin, R, Thomas, G, Legood, A and Dello Russo, S (2017) Leader Member Exchange (LMX) Differentiation and Work Outcomes: Conceptual Clarification and Critical Review, *Journal of Organizational Behavior*, 39(2), pp 151-168

McKergow, M and Clarke, J (2005) *Positive Approaches to Change*, Solutions Books, Cheltenham

Meier, D (2005) *Team Coaching with the Solution Circle*, Solutions Books, Cheltenham

Peters, J and Carr, C (2013) Team Effectiveness and Team coaching Literature Review, *Coaching: An International Journal of Theory, Research and Practice*, 6 (2), pp 116-136

Rousseau, V, Aube, C and Tremblay, S (2013) Team Coaching and Innovation in Work Teams: An Examination of the Motivational and Behavioral Intervening Mechanisms, *Leadership & Organization Development Journal*, 34 (4), pp 344-36

Schein, E H (1988) *Process Consultation Vol 1*, Addison-Wesley, Reading, MA

Schneider, M and Somers, M (2006) Organizations as Complex Adaptive Systems: Implications of Complexity Theory for Leadership Research, *The Leadership Quarterly*, 17 (4), pp 351-365

Schwarz, R (1994) *Team Facilitation*, Prentice Hall, Englewood Cliffs

Smith, RE, Smoll, FL and Curtis B (1979) Coach Effectiveness Training: A Cognitive-behavioural Approach to Enhancing Relationship Skills in Youth Sport Coaches, *Journal of Sport Psychology*, 1, pp 59-75

Szulanski, G (1996) Exploring Internal Stickiness: Impediments to the Transfer of Best Practices within the Firm, *Strategic Management Journal* 17 Special issue, Winter pp 27-44

Thornton, C (2016) *Group and Team Coaching: The Secret Life of Groups*, 2nd edition, Routledge, Abingdon

Tuckman, B and Jensen, MAC (1977) Stages of Small-group Development Revisited, *Group and Organization Studies*, 2(4), pp 419-427

Wageman, R (1997) Critical Success factors for Creating Superb Self Managing Teams, *Organizational Dynamics*, Summer pp 49-61

Wageman, R (2001) How Leaders Foster Self-Managing Team Effectiveness: Design Choices Versus Hands-on Coaching, *Organization Science*, 12 (5), pp 559-577

Wageman, R, Hackman, JR and Lehman, EV (2004) *Development of the Team*

Diagnostic Survey Working paper, Tuck School, Dartmouth College, Hanover, NH
Zeus, P and Skiffington, S (2000) *The Complete Guide to Coaching at Work*, McGraw-Hill, Sydney

5장
팀 코칭 프랙티스

4장에서 팀 코칭이 무엇인지 정의했으니 이제 팀 코칭의 작동 방식에 주목할 차례이다. 팀 코칭에 대한 체계적인 접근 방식을 위한 템플릿에는 효과적인 개입을 위해 코치와 팀 모두가 해야 할 일이 포함되어 있다. [표 5.1]은 다양한 팀과의 개입을 기반으로 한 기본 템플릿으로, 코칭이 사람들에게 스스로 일할 수 있도록 돕는 도구라는 의미에 충실하면서 핵심 단계를 포착하고 다양한 접근법의 몇 가지 요소를 통합하고자 한다.

[표 5.1] 팀 코칭 개입의 주요 단계

단계	팀 코치의 행동	팀의 행동
1. 준비	• 이러한 맥락에서 성과의 의미를 정립한다. • 팀이 코칭을 받을 준비가 되어 있는지 확인한다.	• 코칭에 대한 의지와 준비 상태, 그리고 코칭을 원하는 이유를 고려한다.
2. 범위 지정 및 계약	• 목표 및 기간을 명확히 한다. • 코칭의 결과를 어떻게 측정하는가? • 주요 장애물과 동인을 목표 달성과 코칭 효과에 매핑한다.	• 업무, 학습, 행동 등 구체적인 성과 목표와 코칭 과정에서의 행동 규범을 이해하고 약속한다.

[표 5.1] 팀 코칭 개입의 주요 단계(계속)

단계	팀 코치의 행동	팀의 행동
3. 프로세스 스킬 개발	• 팀이 대화 학습의 기본 스킬을 습득하도록 지원한다.	• 대화 학습 스킬을 약속하고 연습한다.
4. 코칭 대화	• 코칭 대화를 이끈다.	• 성찰 공간을 만든다. 　- 코칭 대화를 위한 차분한 시간 　- 코칭 후 개인적, 집단적 성찰을 위한 차분한 시간
5. 프로세스 검토	• 각 세션이 끝날 때마다 코칭 과정을 간략하게 검토한다. • 세션을 세 번 마치고 나서는 더 깊이 있게 검토한다.	• 코칭 프로세스에 대한 열린 피드백을 고려하고 제공한다. • 더 효과적으로 만들 방법을 고려한다.
6. 프로세스 전송	• 팀이 코칭 대화를 더욱 주도적으로 이끌 수 있도록 지원한다.	• 코칭 대화를 더욱 주도적으로 이끈다. • 동료 코칭 및 팀 셀프 코칭의 중요성을 강조한다.
7. 결과 검토	• 코칭을 통해 달성한 성과를 평가할 수 있도록 팀을 지원한다. • 팀의 프레젠테이션에 대한 피드백을 고위 경영진에게 제공한다.	• 코칭 결과에 대해 책임지고 경영진에게 보고한다.

준비

준비 단계는 팀과 팀 시스템을 이해하는 단계이다. 여기에는 다음과 같이 네 가지 하위 영역이 있다.

- 인터뷰
- 관찰
- 진단
- 통합 및 피드백

인터뷰

팀원들은 동료에게는 하지 않을 말을 흔히 외부인에게 하는 경우가 있다. 그룹 인터뷰도 어느 정도 도움은 되지만(그룹 역동 관계를 관찰할 수 있음), 더 솔직한 내용을 들으려면 한 명 한 명 인터뷰하는 것이 필요하다. 팀과 팀 상황에 맞는 질문이 많겠지만, 일반적인 문제들도 살펴볼 수 있다.

- **성과** - 이 팀에게 성공이란 어떤 모습일까?
- **목적** - 팀의 존재 이유는 무엇인가?
- **외부 프로세스 및 시스템** - 이해관계자는 누구이며 그들이 기대하는 것은 무엇인가?
- **관계** - 어떻게 협업하고 서로를 지원하나?
- **내부 프로세스 및 시스템** - 시스템이 작동하는 곳과 작동하지 않는 곳은 어디인가?
- **학습** - 팀이 개인 및 집단 학습을 관리하는 방식에서 얼마나 성숙하고 효과적인가?
- **리더십** - 현재 리더십 스타일은 무엇이며 팀 목적에 얼마나 잘 부합하나?

관찰

두 명 이상 팀원 사이의 회의를 관찰하는 것에서도 많은 것을 확인할 수 있지만, 관찰을 위한 가장 확실한 장면은 팀 회의이다. 팀 코칭 대화와 마찬가지로 일반적으로 한 사람이 모든 것을 관찰하기에는 너무 많은 일이 벌어지고 있다. 두 명의 팀 코치를 활용하는 방법을 배웠는데, 한 명은 프로세스와 역동을 관찰하고 다른 한 명은 관계와 행동을 관찰하는 것이다. 프로세스와 역동 측면에서 살펴봐야 할 문제에는 의제의 관련성과 명확성, 대화의 목적성, 누가 발언권을 갖는지, 의사 결정 방식 등이 있다. 관계와 행동의 문제에는 하위 그룹과 동맹alliances이 어떻게 형성되고 해체되는지, 권력 체계, 심리적 안전, 어떤 것들이 도전받지 않는지 등이 포함된다.

관찰한 내용을 보여줄 수 있도록 미팅을 비디오로 녹화해야 할까? 한편으로는 리플레이를 통해 미처 눈치채지 못했던 명백한 사실을 발견할 수 있다. 다른 한편으로는 사람들은 특히 자신 이외의 다른 사람이 볼 수 있다는 의심이 조금이라도 들 경우 자신의 행동(카메라 앞에서 연기)을 조절할 수 있다. 팀과 함께 동영상을 촬영하기로 했다면, 누가 볼 수 있는지, 그리고 언제 어떻게 지울지 합의하여야 한다.

진단

진단의 목적은 팀이 무엇에 집중할지 결정하는 데 도움을 주는 것이다. 무엇이 잘못되었는지 알려주는 것이 아니다! 좀 더 구체적으로 말하자면, 인터뷰와 팀 회의에서 관찰한 내용을 바탕으로 주제를 검증하는 것이다. 이 단계에서 일반적인 진단을 사용하려면 신중한 고려가 필요하다. 관찰과 인터뷰를 통해 아직 얻지 못한 어떤 가치를 더할 수 있을까? 앞에서 많은 진단을 사용할수록 팀은 나중에 명확하게 파악된 요구 사항에 초점을 맞춘 추가 진단 도구를 완성하는 데 더 큰 저항력을 가질 수 있다.

진단과 관련하여 고려해야 할 다른 문제는 다음과 같다.

- 검사-재검사 타당도 측면에서 얼마나 유효한가?
- 팀이 해결하고자 하는 문제의 역동 관계를 설명하는 데 얼마나 유용할까?
- 사람들이 스스로 변화 가능성을 제한하는 틀에 가두게 될 위험은 없는가? (예: '저는 INTJ인데 또 뭘 기대하나요?')
- 전체 진단이 필요한가, 아니면 관련 부분만 필요한가? (예를 들어, PERILL 진단의 일부만 선택해도 괜찮다.)
- 진단의 목적이 정보에 입각한 대화를 유도하기 위한 것인가, 아니면 팀과 팀원들에 대한 어떤 형태의 판단을 내리기 위한 것인가?

인터뷰 과정에 유용한 보조 자료는 핵심 역량을 다루는 설문이다. 이러한 질문은 경영진 팀의 맥락에서는 일반적일 수 있지만(상황에 맞는 몇 가지 항목이 추가될 수도 있음), 다른 계층의 팀에 맞게 맞춤화해야 할 수도 있다. 예를 들어, '애자일agile' 팀에서 기대하는 것과 전통적인 업무 팀에서 기대하는 것은 다를 수 있다. 모든 진단에서 개인과 팀을 총체적으로 평가하기 위해 점수를 매긴다. 개인들 점수의 평균은 항상 팀 전체에 대한 점수보다 (흔히 상당한 차이로) 높다!

러시아에서 공산주의 노동조합인 콤소몰Komsomol이 일선 관리자를 관리하기 위해 고안한 일반적인 360도 피드백도 도움이 될 수 있지만, 일반적인 설문조사는 아니다. 360도 피드백이 효과를 발휘하려면 피드백을 받는 사람이 이미 해결하고자 하는 특정 문제에 초점을 맞춰야 하고, 피드백을 받는 사람이 존경하는 사람(반드시 '좋아요'와 같은 의미는 아님)이 작성해야 하며, 피드백을 주는 사람으로부터 '즉석 피드백'을 받을 기회가 이어져야 한다.

강점과 약점 개념은 대부분 진단이 허용하는 것보다 훨씬 더 복잡하다는 점을 염두에 두는 것도 유용하다. 개인과 마찬가지로 팀에도 강점과 약점이 있으며, 이는 성과에 영향을 미친다. 마찬가지로 팀 개발에서도 본능적인 경향은 강점을 강화하기보다는 약점을 보완하는 데 집중하는 것이다. 그러나 점점 더 많은 연구 결과에 따르면, 중요한 약점을 해결하되 주로 강점에 초점을 맞추고 강점을 이용해 약점을 보완하는 균형 잡힌 접근 방식이 가장 효과적이다. 강점과 약점은 모두 아래 세 가지 가운데 하나에 해당할 수 있다.

- **발달된** developed – 성과가 좋거나 치명적인 결함이 있든지, 팀이 강력하게 긍정적이거나 부정적인 평판을 얻고 있는 특성
- **출현하는** emergent – 성과에 일관되지 않은 영향을 미치거나 과도하게 사용되거나 부적절하게 사용되는 강점
- **초기의** embryonic – 팀이 매력을 느끼지만 개발할 시간이나 기회가 없거나 팀이 혐오감을 느끼지만 크게 노출되지 않은 것들

팀의 강점을 파악하기 위해 모든 팀원에게 여러 가지 자가 완성 설문지 가운데 하나를 작성하도록 요청하고 데이터를 집계할 수 있다. 그렇지만 이 데이터의 정확성에 의문이 있을 수 있다. 사람들은 자신을 정확하게 파악하기 위해 비교적 높은 수준의 자기 인식과 정서지능이 있어야 한다. 자기 평가에 팀 동료와 외부인 등 자신을 잘 아는 다른 사람들의 견해와 관찰을 추가하는 것이 더 효과적이다. 또는 팀과 이해관계자가 관찰한 성공과 실패 사례를 분석하여 팀의 강점에 대한 그림을 그릴 수도 있다(우리가 가장 잘했을 때는 어떤 강점을 발휘했나?).

더 깊이 파고들면 더그 맥키 Doug MacKie(2016)가 개발한 강점 차원 모델을 통해 훨씬 더 폭넓은 논의가 가능하다. 맥키는 강점을 네 가지 차원으로 구분하고, 이를 다양한 수준으로 표현할 수 있다.

- 강점 인식(강점을 알고 자신감을 갖는 것, 강점을 적용할 때 인식하는 것)
- 강점 연계(강점이 팀 목표와 얼마나 잘 통합되는지)
- 강점 짝짓기(강점이 다른 보완적인 행동과 얼마나 잘 통합되는지, 또는 다른 극단에서는 단순히 단독으로 적용되는지 - 강점을 유전자로, 다른 행동은 발현을 조절하는 RNA로 생각)
- 강점 활용(너무 많이 사용하는 것에서 너무 적게 사용하는 것까지)

이러한 각 차원에 대해 강도를 높거나 낮은 연속체에 배치하면 강도에 대한 자세한 그림을 그릴 수 있다. 그런 다음 강점을 미세하게 조정하면 된다.

- 각 차원에서 팀의 현재 위치와 원하는 위치 비교
- 변화를 위한 목표 세우기
- 팀이 강점을 활용하는 방법의 효과를 극대화할 수 있는 전략과 전술 세우기

통합 및 피드백

일반적으로 데이터가 너무 많아서 모든 정보를 한데 모아 팀에 관련성 있고 의미 있는 정보로 만드는 데는 시간이 걸린다. 경험상 주

요 주제에 집중하는 것이 좋은데, 그렇지 않으면 팀이 세부 사항에 숨어 이러한 주제를 다루는 것을 피할 수 있다. 팀 리더 및/또는 후원자와 함께 흔들림이 없도록 합의하는 것이 중요하다. 팀장이나 팀 전체가 위협을 느낀다면 팀 코칭 과제가 여기서 끝날 수도 있다는 점에 대비하여야 한다.

피드백에 다른 팀과의 비교, 예를 들어 팀 진단의 규범을 포함해야 할까? 표면적으로는 유용해 보일 수 있지만 오해의 소지가 다분하다. 원인과 결과에 대한 증거(평균보다 높거나 낮다는 것은 그 의미)가 희박하고, 팀의 맥락에서 특별히 중요하지 않은 문제에 집중하도록 지시할 수 있다. 팀장이나 후원자가 나머지 팀원들보다 먼저 보고서를 봐야 할까? 처음부터 이에 대한 계약을 맺는 것이 중요하다. 팀이 보고서가 편집되거나 조작되었다고 느끼면 프로세스에 대한 신뢰를 잃게 될 것이다.

코칭을 위한 팀의 준비 상태

이 모든 작업의 근간에는 '이 팀이 실제로 코칭을 받을 준비가 되어 있는가'라는 질문이 있다. 몇 가지 중요한 질문은 다음과 같다.

- 팀이 자신을 팀이라고 생각하는가? - 그렇지 않다면 팀이 될 가치가 있다고 생각하는가?

- 팀원들이 열린 대화를 통해 문제를 해결하기 위해 노력할 준비가 되어 있는가?
- 현재 문제를 해결하기 전에 해결해야 할 기존 갈등이 있는가?
  - 변화에 대한 진정한 열망이 있는가?
- 팀이 코칭 프로세스를 어느 정도 이해하는가?

성공 가능성이 작아서 팀 코치가 과제를 거절해야 하는 때도 있을 것이다. 이 가운데 몇 가지는 14장에서 설명하고자 한다.

계약

계약이라는 단어 자체가 문제일 수 있다. 결국 계약은 엄밀히 말하면 축소하거나 작게 만드는 것을 의미한다. 계약은 일반적으로 더 넓은 범위의 행동과 문제를 열게 하는 합의로 생각하는 것이 더 생산적일 수 있다.

계약에는 두 가지 부분이 있다. 팀 코칭이 무엇에 중점을 두어야 하는지 합의하는 것(그리고 이는 인식이 높아지면 바뀔 수 있음)과 팀 코치가 팀과 어떻게 협력하고 팀이 원하는 결과를 달성하기 위해 서로 어떻게 협력할 것인지 합의하는 것이다.

첫 번째 부분의 중요한 질문은 다음과 같다. **팀의 목적을 달성하**

는 데 훨씬 더 효과적으로 되려면 무엇이 바뀌어야 할까?** 진단을 무분별하게 사용하면 팀이 현재와 미래의 성과에 얼마나 큰 영향을 미치는지와 관계없이 팀이 인식하는 가장 큰 약점에만 집중하게 될 수 있다. 그 대신, 성과와 역량에 미칠 것으로 예상되는 영향과 이를 해결하기 위해 팀이 쏟아야 할 에너지에 따라 목표의 우선순위를 정하는 것이 중요하다. 이는 다음 질문으로 이어진다. **팀 내에서 변화해야 할 것은 무엇이며 외부 리소스를 활용하여 해결할 수 있는 문제는 무엇인가?** 간단한 예로 코치 봇을 설계하는 팀을 들 수 있다. 팀원들의 전문성은 프로그램 설계, 투자 유치, 마케팅 및 영업 등 몇 가지 핵심 영역에 있다. 코칭에 대한 내부 전문성이 부족하다는 것은 상당한 약점이며 팀원 모두가 코칭 기술을 습득해야 한다고 주장할 수 있다. 실제로는 필요에 따라 전문가의 의견을 제공할 수 있는 코치 자문단을 확보하는 것이 간단하다. 실용적인 접근 방식은 다음과 같이 질문할 수 있다. **팀 내에 어느 정도의 코칭 전문 지식이 필요한가?**

코칭의 초점을 명확히 하면 효과를 측정하는 방법을 결정할 수 있다. 이러한 변화가 이루어졌는지 어떻게 알 수 있을까? 변화에 대한 진행 상황을 어떻게 평가할 수 있을까? 이러한 질문에 대한 답을 모두가 동의할 때만 다음 단계로 나아갈 수 있다.

이제 어떻게 진행될지 계약할 수 있다. 코치가 수퍼바이저에게 가져오는 문제를 보면 이 단계가 팀 코칭의 진행 방식에 큰 영향을 미친다는 것을 알 수 있다. (한 명 또는 두 명 이상일 수 있는) 코치의 역할과 책임은 무엇인가? 대화를 주도할 것인가, 아니면 안내할 것인가? 코치가 관찰한 내용에 이의를 제기할 수 있는 권한은 어느 정도인가? 여러 계약이 있기 때문에 이 문제는 더욱 복잡해진다.

- 코치와 리더 사이
- 코치와 팀 사이
- 코치와 후원자(있는 경우) 사이
- 리더와 팀 사이
- 팀원과 팀원 사이
- 두 사람의 팀 코치 사이

코치와 리더 사이의 계약

여기서 중요한 것은 코치와 리더가 모두 팀의 심리적 안전을 위해 함께 노력하는 데 동의한다는 것이다. 코치는 팀 리더가 이 과정에서 위협을 느끼거나 위축되지 않도록 할 책임이 있다(특히 리더가 팀 성과 문제의 일부인 경우).

그리고 리더는 코치들을 지원해야 할 책임이 있으며 코치들에게 책임을 떠넘기지 말아야 한다. 이러한 요소에 대해 미리 논의하지 않으면 나중에 갈등이 발생할 가능성이 크다!

코치와 팀 사이의 계약

여기서 중요한 문제는 책임에 대한 기대치와 관련이 있다. 코치가 문제를 해결하기 위해 존재한다고 팀에서 가정한다면 기대치가 크게 충돌할 수 있는 근거가 마련된다.

팀원 사이의 계약

이는 팀 행동 규범을 정립하는 것이다. 팀 코칭의 이점을 극대화하기 위해 서로에게 어떻게 행동해야 할까? 가장 일반적인 규범은 다음과 관련되어 있다.

- 서로에 대한 존중 표시
- 서로를 무시하지 않기
- 서로에게 잠시 멈추고 생각할 수 있는 시간 주기
- 자신과 서로에게 솔직하기
- 경청하기
- 피드백 제공하기
- 서로 응원하기
- 약속 지키기

이 목록은 상당히 길어질 수 있지만, 모든 사람이 팀 코칭 프로세스에 도움이 되거나 방해가 되는 행동을 이해하도록 하는 데 필수적이다. 코칭 세션 중에 문제가 발생하면 이 목록으로 돌아가서 팀원들이 이 합의 사항을 잘 지키고 있는지 살펴보는 것이 도움이 되는 경우가 많다.

후원자와의 계약

후원자가 있는 경우 후원자가 코치에게 합리적으로 기대할 수 있는 것과 기대할 수 없는 것에 대해 명확히 해야 한다. 한 가지 문제는 비밀 유지이다. 코칭이 효과를 발휘하려면 팀원들이 자신의 대화 내용이 상급 관리자에게 보고되지 않을 것이라는 확신을 가져야 한다. 또 다른 문제는 팀이 내부와 외부를 더 잘 알게 됨에 따라 팀 코칭의 목표가 바뀔 수 있다는 것이다. 세 번째 문제는 후원자가 팀이 필요한 변화를 만들고 인식할 수 있도록 지원할 수 있도록 하는가이다.

　코치, 후원자, 팀장 간의 삼각 관계도 까다로울 수 있다. 후원자가 숨겨진 의도를 가지고 있나? 예를 들어, 코치가 팀을 '정리'할 수 없다면 리더가 나가야 한다. 위협을 받는다고 느끼는 팀장은 코칭 과정에 온전히 참여하지 못할 수 있다.

협력 팀 코치team coaching pair 사이의 계약

팀 코치들은 코칭뿐 아니라 팀으로서도 역할 모델이다. 팀 코치들이 어떻게 상호작용하는지는 고객 팀에게 보이게 된다. 따라서 두 사람이 어떻게 함께 일할지 합의하는 데 시간을 할애하는 것이 중요하다. 예를 들어

- 각 세션에 준비 시간을 충분히 확보하려면 어떻게 해야 할까?
- 누가 어떤 역할을 맡을 것인가?
- 언제 어떻게 역할을 바꿀 것인가?
- 참관하는 파트너는 어떻게 의견이나 제안을 할 것인가?
- 각자의 강점을 어떻게 활용하고 서로의 약점을 지원할 것인가?
- 2인 팀으로서의 성과를 어떻게 검토할 것인가?

프로세스 스킬 개발

팀이 코칭 프로세스에 온전히 참여하려면 구성원들이 코칭 프로세스를 이해하고 이를 적용할 수 있는 스킬을 갖춰야 한다. 조직 내 위계질서가 높은 사람일수록 자아를 내려놓고 공동으로 코칭하기가 더 어려운 경우가 많다. 일대일 코칭의 모든 스킬들은 팀 상황에

서는 미묘하게 달라서 기본 코칭 과정을 이수했더라도 팀 상황에서의 코칭 대화에서 효과적으로 되기 위해서는 여전히 학습이 필요할 수 있다. 예를 들면 다음과 같다.

- **경청** - 대화에서 누가 소외되고 있는가?
- **질문하기** - 질문의 목적은 무엇인가? 질문이 팀의 목적과 어떻게 연결되나?
- **침묵** - 생각할 수 있는 충분한 집단적 시간을 만들고 있는가?
- **요약** - 서로 다른 견해를 제대로 파악하고 있는가?
- **도전과 피드백 제공** - 팀원들 앞에서 서로에게 주는 피드백과 사석에서 주는 피드백 사이에 차이가 있나? 우리에게 필요한 용기 있는 대화인가, 아니면 정말 이야기해야 할 문제를 피하는 그저 편안한 대화인가?

프로세스 스킬 개발은 세 단계로 나눌 수 있다. 첫 번째는 팀 내에서 코칭 스타일과 문화의 원칙과 이점에 대한 지적인 이해이다. 두 번째는 짝을 이루어 일대일 코칭 스타일로 서로를 지원하는 공동 코칭이다. 세 번째는 팀으로서 같은 원칙을 실천에 옮기는 것이다.

팀 코치는 서브 그룹이 생기거나 팀원 가운데 한 명이 감정적으로 위축되는 등 회의실에서 인지하지 못한 역동적인 상황이 발생할 때마다 잠시 멈춰서 인식을 제고하는 데 도움을 준다. 이 조치의 근간이 되는 몇 가지 핵심 질문이 있다.

- 회의실에서 일어나는 일에 대해 무엇을 알아차리고 있는가?
- 팀으로 일하는 데 어떤 의미가 있는가?
- 팀으로 함께 무엇을 하고 싶은가?
- 지금 일어나고 있는 일이 서로의 계약에 어떻게 부합하는가?
- 지금 우리가 스스로에게 물어봐야 할 질문은 무엇인가?

팀 코치는 이 과정에 대한 책임을 팀원들에게 넘겨준다는 점에 유의하여야 한다. 팀이 이러한 질문을 하는 데 익숙해지면 코치는 팀원들에게 필요에 따라 질문을 하도록 독려할 수 있다. 코치는 성찰적 멈춤reflective pause을 시작하기만 하면 된다. 결국 이 역시 팀원 개개인이 역기능적인 역동 관계를 관찰하거나 느낄 때 타임아웃을 요청함으로써 팀원들에게 대부분 이전될 수 있다.

팀 코칭 대화

실행에서, 효과적인 팀 코칭 대화는 필요한 장면에서 진행되어야 한다. 너무 대화를 구조화하면 창의적인 사고가 억제되고 사람들이 덜 개방적으로 된다. 아래 구조는 팀 코치가 어떻게 대화를 부드럽게 이끌어 가는지에 대한 관찰에 기반을 둔다. 흥미롭게도 코치보다 팀 자체가 구조의 필요성을 더 크게 느끼는 경우가 많다. (우리의 귀중한 시간을 어디에 사용해야 할까?) 이 구조에서 GROW 모델의 요소를 볼 수 있지만 실제 프로세스는 훨씬 더 복잡하고 미묘하다.

1. **세션에 대한 계약**: 서로에게 어떤 책임이 있나? 팀원들이 서로 작성한 계약서를 상기시키면 상호 존중과 공동 학습의 토대를 마련하는 데 도움이 된다.
2. **중요한 목표**: 이 이슈가 우리 팀의 사명이나 목적에 어떻게 부합하는가?
3. **문제 정의**: 이 세션의 구체적인 초점은 무엇이며 왜 지금 중요한가? (3단계가 2단계보다 먼저 진행될 것으로 예상할 수 있지만, 이 단계는 그보다 더 반복적인 과정이다.)
4. **맥락**: 이 단계는 시스템을 이해하는 것이다. 유용한 질문은 다음과 같다.
    i. 누가 어떻게 관여하고 있는가?
    ii. 우리의 상호의존성은 무엇인가?
    iii. 위험과 기회는 무엇인가?
    iv. 우리가 알고 있는 것과 모르는 것은 무엇인가?
    v. 어떤 다른 관점이 도움이 될 수 있는가?
    vi. 책임은 어디에 있는가?

5. **재정의**: 문제에 대한 우리의 이해가 어떻게 바뀌었는가? 개인적, 집단적으로 우리의 사고에 어떤 변화가 있는가?
6. **개인 및 집단적 사고 전환 모색**: 우리는 무엇을 버리고 포용해야 하는가?
7. **앞으로 나아갈 대안적 방법**: 우리에게 어떤 [추가] 옵션이 있는가? 우리 모두가 공통의 미래로 나아가기 위해 어떤 일이 일어나야 하는가? 이를 위해 동료들에게 어떤 선물을 제공할 수 있는가? 우리는 어떤 결과를 감당할 준비가 되어 있는가? 무엇이 우리의 가장 큰 두려움을 기회로 바꿀 수 있는가?
8. **결정**: 결정하지 않기로 하는 것도 포함된다. 이전에는 효과가 없었지만 지금은 효과가 있을 수 있는 것은 무엇인가? 앞으로 나아가기 위한 용기 있는 방법은 무엇일까? 어떤 첫 단계부터 시작하면 좋을까?
9. **재계약**: 이 문제에 대해 어떻게 협력해야 하는지에 대한 이해에 어떤 변화가 있었나? 앞으로 이 문제를 어떻게 관리할 것인가? 우리 자신에 대해 무엇을 배웠는가?

프로세스 검토 및 이관

이 단계는 팀이 스스로 코칭할 수 있는 스킬과 규범을 습득하는 데 있어서의 진전을 인식하도록 돕고, 코치의 필요성이 점점 줄어들면서 점차 코치가 물러나도록 하는 것이다. 지금까지 팀은 새로운 행동과 새로운 협업 방식을 실험해 왔다. 프랙티스를 통해 이러한 방식은 점점 더 표준이 되어가고 있다. 이는 의식적 또는 무의식적인 과정일 수 있으며, 일부 팀원은 다른 팀원보다 새로운 행동과 관행을 더 빨리 흡수할 수 있다. 검토를 통해 팀원들은 현재 상황을 종합적으로 인식하고 서로를 지원할 수 있다.

팀 코치는 내니 맥피Nanny McPhee와 비슷하다. '당신은 내가 필요하지만, 원하지 않는다면, 나는 남아 있어야 한다. 당신이 나를 원하지만, 내가 필요하지 않다면 나는 떠나야 한다'라는 말이다. 초기 계약의 일부는 팀이 코칭 프로세스에 대해 더 많은 책임을 진다는 기대치를 설정하는 것이다. 이러한 기대가 없으면 의존성이 생길 위험이 높다. 유용한 검토 질문은 다음과 같다.

- 우리는 어떤 공동 학습 및 기타 협업 행동을 배웠는가?
- 어떤 중요한 프로세스(예: 의사 결정 또는 작업 흐름work flow)를 개선했는가?
- 코치가 수행했던 역할 가운데 이제 우리가 직접 수행할 수 있는 역할은 무엇인가?

결과 검토

다른 코칭 개입과 마찬가지로 몇 가지 긍정적인 변화가 일어났을 것으로 예상된다. 이러한 변화는 코칭의 결과로 일부 목표가 변경되었음을 인식하여 계약 단계와 다시 연관되어야 한다. 또한 성과 및 역량 강화와도 관련이 있어야 한다.

- 우리가 더 잘하는 것은 무엇이며, 이것이 팀의 목적을 더 효과적으로 달성하는 것과 어떤 관련이 있는가?
- 앞으로의 성과와 변화에 발맞추거나 앞서 나갈 수 있는 능력을 향상하는 데 도움이 될 만한 배움은 무엇인가?

결과 검토는 누가 책임져야 하는가? 팀 코치가 검토하는 경우 프로세스 이전을 취소할 위험이 있다. 그렇게 하면 팀에서 코칭의 기여도를 충분히 인정하지 않을 수도 있다(참고로, 이는 코치의 기여도에 관한 것이 아니다). 팀과 코치 사이의 협업 프로세스가 이상적이다.

짝을 지어 팀 코칭하기

팀 코칭은 매우 까다로운 활동이다. 팀 코치가 짝을 이루어 일하는 것이 점점 더 일반화되고 있다. 이렇게 하면 다음과 같은 이점이 있다.

- 그룹을 촉진하고 그룹 역동을 관찰하는 병행 작업을 공유할 수 있다.
- 각 코치는 팀에 격렬하게 참여하는 동안 자주 휴식을 취하므로 개운한 상태를 유지할 수 있다.
- 동료가 막혔을 때 개입할 수 있다(예: 그룹 역동을 지적하고 팀에게 어떻게 하고 싶은지 물어보는 등).
- 코치 한 명이 혼자 성찰할 때보다 더 효과적인 디브리핑이 가능하다.

공동 코치를 선택할 때는 서로 보완적인 스킬과 성격을 가진 사람을 찾는 것이 도움이 된다. 서로에게서 많은 것을 배울 수 있고, 서로가 모르는 부분을 관찰할 수 있기 때문이다.

'앞에 나서 있지 않고 뒤쪽에서 지원하는 역할을 하는' 코치인 경우, 팀에서 사용한 흥미로운 단어나 문구, 그룹 구성원 간의 상호작용(다이어그램으로 표현할 수 있음), 새로운 연습에 대한 아이디어, 코칭 동료를 위한 피드백 등을 메모하여 프로세스에 가치를 더할 수 있다.

2명으로 구성된 팀으로서 효과적인 팀의 롤 모델이 될 수도 있다. 커피 타임에 노트를 공유하고 서로 브리핑하여야 한다. 경청하고, 창의적인 사고를 지원하고, 서로에게 피드백을 주는 스킬을 보여주어야 한다. 단, 서로에게 피드백을 줄 때는 팀원들에게 의견이 일치하지 않거나 혼란스럽다는 인상을 주지 않도록 주의하여야 한다. 실제 경험에 따르면 팀원들은 자신이 하는 일을 정확히 알고 있다고 확신하여야 한다. 팀 개발 계획이 있다는 사실을 공유하되, 그 계획의 내용을 공유하지 않는 것은 팀원들의 신뢰를 떨어뜨릴 수 있으므로 주의하여야 한다.

요약

팀 코칭에는 준비부터 적용, 평가에 이르기까지 체계적이면서도 유연한 접근 방식이 필요하다.

참고 문헌

Hackman, JR and Wageman, R (2005) A Theory of Team Coaching, *Academy of Management Review*, 30(2), pp 269–287

Hawkins, P (2018) What are Leadership Team Coaching and Systemic Team Coaching? In Hawkins, P (Ed) *Leadership Team Coaching in Practice*, Kogan Page, London, 2nd edition, pp 9–22

Kozlowski, SWJ, Gully, SM, Salas, E and Cannon-Bowers, JA (1996) Team

Leadership and Development: Theory, Principles and Guidelines for Training Leaders and Teams. In Beyerlein, M, Johnson, D and Beyerlein, S (Eds) *Advances in Interdisciplinary Studies of Work Teams: Team Leadership*, 3, pp 251-289, JAI Press, Greenwich, CT

MacKie, D (2016) *Strengths-based Leadership Coaching in Organizations*, Kogan Page, London

McKergow, M and Clarke, J (2007) *Positive Approaches to Change*, Solutions Books, Cheltenham

Meier, D (2005) *Team Coaching with the Solution Circle*, Solutions Books, Cheltenham

Schein, EH (1988) *Process Consultation Vol 1*, Addison-Wesley, Reading, MA

Schwarz, R (1994) *Team Facilitation*, Prentice Hall, Englewood Cliffs, NJ

Zeus, P and Skiffington, S (2000) *The Complete Guide to Coaching at Work*, McGraw-Hill, Sydney

6장
목적 및 동기 유발

팀 효과성에 대한 거의 모든 연구는 어떤 식으로든 집단적 목적의식의 필요성을 설명한다. 집단적 목적은 단순히 팀을 다른 그룹과 구별하는 요소일 뿐만 아니라 팀 문화의 초석이다. 집단적 목적의 특징은 다음과 같다.

- 각 구성원의 재능 instincts 및 의미 있고 가치 있는 일과 연결된다.
- 각 구성원의 개인적 목적(세상에 기여하고 싶은 것)과 연결된다.
- 이를 명확히 하기 위해서는 성찰(그리고 보통 성찰적 대화)이 필요하다.
- 명시화하면 더욱 강력해진다.
- 이는 어떤 식으로든 목적을 설명하는 이야기의 집합체인 '옳음에 대한 내러티브'를 공유함으로써 뒷받침된다.

목적은 때로 목표와 혼동될 수 있다. 목표는 몇 가지 예외를 제외하고('우리의 목표는 달에 사람을 보내는 것이다'와 같은) '무엇을 위해?'라는 단계에서 훨씬 더 아래에 있다. 이 단계에 관한 간단하지만 효과적인 설명은 다음과 같다.

- **목적**purpose: 우리가 달성하려고 하는 더 큰 선善, 심지어 어떻게 할지 확실하지 않더라도
- **사명**mission: 더 큰 목적의 한 부분으로, 그것을 어떻게 실현할지 더 명확히 볼 수 있는 곳
- **전략**strategy: 미션을 달성하기 위해 자원을 확보하고 사용하는 방법
- **목표**goals: 시간 제약이 있는 목표, 일반적으로 측정 요소가 함축되어 있고 명확한 책임이 부여됨
- **전술**tactics: 목표에 대한 계획을 유지하기 위해 사건에 대응하는 방법

개인과 집단의 목적

개인이 자신의 개별적인 목적(내가 지구에 존재하는 이유는 무엇인가?)을 더 많이 이해할수록 우리의 목표들은 더 발전할 가능성이

크다. 거의 30년 동안 전 세계 여러 그룹을 대상으로 실시한 실험에서 성공의 의미를 짧은 문장으로 정의해 달라고 요청했었다. 대부분 사람은 두 진영으로 나뉜다. 성공은 '목표를 달성하는 것'이거나 '성취감, 행복감, 자신에 대한 좋은 느낌' 가운데 하나이다. 실제로 성공은 이 두 가지가 혼합된 것으로, 자신이 소중히 여기는 것을 성취하는 것이다. 팀도 마찬가지이다. 개인적 또는 집단적 가치와 목적이 연결되지 않으면 단기 및 중기 성과는 동기 유발 효과가 거의 없다.

동일한 목표 정의 실습 시간에 사람들에게 10년 전을 되돌아보고 그때의 성공은 어떤 모습이었을지, 그리고 10년 후를 내다보면서 앞으로의 성공은 어떤 모습일지 생각해 보라고 요청한 적이 있다. 이 모든 것은 우리가 가치 있게 여기는 것과 인생에서 원하는 것이 끊임없이 진화한다는 것을 보여주기 위한 것이다.

반면에 개인에게 자신의 인생사를 검토하여 반복되는 주제를 파악한 다음, 자신의 이야기를 미래에 투영하도록 요청하면 목적과의 연결고리가 더 명확해진다. 사람들은 다음과 같은 질문에 더 잘 대답할 수 있다.

- 세상에 독특하게 제공할 수 있는 것은 무엇인가?
- 가장 성취감을 느낄 수 있는 기여는 무엇인가?
- 남기고 싶은 긍정적인 유산은 무엇인가?

성과가 높은 팀에는 일반적으로 개인의 목적과 집단의 목적이 상당히 혼합되어 blended 있다. 집단적 가치와 개인적 가치의 높은 일치는 높은 목적의식과 동료애로 이어진다. 동료가 나와 같은 가치를 공유하고 같은 목적을 위해 일한다고 느끼면 동료에 대해 더 용서하고, 더 공감하고, 더 관대해지는 경향이 있다.

집단적 가치와 개인적 가치가 일치하지 않으면 서로 동기를 의심하게 되는데, 이는 상대방의 생각을 발전시키거나 상대방이 자기 생각을 왜곡하는 것을 원하지 않으므로 모든 면에서 사기를 떨어뜨리게 된다.

개인 가치관이 잘 정렬되어 있음은 동질적인 팀과 연관되는 경향이 있다. 문화나 배경이 비슷하면 무엇이 중요한지에 대해 피상적으로 동의할 수 있지만, 집단적 목적이 명확하게 드러나기보다는 당연시되는 경향이 있다. 집단적 가치에 초점을 맞추면 팀 단결에 균열이 생길 수 있다는 우려가 있을 수 있다.

집단적 가치의 정렬은 잘 되었지만 개인적 가치의 정렬이 안 되어 있으면, 일시적으로 사람들을 하나로 모을 수 있지만 지속되지는 않을 수 있다. 전쟁 중인 부족이 침략자에 맞서 싸우기 위해 단결하는 것을 대표적인 예로 들 수 있다. 위협이 사라지면 다시 이전의 분열과 갈등으로 돌아가게 된다.

[표 6.1] 미션과 전략 명확화하기

	집단의 목적과 가치에 대한 높은 정렬 수준	집단의 목적과 가치에 대한 낮은 정렬 수준
개인의 목적과 가치에 대한 높은 정렬 수준	활기찬 협업	임시 ad hoc 협업
개인의 목적과 가치에 대한 낮은 정렬 수준	거래적인 제휴	의심과 갈등

팀의 사명은 가치를 행동으로 옮기는 방식이다. 인류의 고통을 덜어주는 것이 목적이라면, 빈곤 퇴치는 그 목적에 따른 여러 사명 중 하나이다. 모든 사람에게 교육이나 의료 서비스를 제공하거나 말라리아와 같은 특정 질병을 퇴치하는 것도 선교의 목적이 될 수 있다. 사명의 특징 가운데 하나는 규모가 크고(정말 크다), 강한 긍정적 감정에 호소하며, 사명을 달성하는 데 직면할 도전을 명확하게 예측할 수 없는 불확실성이 어느 정도 수반된다는 점이다. 또한 사명이 진행되는 상황에 따라 비교적 장기간에 걸쳐 진행된다.

비즈니스 환경에서 HR의 목적이 인력을 가장 효과적으로 활용하여 회사가 성장하도록 하는 것이라면, 사명 가운데 하나는 일하기 좋은 직장을 만드는 것일 수 있다. 팀과 코치에게 사명과 관련된 질문은 다음과 같다.

- 어떻게 하면 우리의 목적을 달성하고 집단적 가치를 실현할 수 있는가?

- 우리가 발전하고 있거나 성공하고 있다고 말할 수 있는 구체적인 결과는 무엇인가?
- 집단적으로나 개인적으로 충분한 동기를 유발하는가?
- 비록 진전이 더디더라도 우리가 이 일에 작은 역할을 했다는 사실이 개인적으로 기분을 좋게 하는가?
- 긍정적으로 도전적인가?
- 리더십의 변화에도 살아남을 수 있을 만큼 충분히 매력적인가?

전략은 임무를 달성하는 방법에 관한 것이다. 이 글을 쓰고 있는 지금, 영국의 정치인들은 브렉시트를 둘러싼 영국과 유럽연합의 협상 상황에서 벌어진 혼란에 대해 서로를 비난하며 분노하고 있다. 한쪽에서는 완전한 결별을 요구하는 강경파가 있고, 다른 한쪽에서는 타협 전략을 주장하는 실용주의자들이 있다. 이 예는 미션과 전략이 일치할 수 있는 네 가지 상태를 보여준다.

국가 독립을 되찾아야 한다는 사명과 전략에 대해 모든 정파가 높은 공감대를 형성하고 있어서 모두가 리더를 중심으로 뭉칠 수 있으며, 리더는 추종자들의 단결로 입지를 강화할 수 있다.

미션과 전략의 연계성이 낮으면 혼란이 발생하고 긍정적인 결과를 달성할 가능성이 크게 줄어드는데, 이는 리더의 지위가 약하고 리더의 에너지가 미션 달성보다는 피상적인 통합을 만드는 데 집중되기 때문이기도 하다.

임무에 대한 정렬도는 높지만 전략에 대한 정렬도가 낮으면 전쟁 중인 진영은 내부 지배력을 확보하는 데 에너지를 소비하게 된다. 그리고 전략에 대한 연계성은 높지만 임무에 대한 연계성이 낮으면 핵심 플레이어가 언제든지 공을 빼앗아 다른 곳에서 플레이할 수 있다.

[표 6.2] 미션과 전략의 정렬

	높은 미션 정렬 수준	낮은 미션 정렬 수준
전략에 대한 높은 정렬 수준	강력한 리더십 – 팔로워십과 집단적 방향 감각	자기 이익
전략에 대한 낮은 정렬 수준	텃밭 전쟁과 부정적인 사내 정치	혼돈!

목표와 전술

목표와 전술은 대체로 미션과 전략의 더 단기적이고 정확하며 구체적인 버전이다. 목표의 사전적 정의인 '경계 또는 한계'에서도 알 수 있듯이 목표의 범위가 넓지 않다는 점이 강조된다.

저자와 공동 저자들은 『목표 너머 Beyond Goals』(Clutterbuck et al., 2013)라는 책에서 코칭에서 목표 설정과 목표 추구의 본질에 대해 되도록 폭넓은 관점을 취하려 노력했다. 그 결과 목표 관리는 단순한 접근 방식이 허용하는 것보다 훨씬 더 복잡하다는 결론을 얻었다. 누군가가 코칭에 목표를 가져올 때, 그것은 지금까지의 생각을 나타낸다. 효과적인 코칭을 통해 자신의 내적 맥락(야망, 두려움, 가치관, 강점, 약점 등)과 외적 맥락(주변 상황)을 더 잘 이해하게 되면 목표가 다른 것으로 진화할 수 있다. 하버드 비즈니스 리뷰의 연구 보고서(Kauffman & Coutu, 2009)에 따르면 200건의 코칭 과제를 조사한 결과, 8건을 제외한 모든 사례에서 인사이트가 축적됨에 따라 목표가 바뀌었다고 한다. 이는 과제를 시작할 때 구체적인 목표를 정의하고 추구하는 데 중점을 두는 코칭의 주요 문제이다!

실제로 목표는 다양한 형태와 크기로 존재한다. 시드니 대학교의 앤서니 그랜트가 제시한 유용한 목표 유형은 다음과 같다(Grant, 2013).

- 원거리 대 근거리(가까운 미래 또는 먼 미래) - 구체적 결과 대 추상(구체적이고 측정 가능하거나 직관적이고 적어도 부분적으로 무형적인 것)
- 회피 대 접근(끌리는 것 대 피하고 싶거나 중단하고 싶은 것)
- 성과 대 학습(성취 대 숙달)
- 보완 대 경쟁
- 자기 일치 또는 불일치(개인적 가치관의 일치 또는 상충)

- 자가 생성 대 타인 생성(진정으로 자신이 원하는 것 또는 자신이 원해야 한다고 인정한 것)

팀이 '이것이 향후 12개월 동안의 목표다'라고 말할 때, 그 목표를 달성할 수 있는 능력은 여러 가지 요인에 의해 영향을 받는다. 목표를 더 깊은 수준에서 이해하면 더 효과적인 목표 설정과 목표 관리를 위한 인사이트를 얻을 수 있다. 팀 코치의 역할은 팀이 목표의 차원과 역동을 탐구하고 이를 팀의 전략, 사명 및 목적과 연결하도록 돕는 것이다. 근본적인 질문은 '이 목표가 전략, 사명, 목적을 뒷받침하지 않는다면 우리는 왜 이 목표를 추구하고 있는가'이다.

팀 코치의 역할에는 아래 표에서 볼 수 있듯이 목표와 전술이 목표 달성을 위해 어느 정도 일치하는지 팀이 탐색할 수 있도록 돕는 것도 포함된다.

[표 6.3] 목표 정렬

	우리가 원하는 바에 대한 높은 정렬 수준	우리가 원하는 바에 대한 낮은 정렬 수준
목표 달성 방법에 대한 높은 정렬 수준	집단의 높은 성과, 긍정적인 갈등	개인 성과에 초점
목표 달성 방법에 대한 낮은 정렬 수준	하위 팀들이 주도	파괴적인 갈등으로 인한 성과 감소

팀 에너지

열정이 거의 없는 일은 좋아하는 일보다 오래 걸리는 경향이 있다는 것은 인간의 특성이다. 경험이 많은 팀 코치에게 팀을 관찰할 때 무엇을 보는지 물어보면 자주 등장하는 주제 가운데 하나가 바로 '에너지'이다. 에너지가 반드시 많은 소음과 움직임만을 의미하는 것은 아니다.

이는 흔히 깊은 집중력, 조용하지만 활기찬 대화와 자세로 나타나며, 이는 사람들이 자신의 업무와 동료들 모두에 몰입하고 있음을 시사한다. 팀에 활력을 불어넣는 방법은 무엇일까? 성과가 높은 팀들을 연구하면서 그 팀들은 다음과 같은 특징 가운데 일부 또는 전부를 가지고 있는 것을 관찰할 수 있었다. 그들은

- 개개인의 관심사와 열정을 활용한다. 업무 배분은 직무 역할이나 업무 내용보다는 무엇을 통해 활력을 얻는지에 따라 결정된다. 여기에는 현재 특별히 능숙하지는 않지만 개선하고 싶은 업무를 수행하면서 배우는 데서 오는 에너지가 포함된다.
- 아무도 하지 않는 일을 나눠서 공정한 업무 배분을 유도해야 한다.
- 활력을 떨어뜨리는 업무를 아웃소싱할 방법을 모색해야 한다.
- 무엇이 각자에게 활력을 주고 활력을 잃게 하는지 이야기하고

이를 통해 알게 된 사실을 활용하여 서로를 지원한다.
- 하루 종일 그리고 프로젝트 기간에 에너지의 자연스러운 썰물과 흐름을 인식하고 에너지가 낮은 지점에 개입하여 팀 목적과 서로를 다시 연결되도록 한다.

반면에 '정상적인' 팀에서는 에너지에 대한 주제가 거의 다루어지지 않는다. 리더가 업무를 할당하고 감정적 참여보다는 방법적인 측면에 더 많은 관심을 기울이게 된다. 그렇지만 직원들의 업무 몰입도를 유지하는 것은 직원 유지retention의 핵심 요소이다. 직원의 업무 내용은 다음 세 가지 영역으로 나눌 수 있다.

- 도전stretch: 관리 가능한 수준의 도전과 높은 학습 기회를 제공하는 업무를 수행하는 경우. 이러한 업무에서 중요한 부분은 이 업무가 자신의 성장에 도움이 된다고 느끼는 것이다.
- 활용exploit: 스트레치 업무에서 배운 것을 다른 업무에 적용하는 단계로, 여전히 학습이 이루어지지만 혁신보다는 통합에 가깝다.
- 관성coast 또는 프리휠freewheel: 학습 잠재력이 크지 않은 일상적인 작업을 수행하는 경우. 이러한 작업은 본질적인 가치 때문에 즐길 수 있지만 지루할 가능성이 크다.

이 세 가지 요소의 실제 조합이 직원이 필요하다고 느끼는 조합과 일치하지 않는 정도, 그리고 불일치가 지속되는 기간이 높을수록 퇴사 가능성이 커진다.

이러한 상황에서, 팀 코치의 역할은 평소와 마찬가지로 에너지 문제에 대한 인식을 높이고 적절한 대화를 나눌 수 있도록 지원하는 것이다. 코치가 사용할 수 있는 간단한 도구 중에는 아래의 설문이 있다. 모든 팀원에게 팀(또는 개인)을 위해 해야 할 일 열 가지를 나열한 다음, 이 척도에 따라 점수를 매기도록 요청할 수 있다. 팀원들이 결과를 공유하면 팀 코치가 그 의미를 논의하고 서로를 지원하기 위해 무엇을 할 수 있을지 생각해 볼 수 있도록 도와준다.

[표 6.4] 일로 인해 얼마나 활력을 얻는가?

높음	보통	낮음
이 일을 완수하기 위해 상당한 희생을 감수할 준비가 되어 있다.	동료를 도울 수 있어 기쁘지만 이 일은 개인적으로 큰 의미가 없다.	해야 할 일을 한다.
이 일이 어떤 의미인지에 대해 열정적이다.	이 일은 대체로 가치가 있다고 생각하지만, 우리가 이 일을 계속할 수 있을지는 의문이다.	팀 작업의 가치가 별로 느껴지지 않는다.
이 일이 팀에 어떤 의미가 있는지에 대해 열정적으로 임하고 있다.	이 일은 기대하는 이점에 비해 큰 노력이 필요하다.	개인적으로 더 보람 있는 일을 위해 열정과 에너지를 아껴둔다.

목적과 동기가 다른 요소에 미치는 영향

팀 내에서 공유된 목적의식이 강할수록 외부 이해관계자에게 팀이 무엇을 하는지 설득하기가 더 쉬워진다. 또 목적과 사명에 대한 확신이 있으면 협업을 추구함으로써 이해관계자의 의견을 경청하고 수용하기가 더 쉬워질 수 있다. 또한 팀 내 관계는 동료들이 자신의 노력을 지원하려고 노력한다는 것을 모두가 알 때 향상되며, 항상 무엇이 중요하고 왜 중요한지 공유된 관점에 뿌리를 두고 소통이 이루어지기 때문에 모두가 한마음으로 일할 수 있도록 하기가 더 쉬워진다. 내부 시스템과 프로세스를 목적, 사명, 전략, 목표에 맞게 자주 테스트할 수 있다면 점진적인 개선이 자연스럽게 이루어진다. 목적의 공유는 학습의 공유로 이어진다. 모든 사람이 자신의 학습을 전수하여 다른 사람들이 목적을 더 효과적으로 달성할 수 있도록 돕고자 하기 때문이다. 리더가 사람들을 끊임없이 기본으로 돌아가게 하는 데 시간을 할애할 필요가 없고 정렬된 자기 주도성이 팀의 일반적인 업무 방식이 되면 리더십과 팔로워십의 임무가 더 간단해진다.

목적과 동기 진단하기

여기 있는 설문은 더 포괄적인 진단의 일부이다(이 책의 마지막에 전체 내용이 수록되어 있다). 독특한 점은 팀원들이 점수를 매기는 것뿐만 아니라 그 점수에 대해 얼마나 확신하는지도 평가해야 한다는 것이다. 이를 통해 평소보다 다소 깊이 있는 성찰과 토론이 이루어진다!

[표 6.5] 목적과 동기 설문

	1점~10점	확신(1~5점)
1. 우리는 공동의 목적을 함께 명확하게 표현할 수 있다.		
2. 우리는 팀이 해야 할 일에 대해 매우 잘 정렬되어 있다.		
3. 우리는 조직의 목적과 미래 비전에 동의하며 명확히 인지하고 있다.		
4. 향후 1~2년 이내에 달성하고자 하는 공동 목표와 우선순위에 대해 명확히 인지하고 있다.		
5. 향후 1~2년 이내의 조직 목표와 우선순위에 대해 구성원 간 높은 합의가 있다.		
6. 당사의 주요 이해관계자는 조직의 목적, 비전, 목표 및 업무의 우선순위를 인지하고 있다.		
7. 우리는 정기적으로(몇 개월마다) 조직의 목표와 우선순위를 검토하여 환경 변화에 대응한다.		
8. 우리는 조직의 공유 가치에 대해 매우 명확히 알고 있다.		
9. 나는 조직의 목적과 비전을 달성하기 위한 도전에 열정을 갖고 있다.		

[표 6.5] 목적과 동기 설문(계속)

	1점~10점	확신(1~5점)
10. 우리는 조직의 목적과 비전을 달성하기 위한 도전에 함께 열정이 있다.		
11. 나는 향후 1~2년 이내에 달성해야 하는 조직의 목표에 대해 열정을 느낀다.		
12. 우리는 향후 1~2년 이내에 달성해야 하는 조직의 목표에 대해 함께 열정을 느낀다.		
13. 나는 나의 일을 통해 세상에 특별한 기여할 수 있다고 믿는다.		
14. 우리는 우리의 직무를 통해 세상에 특별한 기여할 수 있다고 믿는다.		
15. 팀은 외부로부터 필요한 모든 지원을 제공받고 있다.		
16. 우리는 개인의 우선순위보다 팀의 우선순위를 우선시하는 데 능숙하다.		
17. 우리는 어려움에 빠르게 대처하여 회복한다.		
18. 우리는 업무를 분배할 때 개인의 강점을 최대한 활용한다.		
19. 우리는 우리의 업무를 즐기며 충만함을 느낀다.		
20. 우리는 팀 동료들과 함께 일하며 즐거움과 충만함을 느낀다.		

요약

공동의 목적의식을 달성하고 이를 통해 성과를 창출할 수 있는 에너지를 얻으려면 많은 대화 시간이 필요하므로 팀과 리더는 이러한 시간을 할애하기를 꺼릴 수 있다. 흔히 저지르는 실수는 합의된 사명과 가치 선언문이 만들어지면 이것만으로 변화를 가져올 수 있으리라고 생각하는 것이다. 실제로는 목적, 사명, 전략, 목표, 전술로 이어지는 일련의 모든 단계에서 필수적인 정렬을 유지하기 위해 지속적인 관심이 필요하다. 팀 코치는 이러한 대화를 시작할 수 있지만, 대화를 지속하는 것은 팀원들의 몫이다.

참고 문헌

David, S, Clutterbuck, D and Megginson, D (2013) *Beyond Goals*, Gower, Farnham

Grant, AM (2003) The Impact of Life Coaching on Goal Attainment, Metacognition and Mental Health, *Social Behavior & Personality*, 31 (3), pp 253–264

Grant, AM (2013) New Perspectives On Goal Setting in Coaching Practice: An Integrated Model of Goal-focused Coaching. In David, S, Clutterbuck, D and Megginson, D (Eds) *Beyond Goals*, D, Gower, Farnham, pp 55–58

Kauffman, C and Coutu, D (2009) *The Realities of Executive Coaching* (Harvard Business Review Research Report), Harvard Business School Publishing, Brighton, MA

7장
외부 시스템 및 프로세스

팀의 맥락에서 이해관계자는 팀의 활동과 그 결과에 대해 타당한 흥미를 가진 모든 사람을 의미한다. 리더십 팀의 경우, 이해관계자는 조직 내부와 외부에 모두 존재할 수 있다. 어떤 이해관계자는 다른 이들보다 영향력이 클 수 있고, 어떤 이해관계자는 팀 활동의 영향을 다른 사람들보다 더 많이 경험할 수도 있다. 또한 이해관계자들끼리 관심사가 일치하거나 상충할 수도 있다.

이 책을 쓰고 있는 지금, 구글과 마이크로소프트는 군과 미국 국경 당국과의 계약을 둘러싸고 사회적인 문제를 염려하는 직원들의 반발을 겪고 있다. 고위 직원들의 사직, 공개 서한, 회사 내에 널리 퍼진 우려 등으로 인해 두 회사는 인권에 관한 중대한 문제를 제기하는 계약의 체결 여부를 결정하는 방식을 재검토하려 한다. 두 회사는 재정적 이익과 고객의 이익에만 집중하였으나, 고객이 원하는 것을 제공하는 능력이 유능한 젊은 인재를 유치하고 유지하는 데 달려 있다는 것을 뒤늦게 깨달았다. 그리고 이러한 젊은이들은 강한 사회적 양심을 가지고 있다(Nolan, 2018).

피터 호킨스Peter Hawkins는 그의 저서 『리더십 팀 코칭』에서 체계적인 팀 코칭의 다섯 가지 분야로 커미셔닝, 명확화, 공동 창출, 연결, 핵심 학습을 언급한다. 그는 연결을 '리더십 팀 전체가 개별적으로나 쌍으로 더 넓은 이해관계자 시스템에 참여하는 방법'이라고 정의한다(Hawkins, 2011, p.93). 이 모델은 팀이 하는 일과 팀 코치가 개입할 방법을 분석하는 데 매우 유용한 방법이지만, 시스템 측면에서 보면 복잡 적응 시스템보다는 단순한 선형 시스템 집합에 더 가깝다. 복잡한 적응 시스템의 관점을 채택하면 이러한 모든 분야가 서로 연결되어 있고 이해관계자의 참여가 모든 분야에 퍼져 있다는 것을 알 수 있다.

복잡한 사회에서 조직, 그룹 또는 팀은 이해관계자들에게서 정당성을 얻는다. 이들 가운데 일부는 다른 사람들보다 더 강한 목소리와 영향력을 행사하고, 특히 자금을 가지고 있는 사람들은 더 강한 목소리를 내는 경향이 있다. 복잡 적응 시스템에서의 '커미셔닝'은 광범위한 이해관계자들로부터 정당성을 확보해야 한다. 예를 들어, 리더십 팀은 이사회와 주주의 관점을 넘어서야 할 수도 있다. 고객, 고위 경영진, 일반 직원 등 주요 이해관계자로부터 정당성을 잃게 되면 목적을 달성할 수 있는 능력을 심각하게 손상받을 수 있다. 이럴 경우 목적과 목적이 달성되는 방식 모두에 영향력을 행사할 권리가 있거나 있다고 생각하는 이해관계자와 그렇지 않은 사람들 구분하는 것이 도움이 된다.

커미셔닝은 단지 한 방향만은 아니며 지속적인 대화를 통해 목적을 반복하여 또다시 설명해야 한다. 이러한 대화는 이해관계자 그룹을 대표하는 사람과 기관의 필요성 및 요구 등으로 인해 더욱 복잡해진다.

복잡 적응 시스템에서 '명확히 설명'하고 '소통'하려면 팀이 하는 일의 방법과 이유를 이해관계자들에게 설명하고(이를 위해 우선, 팀은 이 내용을 스스로 설명할 수 있어야 한다!) 이해관계자의 의견을 경청할 수 있는 고도로 발달된 스킬과 프로세스가 필요하다. 구글과 마이크로소프트 직원들이 분노한 것은 회사가 핵심 가치를 배신하고 있다는 느낌뿐만 아니라 자신들의 말을 듣지 않는다는 점 때문이었다. 마이크로소프트의 CEO 사티아 나델라(Satya Nadella)는 공개 서한을 통해 핵심 가치에 대한 회사의 약속을 재확인하며 직원들을 안심시키려 했지만, 이미 피해가 발생한 뒤였고 공개 서한은 회사가 이제 직원들의 말에 귀 기울이고 있다는 확신을 주지 못한 것으로 알려졌다(Nolan, 2018).

공동 창출과 핵심 학습은 팀이 이러한 프로세스를 이해관계자들과 공유할 때 가장 효과적이다. 저자는 본인의 회사와 고객사 모두에서, 고객과 신뢰할 수 있는 공급업체를 특별히 초대하여 팀이 어떻게 운영되는지 직접 볼 수 있도록 하고, 때에 따라서는 정기적인 팀 회의에 한 번 이상 참석하도록 하는 것이 얼마나 가치 있는 일인지 보았다. 어떤 경우에도 신뢰가 깨진 적은 없었다. 방문자들에게 물어본 질문은 다음과 같다.

- 보고 듣는 것 가운데 무엇이 당신을 안심하게 하고 불편하게 하는가?
- 우리가 시장을 선도하거나 앞서고 있는 분야와 뒤처지고 있는 분야는 무엇인가?
- 내부 프로세스의 크고 작은 변화 가운데 당신에게 도움이 될 만한 것은 무엇인가?
- 우리의 목적과 가치를 얼마나 명확하게 설명하고 있는가?
- 당신이 관찰한 바에 따르면 우리는 우리의 목적과 가치에 얼마나 잘 부응하고 있는가?
- 서비스를 더 잘 활용할 수 있도록 어떻게 도와줄 수 있는가? (고객)
- 고객이 더 효과적으로 지원하도록 어떻게 도울 수 있는가? (공급업체)
- 무엇이 놀라웠는가?

최근 열린 코칭 및 멘토링 연구 콘퍼런스에서 연사 가운데 한 명이 대규모 IT 프로젝트가 실패하는 가장 큰 이유에 관한 연구 결과를 발표했다(Walker, 2018). 두 번째로 중요한 이유는 이해관계자의 기대와 상황의 복잡성을 이해하지 못했기 때문이었다. 서로 다른 이해관계자 그룹이 서로에게 영향을 미치기 때문에 복잡성은 더해진다. 예를 들어, 주요 고객들은 경쟁사와의 비교에 따라 영향받을 수밖에 없다.

팀이 외부 이해관계자와의 관계를 관리하는 방법에 대한 가장 심도 있는 분석은 안코나Ancona와 그녀의 동료들이 수행한 연구(2002)이다. 이들은 효과적인 팀이 외부와 내부의 균형을 유지하며, 내부에 너무 집중하면 오히려 해가 될 수 있다고 주장한다. 이들은 외부 관계와 시스템을 잘 관리하는 프로젝트 팀의 다섯 가지 특징을 제시한다.

- **대외 활동**. 홍보, 정찰하기, 업무 조정의 세 가지 역할에서 고도의 커뮤니케이션이 필요하다. 홍보는 회사의 권력 구조(팀이 다른 환경에서 운영되거나 최고 부서일 때는 이는 보통 외부 권력이다)에 팀을 마케팅하고, 자원을 얻기 위해 로비하고, 협력자와 경쟁자들에게 대응하는 것이다. 정찰하기는 팀과 다른 지식과 전문성을 가진 외부 사람들로부터 정보를 수집하는 것이다. 업무 조정은 '기능 부서들 사이의 연결과 다른 부서들과의 상호 독립성'을 관리한다. 다른 팀들이 서로 다른 우선순위를 가지고 있을 때는 때때로 설득이 필요하다.

- **광범위한 유대 관계**. 성공적인 팀은 약한 유대 관계(다양한 전문 지식을 보유하고 다른 네트워크와 연결된 사람들과 이따금 교류)와 더 높은 수준의 협력이나 지식 전달이 필요한 강한 유대 관계로 구성된 대규모 네트워크를 보유하고 있다.
- **확장 가능한 구조**. 팀의 목적과 구체적인 목표에 따라 팀을 이끌어가는 핵심 구성원, 주요 결과물을 제공하는 운영 구성원, 필요할 때 특정 전문 지식을 제공하는 외부 네트워크 구성원 등 세 가지 계층의 팀원이 존재한다.
- **유연한 멤버십**. 멤버십은 유동적이며, 프로젝트가 발전함에 따라 사람들이 들어오고 나가기도 한다.
- **실행을 위한 내부 메커니즘**. 성공적인 프로젝트 팀은 내부 프로세스와 시스템을 외부 이해관계자에게 투명하게 공개하며, 여기에는 의사 결정도 포함된다.

이 연구는 안정적인 팀과는 조금 다를 수 있는 프로젝트 팀에 초점을 맞췄다. 그렇지만 이해관계자와 지속적이고 광범위한 상호작용, 정보 및 영향력의 네트워크로부터 학습에 대한 지속적인 투자, 그리고 내부 프로세스의 투명성 확보라는 광범위한 원칙들은 모든 팀 유형에 적용될 수 있는 것으로 보인다. 이후 몇 페이지에 걸쳐서 팀 코치가 팀이 이해관계자와의 관계를 관리하는 방법에 대한 인사이트를 얻을 수 있는 몇 가지 방법을 제시한다. 그러나 이러한 이해관계자들과 더 많이 소통하는 것은 팀 자체의 몫이며, 팀 코치는 단지 인식을 제고하고 더 강력한 시스템을 구축하는 데 도움을 줄 뿐이다. 그렇지만 먼저 몇 가지 유용한 이론적 접근법을 소개하겠다. 팀과 이해관계자 사이의 상호작용을 설명하는 간단한 방법은 1990년대 후반의 독창적인 연구에서 비롯되었는데(Clutterbuck & Hirst, 2003). 이러한 영향력에는 세 가지 측면이 있다.

- 재정에 영향을 미칠 수 있는 가능성(예: 재정적 자원을 창출하거나 제한함으로써)
- 활동의 영향
- 공유 가치 및 목적

세 가지 모두 양방향으로 작용할 수 있으며 지속해서 발전할 수 있다. 영향력은 실제적일 수도 있고 잠재적일 수도 있다. 개입 변수는 '사회적 긴급성'으로, 인지도 상승은 특정 이슈를 더 큰 의제로 끌어올리는 데 영향을 미친다. '미투(me too)' 운동과 미국 국경에서 부모와 자녀를 강제로 분리하는 것에 대한 분노를 예로 들 수 있다. 급변하는 또 다른 변수는 '적절성'으로, 이러한 유형의 팀이나 조직에서 허용되는 행동과 허용되지 않는 행동은 무엇일까?

세 가지 측면을 차례로 살펴보자.

- 재정에 영향을 미칠 수 있는 잠재력은 부분적으로는 힘과 자원에 관한 것이지만, 설득과 추론에 관한 것이기도 하다. 도덕적 권위는 때때로 의사 결정에서 가장 강력한 영향력을 발휘할 수 있다. 문제는 이러한 영향력이 자의적으로 또는 악의적인 목적으로 사용될 때 발생한다(예: 경영진이 팀을 자신의 영역 싸움의 볼모로 사용하는 경우).
- 영향력의 예로는 팀이 하는 일이 다른 사람의 삶에 미치는 파급 효과, 예상치 못한 환경 피해 등이 있다. 영향력은 항상 예측하기 쉬운 것은 아니다(위생을 증진하기 위한 플라스틱 포장이 바다에 그토록 큰 피해를 줄 것이라고 누가 생각했을까!).
- 공유 가치와 목적은 이해관계자 이론의 핵심으로, 관리자는 주요 이해관계자들을 통합하는 공유 가치를 파악하고 '목적을 달성하기 위해 이해관계자와 어떤 관계를 맺고 싶고, 만들어야 하는지'를 설정해야 한다(Freeman et al., 2004).

두 번째 개념은 심리적 계약과 관련이 있다. 직원으로부터 고객, 주주에 이르기까지 각 이해관계자 그룹에는 본질에서 조직에 대한 그룹의 기대치를 정의하는 심리적 계약이 존재하며, 그 반대의 경우도 마찬가지이다. 심리적 계약의 질은 팀이나 조직에 전략적으로 매우 중요하다. 조직 차원에서 직원 유지 및 동기 부여, 고객 호감도, 주주 충성도는 모두 심리적 계약과 밀접한 관련이 있다.

- 심리적 계약이 얼마나 공정하고 공평하다고 인식되는가?
- 심리적 계약 조건이 얼마나 잘 지켜지는가?

연구에 따르면 이해관계자와의 관계의 질(특히 신뢰 및 협력)은 경쟁 우위와 관련이 있다(Jones, 1995). 심리적 계약이 공식적이고 명확하게 표현된 경우는 매우 드물다. 오히려 상호 이해될 수도 있고 이해되지 않을 수도 있는 감정적 기대와 지적 기대가 혼합되는 경향이 있으며, 이는 대부분 각 이해관계자 그룹이 중요하게 여기는 가치에서 비롯된다. 긍정적인 심리적 계약은 다음과 같은 경우에 존재하는 경향이 있다.

- 조직과 이해관계자 간 가치관이 일치한다.
- 당사자가 서로를 소중하게 여긴다.

이해관계자 그룹이 고립되어 존재하지 않는다는 사실 때문에 문제는 더욱 복잡해진다. 이해관계자 그룹은 서로 소통하며, 한 사람이 여러 이해관계자 그룹의 구성원인 때가 많다. 게다가 이들은 서로에게 영향을 미친다. 한 다국적 제조 회사는 개발도상국의 아동 노동 사용에 대해 우려하는 단체와 마찰을 빚었을 때, 필요한 관리 인력을 채용하는 데 어려움을 겪었다. 또 한 대형 항공사의 경우는 직원들과 노사 관계가 악화하자 그 항공사의 고객들은 재빨리 다른 항공사로 옮겨갔다. 이해관계자와의 심리적 계약은 팀이나 조직과 이해관계자 간의 사회적 교환의 적절성과 가치에 대한 불문율로 볼 수 있다. 이를 정량화하려는 시도는 많았지만 시행착오를 거치면서 간단하고 실행 가능한 모델을 만들 수 있었다. 고용주와 이해관계자 간의 관계를 더 중요하게 여기고, 양측이 그 가치가 유지되고 향상되고 있다고 긍정적으로 인식할수록 심리적 계약은 더 건강해진다. 다음 모델([그림 7.1] 참조)에서 가치는 세 가지 핵심 의미를 갖는다.

- **경제적 의미의 가치** value as worth 는 양측이 서로를 위해 부가가치를 창출하는 방식을 의미한다. 예를 들어, 직원은 배당금과 주가 또는 기타 형태의 자본 가치 상승의 형태로 주주에게 가치를 제공한다. 그 대가로 회사는 적절한 급여와 연금, 그리고 가장 중요한 것은 직원이 이직할 경우 더 큰 수입을 올릴 수 있는 스킬과 실적을 쌓을 수 있는 기회를 제공한다. 직원들이 보상 체계가 공정하다고 느끼는지도 중요하다.
- **존중으로서의 가치**는 이해관계자가 조직에 대해 느끼는 감정과 조직이 자신을 어떻게 대하는지를 의미한다. 예를 들어, 직원이 팀이나 조직에서 일하는 것에 대해 얼마나 자부심을 느끼는가? 그것이 직원들의 자존감에 중요한 부분인가? 동료, 상사, 고객이 자신의 기여를 인정하고 중요하게 여긴다고 느끼는가? 인정이 능력에 기반한 것으로 인식되고 있나, 아니면 누가 가장

목소리가 큰가와 같은 요인에 따라 결정되나? 이 모든 것이 합쳐져 직원들에게 본인이 가치 있는 사람이라는 느낌을 준다.
- **신념으로서의 가치**는 정직, 사람에 대한 대우, 사회적 책임과 같은 가치에 대해 직원들이 느끼는 정도와 관련이 있다. 사람들이 회사에 출근할 때 외부에서의 가치관을 버리라고 요구받는다고 느끼거나 조직이 지지하는 가치와 실제로 수행하는 가치 사이에 큰 차이를 발견할 때 문제가 발생한다.

[그림 7.1] 가치들의 가치

심리적 계약의 개념에는 적절성과 가치에 대한 우리의 인식을 형성하는 중요한 가정이 내포되어 있다. 중요한 가정은 개인마다, 그룹마다 다르다. 이러한 가정은 신념으로 구성되며, 신념은 현실에 확고한 근거가 있을 수도 있고 없을 수도 있지만 태도와 행동에 강력한 영향을 미친다.

팀이 이해관계자를 파악할 수 있도록 지원

이러한 개념은 팀 코치가 팀원들이 자신과 팀에 대해 이해관계자가 누구인지 그리고 이들과 지속 가능하고 생산적인 관계를 구축하는 방법을 인식하도록 돕는 실용적인 접근의 기초가 된다.

이해관계자 매핑

이해관계자 매핑은 다양한 이해관계자가 누구인지, 이해관계자 간의 관계는 어떠한지, 각 이해관계자 그룹과 이들을 연결하는 더 넓은 시스템에 대해 세 가지 측면의 영향력이 어떻게 작용하는지를 파악한다. 많은 코치가 일대일 방식으로 그들의 직접적인 시스템을 고객이 이해할 수 있도록 돕기 위해 몇몇 형태의 이해관계자 매핑을 사용하지만, 팀 상황에서는 당연히 더 복잡해진다. 이해관계자 맵을 구성하는 방법에는 여러 가지가 있지만, 간단한 방법은 팀원들을 차트 중앙의 원 안에 넣는 것이다. 각 팀원이 서로의 이해관계자라고 가정하고 각 이해관계자 그룹을 안쪽 원의 바깥쪽을 중심으로 논리적인 순서로 배치한다. 팀원 가운데 누구와 관계가 강하고 약한가? 이해관계자 그룹은 서로 어떻게 연결되어 있는가? 이해관계자들의 기대가 겹치는 부분과 충돌하는 부분은 어디인가?

이해관계자와의 공유된 내러티브

이 접근 방식은 실제 이해관계자 또는 다양한 이해관계자 그룹의 역할을 맡은 팀원들과 함께 수행할 수 있다. 목표는 이해관계자가 자신의 관점을 설명하는 것을 듣는 것이다. 주요 시작 질문은 다음과 같다.

- 이 팀의 목적은 무엇인가?(팀의 목적이 무엇이라고 생각하는가?)
- 이 팀이 당신에게 어떻게 가치를 더하는가?
- 이 팀이 당신의 삶을 어떻게 어렵게 만드는가?
- 이 팀이 당신과 같은 가치를 공유하는 부분은 어디이고 다른 가치를 공유하는 부분은 어디라고 생각하는가?
- 어떤 말을 들으면 기분이 나아지는가?

책임 매핑

이 활동의 목적은 팀이 [그림 7.2]의 네 가지 원(자기 자신, 팀, 이해관계자, 더 넓은 사회) 각각에 대한 책임과 의무에 대해 개인적으로 생각해보고 생각을 공유하도록 돕는 것이다. 팀으로서 무엇을 합의할 수 있으며, 이러한 책임을 이행하는 데 있어 서로를 어떻게 지원할 수 있을까?

[그림 7.2] 책임의 원

    책임은 내외부의 복잡한 책무를 탐색하는 데 도움이 된다. 일반적으로 핵심인 자기 자신부터 시작하여 점차 바깥으로 대화를 확장하는 것이 좋다.

    자기 자신에 대한 책임에는 다음이 포함된다.

- 중요한 업무를 위한 활력 유지하기
- 합리적인 일과 삶의 균형 달성하기
- 자신의 발전을 위해 시간 투자하기

팀에 대한 책임에는 다음이 포함된다.

- 동료가 압박감을 느낄 때 이를 인지하고 지지하기
- 공동 코칭

- 서로에게 최신 정보 제공하기
- 서로의 학습에 대한 책임 공유하기

이해관계자에 대한 책임에는 다음이 포함된다.

- 고객에게 정직하게 대하기
- 고객의 변화하는 요구 사항 이해하기
- 고객에게 최신 정보 제공하기

사회에 대한 책임에는 다음이 포함된다.

- 우리 활동의 환경적 영향에 대하여 인식하기
- 지역 사회 참여하기
- 관련 전문 기관과 협력하기

인지도 높이기

아래 질문은 외부 인터페이스 관리 방식에 대한 팀의 인식을 파악할 수 있는 인사이트를 제공한다.

[표 7.1] 외부 프로세스, 시스템 및 구조 설문

	1점~10점	확신(1~5점)
1. 고객과 경쟁사 측면을 모두 고려해서 시장에서 일어나는 일을 매우 잘 모니터링한다.		
2. 우리는 시장 외부의 위협과 기회(예: 신기술 또는 새로운 잠재적 경쟁자)에 대한 뛰어난 탐지 능력을 보유하고 있다.		
3. 우리는 고객의 전략과 도전에 대한 좋은 정보를 보유하고 있다.		
4. 우리는 필요할 때 현재 보유한 인재와는 다른 인재를 찾기 위한 프로세스를 갖추고 있다.		
5. 우리는 이해관계자들이 누구인지, 그리고 우리가 이해관계자에게 부여하는 우선순위가 어떠해야 하는지 매우 명확히 알고 있다.		
6. 우리는 우리의 가치가 이해관계자의 가치와 어떻게 정렬되는지 이해한다.		
7. 우리는 이해관계자들에게 우리가 하는 일과 그 이유를 잘 설명한다.		
8. 우리는 고객의 의견을 잘 듣는다.		
9. 우리는 이해관계자들을 중심으로 장기적인 계획을 세우고 포부를 키운다.		
10. 우리는 이해관계자들이 팀에서 누구와 대화해야 하는지 알고 팀에 쉽게 접근할 수 있도록 한다.		
11. 팀을 확장하거나 구성원을 교체해야 하는 경우, 누구에게 도움을 요청해야 하는지 알고 있다.		
12. 팀과 주요 이해관계자들 사이에 높은 수준의 신뢰가 형성되어 있다.		
13. 우리는 고객으로부터 끊임없이 학습한다.		
14. 이해관계자들이 뒤에서 우리가 일하는 현장을 지켜본다 하더라도 두려울 것이 없다.		
15. 우리의 목적과 목표를 설정하는 이해관계자들은 우리 팀의 능력과 프로세스에 대해 전폭적으로 신뢰한다.		

[표 7.1] 외부 프로세스, 시스템 및 구조 설문(계속)

	1점~10점	확신(1~5점)
16. 우리의 목적과 목표를 설정하는 이해관계자들에게 충분한 정보를 제공한다.		
17. 고객과 공급업체를 설명할 때는 존중하는 언어를 사용한다.		
18. 우리는 우리가 추구하는 가치가 이해관계자 그룹과 공유되고 있는 실제적 가치인지 정기적으로 검토한다.		
19. 우리는 이해관계자들과 협력하여 운영 프로세스를 검토하고 개선한다.		
20. 우리는 성공에 필요한 모든 외부 자원을 보유하고 있다.		

요약

우리가 이해관계자에게 영향을 미치고 영향을 받는 방식은 팀이 인식하는 것보다 훨씬 더 복잡하고 역동적이다. 팀 코치는 이러한 복잡성을 인식하게 함으로써 팀이 혁신적이고 효과적인 작업 방식을 개발하도록 돕는다.

참고 문헌

Ancona, D, Bresman, H and Kaeufer, K (2002), The Comparative Advantage of X-Teams, *MIT Sloan Management Review*, Spring 43(3), pp 31–39

Clutterbuck, D and Hirst, S (2003) *Talking Business: Making Communications Work*, Butterworth-Heinemann, Oxford, p 56

Freeman, RE, Wicks, AC and Parmar, B (2004) Stakeholder Theory and 'The Corporate Objective Revisited' *Organization Science*, 15 (3), Published online 1 June, https://doi.org/10.1287/orsc.1040.0066

Hawkins, P (2011) *Senior Leadership Teams*, Kogan Page, London

Jones, MT (1995) Instrumental Stakeholder Theory: A Synthesis of Ethics and Economics, *Academy of Management Review*, 20 (2), Published online 1 April, https://doi.org/10.5465/amr.1995.9507312924

Nolan, N (2018) Microsoft Employees Rebel Against Company's ICE Contract, https://www.breitbart.com/tech/2018/06/21/microsoftemployees-rebel-against-companys-ice-contract/, downloaded 13 July 2018

Walker, J (2018) Application of causal loop methods for client insight and action. Paper to European Mentoring and Coaching Council's annual research conference, Chester, 10 and 11 July

8장
관계

> 대화의 기술이란 들어주는 것뿐만 아니라 경청하는 기술이다.
> — 윌리엄 해즐릿, 선별된 에세이, 1778-1830

팀 효율성에 관한 거의 모든 연구에서 대인관계의 수준을 중요한 요소로 꼽고 있다. 팀원들이 서로를 **좋아해야** 한다는 증거는 놀랍게도 거의 없지만, 서로를 존중하고 신뢰하며 개방적이어야 한다는 것은 분명하다. 성과가 높은 팀에는 이러한 자질을 강화하는 태도와 행동의 *상호성*이 높고, 팀워크를 약화하지 않으면서도 팀워크에 기여하는 방식으로 갈등을 관리할 수 있는 능력이 있다.

존중

팀 내에서 존중은 크게 두 가지 측면으로 나뉘는데, 하나는 상대의 전문성과 역량을 높이 평가하는 것이고, 다른 하나는 상대를 인간으로서 존중하는 것이다. 세 번째 형태의 존중은 직책의 권위에서 비롯된다. 직책 때문에 존경을 요구하는 리더는 능력과 인간성으로 존경을 받는 리더보다 효과성이 떨어지는 경향이 있다.

팀 코칭에 앞서 팀원 발굴 단계에서 팀원 개개인에게 자주 하는 질문 가운데 하나는 "오늘 이 팀을 처음부터 다시 시작한다면 지금의 팀원들을 선택하시겠습니까?"이다. 대답이 부정적이라면 팀 내의 근본적인 긴장을 빠르게 파악할 수 있다. 모두가 자신의 의견이 기밀로 유지된다는 것을 이해하고, 팀이 충분한 신뢰와 심리적 안전감을 얻을 때까지는 존중의 수준이 어떻게 변했는지 되돌아볼 수 있을 때까지 그 상태를 유지하는 것이 중요하다. 그러나 팀 코치에게 이러한 데이터는 코칭 세션 중에 언제든 발생할 수 있는 수면 아래 갈등에 대한 필수적인 사전 경고이다.

팀 내 존중에 관해 조사하다 보면 팀 구성원들이 서로에 관해 매우 얕게 이해하는 것이 장벽이 된다는 사실을 자주 발견하게 된다. 사람들을 실제로 알아가는 것보다 사람들에게 낙인을 붙이기가 더 쉽다. 공유 가치를 탐구하는 것은 서로에 대한 통찰력을 키우는 데 도움이 되고, 이를 위한 여러 가지 방법이 있으며, 그 가운데 일부는 7장에서 다루었다. 특히 강력한 방법은 모든 사람에게 다섯 가지 가장 중요한 가치를 큰 카드에 적어보라고 권하는 것이다. 그런 다음 무작위로 두 명씩 짝을 지어 서로의 카드를 비교하도록 한다.

각 조는 두 사람이 공유하는 가치를 하나씩 선택하고 나머지 팀원들 앞에서 그 가치가 자신에게 어떤 의미인지에 관해 대화를 나눈다. 한 조가 정확히 일치하지 않으면 서로 지지하는 두 가지 가치를 선택한다. 이 연습의 결과는 서로의 동기를 훨씬 더 깊이 인식하는 것이다.

더 강력한 효과를 위해 팀 코치는 모든 사람에게 큰 기쁨이나 큰 슬픔에 대한 개인적인 이야기와 그로부터 배운 것을 이야기하도록 요청할 수 있다. 처음에는 사람들이 다소 조심스러워하는 경향이 있지만, 어느 정도 신뢰가 형성되고 나서 다음 세션에서 이 과정을 반복하면 팀원들이 훨씬 더 깊은 인간적인 이야기를 꺼내는 경향이 있다. 단순히 팀원 역할을 맡은 사람으로서가 아니라 인간으로서 서로를 존중하는 비결은 연민을 구하는 데 있다고 주장할 만하다. 팀에서 자주 사용하는 간단한 개입 방법 가운데 하나는 모든 사람에게 질문을 던지고 생각해 보도록 하는 것이다.

- 오늘 당신은 자신에게 어떤 친절을 베풀 수 있는가?
- 팀 동료에게 어떤 친절을 베풀 수 있는가?

존중 문화를 만들기 위한 또 다른 매우 실용적인 접근 방식은 팀원들이 서로의 행동에 주의를 기울이도록 하는 것이다. 우리는 누군가에 대해 고정관념을 가지고 있을 때, 그것을 강화하는 행동을 그렇지 않은 행동보다 훨씬 더 강하게 알아차리는 경향이 있다. 이러한 주의력의 전환을 위해, 우리는 모든 사람에게 봉인된 봉투(동료 한 명당 하나씩)에 **다음 한 달 동안 여러분의 삶을 더 편하게 만들기 위해 내가 목표로 하는 한 가지**를 적어 넣도록 요청한다. 모든 사람은 몇 주 후에 짝을 지어 만날 때까지 받은 봉투를 열고 싶은 유혹을 뿌리쳐야 한다. 그런 다음 대화는 다음과 같이 진행한다.

- 봉투에 뭐라고 적었을까요?
- 계속 지켜봤는데 X를 하기로 약속했던 것 같아요.
- 봉투를 열고 다음을 확인한다.
- 맞아요, 이것도 맞네요!

또 팀에서 웃음의 역할과 스타일도 연관되어 있다. 함께 웃는 것 laughing with은 존중과 관련이 있지만, 누구를 보고 웃는 것laughing at은 그렇지 않다(Samson & Gross, 2012). 여기에는 팀 내부를 향한 웃음과 외부, 예를 들어 고객이나 다른 이해관계자를 향한 웃음이 모두 포함된다. 그래서 발견 단계에서 팀이 언제, 어떻게 웃는지 자주 살펴본다. 그리고 상황에 따라 팀원들에게 웃음을 긍정적으로 사용하거나 부정적으로 사용한 사례를 공유하도록 권장할 수도 있다.

다른 유익한 탐구 영역은 존중받는 것과 관련이 있다. 각 팀원에게 팀 내에서 가장 존중받는다고 느꼈을 때와 가장 존중받지 못한다고 느꼈을 때, 그리고 팀 외부의 사람들로부터 존중받는다고 느꼈을 때를 공유해 달라고 요청한다. 그런 느낌이 팀원 자신과 팀이 함께 일하는 방식에 어떤 영향을 미쳤는가?

마퀘트 대학교의 경영학 조교수인 크리스티 로저스Kristie Rogers는 존중을 획득한 존중과 당위적 존중으로 구분한다. 조직과 조직 내 팀에는 이 두 가지가 모두 필요하다. 당위적 존중은 모든 사람이 가치 있는 기여자라는 가정에서 비롯된다. 획득한 존중은 업적, 개인적 자질 또는 기타 가치 있는 특성으로 인해 사람들에게 부여된다. 당위적 존중이 지배적이면 사람들은 책임감을 덜 느끼고 성과에 대한 동기가 떨어지며, 획득한 존중이 지배적이면 협업이 부족해진다.

팀 코치는 질문을 중심으로 대화를 시작하여 팀 내에서 인사이트를 얻을 수 있도록 도울 수 있다.

- 이 팀에서 당위적 존중과 획득한 존중 사이의 균형은 어떤가요?
- 그것은 우리가 최고의 성과를 내기 위해 필요한 것과 얼마나 다른가요?
- 균형을 맞추기 위해 (필요하다면) 무엇을 할 수 있을까요?

심리적 안전

오클랜드 매시 대학교의 팻 보슨스는 심리적 안전감을 다음과 같이 설명한다: '자기 이미지, 지위 또는 경력의 부정적인 결과에 대한 두려움 없이 자신을 드러내고 활용할 수 있다는 느낌'. 이 주제에 대한 세계적인 전문가 가운데 한 명인 에이미 에드먼슨Amy Edmondson(1999)은 이를 '팀이 대인관계에서 위험을 감수해도 안전하다는 팀원들의 공유된 믿음'이라고 설명한다. 그녀는 다음과 같이 설명한다.

"팀의 심리적 안전은 개인 사이의 신뢰를 포함하지만, 그 이상의 의미를 지니며, 사람들이 자기 자신으로 편안하게 지낼 수 있는 대인 신뢰와 상호 존중이 특징인 팀 분위기를 말한다."

50개 이상의 업무 팀을 대상으로 한 그녀의 연구에 따르면 사람들이 업무 및 대인관계 문제에 대해 동료에게 솔직하게 말할 수 있다고 느낄수록 더 많은 학습이 이루어지고 결과적으로 팀의 효과성이 높아지는 것으로 나타났다.

심리적 안전이 낮은 팀에서 자기 생각을 말하는 것은 큰 위험을 수반한다. 지식 부족을 인정하거나 도움을 요청하면 위신을 잃거나 무능한 사람으로 보이거나 팀 실패에 대한 비난을 받을 수 있다. 동료의 체면을 손상할 수 있는 문제를 제기하는 것도 위험하다.

팀과 조직이 궁극적으로 개방성을 통해 이익을 얻을 수 있다는 것을 알더라도 위협 및/또는 당혹감이라는 측면에서 개방성의 잠재적 비용은 개방성에 대한 보상보다 더 크다. 사람들은 그룹에서 요구하는 사회적 이미지를 유지하는 데 몰두하기 때문에 큰 노력과 수많은 학습 기회를 잃게 된다.

반면에 심리적 안전이 높은 팀에서는 어려운 문제를 해결하고, 능률을 높이기 위한 수단으로 정직하고 공개적으로 갈등을 관리하며, 실험하고 실수와 실패를 받아들이고 배우려는 의지가 있다. 에드먼슨은 '대인 신뢰와 상호 존중이 특징인 팀 분위기는 사람들이 자기 모습 그대로를 편안하게 받아들일 수 있는 곳'이라고 설명한다. 팀 학습과 팀 성과에 큰 영향을 미치려면 팀 전체가 개방적인 행동과 대화를 지지하고 실천해야 한다. 이러한 '공유된 그룹 신념'은 학습을 위한 안전망을 제공한다.

에드먼슨의 주요 결론 가운데 하나는 팀 리더의 코칭이 팀 학습 및 심리적 안전과 관련이 있다는 것이다. 그 외에도 팀 학습은 '다른 팀원들이 자신을 비난하지 않을 것이며, 서로를 도울 수 있고 처벌하지 않을 것이라는 믿음을 공유하는 것'과 관련이 있으며, '타인의 의도에 대한 팀의 해석은 피드백 개방성에 중요한 역할을 하는데, 타인의 의도가 비판적이기보다는 도움이 될 것이라고 믿으면 팀은 부정적인 피드백을 비우호적인 데이터로 해석하기보다는 우호적인 것으로 해석할 가능성이 더 크다'라는 사실도 밝혀냈다.

에드먼슨의 다른 연구에서도 심리적 안전과 다양성을 효과적으로 활용하는 것(Edmondson & Roloff, 2009), 그리고 혁신의 속도(Edmondson et al., 2001, a and b) 사이의 상관관계가 밝혀졌다. 현재 많이 인용되고 있는 심장 개방 수술에서 구멍을 뚫는 수술로 전환한 16개 수술 팀을 대상으로 한 연구에서 그녀와 그녀의 동료들은 각 팀이 새로운 기술에 적응하는 속도가 상당히 다양하다는 사실을 관찰했다.

새로운 수술법 적응의 성공 여부에 영향을 미칠 것으로 예상되는 요인으로는 고위 경영진의 지원, 팀을 이끄는 외과 의사의 지위, 공식적인 검토 및 설명회de-briefs 등이 있었다. 실제로 이러한 요인들은 학습을 위해 설계되었다는 핵심 특성, 즉 리더가 사람들의 학습 동기를 유발하는 방식으로 과제를 구성하고 높은 수준의 심리적 안전을 제공한다는 점에 비하면 큰 영향을 미치지 못했다. 심리적 안전 덕분에 팀원들은 바보처럼 보일까 봐 두려워하지 않고 다양한 아이디어와 제안을 내놓을 수 있었다. 심리적 안전의 설계자는 일반적으로 팀 리더였다. 예를 들어, 그는 팀원들에게 "내가 놓칠 수 있는 것이 있으니 여러분의 의견을 들어야 한다."라고 반복해서 말했다.

팀 코치가 팀의 심리적 성장을 돕는 방법 가운데 하나는 팀이 점차 개방성을 습관화하도록 하는 것이다. 팀 회의에서 모두가 실수와 그로부터 얻은 교훈을 공유하도록 장려하는 '이달의 실수cock-up of the month'를 도입하면 실패에 관해 이야기하는 것이 괜찮아지기 시작한다. 어떤 형태로든 상이 주어지는 '최고의' 실수는 팀 전체에 가장 큰 학습 효과를 가져다주는 실수이다. 신뢰성을 위해 팀 리더는 때때로 상을 받아야 한다!

또 다른 접근 방식은 누구도 먼저 제기할 수 없다고 생각하는 문제를 쉽게 공개하는 것이다. 이러한 이슈에 대해 목소리를 내기 위해 모든 사람이 카드에 대문자로 한 가지씩 적도록 하여 누구의 이슈인지 명확히 알 수 없도록 한다. 두 개 이상 쓸 수도 있다. 카드를 섞은 다음 무작위로 배포한다. 그런 다음 모든 사람이 자신이 받은 카드에 적힌 문제를 마치 자신의 문제인 것처럼 열정적으로 이야기한다. 문제를 만든 사람 외에는 누구도 문제의 출처를 알 수 없으므로 상대적으로 안전하다고 느낀다. 일단 문제가 공개되면 문제를 해결하기가 훨씬 쉬워진다. 처음 몇 번의 문제 해결이 그다지 깊지 않더라도 상관없다. 점차 팀은 더 어려운 주제를 공개할 수 있는 자신감을 얻게 될 것이다. 흥미롭게도 심리적 안전의 수준감이 높고 팀 성과가 높을수록 제기되는 이슈의 양이 많아진다.

신뢰

팀 내 신뢰는 성과와 양의 상관관계가 있고 불안 및 스트레스와 음의 상관관계가 있다(Costa et al., 2001). 50개 팀을 대상으로 한 또 다른 연구(Erdem & Ozen, 2003, p.131)에서는 "직원 평가의 목적으로 신뢰할 수 있는 행동을 성과 측정으로 취급해야 한다."라고 제안한다. 패트릭 렌치오니Patrick Lencioni(2003)의 팀 역기능에 대한 우화는 피라미드의 기초에 신뢰를 두는데, 그는 신뢰의 결여가 다른 모든 주요 팀과 역기능으로 직접 이어진다고 주장한다.

클레어몬트 대학원의 폴 자크 박사(Zak, 2017, a, b)는 2016년 성인 1,000명을 대상으로 한 연구에서 '신뢰도가 가장 높은 사분위수에 속한 회사에서 일하는 사람들은 가장 낮은 사분위수에 속한 사람들에 비해 직장에서 106% 더 많은 에너지를 쏟고, 76% 더 몰입하며, 50% 더 생산적이라고 응답했다'라는 사실을 발견했다. 신뢰도가 높은 기업의 직원 이직률은 신뢰도가 낮은 기업의 절반 수준이었으며, 이러한 기업의 직원들은 업무에 대한 만족도가 60% 더 높다고 응답했다.

전 세계 팀과 함께 일할 때, 신뢰 구축에 집중하기 전에 팀원들이 개인적으로나 집단적으로 신뢰가 무엇을 의미하는지에 대한 공통의 이해를 구축해야 한다. 우리가 사용하는 도구 가운데 하나는 팀원들에게 팀 외부의 관계, 즉 강한 신뢰가 있다고 느끼는 관계와 그렇지 않은 관계의 차이점을 설명하도록 요청하는 것이다. 이러한 관계의 차이점은 무엇인가? 그런 다음 모든 사람에게 팀 외부에서 강한 신뢰감을 느끼는 관계(또는 그렇지 않은 관계)에 대해 생각해 보고 공유하도록 요청한다. 이를 통해 신뢰의 복잡성을 역동적으로 설명하는 데 도움이 되며, 팀 내 신뢰의 지표가 무엇인지 탐색할 수 있는 기반을 마련할 수 있다. 가장 일반적인 지표는 [표 8.1]에 나와 있다.

[표 8.1] 팀 내 및 팀 사이의 신뢰 지표

척도	징후
하겠다고 말한 대로 행동하기	신뢰성 및 역량
최선을 다해 일하기	긍정적인 태도
나에게 영향을 미치는 실수를 저질렀을 때 말하기	진실성
내가 알아야 할 정보를 계속 알려줌	나의 욕구에 대한 세심한 배려
필요할 때 솔직한 피드백을 제공함	용기
어려움을 겪을 때 나를 지지함	선의
내 평판을 돌보고 내 뒤를 지켜줌	충성심
그들과 공유하는 비밀을 유지함	기밀 유지
필요할 때 나를 대신하여 의사 결정하기	동료애
그들이 가지고 있을 수 있는 다른 의제에 대해 개방적이고 정직함	투명성

위의 열 가지 지표를 사용하여 팀이 작업하고자 하는 우선순위 신뢰 지표를 설정할 수 있다. 다차원 신뢰 매트릭스(팀원 사이의 각 지표에 대한 신뢰 수준을 보여주는 조직도)를 만들면 팀이 개별적으로나 집단적으로 특정 방식으로 신뢰를 구축하는 데 사용할 수 있는 정보가 제공되므로 신뢰에 대해 일반적으로 이야기하는 것보다 더 효과적이다.

8장. 관계

자크ᶻᵃᵏ는 신뢰를 구축하는 여덟 가지 행동에 관해 설명한다.

- 칭찬ovation: 목표를 달성하거나 초과 달성한 사람을 인정하기
- 기대expectation: 어렵지만 달성할 수 있는 과제를 설계하고 동료들이 이를 달성할 수 있도록 책임을 부여하기
- 양보yield: 직원이 적합하다고 판단되는 업무를 완수할 수 있도록 지원하기
- 권한 이양transfer: 동료가 하고 싶은 일을 스스로 선택하는 자기 관리를 촉진하기
- 개방openness: 정보를 폭넓게 공유하기
- 배려caring: 의도적으로 동료와의 관계 구축하기
- 인력 투자invest: 개인 및 직업적 성장 촉진하기
- 자연스러움natural: 진정성 있게 행동하고 도움을 요청하기

자크의 목록은 팀 내에서 신뢰에 관한 대화를 시작할 수 있는 또 다른 시각을 제공한다. 그렇지만 신뢰는 섬세한 꽃과 같다. 긍정 심리학과 감사에 대한 탐구에 열정을 쏟으면서 팀원들이 '신뢰 파괴자'(신뢰를 저해하는 행동)를 인식할 때 신뢰 구축이 더 빨리 이루어진다는 사실을 알게 되었다.

심리적 계약의 일부는 신뢰가 약화될 위험에 처했을 때 동료에게 이를 알리고 그런 일이 일어나지 않도록 함께 노력할 책임이 모두

에게 있다는 것이다. 여기서는 즉각적인 대응이 매우 중요하다. 사람들이 신뢰 위반을 인지한 뒤 오래 고민할수록 이를 회복하기는 더 어려워진다.

커뮤니케이션

팀 내 커뮤니케이션은 명확한 목표와 분명하게 규정된 역할, 책임, 업무 구조가 있으면 더욱 원활해진다. 또한 목표와 구조가 명확하면 갈등이 줄어들고 팀원 간의 의사소통이 쉬워지는 '공유 정신 모형'(Madhavan & Grover, 1998), 즉 업무와 팀 운영 환경에 대한 공통의 관점을 개발하는 데 도움이 된다.

일반적으로 팀의 상호의존성이 높을수록 빈번한 커뮤니케이션의 필요성이 커진다(Wageman, 1995). 커뮤니케이션의 빈도는 또한 가상 팀의 효율성에 영향을 미치는 요인으로 보인다(Kirkman et al., 2004). 팀에는 거래적 커뮤니케이션(업무와 프로세스에 관한 정보와 지침)과 관계적 커뮤니케이션(공유된 이해를 발전시키고 신뢰를 구축하며 사회적 결속력을 유지하기 위한 정보)이 모두 필요하다. MIT의 인간 역동 연구소의 알렉스 펜틀랜드Alex Pentland와 동료들은 서로 잘 소통하는 팀의 다섯 가지 특징을 다음과 같이 정의한다.

- 그룹에 속한 모든 사람이 거의 같은 비율로 말하고 경청하며, 발언을 짧게 유지한다.
- 팀원들은 높은 수준의 눈 맞춤을 유지하고, 대화와 제스처가 활기차게 이루어진다.
- 팀원들은 팀장뿐만 아니라 서로 직접 소통한다.
- 팀원들이 팀 내에서 부수적인 대화 등 활발한 대화를 이어간다.
- 팀원들은 주기적으로 업무를 중단하고 팀 외부로 나가 다른 곳을 둘러보고 정보를 가져와 팀과 공유한다.

몇 주에 걸쳐 팀원들의 상호작용을 지속해서 추적한 연구(Pentland, 2012)에 따르면 성과가 높은 팀에서는 공식적인 회의에서 상호작용 빈도가 성과가 낮은 팀보다 훨씬 높았다.

팀 외부와의 커뮤니케이션은 1980년대 말과 1990년대 초에 데보라 안코나Deborah Ancona와 동료들에 의해 탐구되었다(Ancona, 1990). 5개의 컨설팅 회사를 대상으로 한 연구에서 그들은 팀과 팀 리더가 팀 외부 사람들과의 관계를 관리하기 위해 채택한 세 가지 전략을 확인했다.

- **알리기**informing – 팀이 하고자 하는 일이 무엇인지 파악한 후 의도를 드러내기 전에 환경으로부터 상대적으로 고립된 상태를 유지한다.

- **지켜보기** parading – 환경과 내부 팀 구성에 대한 높은 수준의 수동적 관찰로, 외부인에게 팀 내부의 진행 상황을 최신 상태로 알려 가시성을 높인다.
- **탐구하기** probing – 외부 환경과의 상호작용을 통해 외부 환경에 관해 알아보고, 외부인에게 자문을 구하고, 그들과 함께 실험을 수행하고, 팀이 달성한 성과를 적극적으로 홍보한다.

탐구하기 팀은 외부인들에게 가장 높은 평가를 받았지만, 단기적으로는 팀원들의 만족도와 응집력이 떨어졌다. 효과적인 팀은 외부에 초점을 맞춘 이러한 접근 방식의 단점을 완화하기 위한 전략을 개발하는 것으로 보인다.

38개 신제품 개발팀을 대상으로 한 또 다른 연구(Ancona & Rothwell, 1988)에서 앤코나와 그의 동료는 팀이 최고 경영진의 견해를 모듈화하기 위한 수직적 의사소통('홍보대사 역할'), 업무를 조정하고 피드백을 얻기 위한 수평적 의사소통('업무 조정 역할'), 기술 및 시장 환경에 대한 전반적인 스캐닝을 위한 수평적 의사소통에 참여하는 것을 관찰했다. 이 경우, 연구진은 홍보대사 활동이 팀 초기에는 최고 경영진의 팀 성과(예산 및 일정 준수 측면)에 대한 긍정적인 평가와 더 관련이 있다는 사실을 발견했다. 그러나 팀이 성숙해짐에 따라 업무 조정 활동은 팀이 얼마나 혁신적인지에 대한 최고 경영진의 견해와 더 긍정적인 관련이 있었다. 전반적인 스캐닝은 두 시기 모두에서 최고 경영진의 낮은 평가와 관련이 있었다.

이 연구를 통해 도출할 수 있는 결론은 팀이 외부와 커뮤니케이션 전략을 적극적으로 조정해야 한다는 것이다. 이러한 커뮤니케이션 문제를 드러내기 위해 팀과 함께 사용한 간단한 도구는 [그림 8.1]의 매트릭스이다.

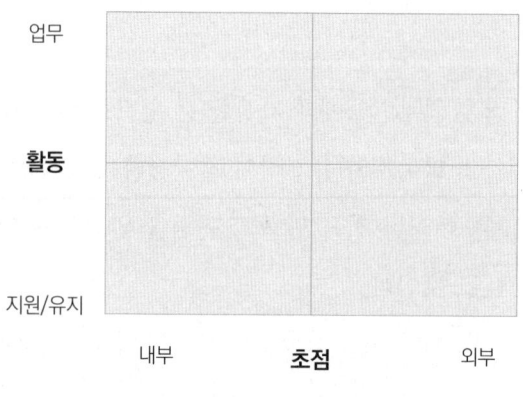

[그림 8.1] 커뮤니케이션 관점

이러한 측면에서 코칭 대화는 다음과 같은 여러 주제 아래 팀 내부와 외부 모두에서 커뮤니케이션의 필요성을 파악하는 것으로 시작된다. 관련 주제는 정보, 조정, 평판 관리, 자율성, 리소스 액세스 등으로 팀의 주요 업무와 학습을 위한 시간 확보와 같이 업무 수행을 지원하기 위해 수행해야 하는 활동 모두에 대한 커뮤니케이션이 필요하다.

그런 다음 팀이 이러한 각 커뮤니케이션 요구 사항을 얼마나 잘 관리하고 있는지, 그리고 커뮤니케이션 프로세스가 제대로 작동하는지 판단하기 위해 어떤 피드백 방법이 마련되어 있는지 살펴보아야 한다. 여기서 중요한 문제는 사람들이 각 영역에서 의사 결정에 관한 정보, 자문 또는 참여를 원하거나 필요로 하는지를 파악하는 것이다. 마지막으로, 코칭 대화에서는 팀의 전반적인 커뮤니케이션을 개선할 방법과 개선을 위해 우선순위를 두어야 할 영역에 대해 살펴본다.

1990년대 후반에 저자는 일선 관리자가 직속 부하 직원과 유용하게 할 수 있거나 팀원 간에 유용하게 할 수 있는 다양한 종류의 대화에 대한 분석을 제안하고 몇 년 후에 발표했다(Clutterbuck & Megginson, 2004). 비대화적 대화는 주로 거래적이고 지시적인 대화(명령을 내리고 승인하는 대화)를 하는 경향이 있다. 반면에 다이알로그 대화는 깊이와 복잡성 측면에서 다음과 같은 순서로 나타났다.

1. **사회적 대화.** 이는 관계 구축의 핵심으로, 상대방의 이야기를 경청하고 직원으로서가 아니라 전인격체로서 관심을 보여줌으로써 상대방을 알아가는 것이다. 재택근무를 장려하는 한 회사에서 직원들의 업무 몰입도에 결정적인 영향을 미치는 요소는 사무실 직원들이 전화 통화에서 '잡담'을 나누는 시간이었다.

    MIT의 펜틀랜드Pentland는 '워터 쿨러 효과'라고 부르는 것을 연구했다. 그는 블로그에서 이렇게 설명한다: "제가 속한 MIT 의 연구 그룹은 직장 내 사교의 영향을 조사하기 위한 혁신적 인 방법을 개발했습니다. 무선 송수신기, 마이크, 마이크로프 로세서, 모션 센서가 내장된 특수 설계 배지를 사용하여 착용 자의 위치, 방향, 음성 억양과 같은 정보를 추적하고 기록할 수 있었습니다. 예를 들어, 한 배지 착용자가 다른 배지 착용자를 만나면 착용자의 대화 길이와 톤이 측정됩니다. 그런 다음 이 러한 모든 데이터를 착용자의 생산성과 비교할 수 있었죠." 펜 틀랜드는 응집력(사람들이 서로 대화하는 정도)은 생산성 및 직무 만족도와 관련이 있으며, 응집력이 높은 팀이 지속해서 더 높은 생산성을 보인다고 말한다.

글로벌 IT 기업의 대규모 고성과 팀(최대 60명)을 대상으로 실시한 미발표 연구에 따르면, 핵심 역량은 소규모 하위 팀과 하위 팀 간의 커뮤니케이션의 질과 빈도에 있는 것으로 나타났 다. 지속적인 사회적 상호작용은 대규모 그룹의 결속력을 유지 하는 데 중요한 역할을 하는 것으로 나타났다.

2. **기술 대화**는 업무 프로세스, 정책 및 시스템에 대한 사람들의 학습 요구를 충족시킨다. 이 대화는 가장 쉬운 대화이거나 적 어도 팀원들이 업무 수행과 가장 쉽게 연관 짓는 대화이다. 그 렇지만 특히 서로 다른 문화권, 서로 다른 위치에 있는 사람들 사이에서는 오해가 생길 가능성이 항상 존재한다.

3. **전술적 대화**는 사람들이 업무나 개인 생활에서 발생하는 문제(예: 시간 관리 또는 어려운 동료와의 관계)를 처리하는 실용적인 방법을 찾는 데 도움이 된다.

4. **전략적 대화**는 더 넓은 관점을 취하여 사람들이 문제, 기회, 야망을 맥락에 맞추고(예: 경력 개발 계획 수립), 관계를 통해 그리고 자신의 노력을 통해 달성하고자 하는 것을 비전으로 삼도록 돕는다.

5. **자기 통찰을 위한 대화**는 사람들이 자신의 욕구, 야망, 두려움, 사고 패턴을 이해할 수 있도록 도와주는 것이다. 이는 일대일 및 팀 단위의 코칭 프로세스에서 매우 중요한 부분이다.

6. **변화를 위한 대화**는 팀이나 개인이 인사이트, 전략, 전술을 일관된 적응 프로그램에 통합할 수 있게 해주는 것이다. 예를 들어 다음과 같은 질문을 할 수 있겠다. "인사이트가 생겼으니 이제 이 인사이트를 가지고 무엇을 할 것인가?"

7. **통합적 대화**는 사람들이 자신이 누구인지, 무엇으로 기여할 수 있는지, 어떻게 적응할 수 있는지에 대한 명확한 감각을 키우는 데 도움이 된다. 이를 통해 개인은 자신과 주변 세계를 더 명확하게 인식하고, 삶의 균형을 찾고, 내면의 갈등을 해결할 수 있다. 팀 차원에서는 개인적 목적과 집단적 목적을 통합할 수 있게 한다.

팀원들에게 이러한 일곱 가지 유형의 대화에 얼마나 많은 시간을 할애하고 있는지 분석해달라고 요청하면 대부분 팀이 해결하기로 한 문제점들이 발견된다. 팀이 다양한 유형의 대화에 시간과 에너지를 배분하는 방식에 대한 규범을 뒷받침할 증거는 없지만, 모든 유형의 대화가 팀 결속력에 중요하다는 증거는 축적되어 있다.

다시 말하지만, 팀 코치가 팀 내 커뮤니케이션을 탐구하는 데 사용할 도구와 기법은 많다. 좋아하는 방법 가운데 하나는 모두에게 "마지막으로 진정으로 귀 기울여 듣는다고 느낀 적이 언제였나?"라고 묻는 것이다. 그런 다음 "이 팀에서 그런 분위기를 조성하기 위해 함께 무엇을 할 수 있을까?"라고 묻는다. 내면을 들여다보며 문제를 탐색한 후에는 팀이 진정으로 자신의 의견을 경청하고 있는지 묻는다면 팀의 이해관계자들이 어떻게 반응할지도 생각해 볼 수 있다. 흔히 다음 논리적 단계는 이해관계자들에게 "서로의 말을 더 잘 듣기 위해 함께 무엇을 할 수 있을까?"라고 질문하여 함께 탐구하는 것이다.

필수 다양성 requisite diversity

필수 다양성이라는 용어는 카오스 이론에서 유래했다. 다양성이 높은 종은 다양성이 낮은 종보다 진화하고 생존할 가능성이 더 크다.

팀에서 다양성은 진화하는 외부 도전에 더 폭넓게 대응할 수 있게 해준다. 최고의 팀에 관한 연구는 성과와 다양성을 밀접하게 연관시킨다(Bantel & Jackson, 1989; Murray, 1989).

문제에 대해 다양한 관점을 갖는 것은 때때로 불편하고 갈등을 유발할 수 있지만, 집단사고(집단에 맞추기 위해 개인의 의견이 묻히는 현상)를 피하는 데도 도움이 된다. 일반적으로 집단은 개인보다 더 극단적인 판단을 내린다. 그 이유 가운데 하나는 사람들이 집단의 맥락에서 벗어나 판단을 내려야 할 때, 자기 정체성에 대한 감각이 선택을 지배하기 때문이다. 그러나 집단 상황에서는 사회적 정체성에 부응하기 위해 집단의 관습이 우세하다. 사람들은 집단의 규범에 맞추기 위해 자신의 의견을 바꾸거나 주장의 질에 따라 흔들리게 된다. 실제로는 두 가지 요인이 모두 작용한다. 쟁점이 명확하고 선택지가 모호하지 않을 때 주장의 설득력이 의견의 변화를 지배하고, 모호성이 클수록 사람들은 사회적으로 순응하려는 본능의 영향을 더 많이 받는다(Janis, 1982). 다양성은 여러 형태로 나타난다. 팀 효과성 측면에서 광범위하게 조사된 다양성은 문화, 전문성, 성별과 관련이 있다.

문화적 다양성

팀 다양성에 대한 가장 흥미로운 연구 가운데 일부는 다국적 팀을 조사한 것이다(Elron et al., 1988). 지리적, 문화적 특성상 이러한 팀은 갈등의 가능성을 내재한 채로 출발한다. 특히 공유된 의미 체계와 집단적 팀 동일시 의식을 구축하는 데 더 오랜 시간이 걸릴 수 있다. 공유된 의미 체계는 구성원들이 말과 행동에 부여하는 해석, 상황과 다른 사람의 행동을 평가할 때 적용하는 필터와 관련이 있다. 연구자들은 때때로 팀 멘탈 모델에 관해 이야기하는데, 이는 '의미 결정을 허용하고 적절한 그룹 행동을 유도하기 위해 구성된 팀 환경에 대한 공유된 심리적 표상'으로 정의한다(Bergami & Bagozzi, 2002). 집단적 팀 동일시란 그룹 구성원들이 그룹 소속에 부여하는 정서적 의미를 의미한다. 집단적 팀 동일시에 영향을 미칠 수 있는 다른 요인으로는 자신이 그룹의 일원인 것을 아는 것과 구성원으로서 부여하는 가치 등이 있다. 동기를 유발하는 힘을 결정하는 것은 정서적 중요성이다.

다국적 팀이 점차 협력하는 법을 배우면서 성공적인 팀은 시간이 지남에 따라 하이브리드 문화를 형성한다. 이러한 새로운 문화는 그룹 내 공통된 정체성의 기반이 되어 팀원들이 자신의 성과를 평가할 수 있게 하고, 함께 일하기가 더 쉬워지며, 업무의 질을 높여준다.

크리스토퍼 얼리Christopher Earley와 일레인 모사코프스키Elaine Mosakowski(2000)는 문화적 다양성이 높은 팀, 중간 정도인 팀, 낮은 팀의 성과를 조사했다. 매우 동질적인 팀은 구성원들이 서로를 '자신과 같은 사람'으로 여기고 역할, 규범, 행동에 대한 집단적 기대가 비슷한 팀이었다. 매우 이질적인 팀은 인식과 기대치가 매우 다른 팀, 중간 정도의 이질적인 팀은 그 중간 정도에 해당하는 팀이다. 연구 결과, 동질성은 팀과 구성원 사이의 친밀감을 높이고 이질성은 창의성을 높인다는 광범위한 결론을 확인할 수 있었다. 그러나 적당히 이질적인 팀이 가장 효과적이지 못하며, 자신과 다르다고 생각하는 사람들로 구성된 팀과 인지된 동질성이 높은 팀보다 성과가 낮다는 사실도 확인했다. 적당한 다양성은 사람들이 실제 또는 상상의 속성이나 관심사에 따라 하위 그룹으로 나뉘도록 장려하는 것으로 보인다. 팀이 위협이나 도전에 직면하면 구성원들은 팀 응집력의 단층선fault-lines 역할을 하는 하위 그룹으로 후퇴하고, 이는 관계적 갈등을 자극한다.

 통합된 문화를 가진 팀은 구성원 사이의 소통과 조율이 더 잘 이루어지므로 그렇지 않은 팀보다 더 나은 성과를 내는 경향이 있다. 그렇지만 얼리와 모사코프스키는 하위 그룹이나 집단적 정체성을 형성하기 위한 기존 기반이 거의 없는 매우 이질적인 팀이 창의성 잠재력을 잃지 않으면서도 구성원들의 다양성을 반영하는 하이브리드 문화를 발전시키는 경우가 많다는 사실을 발견했다. 이러한 문화를 발전시키기 위해서는 여러 가지가 필요했다. 대인관계 및 업무 관련 상호작용에 대한 규칙, 기대되는 성과에 대한 높은 수준의 공유된 기대치, 효과적인 의사소통 및 갈등 관리 방식, 공통의 정체성을 개발해야 했다.

다양성과 창의성에 대한 흥미로운 측면은 중국인과 덴마크인이 섞인 팀을 한 국적의 사람들로만 구성된 팀과 비교한 연구(Tang & Byrge, 2016)에서 찾을 수 있다. 이 연구에 따르면 다양한 국적의 팀이 더 창의적이라는 사실이 확인되었지만, 업무가 잘 정의되어 있을 때라는 주의caveat가 필요하다. 업무가 잘못 정의된 경우에는 유의미한 차이가 발견되지 않았다.

역할과 업무의 명확성을 확립하기 위해서는 팀원들이 열린 마음으로 대화에 참여해야 하며, 이를 통해 신뢰를 쌓고 이해와 정체성을 공유해야 한다. 따라서 팀 내 문화적 다양성이 초기에는 역기능으로 작용하는 경우가 많지만, 차이를 활용하고 공통의 정체성을 개발하는 팀은 결국 높은 동질성을 가지고 시작하는 팀만큼 효과적이며 혁신의 잠재력이라는 측면에서 몇 가지 이점을 갖게 된다.

전문적 다양성

이는 팀원들이 업무에 가져오는 지식과 기술의 차이 또는 전문성의 정도이다. 이는 개인과 그룹이 자기 지식 기반의 성실성 또는 탁월성을 옹호하면서 쉽게 갈등으로 이어질 수 있다.

성별 조합

팀의 성㈲ 조합은 업무에 접근하는 방식에 상당한 영향을 미칠 수 있다. 남성으로만 구성된 그룹과 여성으로만 구성된 그룹에 관한 연구에 따르면 성과 차이는 두 가지 요인, 즉 한 성별의 관심사나 능력을 다른 성별보다 선호하는 작업이나 환경, 그리고 남성과 여성이 그룹에서 행동하는 방식의 차이와 관련이 있는 것으로 나타났다. 예를 들어, 그룹에서 남성은 의견을 제시하고 제안하는 경향이 있고, 여성은 다른 사람에게 친절하게 행동하고 동의하는 팀의 성㈲ 조합은 업무에 접근하는 방식에 상당한 영향을 미칠 수 있다. 남성으로만 구성된 그룹과 여성으로만 구성된 그룹에 관한 연구에 따르면 성과 차이는 두 가지 요인, 즉 한 성별의 관심사나 능력을 다른 성별보다 선호하는 작업이나 환경, 그리고 남성과 여성이 그룹에서 행동하는 방식의 차이와 관련이 있는 것으로 나타났다. 예를 들어, 그룹에서 남성은 의견을 제시하고 제안하는 경향이 있고, 여성은 다른 사람에게 친절하게 행동하고 동의하는 경향이 있다(Van der Vegt & Bunderson, 2005; Bettenhausen, 1991; Wood, 1987).

팀 내 다양성의 기원이 무엇이든, 문제는 이러한 다양성이 팀의 목적에 반하는 것이 아니라 팀의 성과와 목적 달성에 도움이 되는 규범을 개발하고 유지하는 것이다. 팀 코칭에서 이러한 대화를 시작하는 간단한 방법 가운데 하나는 모든 사람에게 팀 내 다양성에 대해 무엇을 중요하게 생각하는지 생각해 보고 공유하도록 요청하는 것이다. 그런 다음 "이러한 다양성을 가장 긍정적으로 활용하기 위해 팀으로서 무엇을 할 수 있을까요?"라고 질문하는 것이다. 이는 필연적으로 팀 내 갈등에 대한 탐색으로 이어진다.

갈등

팀 내 갈등은 나쁜 것 아닌가? 꼭 그렇지만은 않다. 갈등의 유형과 팀이 운영되는 상황에 따라 다르다. 연구자들은 갈등의 유형을 세 가지로 구분한다. 성격 충돌, 다른 팀원과의 실제 또는 상상의 불만 등이 있는 **관계 갈등**은 거의 항상 성과에 해를 끼친다. 관계 갈등은 스트레스를 유발하고 이직률을 높이며, 특히 복잡한 정보를 관리할 때 사람들의 명확한 사고 능력을 떨어뜨린다. 관계 갈등에 휘말린 사람들은 흔히 그 상황에서 (신체적, 심리적 또는 둘 다) 도피하는 방식으로 대응한다(Argyris, 1962; Staw et al., 1981; Roseman et al., 1994). 사람들이 문제가 없는 척하게 되면 의사소통은 감소하게 된다.

관계 갈등은 세 가지 방식으로 성과에 부정적인 영향을 미친다(Pelled, 1996).

- 사람들은 자신에게 제공되는 정보를 합리적으로 처리하는 능력을 상실하게 된다.
- 마음에 들지 않거나 귀찮게 하는 사람의 의견에 귀를 기울이지 않고 장벽을 쌓는다.
- 이들은 갈등과 관련된 문제를 논의하고 해결하거나 무시하는 데 에너지를 쏟는다.

업무 갈등은 반대로 성과에 긍정적 또는 부정적 영향을 미칠 수 있다. 부정적인 측면에서는 대부분 사람이 자기 아이디어나 업무에 대해 비판적인 질문을 받는 것을 싫어한다. 비판적 분석 과정이 불편하고 위협적으로 느껴지기 때문에 긍정적인 성과 평가조차도 부정적인 감정을 불러일으킬 수 있다(Baron, 1990).

업무 수행 방식에 강한 합의가 있는 팀 사람들은 직무 만족도가 높고 팀에 남아 있는 데 더 헌신하는 경향이 있다(Schweiger et al., 1989). 최근 연구에 따르면 업무 갈등이 유익한지 해로운지는 업무 자체의 성격에 따라 달라진다고 한다. 업무가 단순하고 일상적일수록 갈등으로 인한 부정적 영향은 일관되게 감소한다. 업무가 복잡하고 불확실할수록 다양한 관점을 통해 더 나은 결정을 내리고 프로세스를 개선할 기회가 많아진다. 업무 갈등을 긍정적으로 관리하면 다음과 같은 이점이 있다.

- 비판적 평가를 통해 집단사고를 피하고(Janis, 1982) 전반적으로 더 나은 의사 결정을 내릴 수 있음(Schwenk & Valacich, 1994).
- 창의력 향상 – 일반적으로 팀은 합의를 도출해야 한다는 압박감을 느끼며 갈등 요소가 없는 한 혁신적인 아이디어를 고려하지 않음(Baron, 1991)
- 관련된 문제를 더 잘 식별하고 이해함(Putnam, 1994)
- 작업 완성도와 재원의 활용, 고객 서비스가 향상됨(Tjosvold et al., 1992)

갈등이 겉으로 드러나면 그것이 업무상의 문제인지 관계의 문제인지 항상 명확하지 않을 수 있다. 업무 갈등은 좌절감을 유발하여 관계 갈등으로 번지거나 그 반대의 경우도 발생할 수 있다. 그룹 내에서 열린 토론과 해결을 위해 관계 갈등을 표면으로 드러내는 것이 항상 유익한 것은 아닐 수도 있다. 예를 들어, 성공적인 현악 4중주단에 관한 연구(Murnighan & Conlan, 1991)에 따르면 성격 충돌에 대한 공개 토론을 피하고 업무에 집중하는 등의 타협 전략이 생산적인 것으로 나타났다. 이러한 맥락에서 업무 갈등에 대한 논의는 관계 갈등에 간접적으로 대처하는 수단으로 볼 수 있다. 개인이 느끼는 관계 갈등은 개인 수준에서 관리하는 것이 가장 효과적일 수 있다.

갈등의 근본적인 원인과 유형을 파악하는 것은 코치의 핵심 역할이다. 갈등을 언제, 어떻게 다룰 것인지에 대한 규범이 팀에 정해져 있다면 도움이 된다. 여기에는 팀 회의와 같은 특정 포럼, 갈등을 제시하는 합의된 방법 등이 포함될 수 있으며, 양측이 서로 선의를 가지고 문제에 접근하고 있다는 것을 인정하는 데에서 대화가 시작될 수 있도록 한다.

부정적인 갈등을 피하려고 팀이 채택할 수 있는 규칙

업무 팀 내에서 때때로 발생하는 갈등은 피할 수 없는 일이다. 갈등을 서로에게 유리하게 활용할지, 불리하게 활용할지는 우리가 선택할 수 있지만, 좋은 팀워크는 갈등을 최소화할 것을 요구한다. 이를 위해 다음과 같이 하도록 하겠다.

- 갈등 상황을 성찰하여 토론에 가져가기 전에 마음속으로 명확히 정리한다.
- 항상 먼저 관련 당사자와 갈등을 해결하고, 필요한 경우 팀 회의에서 해결한다.
- 상대방이 다른 우선순위와 기대에 따라 다른 관점을 가지고 있음을 인정한다.
- 상대방의 관점을 이해하려고 노력한다. 양쪽의 요구 사항을 모

두 충족하고 팀의 목표를 지원하는 솔루션을 찾는다.
- 합의된 해결책을 약속하고 고수한다.

그러나 갈등에 대한 공개적인 논의와 관련된 규범이 있다고 해서 반드시 모자 갈등이 잘 처리되는 것은 아니다. 한 연구(Jehn, 1995)에 따르면 '이러한 규범이 관계 갈등의 수와 강도를 증가시키는 것과 관련이 있지만, 구성원들이 갈등을 건설적으로 처리하는 능력을 증가시키지는 않았다'라고 한다. 즉 팀원들이 갈등을 효과적으로 관리할 수 있는 스킬이 없다면 문제를 표면으로 드러내는 것만으로는 도움이 되지 않는다고 할 수 있다. 다시 한번 강조하지만, 팀 코치의 역할은 팀 갈등을 해결하는 것이 아니라 팀원들이 스스로 갈등을 해결할 수 있는 역량을 개발하도록 돕는 것이다.

최근에는 세 번째 유형의 갈등이 확인되어 탐구되고 있다. 프로세스 갈등은 업무 및 자원 할당에 관한 결정, 예를 들어 누가 무엇을 얼마나 책임져야 하는지에 관한 결정과 관련 있다. 이러한 종류의 갈등은 팀원 사이의 다툼으로 인해 팀원들의 사기와 생산성이 저하되는 것과 관련 있다(John, 1992). 그러나 과제 갈등과 마찬가지로, 그룹이 과제를 어떻게 처리할지 결정할 때와 같은 특정 상황에서는 갈등이 유익할 수 있다(Jehn & Mannix, 2002).

팀 성과와 갈등 유형에 관한 연구에 따르면, 성과가 좋은 팀은 프로세스 갈등 수준이 낮지만 점점 증가하고, 관계 갈등 수준이 낮으며(프로젝트 마감일에 가까워질수록 약간 증가), 중간 수준의 업무 갈등이 프로젝트의 중간 지점에 집중되는 특징이 있는 것으로 나타났다. 이러한 바람직한 성향의 팀원들은 팀에 합류하기 전에 가치 체계를 공유하는 경향이 있었다. 이들은 높은 수준의 신뢰와 존중을 보였으며, 특히 프로젝트 중간 시점에서 갈등에 대해 공개적으로 논의했다.

갈등은 다양한 관점을 고려하게 함으로써 의사 결정의 질을 향상하는 것처럼 보이지만 팀원들의 협업 능력을 약화한다는 역설이 있다(Amason, 1996; Schweiger et al., 1986). 효과적인 팀은 합리적인 수준의 아이디어 충돌을 유지하는 데 충분한 차이를 유지하되 팀이 관계 갈등에 빠지지 않도록 미묘한 균형을 유지해야 한다.

관계 갈등의 위험을 수용하기 위해 차이의 수준을 낮추기보다는 다양한 형태의 다양성 인식과 다양성 대화 스킬 구축을 통해 팀의 다양성에 대한 회복력을 높이는 것이 더 나을 수 있다. [그림 8.2]는 코치가 갈등 관리 측면에서 팀이 원하는 것과 필요한 것이 무엇인지에 대해 학습 대화를 시작하는 데 유용한 방법이다.

팀 내 갈등에 대한 또 다른 측면은 브래들리Bradley 등(2013, p.235)의 연구로, "개방성이나 정서적 안정성이 높은 팀에서는 업무 갈등이 성과에 긍정적인 영향을 미치는 반면, 개방성이나 정서적 안정성이 낮은 팀에서는 업무 갈등이 성과에 부정적인 영향을 미친다는 것을 발견했다. 따라서 업무 갈등이 발생했을 때 개방적이거나 정서적으로 안정된 구성원들로 구성된 팀이 갈등을 가장 잘 활용하여 성과를 개선할 수 있다."라고 한다. 이는 팀 성과에 심리적 안전이 얼마나 중요한지, 그리고 팀 코칭 과제 초기에 개방성 수준을 평가하는 것이 얼마나 가치 있는지를 보여주는 또 하나의 증거이다.

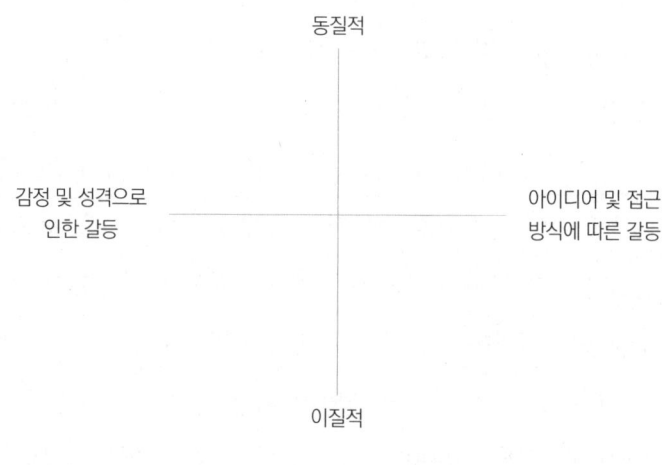

[그림 8.2] 다양성과 갈등

팀의 갈등 관리 지원

팀 코치의 도전 과제는 관계 갈등을 최소화하는 동시에 긍정적인 업무 갈등 및 프로세스 갈등을 극대화하는 것이다.

이는 상황의 긴급성과 직접적으로 관련된 사람에 따라 팀 내 갈등의 성격을 더 세밀하게 분류하는 데 도움이 된다. 긴급성에는 크게 세 가지 수준이 있다: 즉각적(한쪽 또는 양쪽 당사자 또는 팀 전체의 성과에 직접적이고 현재적인 영향을 미치는 위기), 단기적(해결해야 하지만 계획된 대화를 통해 처리하는 것이 가장 좋은 경우), 장기적(코칭 개입 없이도 잠재적인 갈등을 예측하고 관리할 수 있는 팀 내 스킬 개발). 또한 갈등은 직접적인 당사자(또는 더 정확하게는 적대자)와의 갈등 정도에 따라 분류할 수 있다. 갈등은 개인 사이, 팀 내 그룹 사이, 팀 전체 또는 팀과 다른 팀 사이에 발생할 수 있다. 각각의 경우에 코치는 미묘하게 다른 접근 방식을 채택해야 한다.

갈등을 즉각적으로 해결하거나 개선해야 하는 상황에서 코치의 초기 목표는 양측이 서로 고조된 상황에서 물러나 성찰하도록 하는 것이어야 한다. 모든 갈등에는 일반적으로 나/우리, 그/그쪽, 그리고 그것이라는 세 가지 당사자가 존재한다. '그것'은 서로의 행동과 동기에 대한 부정적인 해석과 그에 대한 우리의 정상적인 이성적 판단 능력을 가리는 스트레스이다. '그것'은 갈등을 고조시키는 보이지 않는 파트너, 즉 악의적 천재(줄여서 EG: evil genius)이다. 특히 개인 간의 갈등이 있는 경우 코치는 공동의 목표를 상기시키고, 짧은 시간 동안 성찰의 시간을 갖도록 유도하며(냉각만으로는 충분하지 않다. 생각할 수 있는 구체적이고 유익한 질문이 있어야 한다), 악의적 천재를 식별하고 부분적인 책임을 지는 데 개별적으로로 집중할 수 있도록 한다.

코치는 당사자 가운데 한 명 또는 양쪽 모두 개별적으로 악의적 천재를 설명하도록 도울 수 있다. 양쪽 모두 그렇게 하면 더 합리적인 토론이 가능해지며, 양쪽 모두 자신과 팀 전체에 도움이 되는 합의를 도출하는 데 집중할 수 있다.

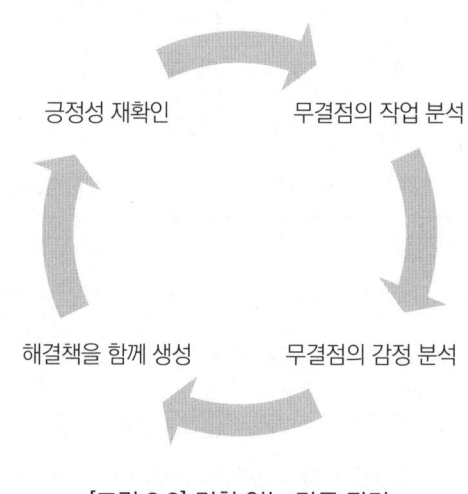

[그림 8.3] 결함 없는 갈등 관리

코치가 이 회의에서 적용할 수 있는 또 다른 실용적인 기법은 **결함 없는 갈등 관리**fault-free conflict management이다. 이 단계에서 코치는 처음에는 참가자들이 긍정적인 말만 하도록 허용하고, 현재 다소 긴장된 상태이더라도 관계에 상호 존중과 가치가 있음을 재확인한다! 대화의 두 번째 단계에서는 업무 문제만 논의할 수 있으며, 비난하지 않는 것이 규칙이다. 코치는 각 코치이가 공개적으로 그리고 순서대로 해결해 나가도록 격려한다.

- 달성하고자 하는 목표와 그 이유
- 내가 어려움을 겪고 있는 것(누구의 잘못은 아님)
- 고객, 나머지 팀원 또는 기타 이해관계자에게 어떤 문제가 발생하고 있는지

다음으로, 코치는 지금까지 모든 사람에게 감정적인 짐을 내려놓으라고 권유한 다음, 다음과 같이 솔직하게 이야기하도록 요청한다.

- 내가 원하는 기분
- 실제로 느끼는 감정
- 무엇이 나를 그렇게 느끼게 하는가(내부적인 원인, 해당 관계에서 비롯된 원인, 관계 외적인 원인 등 다양한 원인에 대해 최대한 솔직하게 말하기)

마지막으로 코치는 상대방의 문제 일부에 대한 해결책을 제시하며, 상대방이 자기 행동에 변화를 줄 수 있는 관대한 태도를 보이도록 한다. 이 코칭 대화가 악의적 천재에 대한 모든 것을 다루는 것은 아니지만, 악의적 천재에 대한 광범위한 초점을 통해 참가자들은 자아를 다스리고 감정적 과부하를 억제할 수 있다.

갈등 요소 분석

단기간에 해결해야 하지만 당장 해결되지 않는 갈등을 다룰 때 코치는 더 세부적이고 분석적인 접근 방식을 취하여 팀이 아래 표의 요소를 통해 해결하도록 도울 수 있다. 각 요소는 개인, 팀 내 그룹, 팀 전체의 세 가지 관점에서 적절하게 이해를 증진할 기회를 제공한다. 목표는 각 이해관계자가 팀이 무엇을 위해 존재한다고 생각하는지와 관련이 있다. 좋은 질문들은 다음과 같다.

- 우리가 달성하고자 하는 목표는 무엇이며 그 이유는 무엇인가?
- 우리가 하려는 일의 이점은 무엇인가?
- 우리가 하지 않으려는 것은 무엇인가?
- 누구의 목표인가? (누가 목표를 소유하고 있는가?)

동기는 개인, 하위 그룹, 팀 전체가 목표를 달성하고 그 과정에서 얻을 것으로 기대하는 본질적인 보상과 관련이 있다. 스포츠의 맥락에서 후자는 승리의 즐거움과 구별되는 플레이의 즐거움으로 설명할 수 있다.

가치는 업무와 다른 사람에 대한 우리의 접근 방식을 뒷받침하는 규칙과 원칙, 즉 우리가 판단을 내리고 그에 따라 행동하는 방식과 관련이 있다. 개인 차원에서 중요한 것이 팀 차원에서는 중요하지 않을 수 있으며, 그 반대의 경우도 마찬가지이다.

[표 8.2] 팀 내 갈등의 구성 요소 이해하기

갈등 유형	목표: 개인/그룹/팀	동기: 개인/그룹/팀	가치: 개인/그룹/팀	방법: 개인/그룹/팀
관계 갈등				
업무 갈등				
프로세스 갈등				

마지막으로, 방법은 다양한 수준의 목표를 달성하기 위해 시도하는 과정을 설명한다. 특정 방법에 대한 선호는 습관('항상 이런 식으로 해왔고, 효과적이었는데 왜 바꾸지?'), 성격('이렇게까지 세세하게 신경 쓸 필요가 없잖아') 또는 외부 변화에 대한 이성적인 반응의 결과일 수 있다.

이러한 방식으로 갈등의 잠재적 요소를 분류하면 팀 내 다양한 관점과 경험에 대해 공유된 이해를 구축할 수 있다. 또한 효과적인 코칭을 통해 사람들이 이러한 다양성을 더욱 존중할 수 있도록 도와준다. 또한 목표, 동기, 가치, 방법이 서로 충돌할 수 있는 부분도 파악할 수 있다.

이따금 갈등으로 인해 한 개인이 다른 팀원들을 '편 가르기'로 몰아붙일 수 있다. 이는 구성원들이 심각한 실수를 저지를 경우 어떤 일이 벌어질까 두려워하는 법을 배우기 때문에 모든 관계에 매우 파괴적일 수 있다. 무능한 관리자는 때때로 팀의 실패에 대한 희생양으로 특정인을 선택하고 다른 팀원들이 자신을 따르도록 공개적으로 또는 은밀하게 부추긴다(이를 '요나 증후군Jonah syndrome'이라고 부른다). 이는 팀원들의 혁신이나 도전을 방해할 뿐만 아니라, 처음에는 신입 사원이 우대받다가 관리자가 생각했던 것보다 완벽하지 않다는 것이 드러나면서 점차 신입 사원이 소외되는 악순환을 반복하게 된다.

요나 증후군을 가진 관리자를 돕기 위해서는 때때로 비치료 분야의 코칭보다 더 깊은 심리치료적 역량이 필요할 수 있다. 뿌리 깊은 나르시시즘과 사이코패스는 코칭 대화만으로는 해결되지 않을 가능성이 크다. 팀이 한두 명에게 '집단 따돌림'을 당하는 것처럼 보이는 경우 코치는 팀원 모두가 팀 내 성격 유형의 스펙트럼과 이러한 차이가 미치는 영향을 인식하게 함으로써 갈등을 줄이는 데 도움을 줄 수 있다. 다음 사례는 이 점을 잘 보여준다.

알렉스는 대형 소매업체의 영업 개발 팀에서 자신이 이상한 사람이라는 사실을 끊임없이 느끼고 있었다. 기업 간 거래에서 회계 업무를 시작했지만, 고정관념을 극복하고 2년 만에 영업으로 전환하여 큰 성공을 거두었기 때문이다. 고객들은 그의 신중하고 인내심 있는 스타일과 고가의 구매에 대해 오랜 기간 고객이 원하는 바를 정확히 파악하고 해결하도록 돕는 그의 능력을 좋아했다. 그가 이 소매업체에 입사했을 때 이미 그는 끊임없이 매출 성장을 주도하는 사람으로 명성이 자자했다. 그렇지만 새로운 팀에 합류한 지 몇 달 후, 그는 전혀 다른 평판을 얻게 되었다. 알렉스는 제안된 혁신의 단점을 항상 지적하는 '걸림돌'이었다. 결국 그의 상사는 그를 '정리'하기 위해 코치를 데려왔다.

첫 번째 세션이 끝난 후 코치는 이것이 한 개인의 문제가 아니라 팀의 문제라고 인식했다. 그녀는 상사를 설득하여 모든 팀원의 팀 역할 프로필을 평가하고 그 결과에 대한 공동 토론을 주선할 수 있도록 했다. 예상했던 대로 팀원들 가운데 구조와 기준에 대한 선호도가 높은 사람은 알렉스가 유일했다. 팀원들이 각자의 프로필을 공유했을 때, 알렉스가 자신들만큼이나 일을 완수하려는 의욕이 강하다는 사실에 놀랐다. 이어진 토론에서 알렉스가 계속 제동을 걸려고 했던 이유는 팀이 현재 고객이 원하는 것이나 향후 2년 이내에 고객이 원하는 것이 무엇인지 제대로 이해하지 못한다고 믿었기 때문이라는 사실이 밝혀졌다. 입증되지 않은 가정이 너무 많았기 때문이다.

알렉스는 중간 규모 고객 가운데 한 명과 함께 수행한 임시 조사에서 얻은 몇 가지 증거를 제시할 수 있었다. 다른 팀원들은 "그들은 항상 달을 원한다!"라는 말로 이를 일축했다. 그러자 코치는 긍정적으로 요구하는 고객과 부정적으로 요구하는 고객을 어떻게 구분하는지 물었다. 이전에는 구분하지 않았던 것이었지만, 결국 매니저가 개입하여 알렉스의 고객이 지금 요구하는 것이 무엇이든 일반적인 고객은 1~2년 뒤에도 요구할 수 있다고 지적했다. 회의는 알렉스가 좀 더 상세하고 체계적인 시장 조사를 수행해야 한다는 데 동의하면서 끝났다.

알렉스가 제출한 보고서에는 동료들이 차단자라고 불평했을 때 상상했던 것보다 훨씬 더 급진적인 변화에 대한 제안이 담겨있었다. 예산보다 더 많은 투자가 필요했지만 훨씬 더 빠른 매출 성장을 약속했다. 코치는 다시 한번 도움을 요청받았는데, 이번에는 팀이 진정한 변화에 대한 의지를 점검하고 증가된 투자 금액을 최고 경영진에게 판매하기 위한 전략을 개발하는 데 도움을 달라는 것이었다. 코치는 업무 갈등에 집중함으로써 팀이 관계 갈등을 해결하여 모든 관계자에게 이익이 되도록 도왔다.

장기적으로 코치는 팀이 대화의 기술을 개발하도록 지원해 팀원들이 코치의 개입 없이도 갈등을 해결하는 데 도움이 될 수 있을 것이다. 코치가 갈등을 해결하는 과정을 더 효과적이고 투명하게 설명할수록 팀원들은 필요할 때 동일한 행동과 도구를 더 쉽게 채택할 수 있다.

전반적으로 팀 코치의 과제는 팀이 갈등을 해결하도록 돕는 것보다는 긍정적인 갈등을 더 많이 일으키도록 돕는 것이다. 『갈등을 다루는 HBR 가이드』의 저자 아미 갤로Amy Gallo는 "우리는 더 많이 동의하지 않는 방법을 배워야 하며, 관리자는 사람들이 반대하고, 토론하고, 진정한 의견을 표현하는 것을 편안하고 괜찮게 만드는 책임을 져야 한다."라고 설명하고 있다(2017). '급진적 투명성'이라는 개념을 장려하는 미국 투자 관리 회사 브리지워터 어소시에이츠는 이 주제에 있어서는 끝판왕이다. 모든 직원의 아이패드에는 '불만 버튼'이 있어 서로에 대한 불만을 기록할 수 있으며, 이 버튼은 CEO에게까지 전달된다. 또한 모든 회의를 녹음하여 모든 직원이 검토하고 의견을 제시할 수 있도록 하는 것도 브리지워터의 특이한 점이다. 대부분 팀에서는 이 정도 수준의 갈등이 발생하면 너무 지나친 것일 수 있지만, "우리 팀은 이 정도 수준의 정직하고 긍정적인 갈등에 얼마나 가까워질 수 있을까?"라는 신랄한 코칭 질문을 던져볼 수 있다.

권력 분배와 팀 성과에 미치는 영향

팀과 그룹의 업무 방식에 대한 권력power 차이가 미치는 영향은 생각만큼 간단하지 않다. 팀에 강력한 사람과 덜 강력한 사람이 섞여 있거나 강력한 사람으로만 팀을 구성하는 것은 모두 성과에 부정적인 영향을 미칠 수 있다(Angus et al., 2016). 강력한 사람일수록 다른 사람과의 협력이 필요한 업무의 효율성이 떨어지는 것으로 나타났다. 권력이 높은 사람들은 지나치게 자신감이 넘치고, 경청을 잘하지 않으며, 다른 사람의 아이디어를 평가절하하고, 다른 사람의 제안과 성공을 방해하고 공로를 가로채는 경향이 있다. 고권력자 그룹은 저권력자 그룹에 비해 함께 일할 때 집중력이 떨어지고 창의성이 떨어지며 갈등이 많고 정보 공유가 적다. 고권력 개인이 빛을 발하는 경우는 혼자서 일할 때이다.

권력은 여러 가지 방법으로 획득할 수 있지만, 팀 환경에서 가장 일반적인 방법은 다음과 같다.

- 계층적 권한(직위 또는 권한)
- 전문성(지식)의 힘
- 인맥의 힘(영향력 또는 정보 네트워크, 흔히 비교적 오랜 재임 기간과 관련이 있으며, 다른 고위 권력자들과 '함께' 있는 것과도 관련이 있음)

팀 코칭에 미치는 영향은 상당하다. 팀원들은 권력 차이가 존재하고 행동에 영향을 미친다는 사실을 잘 알고 있지만, 이것이 어떻게 작용하는지는 잘 모를 수 있다. 그렇다면 팀 코치는 팀원들의 인식을 높이고 팀이 권력 문제를 더 잘 관리하도록 돕기 위해 무엇을 할 수 있을까?

다음과 같은 간단한 연습을 통해 권력 문제를 공론화할 수 있다.

- 다음 질문에 대해 팀 동료들과 자신을 비교하여 평가해보라고

모두에게 요청해보라. "이 사람과 회의할 때 이 사람보다 힘이 더 세다고 느끼는지, 약하다고 느끼는지, 아니면 거의 같은 수준이라고 느끼는지?"

- 자신이 더 강력하다고 느끼는 상황에서 자신과 그룹 또는 팀을 어떻게 평가하겠는가?
  - 힘이 약한 동료의 의견에 귀를 기울이고 진정으로 관심을 두겠는가?
  - 공동 작업을 하겠는가?
  - 정보를 공유하겠는가?
  - 다른 사람의 기여를 소중히 여김
  - 창의적인 아이디어 창출
- 자신의 힘이 부족하다고 느껴지는 상황에서, 자신과 그룹 또는 팀을 어떻게 평가하겠는가?
  - 힘이 약한 동료의 의견에 귀를 기울이고 진정으로 관심을 갖겠는가?
  - 공동 작업을 하겠는가?
  - 정보를 공유하겠는가?
  - 다른 사람의 기여를 소중히 여김
  - 창의적인 아이디어 창출
- 동등하게 힘을 발휘할 수 있는 상황이라면, 자신과 그룹 또는 팀을 어떻게 평가하겠는가?

    ◦ 힘이 약한 동료의 의견에 귀를 기울이고 진정으로 관심을 두 겠는가?
    ◦ 공동 작업을 하겠는가?
    ◦ 정보를 공유하겠는가?
    ◦ 다른 사람의 기여를 소중히 여김
    ◦ 창의적인 아이디어 창출
- 자신이 강하다고 느끼거나 약하다고 느끼는 상황에 처했을 때, 권력 차이로 인한 부정적인 영향을 극복하기 위해 개인으로서 무엇을 할 수 있을까?
- 팀 전체가 힘의 차이로 인한 부정적인 영향을 극복하기 위해 무엇을 할 수 있을까?

이 연습의 결과는 문제를 관리하기 위한 실질적인 접근 방식과 문제에 대한 개인과 집단의 공동 인식을 높이는 것이어야 한다. 이러한 접근 방식은 구조적 접근 방식과 행동적 접근 방식이 혼합된 형태가 될 가능성이 크다. 구조적 접근 방식에는 다음이 포함될 수 있다.

- 정보 공유를 위해 회의 의제에 시간 확보하기
- 조용히 개별적으로 아이디어를 생성한 뒤 함께 모여 토론하기
- 회의에서 힘이 약한 구성원 가운데 한 명 이상을 '지정 반대자'로 임명하여 이슈에 대한 대안 또는 소수의 관점을 제시하는 역

할을 맡기기
- 작업 그룹이 권력이 높은 개인에 의해 지배되거나 그들로만 구성되지 않도록 하기

행동적 접근 방식에는 다음이 포함될 수 있다.

- 상황별 표시 방법에 대한 규칙 또는 규범, 권력 문제가 토론, 의사 결정 및/또는 성과에 영향을 미치는 경우의 규칙 또는 규범 만들기
- 개인이 스스로 낮은 권력 상태에 있다고 느끼는 상황, 그리고 이것이 개인 및/또는 집단적 성과에 부정적인 영향을 미치는 상황 분석하기
- 권력 관리 문제를 360도 피드백의 일부로 만들기
- 팀 코치는 부정적인 방식으로 행동에 영향을 미치는 권력 문제를 관찰할 때 이를 지적할 수 있다.

좋은 출발점은 팀에 상대적인 '힘의 균형'이 있을 때 높은 성과를 낼 가능성이 더 크고 지속 가능하다는 것을 인식하고, 되도록 그러한 상태를 만들고 유지하는 것이 모두의 책임이라고 인식하는 것이다. 따라서 권력이 높은 팀원과 낮은 팀원이 책임을 분담하게 된다.

피즈와 버즈

피즈Fizz와 버즈Buzz란 용어는 1990년대 후반 팀 학습 방식에 관한 저자의 연구에서 유래했다. 피즈는 팀원들이 업무를 통해 경험하는 즐거움과 몰입을 의미한다. 6장에서 살펴본 바와 같이, 사람들이 활력을 주는 일을 할 때 개인의 성과는 증가하고, 집단적 성과는 이러한 일을 강력한 공동의 목적에 맞게 조정할 때 발생한다.

버즈란 개인과 집단이 함께 에너지를 발산하는 것, 즉 개인과 집단 사이의 상호작용을 통해 발생하는 즐거움과 참여를 말한다(Csikszentmihalyi, 1975). 메타(페이스북)에서는 기존 팀원이 신입 사원을 면접할 때 중요한 고려 사항 가운데 하나가 있다: "이 사람과 마주 보는 책상에서 하루에 8시간 이상 일하고 싶은가?"이다. 놀랍게도 이 질문이 직원 복제(같은 사람을 채용하는 것)로 이어지지 않는 이유는 다양성이 또 다른 주요 고려 사항으로 장려되기 때문이다. "이 사람은 우리가 이미 가지고 있는 것에 어떤 다른 스킬과 관점을 가져올 수 있을까?"라는 또 다른 핵심 고려 사항 때문이다.

버즈는 인위적으로 만들기가 쉽지 않다(따라서 기존의 팀 빌딩 접근 방식은 지속적인 성과 개선과 상당히 낮은 상관관계를 보였다!). 버즈는 신뢰, 심리적 안정감, 높은 소통 빈도, 다양성 중시, 갈등의 긍정적 활용등 이 장에서 살펴본 다른 모든 요소의 조합에서 비롯된다. 그리고 이러한 각 요소의 강도에 차례로 기여한다.

저자 닉 코일(Coyle, 2018)은 팀 내에서 매우 긍정적인 화합을 형성하는 데 도움이 되는 열 가지 관찰 가능한 행동을 제안한다.

- 가끔 동그랗게 모여 가까운 위치에서 물리적 근접성 유지
- 많은 양의 눈맞춤
- 물리적 접촉(악수, 주먹 부딪히기, 포옹)
- 짧고 활기찬 교류가 활발함(긴 대화는 하지 않음)
- 높은 수준의 교류, 모든 사람이 모든 사람에게 말을 걸기
- 방해가 거의 없음
- 많은 질문
- 집중적이고 적극적인 경청
- 유머, 웃음
- 작은 세심한 예의(감사 인사, 문 열어주기 등)

이 목록에서 명확하지 않은 것은 이러한 행동 중 어떤 것이 보편적인 행동이고 어떤 것이 북미 문화에 특화된 행동인지이다. 예를 들어, 일부 문화권에서는 눈을 마주치는 것이 긍정적인 의사소통에 도움이 되지 않을 수 있다. 관계는 항상 맥락에 따라 달라진다는 사실을 잊기 쉽다. 관계는 지속적인 관찰과 조정을 통해서만 관리할 수 있는 복잡 적응 시스템 속에서 이루어진다. 긍정적인 관계를 유지하려면 모든 당사자가 서로의 관점과 필요를 소중히 여기고 수용

해야 한다. 이는 무엇보다도 모든 참여자의 관대한 정신이 필요한 끊임없는 춤과 같은 일이다.

팀에서 조정할 수 있는 몇 가지 사항은 매우 간단할 수 있다. 예를 들어, 가끔 팀원들에게 묻는다. "팀원들끼리 또는 팀 외부의 사람들에게 하루에 몇 번이나 '감사합니다'라고 말하는가? 그리고 그 횟수를 50% 늘리면 어떤 효과가 있을까?"라고 묻는다. 감사하는 행동에 관한 연구(Kumar & Epley, 2018)에 따르면 우리는 자주 감사의 메시지를 보내는 것을 멈추는데, 이는 감사의 긍정적인 효과를 과소평가하기 때문이다. 감사나 미안하다는 말의 빈도는 문화적인 영향을 받지만(영국인들은 미국인들이 "좋은 하루 되세요."라고 말할 때 진심에서 비꼬는 의미까지 다양한 의미를 담아 다른 유럽인들보다 훨씬 더 자주 말하는 경향이 있음), 작은 호의에 대한 솔직한 감사의 표현은 관계 구축에 큰 힘이 된다.

[표 8.3] 팀 관계 탐색을 위한 설문

	1점~10점	확신(1~5점)
1. 우리는 목표를 달성하기 위한 적절한 기술과 전문 지식을 갖춘 사람들을 보유하고 있다.		
2. 나는 팀 동료들이 말한 대로 행동할 것이라고 믿고 의지할 수 있다.		
3. 나는 팀 동료들이 나의 성공을 바란다고 생각한다.		
4. 우리는 어려울지라도 서로에게 솔직한 피드백을 제공한다.		

[표 8.3] 팀 관계 탐색을 위한 설문(계속)

	1점~10점	확신(1~5점)
5. 우리는 서로의 말을 경청한다.		
6. 우리는 서로를 돌본다.		
7. 우리는 업무 외의 삶에도 서로 관심을 보인다.		
8. 우리는 서로의 강점과 약점을 서로 보완한다.		
9. 우리는 각자의 성격, 배경, 경험의 차이를 존중한다.		
10. 만약 오늘 이 팀이 새롭게 시작한다고 하면, 나는 이 사람들을 동료로 선택할 것이다.		
11. 우리는 회의에서 모든 사람이 의견을 제시할 수 있도록 한다.		
12. 우리끼리는 주장을 굽히지 않되 대외적으로는 단합한다.		
13. 우리는 서로의 능력을 매우 존중한다.		
14. 상황에 따라 누가 주도권을 잡아야 하는지 알고 있다.		
15. 동료가 자신의 책임 범위가 아닌 영역일지라도 관련 업무에 대해 질문하고 제안하는 것은 괜찮다.		
16. 실수를 인정하고 논의하는 것이 괜찮다.		
17. 우리는 서로의 아이디어를 모아 의견을 만드는 데 능숙하다.		
18. 일반적으로 성격으로 인한 갈등보다는 아이디어를 중심으로 갈등을 매우 긍정적으로 활용한다.		
19. 우리는 공과 사를 불문하고 모든 자리에서 서로를 존중한다.		
20. 우리는 서로에게 감사를 전하는 시간을 갖는다.		

요약

관계는 내부로든 외부로든 초점을 맞추는 데 복잡하고 혼란스럽다. 따라서 팀은 서로에게 세심한 주의를 기울이고 실제 또는 잠재적인 관계의 장애물을 적극적으로 해결함으로써 되도록 긍정적인 관계를 만들기 위해 노력해야 한다. 팀 코칭은 팀원들에게 관계 관리를 되도록 오랫동안 피해야 할 불편함이 아닌 핵심 강점으로 만들 용기와 기술을 제공하는 데 도움이 될 수 있다.

참고 문헌

Amason, A (1996) Distinguishing the effects of functional and dysfunctional conflict on strategic decision making: Resolving a paradox for top management teams, *Academy of Management Journal*, 39(1): 123-48

Angus, J Hildreth, D & Anderson, C (2016) Failure at the Top: How Power Undermines Collaborative Performance, *Journal of Personality and Social Psychology*, 110 (2), pp 261-286

Ancona, DG (1990) Outward bound: Strategies for team survival in the organization, *Academy of Management Journal*, 33: 334-65

Ancona, DG & Caldwell, DF (1988) Beyond task and maintenance: Defining external functions in groups, *Group and Organizational Studies*, 13: 488-94

Argyris, C (1962) Interpersonal Competence and Organizational Effectiveness, Dorsey, Homewood, IL

Bantel, KA and Jackson, SE (1989) Top Management and Innovations in Banking:

Does Composition of the Top Team Make a Difference? *Strategic Management Journal*, 10, pp 107–112

Baron, RA (1990) Countering the Effects of Destructive Criticism: The Relative Efficacy of Four Interventions, *Journal of Applied Psychology*, 75, pp 235–245

Baron, RA (1991) Positive Effects of Conflict: A Cognitive Perspective, *Employee Responsibilities and Rights Journal*, 4, pp 25–36, 263

Bergami, M and Bagozzi, RP, (2000) Self-categorization, Affective Commitment, and Group Self-esteem as Distinct Aspects of Social Identity in the Organization, *British Journal of Social Psychology*, 39, pp 555–577

Bettenhausen, KL (1991) Five Years of Groups Research: What We Have Learned and What Needs to Be Addressed, *Journal of Management*, 17(2), pp 345–381

Bradley, BH, Klotz, AC, Postlethwaite, BE and Brown, KG (2013) Ready to Rumble: How Team Personality Composition and Task Conflict Interact to Improve Performance, *Journal of Applied Psychology*, 98(2), pp 385–392.

Clutterbuck, D and Megginson, D (2004) *Techniques for Coaching and Mentoring*, Butterworth Heinemann, Oxford

Costa, AC, Roe, RA and Taillieu, T (2001) Trust Within Teams: The Relation with Performance Effectiveness, *European Journal of Work and Organizational Psychology*, 10(3), pp 225–244

Coyle, N (2018) *The Culture Code*, Penguin Random House, London

Csikszentmihalyi, M (1975). *Beyond Boredom and Anxiety: Experiencing Flow in Work and Play*, Jossey-Bass, San Francisco, CA

Earley, PC and Mosakowski, E (2000) Creating Hybrid Team Cultures: An Empirical Test of Transnational Team Functioning, *Academy of Management Journal*, 43(1), pp 26–49

Edmondson, A (1999) Psychological Safety and Learning Behaviour in Teams, *Administrative Science Quarterly*, 44, pp 350–83

Edmondson, AC and Roloff, KS (2009) Team Effectiveness In Complex Organizations: In Murray, AI (1989) Top Management Group Heterogeneity and Firm Performance. *Strategic Management Journal*, 10, pp 125–141

Edmondson, AE, Bohmer, RM and Pisano, GP (2001a) Disrupted Routines: Team Learning and New Technology Implementation in Hospitals, *Administrative Science Quarterly*, 46 (4), pp 685–716

Edmondson, AE, Bohmer, RM and Pisano, GP (2001b) Speeding Up Team Learning, *Harvard Business Review*, Oct, pp 5–11

Elron, E, Shamir, B and Ben-Ari, E (1999) Why don't they fight each other? Cultural diversity and operational unity in multinational forces. Working paper, Hebrew University, Jerusalem

Erdem, F and Ozen, J (2003) Cognitive and Affective Dimensions of Trust in Developing Team Performance, *Team Performance Management: An International Journal*, 9(5/6), pp 131–135

Gallo, A (2017) *The HBR Guide to Dealing with Conflict*, Harvard Business Review Press, Brighton, MA

Janis, IL (1982) *Groupthink*, Houghton-Miffin, Boston

Jehn, KA (1995) A Multimethod Examination of the Benefits and Detriments of Intergroup Conflict, *Administrative Science Quarterly*, 40, pp 256–82

Jehn, KA and Mannix, EA (2001) The Dynamic Nature of Conflict: A Longitudinal Study of Intragroup Conflict and Group Performance, *Academy of Management Journal*, 44 (2)

John, K (1992) The impact of intragroup conflict on effectiveness: A multi-method examination of the benefits and detriments of conflict', doctoral dissertation Northwestern University, IL

Kirkman, B, Rosen, B, Tesluk, P and Ginson, C (2004) The Impact of Team Empowerment on Virtual Team Performance: The Moderating Role of Face-to-Face Interaction, *Academy of Management Journal*, 17(2), pp 175–192

Kumar, A and Epley, N (2018) Undervaluing Gratitude: Expressers Misunderstand the Consequences of Showing Appreciation, *Psychological Science*, https://doi.org/10.1177/0956797618772506

Lencioni, P (2002) *The Five Dysfunctions of a Team: A Leadership Fable*, Jossey-Bass, San Francisco, CA

Madhavan, R and Grover, R (1998) From Embedded Knowledge to Embodied Knowledge: New Product Development as Knowledge Management, *Journal of Marketing*, 62(4), pp 1–12

Murnighan, JK and Conlon, DE (1991) The Dynamics of Intense Work Groups: A Study of British String Quartets, *Administrative Science Quarterly*, 36, pp 165–86

Pelled, LH (1996) Demographic Diversity, Conflict and Work Group Outcomes: An Intervening Process Theory, Organization Science, 7, pp 615–31

Pentland, A (2009) The Water Cooler Effect, http://www.psychologytoday.com/blog/reality-mining/200911/the-water-cooler-effect

Pentland, A (2012) The New Science of Building Great Teams, *Harvard Business Review*, 90 (April), pp 60–69

Putnam, LL (1994) Proactive Conflict: Negotiation as Implicit Coordination, *International Journal of Conflict Management*, 5, pp 285–99

Roseman, IJ, Wiest, C and Swartz, TS (1994) Phenomenology, Behaviors and Goals Differentiate Discrete Emotions, *Journal of Personal and Social Psychology*, 67, pp 206–21

Samson, AC and Gross, JJ (2012) Humour as Emotion Regulation: The Differential Consequences of Negative Versus Positive Humour, *Cognition and Emotion*,

26(2), pp 375–384

Schweifer, DM, Sandberg, WR and Ragan, JW (1986) Group Approaches for Improving Strategic Decision Making: A comparative Analysis of Dialectical Inquiry, Devil's Advocacy, and Consensus, *Academy of Management Journal*, 29 (1)

Schweiger, D, Sandberg, W and Rechner, P (1989) Experiential Effects of Dialectical Enquiry, Devil's Advocacy and Consensus Approaches to Strategic Decision-Making, *Academy of Management Journal*, 32, pp 745–772

Schwenk, C and Valacich, JS (1994) Effects of Devil's Advocacy and Dialectical Enquiry on Individuals Versus Groups, *Organizational Behavior and Human Decision Processes*, 59, pp 210–222

Staw, BM, Sandelands, LE and Dutton, JE (1981) Threat-rigidity Effects in Organizational Behavior: A Multilevel Analysis, *Administrative Science Quarterly*, 26, pp 501–24

Tang, C and Byrge (2016) Ethnic Heterogenous Teams Outperform Homogeneous Teams on Well-defined but Ill-defined Creative Task, *Journal of Creativity and Business Innovation*, 2, pp 20–30

Tjosvold, D, Dann, V and Wong, C (1992) Managing Conflict Between Departments to Serve Customers, *Human Relations*, 45, pp 13–23

Van der Vegt, GS and Bunderson, JS (2005) Learning and Performance in Multidisciplinary Teams: The Importance of Collective Team Identification, *Academy of Management Journal*, 48 (3), pp 532–547

Wageman, R (1995) Interdependence and Group Effectiveness. *Administrative Science Quarterly*, 40, pp 145–180

Wood, W (1987) Meta-analytic Review of Sex Differences in Group Performance, *Simulation and Games*, 19, pp 82–98

Zak, PJ (2017a) Why trust matters at work and what to do about it, Association for Talent Development, 16 March, https://www.td.org/insights/why-trust-matters-at-work-and-what-to-do-about-it

Zak, PJ (2017b) *The Trust Factor: The Science of Creating Highperforming Companies*, Amacom, New York, NY

9장
내부 시스템 및 프로세스

내부 시스템과 프로세스는 팀이 업무를 수행하는 방식이다. 다양한 방법으로 분류할 수 있지만 편리한 방법 가운데 하나는 다음과 같다.

- 계획
- 의사 결정
- 개인 및 집단 과업 관리
- 측정

이를 단순한 주기로 볼 수도 있지만 실제로는 서로가 서로에게 영향을 미치는 또 다른 복잡 적응 시스템을 형성하며, 때로는 예상치 못한 방식으로 서로에게 영향을 미치기도 한다. 예를 들어, 핵심 팀원이 질병으로 인해 결근하거나 팀 외부의 프로젝트 그룹에 파트타임으로 배정되면 계획을 수정하고 일부 업무를 동료에게 이관해야 할 수 있다. 더 미묘하게는 팀원이 없을 때와 있을 때 다른 결정이 내려질 수도 있다.

인간에 의해 만들어진 모든 시스템은 결국 그 의도와는 정반대의 결과를 가져온다고 주장한 사람은 고인이 된 위대한 피터 드러커Peter Drucker였다. 그는 특히 정부 프로세스에 관해 생각했지만, 이 원칙은 보편적으로 적용되는 것 같다. 시스템이 역동적이고 그것이 작동하는 환경에 끊임없이 적응하지 않는 한, 시스템은 점점 더 의도한 바를 전달할 수 없게 된다. 팀의 경우 기술, 관료주의, 대인관계 등 주요 프로세스가 원칙과 실제 모두에서 어떻게 작동하는지 이해하는 것이 집단 성과 관리의 핵심이다.

계획

글로벌 기업에서 젊은 관리자로 일하던 시절, 기획은 관리자만이 할 수 있는 역량이었다. 또 이는 매년 점진적인 개선을 달성하는 데 초점을 맞춘 선형적인 프로세스였다. 계획의 기반이 되는 가정에 의문을 제기하는 것은 다른 관리자들이 동시에 작업하는 데 혼란을 초래하므로 권장되지는 않았다.

그 결과, 계획은 너무 야심차게 보이지 않는 개선 목표와 정말 어려운 목표를 달성하기 위해서 자원이 추가로 제공되지 않는다는 사실 사이에서 균형을 맞추기 위해 시간을 낭비하는 의례적인 절차가 되었다.

성공은 여러분이 비교적 쉽게 달성할 수 있다고 생각하는 목표가 사실은 확장된 목표라는 것과 목표를 너무 빨리 달성하지 못한다는 것(또는 목표가 상향으로 수정될 것)을 분명히 하는 것이다.

모두가 이것이 무의미한 의례라고 아는 것은 중요치 않아 보였고, 오히려 회사 생활을 안정시키는 데 도움이 되는 편리한 공상으로 여겨졌다.

경영진을 포함한 여러 팀에게 '이 팀에서는 무엇을 계획하고 있나요?'라고 물으면 '그건 분명하죠'라는 대답이 나오기 전에 잠시 침묵이 흐를 때가 많다. 뒤이어 나오는 논리적인 질문은 다음과 같다.

- '그렇다면 어떻게 가치를 창출하는지 설명하기 쉬워야 하는데…'
- '계획의 몇 퍼센트가 실제로 의도한 대로 실행되는가?'('이에 대한 데이터가 있는가? 있다면 얼마나 정확한가?')
- '계획을 수정하는 데 얼마나 많은 시간을 할애하는가?'
- '계획에서 가장 자주 변경이 필요한 부분은 무엇인가?'
- '과정 상의 변경과 문제 해결을 어떻게 구분하는가?'

시스템적 사고

대부분 코치와 관리자가 비교적 잘 할 수 있다고 생각하는 체계적 사고는 시스템적 사고와 다르다. 시스템적 사고는 팀과 그 환경을 상호 연결되고 복잡한 것으로 보는 총체적인 접근 방식을 취하는 것이다. 문제와 해결책에 초점을 맞추는 대신 문제의 근거가 되는 맥락을 먼저 이해하려고 시도한다. 이 큰 그림에서 각 요소가 서로에게 미치는 파급 또는 영향력, 즉 한 요소의 변경이 어느 정도 효과를 발휘할 수 있는지, 예상치 못한 결과가 발생할 수 있는지를 탐구한다.

시스템적 사고방식을 사용하는 코치는 팀원들이 팀에 제시된 문제의 맥락을 종이에 기록하여 '매핑'하도록 돕는다. 이러한 요소 가운데 일부는 명백한 것이지만 다른 것들은 학습의 흐름 속에서만 드러날 수도 있다. 탐색해야 할 방향은 목표, 야망, 가치관, 사람, 두려움, 기술, 자원, 자존감, 신념 등이다. 제시된 문제에 접근하면서 코치는 다음과 같은 질문을 할 수 있다. *이 문제에 영향을 미치는 사람들은 누구이며 그들은 어떻게 반응하는가?*

사람들은 상황에 따라 시스템 내 다른 요소와 연결될 수 있다. 예를 들어, 이 사람은 사용 가능한 리소스에 어떤 영향을 미치는가? 또는, 당신은 이 사람에 대해 어떤 가치를 적용하고 있는가? 대화에서 떠오르는 새로운 요소들은 지속해서 추가될 수 있다.

체계적(시스템적 접근과 반대) 접근 방식은 또한 중요한 불연속성을 드러낸다. 예를 들어, 어떤 상황에서는 이런 가치관을 갖고 있지만 다른 상황에서는 다른 가치관을 갖게 되는 원인은 무엇인가? 이것은 또한 코치와 팀 모두 지나치게 단순한 분석과 해결책을 피하는 데 도움이 된다.

의사 결정

팀이 의사 결정을 내리는 방식은 성과에 큰 영향을 미칠 수 있다. 너무 많거나 적은 데이터에 근거하여 의사 결정을 내리는가? 이전에 효과가 있었다는 것을 알고 있거나 앞으로 효과가 있을 것으로 예상되는 것에만 근거하여 결정하는가? 참여적이고 협의적인 방식으로 또는 상향 위임 방식으로 진행되는가? 합의와 상호 동의의 수준이 높거나 낮은가? 안타깝게도 팀에서는 의사 결정 방법에 대해 거의 논의하지 않는다. 프로세스가 있더라도 가끔 일어날 뿐이다. 팀 코치는 문제를 제시함으로써 다음과 같은 일을 할 수 있다. 팀원들로 하여금 의사 결정이 어떻게 이루어지는지, 그리고 더 효과적인 의사 결정을 위해 무엇을 할 수 있는지 탐구하도록 도울 수 있다.

저자는 의사 결정 선호도를 프로파일링하고 개인의 스타일이 어떻게 효과적인 팀 의사 결정에 도달하고 영향을 미치는지 이해하게 해준 심리학자 제니 구딩Jenny Gooding과 셰릴 케네디Sheryl Kennedy에게 감사하다. 의사 결정 과정을 이해하는 열쇠는 두 가지 관찰에 있다.

- 의사 결정은 그냥 이루어지는 것이 아니라 일련의 정신적 과정을 통해 이루어지며, 각 과정은 궁극적인 결과에 기여한다.
- 사람은 누구나 이 일련의 사고 과정 가운데 일부분에 더 많은 주의를 기울인다.

따라서 팀 갈등과 비효율적인 의사 결정은 어떤 단계를 강조할 것인지와 특정 의사 결정의 맥락에서 특히 중요한 단계의 생략으로 인해 발생한다. 기본적인 수준에서 의사 결정에는 세 가지 단계가 있다.

- 행동 가능성에 주목하기 - 문제가 있음을 인식하고, 문제를 이해하려고 노력하며, 가능한 해결책이나 전술을 생성하는 것을 포함한다.
- 행동하려는 마음 먹기 - 해야 할 일을 찾아내고, 끈기를 보이며, 무엇이 중요한지 평가하는 것을 포함한다.
- 실행에 옮기기 - 타이밍(적절한 행동 시기 선택 및 적절한 행동 속도 조절)과 행동의 진행 상황을 예상하는 것 등을 포함한다.

의사 결정 과정에는 총 12가지 단계가 있다. 예를 들어, 저자가 깨달은 것은 저자가 문제에 접근하는 방식은 매우 창의적이지만, 선호하는 방식은 기발한 아이디어를 떠올리기보다는 개념을 추론하고 연결하는 것에 매우 치우쳐 있다는 사실이었다.

팀원들이 과업 달성(수행), 역할과 학습에 대한 선호도를 알아야 하는 것처럼, 팀원들이 의사 결정 측면에서 팀의 강점과 약점을 이해한다면 도움이 될 것이다. 의사 결정의 모든 단계를 소중히 여기고(개인 선호도를 포함해서) 모든 단계가 효과적으로 관리되도록 하는 것은 잠재적으로 팀 효과성에 큰 기여를 할 수 있다. 코치가 물어볼 수 있는 주요 질문은 다음과 같다.

- 의사 결정에 있어 집단적으로 선호하는 스타일은 무엇인가?
- 이렇게 선호되는 스타일에 가장 적합하거나 가장 적합하지 않은 의사 결정의 종류는 무엇인가?
- 선호도의 차이가 우리가 함께 일하는 방식에 어떤 영향을 미치는가? 우선순위를 어떻게 설정하고 관리하는가? 우리는 어떻게 서로의 기여를 평가하나?
- 팀으로서 의사 결정을 내리는 방식에 대해 무엇을 바꾸고 싶은가?

팀 미팅을 관찰하면 팀 코치에게 많은 통찰을 제공한다. 그 가운데 의사 결정의 질과 관련된 것 하나는 공유된 정보의 편향이며 미국의 스토리텔링 및 창의성 전문가인 조나 삭스Jonah Sachs(Sachs,

2018)에 따르면, 사람들이 서로에게 너무 친절하기 때문에 이런 일이 생긴다고 한다. 팀 동료와의 관계를 긍정적으로 만드는 방법 가운데 하나는 우리가 모두 이미 알고 있는 내용을 반복해서 언급하는 것이다. 그 결과 더 많은 사람이 서로의 의견에 동의할수록 동료애를 더 많이 느끼고 참신한 정보나 일반적인 가정과 모순되는 정보를 무시할 가능성이 커진다. 특히 반대되는 지식을 가진 사람의 지위가 낮을 경우, 지위가 높은 구성원이 믿는 바를 따르는 것이 모두에게 적합하게 여겨진다. 집단 화합은 반대 의견과 비판적 사고를 침묵시킨다.

이러한 미묘한 팀 역동 관계는 내부에서 파악하기가 매우 어려우므로 팀 코치의 관찰이 중요하다. 팀이 이러한 편향성을 인식하게 되면 이를 극복하는 데 도움이 되는 규범을 비교적 쉽게 채택할 수 있다. 예를 들어, 팀원 모두가 '이 문제에 대한 논의에 어떤 독특한 기여를 할 수 있는가'라는 관점에서 회의 안건에 대해 생각해 보도록 하는 것 등이다.

이 밖에도 팀이 쉽게 빠지는 의사 결정의 함정은 많다. 하버드 비즈니스 리뷰에서는 이러한 함정에 대해 주기적으로 조사하고 있으며, 최근의 연구(Sunstein & Hastie, 2014)에서는 그룹이 잘못된 결정을 내리는 두 가지 일반적인 이유를 밝혀냈다: '정보 신호(오해)'와 '평판의 압력(실제 또는 상상의 불이익을 피하기 위해 견해를 바꾸거나 침묵을 지키는 것)'이다. 이러한 상황이 발생하면 그룹 내에서 세 가지 역동 관계가 자주 발생한다.

- **연쇄 효과**는 사람들이 첫 번째 발언자(일반적으로 그룹 내에서 가장 큰 영향력을 가진 사람)의 말에 이의를 제기하지 않을 때 발생한다.
- **양극화 효과**는 사람들이 다른 사람들과 토론한 결과 자신의 견해에 더욱 확신을 갖게 될 때 발생한다.
- **최신 지식 효과**는 대화가 모든 사람이 이미 알고 있거나 가정하고 있는 것을 중심으로 이루어지고 독특하고 중요한 대안적인 정보나 관점을 가진 사람들의 목소리를 듣지 않을 때 발생한다.

모든 주요 의사 결정의 함정(생각의 지름길이나 편향 heuristics)은 특히 그룹일 때 더욱 커진다.

- 계획의 오류(프로젝트에 소요되는 시간과 비용을 과소평가하는 것). 그룹은 개인보다 훨씬 더 바람직하지 못하게 낙관적이다.
- 과신(증거에 근거한 합리적인 수준 이상으로 예측의 정확성을 믿는 것). 다시 말하지만, 그룹 내 합의가 이루어지면 사람들은 자신의 견해에 대해 더 자신감 있고 극단적이며 낙관적인 태도를 취하게 된다.
- 가용성(가장 먼저 떠오르는 것 또는 가장 생생한 연상을 포착

하는 것). 기대와 달리 그룹은 창의성을 억제하는데, 이는 한 명 이상의 구성원이 효율적인 아이디어(또는 강력하게 제시된 아이디어)를 제시하면 이러한 개인들의 공헌을 무색하게 만들곤 하기 때문이다.

- 대표성(한 가지 측면으로 봤을 때 비슷하니 다른 측면으로도 비슷할 것이라는 가정). 그룹에 속한 사람들이 한 가지 견해에 대해 온건한 성향으로 시작할 경우, 토론을 통해 그 견해가 강화되고 극단으로 치닫는 경향이 있다. 위험을 감수하는 사람들은 서로에게 더 위험한 결정을 내리도록 부추기는 경향이 있어서 특히 위험하다.

- 자기 중심적 편향(자신의 취향과 선호가 일반적이라고 가정하는 것)

- 매몰 비용 오류(손실을 줄여야 할 시점이 한참 지난 후에도 프로젝트를 고수하는 것) - 집단의 압력으로 인해 계속 미루게 되는 경향이 있다.

- 프레이밍framing 효과(이슈가 제시되는 방식이 데이터를 해석하는 방식에 영향을 미침). 전문가들은 '사람들은 5년 뒤 10%가 사망한다고 들었을 때보다 5년 뒤 90%가 살아있다고 들었을 때 수술에 동의할 가능성이 더 크다'라는 예를 든다. 그룹 구성원이 데이터의 의미에 의문을 제기할 가능성을 높이는 대신, 그룹은 이성적인 분석을 억제하는 경향이 있다. 전문가들은 다음과 같

이 말한다: '사람들에게 내년에 유럽에서 특정 제품이 몇 대 팔릴 가능성이 얼마나 되는지 0~8점 척도로 물어본다고 가정해 보자. 고민하기 전 중앙값이 5점이라면 집단 판단은 올라가는 경향이 있고, 3점이라면 집단 판단은 내려가는 경향이 있다.'

선스타인Sunstein과 헤이스티Hastie는 여섯 가지 해결책을 제안한다.

- 리더 침묵시키기
- 다니엘 카네먼Daniel Kahneman(2012)이 말한 '느리게 생각하는 뇌'를 활성화하는 적극적인 개입을 통해 비판적 사고를 촉진한다(이를 통해 사람들이 질문하고 알고 있는 것을 공유할 가능성이 커진다).
- 개인의 성공보다는 그룹의 성공에 대해 보상하기
- 다양한 관점을 제시하고 적절한 비중을 부여할 수 있도록 역할을 할당하기
- 싫은 소리를 할 수 있는 사람을 임명하기
- 반대 의견을 제시할 수 있는 팀을 구성하기

효과적인 팀 코치는 이러한 함정을 관찰하고 팀원들의 주의를 환기시킨다. 예를 들어, 리더를 침묵시킬 필요가 있음을 나타내는 몇 가지 징후는 다음과 같다.

- 리더가 먼저 의견을 말하거나, 리더의 생각이 어디로 향하고 있는지 파악할 때까지 다른 사람들이 말을 아끼는 경우
- 리더가 플립차트를 주도하는 경우(팀 코치의 전형적인 개입 방식은 '특정 문제에 대해 생각하는 방식에 이렇게 하는 것이 어떤 영향을 미치는지 또는 반대 의견을 제시하는 것이 얼마나 편한지'이다).
- 리더가 하는 기여의 균형이 질문보다 발언에 치우쳐 있는 경우

마찬가지로 팀 코치는 팀에게 고려할 사항이 있는지 물어볼 수 있다.

- 비판적 사고가 가장 중요한 이슈를 논의할 때(이러한 질문을 회의가 끝날 때까지 남겨두면 우리 뇌의 비판적 사고 기능이 지치기 때문에 의사 결정의 함정에 빠질 가능성이 커진다.)
- 팀원들이 서로에게 어떻게 보상할지
- 드보노De Bono의 '생각하는 모자Thinking Hats'(De Bono, 1985)를 적용할지, 아니면 이와 유사한 방법으로 다양한 사고를 보장할지
- 다양한 정보와 견해를 수집할 뿐만 아니라 이러한 정보가 의사 결정에 충분한 비중을 차지하도록 어떻게 보장할지. 카네먼의 논지에 따르면 우리는 기존의 내러티브와 모순되는 정보보다 기존 내러티브에 부합하는 정보에 더 많은 신뢰를 부여한다.

저자는 경영 저널리스트로 일하던 초창기에 피터 드러커를 롤모델이자 멘토로 삼았다. 드러커가 경영 자문 역할을 맡게 되었을 때 적절한 통계가 없다면 아무도 의문을 제기하지 않을 테니 그냥 지어내라고 농담 삼아 제안한 적이 있었다. 그래서 나는 런던에서 열린 파이낸셜 타임즈 콘퍼런스에서 고객 관리에 관해 연설하는 도중에 '적절하다고 생각되는' 통계를 만들어 발표하는 실험을 했다. 기존 고객을 유지하는 것보다 신규 고객을 확보하는 데 항상 최소 5배의 비용이 더 든다는 통계였다. 당시에는 아무도 이 통계에 의문을 제기하지 않았을 뿐만 아니라, 이 통계는 다양한 대중 및 학술 출판물에 수천 번이나 등장했다. 카네먼의 설명에 따르면, 사람들은 이미 믿고 있는 것을 확인하는 것처럼 보이는 정보에 의문을 제기하지 않는다는 것이다.

개인의 의사 결정 질을 개선하는 것은 비교적 간단한 통찰력(예를 들어, 감정이 의사 결정에 미치는 영향)과 더 엄격한 프로세스를 개발하는 것이다. 팀 차원에서는 추가적인 역동 관계가 있다. 사람들은 일반적으로 특정 문제에 대해 서로 다른 속도로 작업한다. 그래서 다양한 내부 대화를 하나의 열린 대화로 통합해야 한다. 이 대목에서의 코칭 핵심 질문은 개인 코칭과 동일하지만 중요성은 더 크다. 그 질문은 '지금 결정을 내리고 실행에 옮길 준비가 되어 있는가?'이다.

외부 팀 퍼실리테이터는 권위를 가지고 보수를 받는다는 이유로 팀이 정해진 시간 내에 명확한 결정을 내릴 수 있도록 하는 데 우선권을 갖는 경향이 있으므로 이 또한 큰 문제이다. 각 팀원이 솔루션에 전적으로 몰입할 수 있는 조건을 탐색한 다음, 이러한 이해를 바탕으로 팀원들이 숙고하고 후속 대화를 준비할 수 있는 시간을 마련하는 것이 더 나을 수 있다. [그림 9.1]의 간단한 매트릭스는 팀원들에게 이 메시지를 전달하는 데 유용한 방법이 될 수 있다.

	낮은 헌신과 이해	높은 헌신과 이해
좋은 결정	열악한 실행으로 인한 이점 상실	신속하고 효과적인 실행
나쁜 결정	혼란	잘못된 것을 신속하게 구현

[그림 9.1] 결정의 질

효과적인 전략적 의사 결정에 대한 또 다른 통찰력 있는 개요는 런던 비즈니스 스쿨에서 나온 것이다(Vermeulen & Sivanathan, 2017). 런던 비즈니스 스쿨에서는 유효 기간이 지난 전략에 매달리는 것의 위험성을 지적한다. 대표적인 예로 영국에 본사를 둔 대부업체 원가Wonga의 몰락을 예로 들 수 있다. 원가는 그들이 잘 아는 것에 집중하기 위해 분사된 사업부를 매각했다. 핵심 비즈니스 모델이 지속 불가능한 것으로 판명되었을 때, 이 회사는 회사를 유지할 수 있는 균형 잡힌 고성장 사업이 없었다. 프리크 베르뮐렌Freek Vermeulen과 니로 시바나탄Niro Sivanathan은 피해야 할 여섯 가지 관행을 권고한다.

- 의사 결정이 필요하기 전에 미리 결정하기
- 특히 새로운 전략으로의 전환을 고려할 때는 투표 집계 방식이 큰 차이를 만든다. 단순히 찬성과 반대를 묻는다면 찬성과 반대의 의견이 매우 다를 수 있는데도 유보적인 의견을 가진 사람들이 한데 묶이게 된다. 이렇게 찬반을 묻는 단순한 접근 방식을 결합형 의사 결정이라고 한다. 반면, 비연결적 의사 결정은 각 팀원이 기준에 따라 투표해야 하므로 우려 사항이 표출되고 투표에 반영될 가능성이 훨씬 크다. 중요한 질문은 '각 기준이 충족되었는가'이다.
- 반대자를 보호하기. 우리는 사람들이 자신의 의견에 동의하지 않는다고 느낄 때, 다른 사람으로 밀려날까 봐 침묵하는 경향이 있다. 소규모 팀 내에서 소수에 속하는 경우, 다른 팀원들은 그들의 우려를 특이한 것으로 치부할 수 있다. 더 넓은 그룹에 토론을 공개하면 비슷한 고민을 가진 동료들의 지지를 받을 수 있다. 또한 베르뮐렌과 시바나탄은 컨설턴트와 같은 외부 채널을 활용하여 일대일 의견을 수렴할 것을 권장한다. 또한 팀 리더가

자신의 의구심에 대해 솔직하게 이야기함으로써 분위기를 조성할 것을 권장한다.

- 비교할 대안 만들기. 오하이오 주립대학의 폴 너트(Paul Nutt)는 의사 결정 실패에 관한 연구를 통해 대안을 고려하지 않았을 때는 모든 의사 결정의 절반 이상이 실패로 끝났지만, 하나 이상의 대안을 고려했을 때는 실패율이 32%에 불과하다는 사실을 밝혀낸 바 있다.
- 지지와 의사 결정을 분리하기. 제안에 적극적으로 지지하는 사람들과 제안을 실행할지 여부를 결정하는 사람들을 분리하면 객관성을 높일 수 있다.
- 실패하리라는 생각을 강화하기. 미래의 실패를 예상하고 무엇이 잘못되었을 수 있는지 되돌아본다. '새로운 CEO가 온다면 이 전략을 계속할 것인가'와 같은 '판도를 바꿀 수 있는' 질문을 검토하는 것도 도움이 된다.

팀 코치의 경우, 이 체크리스트는 팀이 중요한 결정을 내리는 데 있어서 그 접근 방식을 검토하고 재설계하는 데 도움이 될 수 있다. 컨설턴트는 이와 같이 이미 만들어진 프레임워크를 가지고 와서 팀이 세부 사항을 추가하고 구현하는 데 도울 수 있다. 코치는 팀이 기존에 가지고 있던 아이디어와 새로운 아이디어를 통합할 수 있도록 돕는다. 그러나 팀원들은 스스로 의사 결정 프레임워크와 프랙티스를 설계해야 한다.

개인 및 집단 작업 관리

팀이 목적을 달성하기 위해 업무를 수행하는 방식은 실행(업무와 업무가 진행되는 순서)과 조정(각 팀원의 업무가 동료의 업무와 어떻게 연결되는지)으로 나눌 수 있다. 팀 코치는, 예를 들어 품질에 대한 접근 방식을 검토하는 데 도움을 주는 원론적인 수준 외에는 일반적으로 작업의 메커니즘에 관여하지 않는다. 팀 코칭에서는 조정 문제가 흔히 발생하는데, 이는 팀원 모두가 개별적으로는 잘 수행하지만 집단적으로 성과를 내지 못하는 경우가 있기 때문이다.

실행에 영향을 미치는 요소에는 기술 수준, 리소스, 장비 및 업무 수행에 필요한 시간 대비 가용 시간 등이 있다. 대부분 팀 코치의 역할은 팀이 이러한 문제를 파악하고 문제를 드러내어 팀이 스스로 해결할 수 있도록 돕는 것이다. 표준적인 팀 코칭 질문은 다음과 같다. '문제를 해결하기 위해 팀 내에서 그리고 다른 영향력 있는 사람들과 문제를 해결하기 위해 어떤 대화를 나누어야 하는가?' 팀에서는 일반적으로 작업 관리 측면에서 해결해야 할 수십가지 문제가 발생한다. 팀 코치가 모든 문제를 해결할 수 있는 전문 지식이나 특정 도구 및 기법을 갖추기를 기대할 수는 없다. 여기서는 실무에서 가장 자주 발생하는 몇 가지 문제를 다루겠다. 실행 측면에서 다음과 같다.

- 팀이 목적을 달성하기 위해 무슨 일을 하는지 어떻게 이해하고 관리하는가?
- 우선순위를 어떻게 설정하고 검토하는가?
- 업무 수행의 품질을 유지하고 지속해서 개선하는 방법은 무엇인가?

작업 역동 이해

팀이 목표와 프로세스의 명확성을 모두 확보하기 위해서는 코치는 여러 수준에서 대화를 촉진해야 한다. 간단한 수준 하나가 아래 도표에 나와 있다. 팀은 목표를 달성하기 위해 수행해야 하는 작업과 이러한 작업을 실용적이고 효과적으로 수행하기 위해 해야 될 일을 구분해야 한다. 후자는 팀 구성 및 계획과 같은 활동을 포함한다. 동시에 다음과 같은 차이점이 있다. 팀원들의 머릿속에는 내부 환경과 외부 환경과 관련된 업무와 프로세스가 구분되어 있어야 한다.

이러한 문제를 개별적으로 고려하면 팀이 각 사분면에서 어떤 노력을 기울여야 하는지, 어떤 우선순위를 채택해야 하는지, 이러한 보완적인 활동을 관리할 때 어떤 전략을 적용해야 하는지 분석할 수 있다.

팀이 자신의 업무 역동성을 이해하도록 돕는 간단한 방법 가운데 하나는 팀의 세 가지 초점인 업무, 학습, 행동에 대해 자세히 논의

[그림 9.2] 간단한 수준의 활동 진단

하고 검토하는 것이다. 각 주제 별로 코치는 팀이 해야 할 일을 정의하고 역할, 프로세스, 역량이라는 세 가지 하위 초점에 대해 어떤 일이 일어날지 정의하도록 돕는다. 여기서 역할이란 사람들이 의도한 공유 결과를 달성하기 위해 해야 하는 일이다.

때로는 일반적으로 팀 구성을 감시하는 데 사용되는 다양한 팀 역할 목록과 같이 심리적 프로파일과 행동 선호도 측면에서 역할을 분류할 수 있다.

다른 경우에는 과제, 학습 또는 행동을 집중하는 가운데 가장 잘 도출될 수 있으므로, 일반적이기보다는 구체적일 수 있다. 또는 팀은 두 가지 관점에서 자신을 바라보는 것이 도움이 될 수 있다.

프로세스는 팀이 과제, 학습 또는 행동 목표를 달성하는 방법과 관련이 있다. 프로세스 맵을 작성하여 각 하위 활동이 다른 활동과 어떻게 연결되어 의도한 최종 결과를 만들어내는지, 잠재적인 실패

지점은 어디에 있는지 파악하는 것은 품질 문제를 해결하기 위한 표준 접근 방식이다.

역량은 지식, 자금, 장비 등 팀이 목표를 달성하기 위해 보유하고 있거나 필요로 하는 자원과 관련이 있다. 역할을 탐색하는 데 유용한 질문은 다음과 같다.

- 아무도 책임지지 않는다면 어떤 일이 이루어질 수 있는가?
- 우리 스스로에게 자주 물어봐야 할 질문은 무엇이며 어떻게 해야 하는가?
- 우리는 개인적으로나 집단적으로 피하거나 미루는 경향이 있는 건 무엇인가?
- 팀의 초점과 관련된 문제를 어떤 다양한 관점에서 검토해야 하는가?
- 업무 수행 방식에 대한 건전한 대화를 촉진할 수 있을 만큼 다양한 관점의 차이가 존재하는가?
- 전략적 사고, 의사 결정, 검토 및 반영 프로세스를 얼마나 일관성 있게 관리하고 있는가?
- 이 과정에서 우리는 얼마나 효과적인가? 우리가 비효율적인 경우, 문제를 해결하기 위해 우리 가운데 일부 또는 전부가 어떤 역할을 할 수 있는가?
- 팀원들이 하는 일과 그 방식에서 나와 동료들이 팀의 초점에 기

여하는 중요한 방식은 무엇이라고 생각하는가? 우리가 저마다 때때로 어떤 방식으로 팀의 초점에 방해가 되는가?
- 업무 상호의존성 수준에 따라 어떤 역할이 제안되는가?

프로세스를 탐색하는 데 유용한 질문은 다음과 같다.

- 이 방법이 이 일을 하는 데 적합한 방법인지 어떻게 알 수 있는가?
- 일부 또는 모든 핵심 요소를 정반대의 방식으로 수행하면 어떻게 되는가?
- 일이 잘못될 가능성이 가장 큰 지점points은 어디인가? 잘못되었을 때 가장 큰 피해를 입는 것은 무엇인가?
- 윗사람에게 환심을 살 수 있는 지점brownie points은 어디인가?
- 프로세스에서 가장 마음에 드는 부분과 가장 마음에 들지 않는 부분은 무엇인가? (이는 역할에 대한 단서를 제공할 수도 있다.)
- 프로세스를 충분히 자주/심도 있게 검토하고 있는가?
- 우리 프로세스 개선을 위해 벤치마킹할 수 있는 다른 비즈니스/활동은 무엇인가?
- 우리 프로세스가 상호의존성과 자율성 사이의 균형은 잘 잡고 있는가?
- 프로세스에서 우리가 가장 잘 이해하지 못하는 부분과 가장 잘 이해하는 부분은 무엇인가?

역량을 탐색하는 데 유용한 질문은 다음과 같다.

- 자원 제약으로 인해 무엇을 할 수 없는가? 그것이 어느 정도까지 중요한가?
- 현재 업무와 학습 목표에 적합한 스킬과 경험의 조합을 갖추고 있는가?
- 어떤 외부 자원을 요청할 수 있는가? 이러한 자원을 식별하고 접근하는 데 얼마나 효과적인가?
- 우리가 가진 역량을 얼마나 잘 활용하고 있는가? (예: 직원들이 직무에 대해 과도한 자격over-qualified을 갖추고 있는가, 그렇다면 우리에게 주는 시사점은 무엇인가?)
- 우리의 역량은 성장하고 있는가?

마찬가지로, 세 가지 초점 수준에서 업무 초점에 대해 유용한 질문은 다음과 같다.

- 팀으로서 달성하고자 하는 목표는 무엇인가?
- 그 목표가 얼마나 명확한가?
- 더 광범위한 조직적 또는 사회적 목표를 달성하는 데 어떻게 도움이 되는가?
- 우리는 얼마나 헌신적인가?

- 목표에 도달했는지 어떻게 알 수 있는가?

학습 초점에 대한 유용한 질문은 다음과 같다.

- 팀 과제를 수행하는 데 중요한 지식과 기술은 무엇인가? (현재 및 중기적 관점으로)
- 해당 학습을 완료하기 위한 우리의 계획은 무엇인가?
- 목표에 도달했는지 어떻게 알 수 있는가?
- 학습에 대한 개인과 집단의 책임은 무엇인가?

행동을 탐색하는 데 유용한 질문은 다음과 같다.

- 동료의 역할과 활동을 지원하기 위해 우리가 저마다 하는 일은 무엇인가?
- 동료가 자신의 역할과 활동을 수행하는 것을 어렵게 만드는 우리 각자의 행동은 무엇인가?
- 자신과 관련하여, 동료와 관련하여 어떤 문제/행동에 대해 마음을 여는 것이 가장 불편하게 느껴지는가?
- 팀으로서 더 효율적으로 일할 수 있는 행동은 무엇인가?
- 우리가 가장 두려워하는 것은 무엇인가? 가장 원하는 것은 무엇인가?

- 동료와 함께 일할 때 기분이 좋거나 나빠지는 것은 무엇인가?
- 개인적으로나 집단적으로 무엇을 더 하고 덜 해야 하는가?
- 어떻게 하면 각자의 행동 선호도와 개성을 긍정적으로 표현하고 부정적인 것을 최소화할 수 있는가?
- 팀에서 우리의 다양한 역할을 가장 잘 지원할 수 있는 행동은 무엇인가?

팀은 우선순위를 어떻게 설정하고 검토하는가?

이러한 맥락에서 팀과 코치가 고려해야 하는 두 가지 주요 문제는 변화하는 환경 속에서 팀의 모든 사람이 우선순위를 합의하고 팀의 목적을 가장 효과적으로 달성하기 위해 우선순위가 적절한지 확인하는 것이다. 예를 들어, 모든 사람이 계획의 문구에 동의했다면 모두가 같은 생각을 가지고 있다고 생각하기 쉽다.

그렇지만 이러한 문구에 있는 단어들의 의미에 대해 모두가 동의하지 않을 수 있다. 예를 들어, 한 병원의 경영진은 환자의 안전과 복지가 최우선 과제라는 데 모두 동의했다. 그러나 그 의미를 살펴본 결과, 어떤 사람들은 환자가 병원에 입원해 있는 동안 받은 의료적 치료라는 좁은 의미로 해석한 반면, 어떤 사람들은 가정으로 돌아간 환자를 지원하고 치료에 대한 심리적 반응과 관련하여 훨씬 더 넓은 관점을 가지고 있었다.

팀 코칭은 팀이 설정한 우선순위와 창의적인 대화에 대해 우선순위를 설정하고 핵심 원칙에 대해 깊이 있고 창의적인 대화를 나눌 수 있는 기회를 제공한다.

팀 코칭은 팀이 깊이 있고 창의적인 대화를 나눌 수 있는 기회를 제공한다. 그 대화의 주제라면 우선순위인데, 이 우선순위는 팀이 중요하다고 믿는 핵심 원칙이 기반이 된다.

이러한 대화를 시작하는 실용적인 방법은 팀원 모두에게 몇 주에 걸쳐 각자의 업무에서 상충되는 우선순위의 사례를 수집하도록 요청하는 것이다. 이러한 실제 상황에서 (의식적이든 무의식적이든) 적용되었던 원칙을 도출하면 팀은 우선순위 지정 시스템의 복잡성에 민감해지고 팀의 가치와 목적에 더 밀접하게 부합하는 공유된 내러티브와 규범을 개발할 수 있다.

팀은 어떻게 업무 수행 방식의 품질을 유지하고 지속해서 향상시키나?

팀 코치는 프로세스 컨설턴트가 아니다. 팀의 업무 프로세스를 살펴보고 권장 사항을 제시하는 것은 그의 역할이 아니다. 그렇지만 팀 코치의 역할은 팀이 업무 프로세스를 검토하고 개선할 수 있는 역량에 도움을 줄 수 있다. 내가 일반적으로 사용하는 간단한 접근 방식은 팀원들에게 핵심 업무 프로세스를 매핑하게 하는 것이다.

- 각 결정은 사각형으로 표시한다.
- 각 작업은 삼각형으로 표시한다.
- 다른 사람과의 협의가 필요한 부분은 원으로 표시한다.

팀이 적절하다고 생각하는 만큼 시스템을 상세하게 계획하면 실패의 영향과 각 지점의 실패 빈도 또는 가능성을 고려할 수 있다.

빈도와 잠재적 영향을 곱하면 수치가 나와 각 지점의 위험을 파악하는 데 도움이 된다. 이 접근 방식(Foul-Up Factors의 약자로 FUF라고 함)의 가치는 위험의 각 요소를 검사하고 전체 위험을 평가할 수 있다는 것이다.

일반적으로 조직은 전체 시스템을 무너뜨릴 수 있는 누적된 작은 위험을 관리하는 것보다 개별적이고 명백한 위험을 관리하는 데 훨씬 더 능숙하다. 이러한 종류의 시스템 맵을 통해 팀 코치는 '지금과 반대로 접근하는 근본적으로 다른 접근 방식은 시스템의 해당 부분과 시스템 전체에 어떤 영향을 미칠까?'라는 질문을 할 수도 있다. 급진적이고 창의적인 시스템 재설계가 그 결과로 나타날 수 있다!

팀 작업 조정하기

실행과 마찬가지로 조정coordination과 관련하여 팀이 직면할 수 있는 많은 문제가 있다. 지리적 거리, 심리적 안전 및 명확하고 공유된 목적의 결여는 팀이 하는 일을 얼마나 효율적으로 조정하는지에 영향을 미칠 수 있다. 최고의 팀 성과에 대한 피터 호킨스의 모델에서 조정은 팀이 해결해야 할 다섯 가지 핵심 문제 가운데 하나이다.

팀 코치는 팀원과 이해관계자 사이의 일상적인 커뮤니케이션을 매우 피상적으로 관찰하는 것 외에는 현실을 관찰할 수 없다. 팀 코치는 팀 코칭 세션 외의 시간에 팀원들이 어떤 조정이 이루어지고 있는지, 어떤 조정이 필요한지 검토하도록 권장할 수 있다.

가장 간단한 조정 검토 프로세스는 작업 지연, 재작업, 문제 또는 기타 좌절이 발생한 모든 사건을 기록하고, 어떤 정보 교환을 통해 이를 방지할 수 있었는지, 그리고 그러한 정보를 언제 어떻게 제공했으면 가장 좋았을지에 대한 교훈을 도출하는 것이다.

이러한 검토의 빈번한 결과는, 예를 들어 동일한 단어나 문구에 대한 서로 다른 해석으로 인해 발생할 수 있는 오해 패턴을 인식하는 것이다(그래서 영국인인지 미국인인지에 따라 어떤 문제를 상정하는 것은 여러 가지 의미가 있다).

가족 치료 분야에서 시작된 팀 코칭 도구의 또 다른 예인 네트워크 분석을 사용하여 의사소통의 빈도와 질을 측정할 수 있다

(Terblanche & Erasmus, 2018). 이를 통해 팀원 간의 소통 빈도, 소통의 개방성, 친밀감, 신뢰 수준 등 다양한 방식으로 팀원 간의 소통과 관계의 강도, 성격을 살펴볼 수 있다.

조정의 또 다른 요소는 에너지이다. 각 구성원의 강점, 관심사, 내재적 동기에 맞춰 팀의 기능을 어느 정도까지 설계할 수 있을까?

저자가 만난 한 팀은 매일 서로에게 '오늘 최고의 성과를 내기 위해 내가 도울 수 있는 일이 없을까?'라고 물어보는 시간을 계획했다. 에너지를 소모하는 문제(대부분 단순히 이야기하는 것만으로도)를 해소할 기회를 얻었으므로 대부분 동기가 유발되었다.

팀이 항상 전력으로 일하기를 기대하는 것은 현실적이지도, 합리적이지도 않다. 흥미와 집중력을 유지하려면 속도에 변화를 주는 것이 중요하다. 이는 마치 신체 근육을 단련하는 것과 같다. 운동선수들은 페이스를 조절하는 법을 배워서 격렬한 운동을 한 뒤에 경련을 일으키는 근육 사용의 부산물을 분해하고 분산시키는 가벼운 활동을 한다. 마찬가지로, 팀들은 집중된 노력과 가벼운 마음의 시간을 잘 사용해야 한다. 성찰과 검토를 통해 행동을 해야 한다.

성과가 높은 팀과 그 구성원들은 우리가 '성과 스태미나performance stamina'라고 부르는 것을 형성하는 작업의 루틴을 개발시킨다.

개인의 비효율적인 시간 사용 심리에 대한 최근의 흥미로운 분석 중 하나는 코칭의 심리에 대해서도 광범위하게 연구한 스티븐 버글라스Steven Berglas(2004)의 연구이다. 그는 개인의 시간 관리 취약성이 팀 성과를 저해할 수 있는 '시간 남용자'의 주요 유형을 네 가지로 구분한다. 이러한 비효율적인 시간 관리의 각 특징적인 스타일은 팀 전체적으로 어떻게 기능하는지를 설명할 수 있다. 네 가지 스타일은 다음과 같다.

- **선점** pre-emptives: '강박적으로 시간을 다투는 사람들. 그들은 예정보다 몇 주 앞서 프로젝트를 끝내고 항상 통제력이 있는 것처럼 보인다.' 그게 무슨 문제일까? 버글라스는 이런 사람들은 비판을 피해야 한다는 강박관념에 사로잡혀 매우 형편없는 팀 플레이어가 된다고 설명한다. 이들은 항상 (다른 사람들보다 너무 빨리) 다음 프로젝트로 넘어가기 때문에 원래 프로젝트의 후반 단계에서 자신의 의견이 필요한 다른 사람들에게 도움을 주지 못하는 경우가 많다. 이들은 자신들의 업무와 다른 사람들의 업무 사이에 일종의 시간적 괴리를 만든다. 저자는 시장에서의 기회가 항상 촉박하다는 이유로 새로운 캠페인을 빨리 완료하고 출시하기 위해 경쟁하는 마케팅 팀(실제로 관리자가 사무실에 '할 만한 가치가 있다면 지금 해야 한다'라는 팻말을 붙여 놓은 곳)에서도 비슷한 시간적 괴리를 본 적이 있다. 그런데 영업 사원을 교육하고 많은 고객에게 다가가는 데 시간이 걸려서 지역 영업팀과의 관계는 좋지 않았다. 한 영업 관리자는 마케팅 부서의 관행을 '쓰레기 불법 투기 fly tipping'이라고 표현했다.

- **사람들을 기쁘게 하는 사람**people-pleasers: 권위에 대한 두려움 때문에 점점 더 많은 책임을 맡는 사람들로, 그 결과 비생산적인 프로젝트에 너무 많은 시간을 할애하고 중요한 프로젝트에는 통상적으로 늦게 대응하는 사람들이다. 한 대형 유틸리티 회사의 HR 부서에서도 동일한 현상을 경험했다. 모두가 맡은 바 임무를 완수하기 위해 열심히 일하고 있는데 왜 HR 부서의 평판이 회사 내에서 좋지 않은지 살펴보기 위한 워크숍이 열렸다. 팀원 가운데 한 명은 막 휴가를 마치고 복귀했고, 다른 두 명은 조직이 자신들을 잘 지원하지 않는다고 느껴 최근 퇴사한 상태였다. 이들은 조직에 중요한 것이 무엇인지 분석하고 이를 각자가 요청받고 시간을 할애할 것으로 예상되는 업무와 조직에서 중요한 업무를 비교하면서 돌파구를 찾았다. 둘 사이에는 별다른 상관관계가 없었다. 그 결과, 부서가 가장 큰 가치를 창출할 수 있는 부분에 대한 자세한 설명과 함께 각 사항을 뒷받침하는 강력한 비즈니스 사례를 제시하고, 그렇지 않은 활동에 대해서는 '아니오'라고 말할 수 있는 권한을 최고 경영진에게 요청할 수 있는 전략이 수립되었다.

- **완벽주의자**perfectionists: 자신의 작업에 높은 기준을 적용하여 마지막 순간까지도 완벽하게 좋은 작품을 '다듬는' 사람들이다. 선점형과 마찬가지로 고립주의적인 경향이 있다. 이들의 디테일에 대한 집착은 동료들을 크게 짜증나게 하는 경향이 있다. 모든 기

후에서 작동하는 군용 무전기를 개발한 신제품 개발팀을 예로 들 수 있는데 북극에서 적도의 정글까지 철저한 테스트를 거쳐 제품이 출시될 무렵, 새로운 기술이 등장하면서 상대적으로 무거운 이 장비는 더는 쓸모가 없어졌다. 고객들은 신제품을 기다리며 1년을 기다렸고, 회사의 투자는 대부분 낭비되었다.

- **미루는 사람**procrastinators: 일에 집중하지 않는 것에 대해 온갖 핑계를 대는 사람들. 버글라스는 이러한 강박적인 미루기 습관의 뿌리를 지나치게 높은 자기 기대치와 실패에 대한 두려움의 결합에서 찾았다. 어느 출판 회사의 한 팀은 업계 전반의 프로그램과 이니셔티브에 기여한 놀라운 실적을 보유하고 있었다. 또한 매년 열리는 비즈니스 콘테스트에 참가하여 항상 좋은 성적을 거두었고 한 번은 우승하기도 했다. 그렇지만 다른 팀들은 내부적으로 약속을 이행하지 못하는 모습에 불만을 품었다. 내부 동료들의 불만이 많아질수록 이 팀은 외부에서 재차 확인과 칭찬을 받으려 했고 결국 거의 모든 팀원이 해고되었다.

모든 고정관념이 그러하듯, 우리 각자와 대부분 팀에는 이러한 특징들이 있다. 팀 코치는 '우리는 주어진 시간과 에너지를 어떻게 쓸 것인가?'라는 질문을 던짐으로써 팀원들에게 팀 성과에 가장 중요한 영향을 미치는 요소 가운데 하나에 대한 성찰을 유도한다. 이 질문에 답하기 위한 한 가지 간단한 접근 방식은 다음과 같다.

- 팀이 사용할 수 있는 시간 및 정신적 에너지의 주간, 월간 또는 연간 기준의 양
- 얼마나 많은 시간을 집중도가 높은 업무와 집중도는 낮지만 필요한 업무 및 그리고 성찰/검토/학습에 할당할 수 있는가? (정신적 에너지가 높을 때와 낮을 때의 자연적인 리듬을 함께 고려한다.)
- 팀이 제공해야 하는 중요한 작업
- 이러한 작업을 필요한 품질 수준으로 수행하는 데 요구되는 시간과 정신적 에너지는 어느 정도인가? (필요한 노력을 과소평가하는 경향을 염두에 두어야 한다.)
- 다른 활동과 덜 중요한 업무를 위해서는 어떤 시간과 정신적 에너지가 남는가?
- 이것이 우리가 실제로 하는 일과 어떻게 비교되는가?
- 팀 외부의 주요 이해관계자가 이 분석에 어느 정도 동의할 것인가?

시간과 정신 에너지의 이상적인 사용과 실제 사용 사이에 큰 차이가 있다면, 더 깊이 조사하고 어떤 형태로든 시간 남용이 일어나고 있다는 것을 인식할 필요가 있다. 추가적인 코칭 질문은 다음과 같다.

- 내부적 또는 외부적으로 발생하는 시간 남용은 어느 정도인가?
- 우리가 함께 그것에 대해 무엇을 하기를 원하는가?

세부 수준에서의 커뮤니케이션 조정은 주로 이메일이나 표준 절차를 통해 이루어진다. 전술적 그리고 전략적 수준에서는 팀 회의에서 다루어지는 경향이 있다. 여기서 팀 코치가 관찰할 수 있는데, 내가 인터뷰한 대부분 경험 많은 팀 코치는 코칭 세션을 시작하기 전에 그렇게 하기를 기대한다. 짝을 이루어 관찰하며, 한 사람은 주로 과정과 내용에 초점을 맞추고 다른 한 사람은 주로 행동에 초점을 맞추면 한 사람이 모든 것을 파악하려고 하는 것보다 더 깊은 인사이트를 얻을 수 있다.

대부분 팀 회의가 지루하고 비효율적이며 활력이 없다는 것은 사실이다. 회의는 집단적 의사 결정과 집단적 학습의 조합에 초점을 맞출 때 잘 작동하며, 회의 시간을 단축하기 위해 일어서서 진행하자는 등의 해결책은 요점을 놓치고 있다. 회의는 미래보다는 과거에 더 초점을 맞추고, 강력한 견해나 이해관계를 가진 사람들이 토론을 주도하며, 대화로 나아가기보다는 논쟁으로 치닫는 경우가 너무 많다. 한 가지 간단한 접근 방식은 창의적인 접근이 필요할 수 있는 모든 이슈에 대해 침묵의 시간으로 시작하는 것이다. 이 시간 (보통 3분) 동안 모든 사람이 세 가지 질문에 대한 답을 적는다.

- 하고 싶은 말은 무엇인가?
- 무엇을 성취하고 싶은가?
- 내가 듣고 싶은 말은 무엇인가?

그래야만 회의를 주재하는 사람이 대화를 시작할 수 있다. 대화가 끝나면 주재자는 테이블을 돌아다니며 다음 질문을 할 수 있다: '하고 싶은 말은 다 했어요?', '듣고 싶었던 말을 들었어요?', '얻고 싶었던 것을 얻으셨어요?'

팀 코치는 또한 팀이 더 나은 방법을 개발하도록 도울 수 있다. 팀이 채택하고자 하는 실용적이고 단순한 규칙은 회의를 통하지 않고도 외부에서 쉽게 나눌 수 있고 결정이 필요하지 않은 안건은 의제에 올리지 않는 것이다('업데이트'라고 표시된 항목은 미팅에 도움되는 경우가 거의 없다). 저자가 함께 일했던 많은 팀에서는 제안된 모든 안건에 대해 긴급성(최대 10점)과 중요도(최대 20점)를 기준으로 평가한다. 이 두 가지 점수를 곱하면 우선순위가 정해진다. 가장 높은 점수를 받은 항목이 우선적으로 고려되며, 그 팀은 가장 새롭고 창의적인 팀이 된다. 이와는 대조적으로, 많은 팀 회의에서 정말 중요하지만 덜 시급한 안건은 마지막까지 미뤄두고 모두가 피곤해하고 다음 회의만 생각하게 된다.

역할 명확화

조율이 잘 이루어지지 않는 일반적인 이유 가운데 하나는 역할이 명확하지 않기 때문이다. 책임 차트라고도 불리는 RACI Responsibility, Accountability, Consult and Inform 모델은 프로세스 소유권과 관리에 관한 대화를 구조화하는 데 유용한 접근 방식이다(Smith et al., 2005).

역할은 누가 이를 작성하는지와는 별개이다. 역할은 업무가 무엇인지를 누가, 어떻게, 무엇을 전달하는지를 통해 묘사한다. 역할 혼동은 제대로 작동하지 않는 팀에서 흔하며, 다음과 같은 이유로 발생하게 된다.

- 역할 보유자가 자신에게 무엇이 기대되는지를 명확하게 알고 있지 못한 경우
- 다른 이해관계자가 해당 역할에 대해 기대하는 바가 명확하지 않은 경우
- 역할 보유자와 이해관계자 간 또는 서로 다른 이해관계자 간에 기대치가 불일치하는 경우
- 역할에 대한 기대치와 역할 보유자가 역할 내에서 행동하는 방식 간의 불일치가 있는 경우

역할이 불분명할 때 팀은 업무가 '틈새로 빠져나가거나', 실패에 대해 서로를 비난하거나, 정보를 얻지 못하거나, 그런 것들을 당연시하거나, 영역 다툼이 일어나거나, 중요한 업무가 마지막 순간까지 방치되는 등의 증상을 보인다. RACI의 네 가지 요소는 다음과 같다.

- 누가 책임을 지는가? 즉 누가 실제로 작업을 수행하는가?

- 누가 책임을 지는가? 즉 과제 달성을 위해 주요 이해관계자에게 책임질 수 있는 사람은 누구인가?
- 누구와 상의해야 하는가? 여기에는 결정에 영향을 받을 수 있는 사람, 결정에 영향을 미칠 필요가 있는 사람, 그리고 모든 결정에 의견을 주는 필요한 전문가가 포함된다.
- 누구에게 정보를 제공해야 하는가? 즉 어떤 사람이 그림 속에 있어야 하는가?

팀 코치의 위험은 컨설턴트의 역할에 빠져 팀을 대신하여 이러한 분석을 수행하기 쉽다는 것이다. 훨씬 더 효과적이고 자신의 역할에 부합하는 것은 팀이 역할 책임의 명확성과 관련된 실제 또는 잠재적 문제를 파악하도록 돕고 팀이 스스로 RACI 원칙을 적용할 수 있도록 하는 것이다.

측정

미래의 역사가들은 현 시대를 '분석의 시대'라고 부를지도 모른다. 알고리즘이 의료, 은행, 측정, 교정, 비교 등 모든 분야에서 점점 더 많은 업무를 대신하고 있다. 알고리즘은 기존 데이터(자주 눈에 보이지 않기도 한다)와 함께 우리의 삶을 해방시키기도 하고 통제하기도 한다. 저자가 수퍼비전을 통해 직간접적으로 만나는 많은 팀들은 데이터의 양이 너무 많거나 너무 적다는 두 가지 문제를 안고 있었다.

팀 코칭에서 중요한 질문은 '이 팀이 최고의 성과를 내기 위해 무엇을 측정해야 하는가?'이다. 이 질문을 던지면 팀은 더 높은 수준의 집중력을 발휘할 수 있다. 나는 왜 팀에서 이 질문을 하는 경우가 그렇게 드문지 오랫동안 의아했다. 그 이유는 측정이 일반적으로 팀의 목적부터 시작하여 하향식으로 이루어지기보다는 개별 작업과 그 결과부터 시작하여 상향식으로 이루어지기 때문인 것으로 보인다.

'측정된 것은 반드시 실행된다'라는 격언은 누구나 들어봤을 것이다. 그렇지만 이 격언이 놓치고 있는 것은 인지된 관련성이다. 유럽에서 좋은 성과를 내는 기업들을 대상으로 한 연구에서 저자와 공동 연구자들은 성과가 높은 부서와 성과가 낮은 부서에서 같은 경영 정보 시스템을 이용하고 있는 것을 보았다. 차이를 만든 것은 이러한 조직의 사람들이 측정 프로세스를 그들의 업무를 지원하는 것으로 보느냐, 아니면 다른 누군가의 이익을 위해 존재하는 것으로 보는가이다. 팀 코칭 공식 세션 가운데 또는 그 사이에 팀 내에서 자주 이루어지는 대화는 적절하지 않다고 여겨 그만두거나 아니면 더욱더 관련성을 높이도록 조정해야 한다.

공동 작업 관리

팀장을 포함하여 8명으로 구성된 한 팀에는 56개의 일대일 관계가 존재한다. 그렇지만 사람들은 서로 다른 이슈에 대해 2인 또는 3인으로 구성된 연합을 형성하는 경향이 있다. 이러한 연합들은 더 복잡해지기도 하고, 연합끼리 담합할 수도 있다.

관계도 역동적이라는 점을 감안할 때, 인간의 뇌에서 무슨 일이 일어나고 있는지 추적하는 것은 불가능하다. 대부분 팀 코치는 직관, 예리한 관찰력, 그리고 운에 의존하여 무슨 일이 일어나고 있는지 희미하게나마 파악한다! 팀에 관한 문헌에서 자주 비유되는 것은 물고기 떼 또는 새떼이다. 새는 '방향, 속도, 가속도 및 거리의 신호를 주고받으며' 가장 가까운 새를 추적한다.

팀은 실제로 어떤 일을 하는가?

팀이 목표와 프로세스의 명확성을 모두 달성하려면 코치는 여러 수준에서 대화를 촉진해야 할 수 있다. 팀은 목표를 달성하기 위해 수행해야 하는 작업과 이러한 작업을 실용적이고 효과적으로 수행하기 위해 해야 하는 일을 구분해야 한다. 후자는 팀 구성 및 계획과 같은 활동을 포함한다. 동시에 팀원들의 머릿속에는 내부 환경과 외부 환경과 관련된 업무와 프로세스가 구분되어 있다. 이러한 문제를 별도로 고려하면 팀은 각 사분면에 어떤 노력을 기울여야 하는지, 어떤 우선순위를 채택하고 싶은지, 이러한 보완적인 활동을 관리하는 데 어떤 전략을 적용해야 하는지 분석할 수 있다.

팀의 창의력 제고

회계 부서여야 했다. 결국 사람들이 고정관념에 부응하지 않는다면 그게 무슨 소용이 있을까?

'우리는 창의력을 발휘하라고 월급을 받는 게 아닙니다.' 매니저가 말했다.

'도움을 주라고 월급을 받는 건가요?' 잠시 머뭇거리다가 마지못해 '그런 것 같네요'라고 대답했다.

'도움이 된다는 것은 다른 사람들이 재무 데이터를 사용하여 더 잘 관리할 수 있도록 돕는 방법을 찾는 것도 포함하나요?'

'네.'

'그런 종류의 새로운 솔루션을 제공할 수 있게 되었을 때 기분이 어떠신가요?'

'꽤 좋습니다.'

'당신이 도움을 준 상대방이 당신을 창의적이라고 인식할 수 있

다고 생각하십니까?'

'그럴 것 같아요.'

'그럼 창의적인 일을 하라고 돈을 받는 건가요?'

사람들은 흔히 자신의 생각보다 훨씬 더 창의적이다. 그들은 단지 창의적인 사고의 습관에서 잠시 벗어날 뿐이다. 팀 코치는 팀이 빠른 실행 주기, 엄격함, 집중력을 갖춘 혁신 프로세스를 수립하도록 돕고, 다양한 관점에서 사고를 자극하는 광범위한 기법을 소개함으로써 팀이 혁신(여기에는 창의성이 포함됨)에 익숙해지도록 도울 수 있다. 이 주제는 그 자체로 한 권의 책이 될 만한 가치가 있으므로, 여기서는 코치가 혁신 관리의 다섯 가지 기본 단계에 따라 팀의 혁신 프로세스를 검토하도록 도우면서 시작하는 것으로 충분하다.

- 문제 정의(정확히 무엇이 문제인가? 얼마나 중요한가? 얼마나 현실적인가? 문제 해결을 위해 얼마나 노력하고 있는가? 누가 무엇과 관련되어 있는가?)
- 프로세스 정의 – 무슨 일이 어떻게 일어날 것인가?
- 아이디어 도출 – 문제 해결을 위한 대안적 방법 찾기
- 아이디어 중 선택 – 가장 실행 가능하고 최상의 솔루션을 제공하는 아이디어(두 가지가 반드시 같을 필요는 없다!)는 어떤 것인가?
- 변화를 실현하기 – 계획, 자원 확보, 옹호championing 및 모니터링

팀으로 하여금 혁신 프로세스부터 시작하는 이유는 정의된 목표에 창의성이 어디에 어떻게 기여할지 이해할 때 더 편안하게 협업에 임할 수 있기 때문이다. 일반적으로 팀 코칭에 사용할 수 있는 시간이 상대적으로 적다는 점을 고려하면 창의성 스킬 개발은 코칭 세션 외의 시간에 진행하는 것이 가장 좋다. 그러나 창의성 스킬 연습은 팀 코칭 환경과 매우 밀접한 관련이 있으며, 실제 현안 문제에 적용할 수 있으며, 코치가 해당 문제 유형에 특히 효과적인 새로운 기법을 도입하는 것이 적절할 수 있다.

[표 9.1] 내부 프로세스, 시스템 및 구조

	1점~10점	확신(1~5점)
1. 목표 달성에 알맞는 팀 규모이다.		
2. 팀 내부 인력과 외부 인력을 명확하게 파악할 수 있다.		
3. 필요한 경우 외부 전문 자원을 활용하여 팀원의 스킬과 강점을 보완한다.		
4. 우리의 내부 프로세스와 구조는 외부 변화에 매우 빠르게 대응한다.		
5. 우리는 대부분 상황에서 서로를 대신할 수 있다.		
6. 우리는 회의 및 기타 장소에서 취해야 할 올바른 행동에 대한 명확한 규범을 갖고 있다.		
7. 우리는 서로에게 의존하는 부분을 정확히 알고 있다.		
8. 우리는 조직의 시스템을 잘 이해한다.		

[표 9.1] 내부 프로세스, 시스템 및 구조(계속)

	1점~10점	확신(1~5점)
9. 우리는 시스템을 정기적으로 검토하여 더 효과적으로 만들고, 그 이면에 있는 가정에 의문을 제기한다.		
10. 효율보다 효과에 더 중점을 둔다.		
11. 우리는 리더가 정보를 제공해주기를 기대하기보다는 서로 정보를 공유할 책임을 진다.		
12. 우리는 동료의 업무 과부하를 빠르게 인식하고 지원할 마음으로 대응한다.		
13. 우리는 각자의 전문성에 따라 리더십 역할을 맡을 수 있다.		
14. 우리는 각자의 강점에 최대한 맞춰 업무를 할당한다.		
15. 우리는 의사 결정시 견고하고 신뢰할 수 있는 절차에 따라 편향되지 않은 의사 결정을 내린다.		
16. 리더는 팀이 업무에 집중할 수 있도록 허가할 수 있는 충분한 자신감을 갖고 있다.		
17. 리더는 외부의 간섭을 최소화한다.		
18. 우리는 조직 내 정기적인 모임을 기대하며 기다린다.		
19. 우리는 효과적이고 신속하게 혁신한다.		
20. 우리는 회복탄력성을 갖고 있다.		

요약

이 장에서는 내부 프로세스와 시스템의 네 가지 주요 측면, 즉 계획, 의사 결정, 개인 및 집단 작업 관리, 측정에 중점을 두었다. 물론 팀에서 자원을 할당하는 방법이나 보상 및 인정을 관리하는 방법 등 다른 많은 문제가 발생할 수 있다. 이러한 문제 가운데 일부는 코칭 참여의 준비 단계에서 드러나기도 하고, 다른 문제들은 팀 코칭 대화 중에 드러나기도 한다. PERILL의 다른 요소와 마찬가지로, 팀 코치는 팀의 관심을 집중할 수 있는 잠재적 영역을 암시하는 단서를 지속해서 찾아야 한다.

참고 문헌

Berglas, S (2004) Chronic Time Abuse, *Harvard Business Review*, June pp 90–97
Coyle, N (2018) *The Culture Code*, Random House, London
De Bono, E (1985) *Six Thinking Hats*, Penguin, Harmondsworth
Kahneman, D (2012) *Thinking Fast, Thinking Slow*, Penguin, London
Sachs, J (2018) The Unintended Consequences of a Too-Nice Work Culture, accessed August 2018, https://www.todaytells.com/theunintended-consequences-of-a-too-nice-work-culture/
Smith, ML, Erwin, J and Diaferio, S, 2005. Role & Responsibility Charting (RACI). In *Project Management Forum (PMForum)* (p 5)
Sunstein, CR and Hastie, R (2014) Making Dumb Groups Smarter, *Harvard Business Review*, Dec pp 90–98
Terblanche, NHD and Erasmus, ED (2018) The Use of Organisational Network Analysis as a Diagnostic Tool During Team Coaching, *SA Journal of Industrial Psychology*/SA Tydskrif vir Bedryfsielkunde, 44(0), a1548, https://doi.org/10.4102/sajip.v44i0.1548
Vermeulen, F and Sivanathan, N (2017) Stop Doubling Down on your Failing Strategy, *Harvard Business Review*, November–December pp 111–117

10장
학습 팀

1970년대에는 자동화의 증가로 노동 시간이 계속해서 빠르게 감소할 것이라는 믿음이 널리 퍼져 있었다. 인간과 인공지능 사이의 새로운 협업이 언젠가 이를 가능하게 할 수도 있겠지만, 현재 지식 기반 직업, 관리직, 또는 리더십 역할을 수행하는 대부분 사람에게는 꿈같은 이야기일 뿐이다. 그룹과 팀을 대상으로 한 간단한 실험에서 저자는 모든 사람에게 현재 및 단기 업무량을 달성하는 데 필요한 ETI(에너지Energy, 시간Time, 지적 집중Intellectual focus)의 관점에서 정의해 보라고 요청했다. 그런 다음 각자가 얼마나 많은 ETI 능력이 있는지 솔직하게 평가해보도록 했다. 요구되는 것들은 거의 항상 능력을 넘어서고 가끔은 크게 넘어설 때도 있다. 이를 대처할 때는 우선순위를 정해 선별하는 방법을 사용했다. 이에 대처하지 못하면 품질 문제가 생기고 때로는 번아웃에 빠지기도 했다.

엘리엇 자크Elliot Jacques(1989)의 영향력 있는 리더십 피라미드 비전은 효과적인 리더와 리더십 팀이 실천보다는 성찰을 통한 전략적 사고에 더 많은 시간을 할애한다고 가정한다. 그렇지만 실제로는 그렇지 않다. 성찰적 사고는 출퇴근길, 헬스장, 휴가 등 사무실 밖에서도 일어난다. 사무실에 자신만의 사색 공간을 마련한 경영진 및 리더들은 다른 사람들이 출근하기 전인 이른 아침 일찍 출근하는 경향이 있다(모든 리더가 일찍 출근하면 그 목적이 무색해진다!).

문제는 성찰 없이 이루어지는 학습은 얕고 반응적이라는 점이다. 따라서 팀 코치의 가장 중요한 첫 번째 임무 가운데 하나는 팀이 성찰적 학습 모드에서 더 많은 시간을 보낼 수 있는 방법을 찾도록 지원하는 것이다. 간단한 개입은 환경 변화에 대한 대응과 관련하여 팀이 학습 곡선에 뒤처져 있는지, 따라가고 있는지, 앞서고 있는지를 묻는 것이다. 팀 구성원들은 몇 가지 유형의 학습이 있을 것이라는 점을 빠르게 인식한다. 예를 들면:

- 팀 업무 및 프로세스와 관련된 학습(예: 새로운 신기술이 이를 어떻게 변화시킬 수 있는지 판단하거나 '애자일' 원칙을 받아들이는 것)
- 집단 학습(예: 팀의 사고방식을 바꾸는 방법)
- 개별 학습(예: 새로운 스킬 또는 전문 지식 습득)
- 폐기학습(쓸모없는 가정, 관행, 프로세스를 버리는 것)

팀은 이러한 통찰을 가장 중요한 도구 가운데 하나인 팀 개발 계획 시 고려하여, 실행 못지 않게 학습에 동등한(또는 적어도 더 높은) 수준의 중요도를 부여할 수 있다.

물론, 팀은 그들의 내외부 환경으로부터 지속해서 학습하고 있다. 그러나 무의식적이고, 무분별한 학습과 의식적이며 목적이 있는, 그리고 팀의 목적 달성과 직접적으로 관련된 학습 사이에는 큰 차이가 있다. 팀원 모두가 학습과 관련된 목적의식을 가지고 행동하면 팀은 환경에 적응하고 그 환경에서 효과적으로 운영할 수 있는 능력을 향상시킬 수 있다.

사람들이 개별 업무 목표를 팀에 가져와서 공유된 팀 목표에 포함시키는 것과 마찬가지로, 학습 팀 목표에 어느 정도 부합하는 다양한 학습 목표를 세워볼 수 있다. 예를 들어, 30대 후반의 한 직원은 자신이 현재 팀에 있는 이유에 대해 매우 솔직하게 이야기했다.

> 저는 IT, 구매, 영업 분야에서 일해 왔어요. 이제는 고객 관리 분야에서 경험을 쌓아 소매업의 시작과 끝을 모두 경험하고 싶어요. 그런 다음 저는 교육 부서로 이동하고자 해요. 비즈니스가 어떻게 돌아가는지 힘들게 배웠기 때문에 신뢰도가 높아질 테니까요.

한 측면에서 그의 학습 목표는 동료들이나 팀 전체의 목표와 매우 달랐다. 그러나 이러한 차이를 인식함으로써, 그의 상사는 직원의 배우려는 열정을 빠르고 넓게 활용할 수 있었다. 또한 이 직원은 다른 부서에 관한 지식을 공유하려는 동기가 있었고, 교육 부서와 맺은 관계를 통해 팀은 목표를 달성하는 데 힘을 얻을 수 있었다.

따라서 팀 학습은 개인, 팀, 조직의 이익을 위해 다루어질 수 있는 과정이라고 할 수 있다. 이 장에서는 목표 정렬이 이루어지는 상황과 팀 및 코치가 유용한 학습의 질과 양을 극대화하기 위해 적용할 수 있는 프로세스를 주제로 다룬다.

일반적으로 학습이 반드시 성과에 기여하는 것이 아닌 점과 마찬가지로, 팀 학습이 자동적으로 팀의 효과성을 높일 수 있는 것은 아니다. 팀이 무엇을 학습하고, 어떻게 학습하며, 유용한 학습을 적용하는지 여부와 방법에 따라 많은 것이 달라진다. [표 10.1]은 학습 팀과 팀 효과성의 강조점 가운데 몇 가지 차이점과 유사점을 구분하여 보여준다. 이 모든 문제는 팀 코치의 역할과 관련이 있으며, 팀이 더욱 유능해지도록 돕기 위해 맺어져야 할 연결 고리들을 나타낸다. 예를 들어, 의사 결정의 질은 성찰의 깊이에 크게 좌우되며, 혁신은 권력 차이가 없을 때 영향을 미친다.

[표 10.1] 팀 효과성 대 팀 학습

팀 효과성의 문제	팀 학습의 문제
의사 결정의 질	성찰과 대화의 질
혁신	권력 차이의 부재
심리적 안전감	심리적 안전감
업무에 대한 의사소통	업무를 뛰어넘은 의사소통
기술 및 지식 활용	기술 지식 창출 및 공유
상호 지원	상호 학습
팀 외부의 상호작용	관리외부 학습 유입
다양성 활용하기(예: 작업 할당)	다양성에서 배우기

학습 팀이란 무엇인가?

저자가 선호하는 학습 팀의 정의는 '공통된 목적을 가진 사람들의 그룹으로, 서로와 자신을 발전시키는 데 적극적인 책임을 지는 것'이다. 따라서 학습 팀은 반드시 업무 팀일 필요는 없으며, 액션 러닝 세트나 품질 서클과 같이 주로 상호 학습을 목적으로 하는 특정 유형의 팀도 존재할 수 있다. 직장에서 대부분 학습 팀은 업무 팀이 될 것이며, 이들은 업무 목표를 달성하기 위해 학습 목표와 프로세스의 중요성을 인식하고 있다.

우리의 연구에서 도출된 학습 팀의 주요 원칙들은 아래와 같이 설명되어 있다.

학습 목표, 프로세스 및 결과에는 소유자가 있다

어떤 학습은 시도때도 없이 일어나지만, 목적이 있고 기능적인 학습은 팀과 팀원 개개인이 모두 주인의식을 가져야 한다. 팀 학습 행동에 관한 연구에서 우리는 효과적인 학습 팀이 참여하는 뚜렷한 활동 주기를 확인했으며, 이 장의 뒷부분에서 설명하는 여섯 가지 팀 유형 모두에 공통적으로 적용되는 활동 주기를 확인할 수 있었다. 또 팀 구성원들이 학습 과정을 지원하기 위해 수행하는 다양한 역할들을 확인했다.

다양한 학습 자원이 사용된다

학습 팀 구성원들은 언제 어디서나 기회가 생기면 학습할 수 있다. 그들은 배우는 것과 가르치는 것의 차이를 잘 알고 있다. 학습 기회는 실수를 저지르는 것, 순진한 질문을 하는 것, 자연스러운 호기심을 추구하는 것, 업무 체험job shadowing, 벤치마킹 방문 및 여러 다른 활동으로부터 이루어진다. 학습 팀에 속한 사람들은 [그림 10.1]에 설명된 네 가지 학습 방법 사이에서 더 나은 균형을 이루려는 경향이 있다.

사람들이 주변의 학습 거리를 인식하도록 돕는 유용한 연습은, 팀에게 그들이 발견할 수 있는 모든 학습 기회를 나열하도록 요청하는 것이다. 대부분 팀은 (약간의 격려를 받으면) 적어도 50가지는 찾는다.

이 연습에서 할 수 있는 코칭 질문들은 다음과 같다.

- 이러한 학습 자원들을 더 잘 활용하면 우리와 우리의 업무에 어떤 이점이 있는가?
- 학습 자원의 범위를 넓히기 위해 무엇을 할 수 있고 무엇을 해야 하는가?

지식과 학습을 공유한다

학습 팀의 구성원들은 동료에게 정보를 제공하는 데 긍정적이며 도움이 필요할 때 적극적으로 도움을 준다. 업무와 업무 외적인 문제 모두에 대해 끊임없이 학습을 주고받으며, 학습은 경계가 없는 책임으로 여겨진다. 사람들은 자신의 지식을 과시하지 않으며, 항상 활용할 수 있도록 한다.

리더가 학습에 적합한 환경을 조성한다

팀 리더십에 관한 많은 글에서는 '새로운' 리더는 팀 코치라고 제안하고 있다. 어느 정도는 사실이지만, 실제로는 리더가 코치다.

이 구분은 중요하다. 코칭이 주로 팀 리더에 의해 이루어진다고 가정하는 것은 팀원들의 역량을 크게 약화시킨다. 또한 현실을 반영하지 않는다. 대부분 코칭은 실제로 동료들에 의해 이루어진다. 팀 리더의 중요한 역할은 코칭 행동에 대한 효과적이고 긍정적인 역할 모델이 되는 것이며, 코칭이 팀이 일상 업무를 수행하는 방식의 핵심 요소로 포함될 수 있는 분위기를 조성하는 것이다. 팀 리더가 이 스타일을 확립하는 가장 강력한 방법 가운데 하나는 자신의 학습 필요성에 대해 매우 개방적이고 팀 구성원에게 상호 코칭을 제안하는 것이다([그림 10.1] 참조).

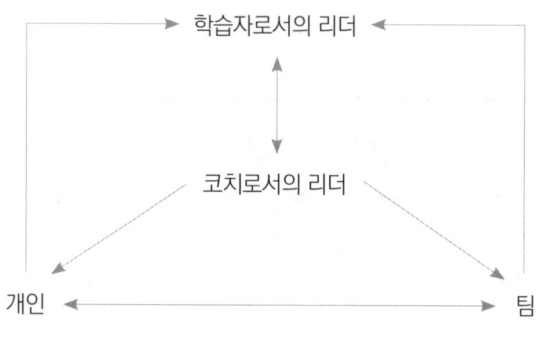

[그림 10.1] 팀 내 코칭 책임

대부분 팀은 어느 정도의 논쟁과 많은 토론을 하지만, 진정한 대화는 거의 없다. 이 세 가지 형태의 대화를 구분하는 방법은 아래 설명되어 있다.

- **논쟁**debate = 고정된 관점을 가지고 그 관점이 옳다고 다른 사람들을 설득하려고 노력하는 것. 논쟁은 일반적으로 기존의 견해를 고착화하고 변화에 대한 저항으로 이어진다.
- **토론**discussion = 달성하고자 하는 결과가 있지만 상대방의 견해가 타당한지 기꺼이 경청하고 수용하는 것이다. 토론은 보통 인식의 완만한 변화와 타협으로 이어진다.
- **다이알로그**dialogue = 되도록 열린 마음으로 문제에 접근하며, 다른 사람들의 시각을 이해하고 새로운 시각을 만들 수 있도록 시도한다. 다이알로그는 일반적으로 헌신과 변화 의지로 이어진다.

아지리스Argyris와 쇤Schön(1978), 피터 센게Peter Senge(1990) 등이 우아하게 지지하는 다이알로그 습관을 기르는 데는 시간과 용기가 필요하다. 다이알로그 스킬은 항상 자연스럽게 습득되는 것이 아니기 때문에 배우고 연습해야 하며, 팀 전체가 그 과정에 전념하지 않으면 다시 실패하기 쉽다. 다이알로그의 기본 규칙은 다음과 같다.

- 성찰적 준비
- 판단 유예
- 상호 탐구
- 혼돈의 가장자리에서 춤추기
- 단순하지 않은 간결함 Being simplex not simplistic

성찰적 준비는 육체적, 정신적 준비가 모두 필요하다. 과도한 스트레스를 받거나 몸이 활동 모드에 있을 때 통찰력 있는 대화를 나누기는 매우 어렵다. 따라서 시간적 압박을 최대한 없애고 긴장을 풀 수 있도록 하는 것이 중요하다. 다이알로그가 목적이라면 역설적이게도 세부적인 의제를 정하는 것은 매우 비생산적일 수 있다. 작고 유연한 의제는 거의 항상 짧은 시간에 더 많은 가치를 전달할 수 있다(많은 이사회에서 중요한 사안을 깊이 있게 다루지 못하는 이유 가운데 하나가 바로 이 때문이다. 긴급하지만 덜 중요한 안건이 너무 많기 때문이다!). 저자는 때때로 팀원들에게 다이알로그를 시작하기 전에 간단한 이완 운동을 하도록 요청한다.

성찰적 준비의 정신적 측면은 명확하고 의미 있는 결과와 협력적 과정에 집중하는 것이다. 다이알로그가 시작되기 전에, 모든 참여자는 대화에서 듣고자 하는 것, 말하고자 하는 것, 달성하고자 하는 것, 배우고자 하는 것을 고려하고 다른 사람들에게 설명할 수 있어야 한다. 또한 다음과 같은 질문을 고려할 수도 있다.

- 이 대화에서 나의 동기는 무엇인가?
- 그러한 동기가 다이알로그 과정에 도움이 되는가, 아니면 방해가 되는가?
- 다이알로그 과정을 방해할 수 있는 다른 사람들의 어떤 동기를 내가 두려워하는가?
- 이 대화에서 긍정적인 결과를 이끌어내기 위해 나머지 팀원들에게 어떤 책임감을 느끼는가?

판단 유예는 성찰적 경청의 중요한 스킬이다. 판단을 내리는 것은 상호작용의 종료를 의미하므로, 판단적인 발언을 하는 사람들은 사실상 다이알로그(만약 그것이 진정한 대화였다면)가 끝났다고 결정한 것이다.

신념, 태도, 행동은 아무 이유 없이 생겨나는 것이 아니다. 그것들은 이성적 계산과 감정적 경험이 서로 얽히고설킨 결과이다. 이 경로를 이해하려고 노력하면 다른 관점의 기원과 논리를 이해하는 데 도움이 되며, 그 결과 관점과 그 관점에 투자하는 사람 모두를 소중하게 여길 수 있다. 판단을 유예하는 데 있어 중요한 요소는 누구도 절대 옳지 않다고 인식하는 것이다. 진실은 그것을 바라보는 관점에 따라 달라진다. 마찬가지로, 과학자들은 오늘날의 물리적 현상에 대한 설명은 거의 항상 근사치에 불과하며, 시간이 지나면 더 확대된 이해와 더 나은 이론으로 대체될 것임을 인식하고 있거나, 그래야만 한다.

이러한 이해의 수준을 높이는 과정은 상호 탐구의 과정이다. 다양한 관점에서 문제의 지형을 파악하기 위해 협력하고 각자의 관점에서 문제의 본질에 대한 통찰을 구축하는 데 도움이 된다. 때때로 이러한 탐구는 사람들이 불편함을 느끼거나 아이디어나 관점이 너무 많아 쉽게 처리하기 곤란한 상황으로 이끈다. 이 상태에서 끈기 있게 지속하는 것 - 혼돈의 가장자리에서 춤추는 것 - 은 '매직 아이' 그림이 뒤죽박죽의 형태에서 선명한 이미지로 정리되는 것과 마찬가지로 패턴과 연관성에 대한 이해로 점차 이어진다.

이 시점에서 때때로 상황에 대한 단순한 평가(예: '저 사람들 별로 신경 안 써')로 되돌아가 전체 과정을 평가절하기 쉽다. 다이알로그의 동력을 유지하기 위해 각 참가자는 문제의 복잡성을 인식하되 매직아이의 혼돈이 간단한 도형 구조로 이루어진 것과 같은 방식으로 기본 구조를 파악하는 단순한 이해를 추구한다. 이 통찰은 문제와 관련하여 현실을 새롭게 이해하고 공유하는 기반이다. 다른 관점을 새롭고 더 나은 아이디어와 해결책으로서 중요한 기여로 받아들이고 포용하는 것이다.

이렇게 설명하면 다이알로그 과정이 매우 어렵게 느껴질 수 있다. 그렇지만 대부분 사람은 각 단계를 따르는 방법을 배우고 개별적으로 그리고 집단적으로 관리할 수 있는 능력을 키울 수 있으며 실천할 수 있다.

성찰적 공간이 허용된다

성찰적 공간은 개인 내부 또는 팀 내부의 다이알로그가 이루어지는 공간이다. 직장에서 성찰적 공간이 자연스럽게 만들어지는 경우는 드문 일이다. 깊게 생각하는 것은 힘든 일이며, 특히 가정과 신념에 도전하는 것을 의미할 때는 더욱 그러하므로 이를 피하기 위해 온갖 편리한 핑계를 찾는 것은 당연한 일이다. 학습 팀은 개인적으로나 집단적으로 생각하고 질문하는 시간을 장려할 뿐만 아니라, 성찰적 공간을 보호하고 소중히 여긴다.

성찰은 대부분 팀 환경에서 일어나는 일반적인 그룹 토론과 매우 다르다. 성찰은 더 사려 깊고, 더 깊이 생각하며, 훨씬 더 넓은 범위의 관점에서 문제에 대해 생각한다. 일반적인 팀 토론에서는 더 시급한 다른 업무를 처리해야 한다는 필요성, 외부에서 입수한 정보를 무시하거나 일부 팀원의 지식이나 견해를 평가절하하는 등 과정상의 실패; 권위에 대한 복종; 그리고 전체 그림을 보지 못하는 실패에 의해 흔히 영향받는다.

업무 완료, 학습 및 행동에 대한 초점을 균형 있게 맞추는 데 에너지를 소비한다

물리학에서 중력은 아주 약한 힘으로 여겨지지만, 아주 높은 곳이 아니어도 떨어지면 다칠 수 있고 큰 손상을 입을 수도 있다. 관리자와 그들 팀에게 어떤 힘이 작용하는지 묘사해달라고 할 때, 보통 강한 힘 하나 - 업무를 끝내는 것, 그리고 약한 힘 두 가지 - 학습 속도를 유지하고 행동을 관리하는 것을 듣게 되는데 이 약한 힘들을 무시하면 장기적으로 팀이 업무를 수행하는 능력이 떨어질 수 있다. 안타깝게도, 이 영향은 목표가 자주 바뀌어서 눈에 띄지 않을 수 있다. 목표가 자주 바뀌면, 상황이 바뀐 것을 눈치채기 어려울 수 있기 때문이다.

효과적인 팀은 업무에 지나치게 집중하고 학습에 소홀히 하면 중장기적으로 심각한 역기능이 발생한다는 사실을 잘 알고 있다.

팀 내 학습에 관한 연구에 참여한 관리자들은 자신과 팀이 관리해야 하는 가장 어려운 문제 가운데 하나로 업무 집중과 학습 및 행동에 대한 집중 사이의 갈등을 꼽았다. 이 전형적인 긴급/중요 딜레마는 팀이 '린lean' 상태일 때 더욱 악화된다(즉, 요구되는 업무량이 팀의 업무 수행 능력을 초과하는 경우가 많다는 의미). 관리자는 목표를 달성하지 못하면 보상을 받지 못한다!

효과적인 학습 팀원들의 설명에 따르면 이 세 가지 힘은 복잡하고 지속해서 상호작용한다([그림 10.2] 참조). 협력적이고 서로를 돕는 행동은 팀의 업무 목표 달성 능력을 향상시켰으며, 또한 서로에게서 그리고 서로를 통해 더 쉽게 배울 수 있게 한다. 업무 목표에 집중하면 학습 필요성과 업무에 적합한 행동을 더 명확하게 이해하게 된다. 학습 목표에 중점을 두면 팀과 구성원들이 업무를 효율적으로 수행하고 적절한 시기에 전략과 전술을 재검토하는 데 필요한 스킬과 통찰력을 갖추게 된다. 또한 팀원들은 더 효과적으로 협력할 수 있는 행동 스킬을 갖추게 된다. 요약하면 업무, 학습 및 행동은 떼어 놓을 수 없는 관계에 있다.

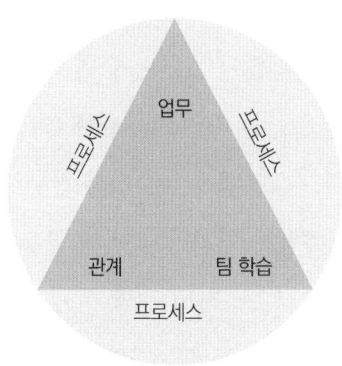

높은 성과를 내는 팀

[그림 10.2] 업무, 관계 및 학습 초점

그러나 다른 측면을 희생하면서 하나의 중점을 지나치게 강조하는 것은 팀의 성과에 도움이 되지 않는다. 모든 사람이 서로에게 너무 친절하려고 엄청난 에너지를 투입하는 팀은 대면해야 할 가장 중요한 문제에 대해 대처하기 어렵다. 우리가 보았듯이 업무에 너무 집중된 팀 또한 문제가 될 수 있다. 그리고 학습에 지나치게 집중하는 것도 좋은 일이 아니다.

번더슨Bunderson과 서트클리프Sutcliffe(2003)의 연구에 따르면 학습에 너무 큰 중점을 두는 것은 단기적으로 성과가 저하될 수 있다고 밝혔다. 저자들은 강한 학습 목표 지향성은 업무 중심적이고 적응적이며 숙련 지향적인 행동을 유발하며, 반면 성과 목표 지향성은 자아 중심적이고 수단적이며 방어적인 행동을 유발할 것으로 결론지었다.

지속적이고 중요한 학습이 이루어진 연구 대상 팀의 구성원들은 성찰과 친교를 위한 공간을 마련하기 위해 적극적으로 행동하는 것에 대해 이야기했다. 이 팀에서는 관리자와 팀 구성원들이 '스마트 시간'(작업을 더 똑똑하게 처리하기 위해 활동을 논의하고 검토하는 기회)과 '함께하는 시간'(작업 관계를 구축하고 서로의 능력과 한계를 이해하며 지원적인 행동을 재확인하는 기회)을 확보해 두었다. 이들은 이러한 활동이 업무 성과에 도움이 된다고 확신하며 다음과 같이 설명했다.

- 업무와 업무 우선순위를 명확히 하는 것
- 에너지를 소모시키는 갈등을 예방하는 것
- 성과 품질을 향상하는 것
- 효과성과 효율성 사이의 더 나은 균형을 유지하는 것

팀 리더와 팀 코치는 다음과 같은 방법으로 팀이 과도한 업무 집

중에 대한 회복력을 키울 수 있도록 도울 수 있다.

- 성찰 시간과 친교 시간을 팀 루틴에 포함시키고 팀 내부 구성원들과 고위 경영진과 같은 영향력 있는 외부 이해관계자들에게 이를 알린다(친교 시간은 일주일에 한 번 샌드위치 점심을 제공하여 업무 목표 없이 만나서 이야기를 나누거나 비공식적으로 업무 경험을 공유할 수 있는 것과 같이 간단한 것일 수 있다).
- 업무 수행 개선 측면에서 학습 대화의 이점에 대한 증거를 수집한다.
- 팀 전체의 이익을 위해 개별 구성원이 교육 과정과 같은 외부 학습 이벤트에 참석할 수 있는 시간을 확보하는 방법을 결정할 때 팀 전체의 참여를 유도한다.
- 적절한 간격을 두고 자신의 업무에서 한 발 물러서는 롤 모델이 된다.

팀 학습에 대한 대안적인 관점

팀 학습에 대한 정의는 저마다 다르다. 예를 들어, 오펜벡Offenbeek (2001)은 이를 수집acquisition, 분배distribution, 해석interpretation, 저장storage 및 검색retrieval 단계로 이어지는 반복적인 프로세스로 설명했고, 이로써 팀 행동의 변화 가능성을 창출한다고 말했다.

이 정의에 따르면, 정보 수집은 환경을 수동적으로 스캔하여 문제와 기회를 식별하고 '탐구probing'(능동적인 조사)를 통해 수행된다. 분배는 정보를 다른 팀 구성원과 공유하는 과정이다. 해석은 수렴적일 수 있으며(토론을 통해 집단적 이해와 결론에 이르는 것), 또는 발산적일 수 있다(새로운 아이디어와 의제를 제시하는 것). 저장 및 검색은 '팀 기억'을 만드는 일련의 과정이다.

이러한 활동들이 팀 내 학습에 얼마나 기여하는지는 명확하지 않지만, 적어도 한 연구(Huber, 1991)에 따르면 학습의 저장 및 검색이 가장 어려운 과정이며 팀 성과의 변화를 가장 잘 설명하는 단계이다. 이 단계를 관리할 수 있는 능력은 사람들이 적절한 습관을 개발하고 공통의 학습에 대한 임계 질량critical mass을 확보하는 데 필요한 시간과 관련이 있다.

디안드레아 오브라이언D'Andrea-O'Brien과 부오노Buono(1996)는 팀 학습이 팀원들 각자의 지식과 학습을 공유하고, 이를 통합하고, 이를 바탕으로 성과를 향상시키는 방법과 관련이 있다고 결론지었다. 학습 대화의 핵심은 개인 및 집단의 '폐기학습unlearning' 과정이다.

많은 관리자가 팀을 이끌어가는 것에 관해 이야기하지만, 실제로는 자신의 직속 부하직원들을 개별 구성원 그룹으로 관리하는 경우가 더 흔하다는 점을 그들은 지적한다. 이 저자들은 학습 팀의 핵심 특징이 다음과 같다고 밝혔다.

- 개별 구성원들이 실험하고, 서로에게서 배우며, 자신의 잠재력을 최대한 개발할 수 있도록 격려하는 환경이 필요하다.
- 학습 팀은 이러한 학습을 고객과 공급업체와 같은 주요 이해관계자로까지 확장한다.
- 인적 자원이 중요한 요소이다(즉, 육성과 지원에 시간을 투자한다).
- 지속해서 개발 및 변화의 과정을 겪는다.

이제 살펴볼 다른 연구들은 내부 및 외부의 팀 환경이나 분위기가 팀 학습에 미치는 영향, 그리고 팀 내에서 효과적인 학습을 지원하는 과정에 초점을 맞추고 있다.

팀 학습과 팀 지식

팀 학습의 주요 역할 가운데 하나는 팀 구성원들이 가진 집단적인 정보, 전문성, 경험을 넓히고 강화함으로써 팀의 능력을 향상시키는 것이다. 팀에는 두 가지 유형의 집단 지식이 있는 것으로 알려져 있다(Cannon-Bowers et al., 1993). 하나는 비교적 영구적이고 안정적인 것으로, 작업과 관련된 규칙, 개념들, 필요한 단계들, 그리고 추구하는 전략과 같은 것들이다. 이러한 지식은 대개 공동의 경험을 통해 습득되며, 공통된 기대감을 형성한다. 다른 하나는 상황에 따른 것으로, 팀 구성원들이 특정 상황에서 서로의 신호와 의도를 직관적으로 이해하는 능력이다. 이 두 가지 형태의 지식 기반을 개발하는 데는 시간이 소요되므로, 프로젝트 팀과 같이 단기간 운영되는 팀이나, 구성원들이 평소 서로 멀리 떨어져 작업하는 팀(예: 개발 동맹, 가상virtual 팀)은 이를 발전시키는 데 어려움을 겪을 수 있다.

팀 지식을 분석하는 또 다른 방법은 전문가(예: 임상 환경에 있는 컨설턴트와 같이)가 보유한 전문 지식과 팀 내에 훨씬 더 많이 분산되어 있는 집단 지식이 혼합된 것으로 보는 것이다. 전문 지식의 문제점은 의사소통의 어려움, 팀원들이 다른 사람의 전문 분야에 대한 결정에 의문을 제기하지 않으려고 하는 태도, 팀원 퇴사 또는 부재 시 전문 지식의 손실 규모 등이다. 따라서 전문가에 대한 기대를 지나치게 강조하는 팀은 집단 지성을 중심으로 구성된 팀보다 장기적으로 성과 측면에서 훨씬 더 취약하다. [표 10.2]는 이 두 가지 접근 방식 간의 몇 가지 설명상의 차이점을 보여준다.

팀 코치의 일반적인 역할은 팀이 전문 지식 모델에서 집단 지성 모델로, 또는 두 모델의 장점을 통합한 모델로 전환할 수 있도록 돕는 것이다. 팀 지식과 관련된 몇 가지 유용한 코칭 질문은 다음과 같다.

- 이 팀에는 어떤 지식이 필요한가?
- 명시적으로 보유하고 있는 지식은 어느 정도이고 암묵적으로 보유하고 있는 지식은 어느 정도인가?
- 지식의 공백이 있는 곳은 어디인가?
- 암묵적 지식을 명시적 지식으로 전환하기 위한 프로세스는 무엇인가?
- 그렇게 하는 것이 얼마나 중요한가?
- 개인 지식을 집단 지식으로 변환하는 프로세스는 무엇인가?
- 우리가 가지고 있지만 활용하지 못하고 있는 개인적 또는 집단 지식은 무엇인가?
- 그러한 지식을 활용한다면 팀 과제를 더 잘 달성할 수 있는가?

[표 10.2] 팀 지식에 대한 전문 지식 및 집단 지식 접근 방식

지식 고려 사항	전문 지식 모델	집단 모델
	팀 내 지식 이식embedding 모델	
지식의 형태	추상적; 이론적; 교육/훈련; 표준화됨; 맥락이 없음; 명시적; 일반적; 고도로 합리화되고 내부적으로 일관된	실제 경험; 실무 교육; 덜 형식적/덜 이론적; 더 제한된 인과관계; 이해; 맥락에 따른; 광범위한
구조	전문화; 차별화; 깊은 (덜 넓은); 덜 겹침; 개별적인	상당 부분이 겹침; 유연하고 유동적인 활용; 매우 확산적
조정 및 전송	여러 분야의 집합; 소유된 지식; 공통 경험 및 공유 코드 확보의 어려움	집단적 의사 결정; 상호 적응을 통한 조정; 팀 관계에서 유기적으로 생성되고 저장되는 지식

지식 관리 센터 존 스패로우 교수의 허락을 받아 복제함

팀 학습을 위한 환경

업무 팀의 학습에 관한 연구 결과, 학습이 일어나지 않은 다양한 이유들을 밝혀냈다. 가장 흔한 이유는 시급한 작업을 완료하는 데 대한 업무의 압박으로 인해 성찰이나 검토를 할 시간이 없었다는 것이다. 그 외 학습을 저해하는 다른 흔한 장애물로는 다음과 같은 것들이 있다.

- 금기 사항: 팀원들이 피하는 것이 최선이라고 배웠던 주제
- 변화를 시도하는 것이 쓸모없다는 팀원들의 인식
- 부족한 의사소통(예: 가상 팀에서 거래 중심의 의사소통을 강조하지만, 관계 구축을 위한 의사소통은 부족한 경우)
- 자원 제약(예: 학습 자료나 강좌에 접근할 수 없는 경우)
- 학습 스킬과 다른 사람을 가르치는 데 필요한 기술 부족
- 지식 독점: '필요할 때만 알려주는' 방식으로 운영되는 조직들
- '심리적 안전'의 부재: 사람들이 의견을 말하거나 실험을 하거나 건설적인 도전을 하는 데 두려움을 느끼는 경우
- 관점의 다양성 부족 또는 다른 관점을 가진 사람들의 의견을 듣지 않으려는 태도

코치는 사람들이 본능을 극복하고 자신과 다른 사람들의 학습 잠재력을 합리적으로 평가하고 학습 기회를 활용하는 방법을 배울 수 있도록 도와야 하는 중요한 과제가 있다. 여기에서는 특히 마지막 두 가지 장애물에 대해 논의할 것이다.

심리적 안전감과 팀 학습

심리적 안전감이 낮은 팀에서는 자기 의견을 말하는 것에 큰 위험을 동반한다. 지식이 부족하다는 것을 인정하거나 도움을 요청하는 것이 위신을 잃거나 무능한 사람으로 여겨지거나 팀 실패의 책임을 지는 것으로 인식될 수 있다. 동료의 체면을 손상시킬 수 있는 문제를 제기하는 것도 위험 부담이 된다(Argyris, 1993). 개방성을 위한 솔직함의 잠재적인 비용이 위협이나 당황함 측면에서 그 보상보다 더 크다고 여겨진다. 심지어 사람들이 팀과 조직이 결국 그러한 개방성으로부터 혜택을 받을 것임을 알고 있을 때에도 그렇다. 큰 노력과 학습 기회가 사람들에게 그룹에서 필요로 한다고 느끼는 사회적 이미지를 유지하려는 데에 집중되어버리는 경우가 많다.

학습과 다양성: 관점의 차이

서로 다른 사람들이 모인 곳에서 더 많은 학습 기회가 있을 것 같지만, 팀과 관련된 대부분 문제처럼 그것이 그렇게 간단치만은 않다. 개인 차원에서, 코칭과 멘토링 경험은 관계의 질과 학습 잠재력이 정체성(성격, 성별, 인종 및 문화적 배경 등)과 경험(경력, 지식, 자격, 관심사 등), 이 두 가지 요인에 의존한다는 것을 보여준다. 이것은 [그림 10.3]에 설명되어 있다.

문제는 공동 학습 활동에 참여하려는 양측의 의지가 높더라도 지나친 유사성은 학습의 기회를 좁게 만들고, 학습 잠재력이 높은 관계는 개인 사이의 라포가 부족하여 상대방을 학습 자원으로 평가하지 못할 수 있다는 점이다.

다양성에 대한 우리의 부정적인 반응은 여러 가지 기본적이고 강력한 심리적 욕구에서 비롯된다. 집단의 일원으로 소속감을 느끼고 싶은 욕구 때문에 자신과 다르다고 인식되는 사람들의 지능, 선의, 정직성, 능력 등을 과소평가하는 등 부정적인 자질에 주목하고, 자신과 비슷하다고 생각하는 사람들에게는 긍정적인 자질을 더 많이 부여하게 된다. 이는 마치 '우리와 비슷한' 사람들을 비판함으로써 우리 자신의 자아상과 자존감을 공격하는 것과 같다. 관리자들은 경쟁사에 비해 자신의 팀의 역량과 동기를 지속해서 과대평가하며, 그렇게 함으로써 다른 곳에서 배울 수 있는 기회에 저항하게 된다

(이것은 '여기서 만든 것이 아니다not invented here'가 아니라 '배울 가치가 없다'라는 의미이다). 요컨대, 우리에게는 다름에서 배우는 것에 대한 본능적인 장벽이 내재하여 있다.

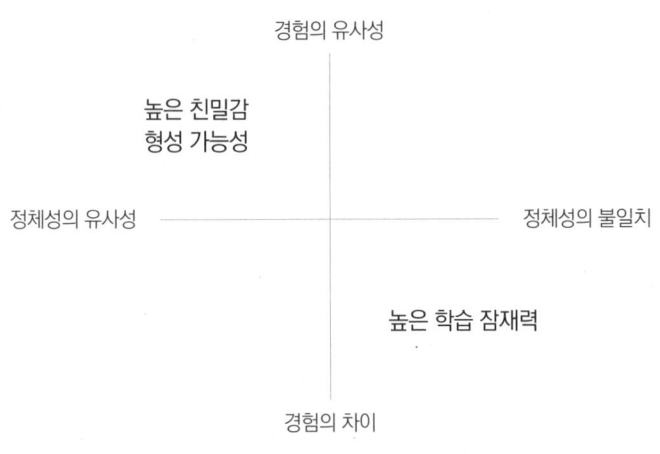

[그림 10.3] 라포 대 학습

이러한 현상은 팀 내에서도 동일하게 적용된다. 에리카 폴디Erica Foldy(2004)는 엘리Ely와 토마스Thomas(2001)의 그룹 내 '다양성 관점'에 대한 조사를 바탕으로 문화적으로 다양한 그룹에서 무엇이 학습을 가능하게 하는지를 검토했다.

그룹 학습 이론은 최근 수십 년 동안 모델 1과 모델 2 학습 유형이라고도 불리는 아지리스Argyris와 쇤Schön(1978)의 단일 순환 학습과 이중 순환 학습 개념에 의해 주도되어 왔다. 모델 2 학습의 행동과 사고 프레임, 즉 학습 과정에 대한 더 깊은 이해를 위해 정신적 모델을 표면으로 끌어올리는 수단은 성찰과 개방적 탐구, 즉 학습 대화를 필요로 한다.

폴디는 문화적으로 다양한 집단이 모델 2의 행동과 태도를 달성하는 데 방해가 될 수 있는 요인으로 다음과 같은 것들을 언급했다.

- 사람들은 자신과 더 비슷하다고 인식하는 사람들로 둘러싸인 그룹에서 더 편안함을 느낀다. 그룹에 자신과 다르다고 느끼는 사람이 포함되면 신뢰가 줄어든다. 결과적으로 그들은 이러한 다른 사람들에게 혜택을 주려는 경향이 줄고, 갈등의 가능성이 커지며 열린 대화가 어려워진다.
- 문화적으로 다양한 그룹의 구성원은 다른 사람들보다 문제 해결이나 의사 결정을 다르게 접근하고 대화를 다르게 주도할 가능성이 크다. 그룹 분위기에 따라 이러한 차이는 창의적 기회를 제공하거나 갈등을 유발할 수 있다.
- 소수 그룹의 구성원은 자신의 정체성을 더 의식할 수 있으며 따라서 덜 편안하거나 환영받지 못할 수 있다.
- 의도적이든 의도하지 않았든, 지배적인 문화권의 구성원은 '대화 스타일, 의사 결정 과정, 사회적 상호작용 등에서 지배적인 문화를 강화'할 수 있다.

엘리와 토마스는 다양성 관점을 사람들이 문화적 다양성에 대응하는 방식을 합리화하는 방식, 문화적 정체성에 대한 신념, 문화적 차이가 사람들이 함께 일하는 방식에 미치는 영향, 고성능 다문화 직장 그룹의 모습 등을 포함하는 것으로 정의한다. 연구진이 확인한 세 가지 관점은 다음과 같다.

- **차별과 공정성** – 조직 또는 그룹이 과거의 불균형을 해소하기 위해 채용이나 유지에 중점을 두지만 차이에 대한 문제를 드러내고 다루는 작업에서 가치를 보지 못하는 관점이다.
- **접근성과 합법성** – 다양한 직장 인력의 혜택을 인식하지만 제한적인 방식으로 인식한다. 예를 들어, 회사는 아시아인 판매원을 고용하여 아시아 고객에게 판매할 수 있다.
- **통합과 학습** – 이 관점은 차이를 개인과 조직 모두의 성장, 학습 및 통찰력의 원천으로 보며, 직원들의 다양한 경험과 시각은 회사가 시장, 사명, 구조 및 기업 문화에 대한 접근을 개선하는 데 자원이 된다.

폴디는 학습은 차이(서로 다른 접근 방식이 구성원들로 하여금 업무에 대해 생각하는 방식을 어떻게 변화시킬 수 있는지)와 차이를 넘어 '문화적 차이와 무관할 수 있는 여러 가지 학습'을 촉진한다고 제안했다.

폴디는 인종적 차이에 초점을 맞춰 연구를 진행했지만, 성격,

학문, 교육, 성적 지향 또는 성별 등으로 다양한 그룹에 대해서도 같은 일반적인 주장들이 제기될 수 있다. 다른 연구들(Earley & Mosakowski, 2000)은 매우 다양한 국제적인 팀이 장기적으로 동질적인 팀만큼 잘 수행할 수 있다는 것을 입증했는데, 이는 모델 2 학습 행동에 참여함으로써 차이점을 포용하는 팀 정체성이 점진적으로 발전했기 때문이다.

경험 또는 전문성에 기반을 둔 다양성의 경우, 다른 상황이 나타난다. 집단적 팀 동일시('특정 사회 집단의 구성원이 그 집단에 속해 있다는 사실에 부여하는 정서적 의미'(van der Vegt, 2005)로 정의)에 관한 연구에 따르면 구성원들이 서로와 팀에 대해 더 밀접하게 동일시할수록 팀의 성과가 높아지고 학습이 더 많이 이루어지는 것으로 나타났다. 반면, 다른 연구(Offenbeek, 2001)에 따르면 업무에 대한 태도의 다양성이 클수록, 특히 기간이 짧은 프로젝트에서 더 많은 학습을 경험하면 이는 다시 높은 팀 성과와 관련이 있다고 한다.

조직의 다양성 목표는 구조적 또는 정책적 변화가 아니라 대화를 위한 기회와 도구를 마련함으로써 가장 잘 달성할 수 있다는 증거가 속속 등장하고 있다. 또 이 증거는 이러한 대화가 이루어지는 핵심 장소로 팀을 지목하고 있다(다양성에 초점을 맞춘 멘토링 관계의 성공 요인 가운데 하나는 상호 학습을 지향하는 소규모 팀을 구성한다는 점이다). 조직에 주는 시사점은 회사 전체의 거창한 전사적 중점 계획initiative에서 다양한 팀 사이의 학습 대화의 질을 높이는 방향으로 자원을 전환하는 것이 중요하다는 것이다.

영국 지역 경찰을 위한 (출간되지 않은) 프로젝트에서 다양한 배경과 계층적 권한을 가진 워크숍 참가자들과 인터뷰를 진행했고, 그들 사이에서 강력한 반복적인 주제를 발견했다. 젊은 신입 사원을 감독하는 직속 상사와 그 위의 상사는 자신이 가장 안전하다고 느끼는 사람들, 즉 주로 같은 성별과 배경을 가진 사람들과 더 많은 대화를 나누고, 더 다양한 업무 관련 주제들을 다루며, 더 많은 비판적 피드백을 주고받았다. 잘못된 말을 했다가 인종차별주의자나 성차별주의자로 비난받을 수 있다는 두려움 때문에 다른 하급 관리자와의 대화의 깊이와 빈도가 제한적이었다.

이를 보여주는 한 실험(Norton et al., 2006)에서는 백인 지원자 30명과 흑인 또는 백인 연구 보조원을 짝을 지어 진행했다. 지원자와 조교 모두 다양한 연령, 인종, 성별 등을 나타내는 32장의 인물 사진 팩을 가지고 있었다. 각 지원자는 되도록 적은 질문을 사용하여 연구 보조원이 보고 있는 사진을 맞추도록 요청받았다. 이 '게임'은 충분히 반복되어 각 지원자의 플레이 방식에 명확한 패턴이 형성되었다.

지원자들은 백인과 흑인 파트너와 함께 한 게임에서 매우 다른 행동을 보였다. 게임의 목적을 달성하기 위해 인종에 대한 질문을 하는 것이 더 효과적이었을 텐데, 많은 사람이 그렇게 하는 것을 피했다. 가장 중요한 것은, 그들이 '흑인' 또는 '아프리카계 미국인'이라는 용어를 사용하는 빈도가 낮을수록, 실험을 관찰하는 평가자들에 의해 덜 친절하게 평가되었다는 것이다. 색맹처럼 보이려는 시도는 사실 의도한 것과 반대의 효과를 내어 대화를 더 어색하게 했다.

연구자들은 사람들이 색맹처럼 행동하려고 노력할수록 다른 피부색을 가진 사람들과 의사소통이 더 어려워진다는 결론을 내렸다.

팀 학습을 위한 환경 조성하기

다양하고 심리적으로 안전한 환경은 그냥 생기는 것이 아니다. 이러한 환경은 팀과 다른 구성원에 대한 긍정적인 가정과 기꺼이 배우고 다른 사람의 학습을 돕고자 하는 태도의 결과이다. 특히 구성원들은 다음과 같은 느낌을 받아야 한다.

- 실수는 비난의 대상이 아니라 배움의 기회다.
- 모든 사람의 아이디어는 소중하다.
- 검토 과정에서 자신의 직무와 관련된 단계만이라도 모두가 전문가다.
- 다른 구성원의 감정과 관점에 대한 질문은 환영 받고 장려된다.
- 모든 사람은 자신이 이해하지 못하거나 옳지 않다고 생각하는

것에 대해 질문할 권리와 책임이 있다.
- 호기심은 미덕이다.
- 도움을 요청하는 것은 환영받으며, 무지를 인정하는 것은 약점이 아니라 강점의 신호이다.
- 배움은 공동의 책임이다.

팀원들이 이러한 문제에 대해 긍정적으로 생각할 때, 개인과 팀 모두 실험을 시도하고, 역기능적인 행동과 잘못된 업무 프로세스에 맞서며, 외부에서 팀으로 학습을 끌어들이고, 학습한 내용을 업무 개선에 적용할 가능성이 커진다.

심장 수술 팀에서의 학습

이 프로세스의 좋은 예는 미국의 심장 수술 팀에 관한 연구(Edmondson et al., 2001)이다. 이들은 개방 심장 수술을 대체하는 새롭고 복잡한 절차로 전환하고 있었는데, 이는 외과의사가 갈비뼈 근처의 상대적으로 작은 절개를 통해 수술하는 덜 침습적인 접근 방식이었다. 팀원 각자는 이전에 잘 연습한 방식과는 반대되는 새로운 방법을 배워야 했다. 역할도 달라져 팀원 가운데 몇몇은 의사소통을 담당하게 되었다. 연구 대상인 16개 심장 수술 팀 모두 처음에는 각 단계를 꼼꼼하게 확인해야 했으므로 이전 절차보다 2~3배 정도 시간이 더 걸렸다. 16개 팀 모두 동일한 훈련을 받았으므로 연구진은 수술 시간 단축에 영향을 미치는 요인이 무엇인지 자세히 비교할 수 있는 기회를 가졌다.

일부 결과는 놀라웠고 직관에 반대되는 결과였다. 학습 곡선의 가파른 정도에 큰 영향을 미치지 않는 요소들은 다음과 같다.

- 학력 또는 수술 경험 기간 차이
- 팀과 프로젝트에 대한 높은 수준의 관리 지원
- 팀을 이끄는 외과 의사의 지위
- 디브리핑, 프로젝트 감사 및 사후 조치 보고서

차이를 만든 것은 작업과 학습 측면에서 팀을 설계하고 관리하는 방식이었다. 새로운 방식에 가장 빠르게 적응한 팀의 리더(외과 의사)는 기술적인 능력 뿐만 아니라 '다른 사람과 협력하는 능력, 새롭고 모호한 상황에 대처하는 의지, 지위가 높은 팀원에게 제안을 할 수 있는 자신감'을 기준으로 팀원을 선발했다. 성공적인 팀은 또한 가장 안정적이었다. 업무의 상호의존성이 높아서 신입 팀원이 들어오면 혼란을 야기할 수 있었다. 사실상 이 팀들은 학습을 위해 설계된 팀인 것이다(유연한 근무 방식을 도입한 조직에서도 비슷한 효과가 나타났다. 새로운 업무 방식 하에서 가장 생산성이 높은 팀은 절차를 익힌 기존 팀이 아니라 구성원들이 함께 학습하는 안정된 신규 팀이다).

성공적인 팀에는 또한 새로운 절차를 '기술적인 문제가 아닌 조직적인 도전'으로 제시한 리더가 있다. 이들은 개인의 새로운 스킬 습득보다는 팀으로 함께 일하는 새로운 방법을 강조했다. 이러한 리더들은 환자에게 돌아갈 혜택에 대해 긍정적으로 생각하고 팀 내 스트레스를 인정하고 수용함으로써 학습 과정을 흥미진진하게 했다.

또 성공적인 팀들과 그들의 리더들은 **심리적으로 안전한** 분위기를 만들었다. 그들은 지속해서 실험하며 '실시간 학습'에 참여했다 - 이는 진행 중인 과정을 분석하고 그로부터 교훈을 끌어내는 것을 말한다. 이러한 팀의 리더들은 자신들도 학습 곡선 위에 있다는 것을 분명히 했으며, 팀원들을 선발할 때 실력뿐 아니라 프로세스에 대해 의견을 제시하고 개선할 수 있는 능력도 고려했다.

연구자들은 '팀이 학습 관리에 명확하게 초점을 맞출 때 더 빠르게 배운다'라고 결론지었다. 그들의 연구 결과는 작업에 대한 집중, 학습, 행동 사이의 중요한 상호작용을 뒷받침한다. 물론 이 연구는 한 종류의 팀에만 국한된 것이지만, 최소한 다른 유형의 팀에서 학습 동력을 생각해 볼 수 있는 출발점을 제공했다.

학습을 위한 여섯 가지 팀 유형

팀 학습에 대한 저자의 초기 연구에서 두 가지 요소가 팀의 학습 능력에 상당한 영향을 미치는 것으로 나타났다. 바로 구성원의 안정성과 업무의 안정성이다. 새로운 얼굴은 새로운 학습 자원을 의미하고, 새로운 업무는 학습 기회를 제공한다. 그렇지만 새로운 구성원과 그들의 아이디어가 가치 있게 여겨지지 않거나 새로운 업무가 이전의 업무와 같은 방식으로 접근된다면, 그 학습 잠재력은 실현되지 않을 수 있다. [그림 10.4]의 매트릭스는 이 두 가지 안정성과 변화의 차원에 따라 여섯 가지 유형의 팀으로 구분한다.

안정적인 팀은 비교적 안정적인 구성원으로 장기간에 걸쳐 동일한 업무 또는 다양한 업무를 수행한다. 돌발 상황이 거의 없고, 모두가 자신에게 기대되는 바를 알고 있다. 내부 규칙과 규범, 서로 공유하는 인식이 있으므로 매우 아늑한 일터가 될 수 있다. 그러나 이러한 팀은 숨겨진 스트레스의 온상이기도 하다. 사람들이 공개적인 갈등을 피하기 위해 자신의 우려를 숨길 수 있으며, 약한 구성원들은 그들을 둘러싼 동료들에 의해 보호받으며, 이 동료들은 그들의 비효율성을 보완해 줄 수 있다. 따라서 안정적인 팀에서 필요한 스킬은 사회적 결속력을 유지하는 데 크게 치우쳐 있다. 변화 부족과 현상에 도전하는 능력이나 경향의 감소가 주로 등장하는 문제다. 팀 내 창의성 수준과 질에 대한 최근 연구에 따르면, 새로운 구성원이 합류할 때 창의성이 크게 증가하고, 구성원의 변화가 없는 팀에서는 정체된다는 것이 밝혀졌다(Choi et al., 2005).

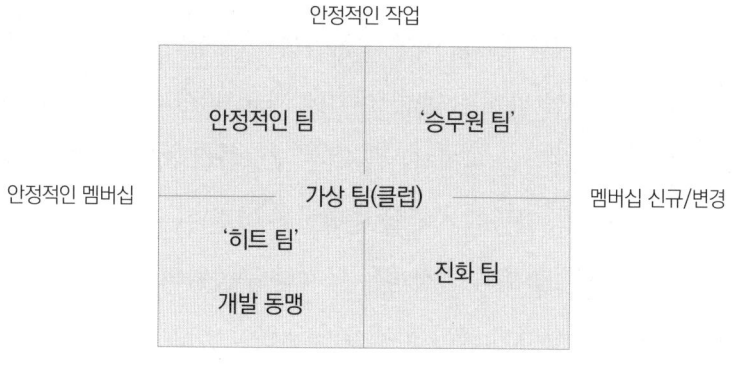

[그림 10.4] 여섯 가지 유형의 학습 팀

'**히트' 또는 프로젝트 팀**은 비교적 단기간의 일회성 작업을 처리하기 위해 구성되며, 일반적으로 다른 여러 팀에서 팀원을 뽑는다. 구성원은 대체로 안정적이며 팀이 한 가지 업무를 성공적으로 마치면 다른 업무도 맡게 된다. 예를 들어, 주요 신기술 도입을 처리하기 위해 구성된 변화 팀은 복합적인 스킬과 프로세스를 개발하여 처음에는 기업 기능의 구조조정을 감독하고 이후에는 다양한 문화 변화 프로젝트를 감독하는 데 적합하다. 매번 새로운 인물이 팀에 합류하긴 했지만 핵심 멤버는 동일하게 유지된다. 히트 팀에 관련한 스킬은 새로운 과제에 빠르게 적응하고 촉박한 기한 내에 혁신적인 결과를 도출하는 능력과 관련이 있다. 히트 팀은 다양한 스킬을 통합하고 더 큰 조직과 소통하는 데 어려움을 겪는 경우가 많다.

개발 동맹 팀은 오프라인 멘토링이나 액션 러닝 팀과 같이 학습을 공유하기로 동의한 두 명 이상의 사람들로 구성되며, 반드시 일반 팀 내에서 연결될 필요는 없다. 여기에 필요한 스킬은 학습 대화를 진행하고 자기 계발을 관리하는 능력을 포함한다. 개발 동맹의 문제점으로는 업무 외 활동에 시간을 할당하기 어렵다는 점 등이 있다.

'승무원' 팀은 업무의 안정성은 높지만 구성원의 안정성은 낮다. 대표적인 예로 상업 항공기의 객실 승무원이 있으며, 그 외에도 영화 제작진과 배우들도 포함된다. 각 경우에 팀 구성원들은 서로 전에 함께 일한 적이 없을지라도 최소한의 지시나 감독 하에 자신의 역할에 빠르게 적응해야 한다. 이 유형의 팀에서 요구되는 스킬은 명확하게 정의된 기술적인 업무에 대한 높은 개인적 역량과 그룹 활동에 신속하고 원활하게 연결될 수 있는 능력을 포함한다. 승무원이 직면하는 문제로는 낯선 사람들이 지속해서 유입되는 가운데 사회적 응집력을 키우는 것이 어렵다는 점이다.

진화하는 팀은 주요 신제품의 설계 및 출시나 신규 공장 부지의 설립과 같은 장기적인 개발 프로젝트를 담당한다. 진화하는 팀의 구성원은 비교적 유동적이며, 프로젝트의 진행 단계 및 작업의 변화에 따라 팀원이 들어오고 나가기도 한다. 여기서 필요한 스킬은 이전 구성원들이 도입한 결정과 프로세스의 제약 속에서도 새로운 업무를 창의적으로 관리할 수 있는 능력을 포함한다. 이전 구성원들이 팀과 함께하고 있든 아니든 말이다. 진화하는 팀이 직면하는 문제점에는 프로젝트의 다양한 단계에서 작업하는 구성원들 간의 인수인계 관리가 있다.

마지막으로, **가상 팀**이나 **클럽 팀**은 구성원과 업무 면에서 안정적이거나 불안정할 수 있다. 일반적으로 조직도의 레이더 밖에서 운영되는 이 팀들은 영향력 있는 관리자에 의해 임시적으로 모여진, 분산된 위치에서 온 사람들(가상 팀)로 구성되거나 독립적으로 모인 사람들(클럽 팀)로 이루어진다. 팀원들은 거의 항상 다른 팀에서 더 급한 역할을 맡고 있다. 이 팀들과 네트워크 사이에는 많은 유사점이 있지만, 네트워크와 차별화되는 점은 공동의 목적(예: 일과 삶의 균형 또는 다양성 문제에 대한 사고를 바꾸는 것)과 업무와 역할에 대한 어느 정도의 명확성이 존재한다는 것이다. 가상 팀은 사무 공간을 공유하지 않고 시간대를 넘나들며 일할 수도 있지만, 여전히 협업을 하며 전화 회의, 이메일 및 온라인 도구를 사용하여 효과적으로 의사소통한다.

이러한 팀들은 목표의 긴급성이 변화함에 따라 네트워크에서 발전하거나 네트워크로 변할 수 있다. 이 유형의 팀을 운영하는 데 필요한 스킬은 원거리 또는 일상적으로 업무 교류를 하지 않는 사람들과 커뮤니케이션을 유지하고, 상충되는 우선순위를 관리하며, 업무와 일정을 명확하게 이해하는 것 등이다. 가상 및 클럽 팀이 직면하는 문제들에는 품질 유지, 동기 부여 유지, 복잡한 업무의 조정 등이 포함된다.

가상 팀에 대한 일반적인 설명은 팀원들이 지리적으로 떨어져 있고 주로 온라인 방식으로 소통하는 한다는 것이다. 그렇지만 현실은 그렇게 간단하지 않다. 예를 들어, 한 다국적 제조 기업의 고위 경영진은 모두 같은 건물에 근무하고 있다. 그렇지만 모두 출장이 잦아 2주에 한 번씩 열리는 정기 팀 회의에 참석하는 사람은 4분의 1도 되지 않는다. 이들은 어디서든 가능한 기술을 활용하여 이러한 회의를 가상으로 진행하며 관리한다.

다른 조직에서 가상 팀은 주로 일반적인 보고 구조를 벗어난 그룹을 의미한다. 서로 다른 위치에 있을 수도 있고 아닐 수도 있는 사람들이 비공식적으로 모여 공식적인 합의가 없는 문제를 해결하거나, 조직에서 다양성 인식을 높이기 위해 압력 단체를 구성하도록 권장하는 경우 등이 이에 해당된다. 이 두 가지 경우 모두 가상적인 측면은 지리적 거리가 중요한 역할을 하기는 하지만, 보고 구조의 분리에서 비롯된다. 이러한 그룹은 가장 형식적으로 프로젝트 팀의 성격을 가질 수도 있고, 가장 덜 형식적으로 전문가 네트워크에 지나지 않을 수도 있다.

가상 팀 구성원도 상당히 다양할 수 있다. 어떤 경우에는 구성원이 비교적 영구적이며 적어도 구성원들이 누가 참여하고 있는지 명확하게 알 수 있다. 다른 경우에는 프로젝트의 단계에 따라 구성원이 변경될 수 있으며, 서로 다른 수준의 상호작용이 필요한 핵심 팀원과 주변 팀원이 있을 수 있다. 팀 리더와도 서로 다른 수준의 상호작용이 필요할 수 있다.

요약하면, 가상 팀은 매우 다양한 형태를 취할 수 있지만, 그것들을 정의하는 요소는 다음과 같다.

- 공식적이거나 비공식적인지
- 하나 또는 여러 보고 구조 내에서 작업하는지
- 위치상 멀리 떨어져 있거나 가까운 곳에서 작업하는지
- 구성원의 안정성이 있는지
- 팀 경계의 명확성이 있는지(누가 속해 있고 속해 있지 않은지)

팀 학습 리서치 프로젝트

팀 학습에 관한 연구는 1998년 당시 영국 헤르츠Herts 훈련과 교육 위원회의 의뢰를 받아 유럽 공동체의 적응Adapt 프로그램의 후원으로 세 가지 주요 단계를 밟아가며 진행되었다. 먼저, 관련 선행 연구를 파악하고 현장 연구에서 제기된 질문을 안내하는 배경 데이터를 제공하기 위해 문헌 검색을 수행했다. 선행 연구가 거의 발견되지 않아 두 번째 검색을 수행하여 관련 지식이 부족함을 재확인하였다.

둘째, 하트퍼드셔 내 기업들을 대상으로 서신을 통해 프로젝트에 참여하도록 초청한 다음, 영국 남부와 동부의 더 넓은 지역에 있는 기업들을 초청했다. 공공/민간 부문, 기업 규모 및 활동 유형을 최대한 다양하게 대표할 수 있도록 총 11개 기업이 선정되었다. 가장 작은 기업은 직원 수가 10명 미만이고, 가장 큰 기업은 500명(4만 4,000명을 고용하는 다국적 기업의 현지 자회사)이었다.

셋째, 포커스 그룹 인터뷰는 조직 규모에 따라 각 회사에서 실시했다. 일부 그룹은 원래부터 안정적인 팀으로 구성되었고, 다른 그룹은 직원들 가운데서 무작위로 선발하였다. 되도록 많은 유형의 팀을 인터뷰했으며, 그들이 인식하는 것들을 수집하는 데 질문의 목적을 두었다.

- 각 유형의 팀에 얼마나 자주 참여했는지 또는 얼마나 친숙했는지
- 각 유형의 팀에서 학습의 좋은 경험과 나쁜 경험은 어땠는지
- 학습이 얼마나 계획적으로 이루어졌는지, 우연히 이루어진 것인지
- 각 유형의 팀이 팀 내 및 다른 팀과 어떻게 학습을 기록하고 공유하는지

마지막으로 인터뷰 데이터의 1차 분석 후, 다양한 기업(참여한 기업과 참여하지 않은 기업 모두)과 기타 전문가들의 의견을 구했다.

여섯 가지 팀 유형별 학습

여섯 가지 유형의 팀은 학습 관점에서 각각 고유한 강점과 약점을 가지고 있다.

안정적인 팀은 업무 진행 방식에 의문을 제기할 자극이 거의 없는 일상에 쉽게 빠질 수 있다. 일반적으로 외부에서 발생하는 위기 상황에서만 학습에 큰 노력을 기울이고, 때로는 그 마저도 하지 않는 경우도 있다.

히트 팀은 짧은 기간 운영되므로 서로를 알아가고 협업하는 성숙 단계를 겪을 시간이 거의 없이 해체되며, 그 과정에서 얻은 학습은 흩어지게 된다. 문제를 해결하거나 일을 진행하는 데 속도가 필요해서 학습을 성찰하고 검토할 시간이 거의 없다.

진화하는 팀은 히트 팀과 마찬가지로 학습에 어려움을 겪지만 보통은 성숙에 이를 수 있는 여유가 있다. 그러나 그들은 새로운 구성원을 대하는 방식에서 두 번째 학습 문제에 직면한다. 기존 멤버들은 기능적인 팀으로 결속되어 있으며, 프로젝트 운영의 가치, 원칙, 그 배경에 대한 깊은 공동의 경험과 이해를 가지고 있다. 새로운 구성원들은 이러한 팀에 합류하기 어렵다. 흔히 내부자와 외부자, 두 팀으로 나뉘는 경우가 많은데, 그 이유는 새로 들어온 사람이 기존 멤버가 쌓아온 학습을 따라잡을 수 없기 때문이다.

가상 팀은 대체로 비공식적인 성격을 띠고 있어, 학습이 효과적으로 진행되도록 직관에 기반한 체계에 의존한다. 실제로 지식은 가상 팀에서의 중요한 자산으로 간주되며, 따라서 영향력과 경험이 부족한 이들은 가상 팀의 일원이 되는 기회를 얻지 못할 수도 있다(조사 대상 조직의 직급이 낮은 사람 가운데 가상 팀에서 일해 본 경험이 있는 사람이 적은 이유도 이 때문일 수 있다).

개발 동맹 팀은 다른 유형의 팀보다 본질에서 학습 관련 문제가 적은데, 그 이유 가운데 하나는 그들의 초점이 이미 학습에 맞춰져 있기 때문이다. 주요 문제는 대체로 이 방식에서 사람들이 무엇을 배우는지에 관한 것이다. 더 경험 많은 파트너의 태도, 습관, 행동이 필연적으로 영향을 미치게 되며, 그 가운데 일부는 도움이 되지 않을 수도 있다. 자주 보고되는 또 다른 문제는 중요한 차이를 만들기 위한 상호작용의 빈도가 부족하다는 것이다.

승무원 팀에서는 구성원들이 자주 만나지 못하고, 때때로 단 한 번 만날 수도 있다. 작업 내용은 동일하고 일관성 있게 수행되어야 하지만(비행기의 객실 승무원의 경우처럼), 구성원들은 자주 바뀐다. 이는 학습 관계를 형성할 수 있는 가능성을 저해한다, 친밀한 관계를 형성하기에는 시간이 너무 부족할 수 있다. 그렇지만 다양한 사람들에게서 배울 수 있는 기회는 관찰력 있는 사람에게 자주 새로운 팁과 아이디어를 제공해 지식과 스킬을 쌓는 데 도움이 된다. 일부 승무원 팀 리더들은 예를 들어 항공기 중간 정차 시간을 이용해 젊은 팀원들과 함께 시간을 보내며 자신의 지식을 전달하는 것을 중요하게 생각한다.

안정적인 팀 코칭

안정적인 팀은 여러 방면에서 코칭의 혜택을 받을 수 있다. 가장 중요한 몇 가지는 이 섹션에 설명되어 있다.

[표 10.3] 안정적인 팀의 성과에 대한 동인과 장애물

안정적인 팀	업무 성취	학습 성취	생산적인 행동
동인drivers	• 과제에 대한 친숙도 • 스킬 및 개인 선호도에 따른 역할 분담	• 서로의 강점, 경험, 지식 및 스킬을 알 수 있는 기회 • 동료 간에 지속적인 코칭 관계 구축	• 예측 가능성 • 커뮤니케이션 '속기'
장애물barriers	• 사회적 태만	• 업무 수행 방식과 대부분 변화가 팀 내부가 아닌 외부에서 시작되는 이유에 관해 질문하지 않음	• 역기능 행동에 대한 직면 회피

안정적인 팀에서의 생활은 나름의 루틴을 확립하는 경향이 있다. 그 루틴이 편안한지 아닌지는 팀 내에서 유발되는 스트레스의 정도와 성격에 따라 달라진다. 힘든 시기에 사람들은 자신들이 일하고 있는 기준에 도전하는 것을 주저하게 된다. 이는 변화로 인한 잠재적인 어려움을 겪을 수 있기 때문이다. 반면, 상황이 좋을 때는 변화를 촉발할 수 있는 새로운 통찰을 찾으려는 자극이 더욱 약하게

느껴지곤 한다.

팀이 피할 수 없는 관성의 힘을 극복하려면 성찰 공간과 심리적 안전 지대를 모두 만들어야 한다. 이는 대부분 명확하게 눈에 띄지 않는다. 예를 들어, 한 팀이 시장 점유율 강화와 같은 장기적인 목표에 크게 기여하지 않으면서도 지속적인 실적 개선(예: 매출 증가 또는 생산량 증가)의 징후를 보이는 경우가 흔히 있다. 휴대폰 시장이 확대되는 상황에서 거의 모든 회사의 영업팀은 자신들이 잘하고 있다고 생각했다. 그렇지만 시장 포화라는 현실이 닥쳤을 때 많은 사람이 완전히 당황하고 말았다. 코치는 팀원들이 모여 목표와 목표 달성 방법에 대해 창의적으로 생각할 시간을 마련하여 팀이 평소와 같은 업무를 넘어서 바라볼 수 있는 시간을 갖도록 돕는다.

팀 코치는 또한 팀이 다음과 같은 과정을 구축할 수 있도록 도와줄 수 있다.

- 각 팀원은 분기마다 최소한 자신과 팀을 위한 중요한 도전 과제를 제시해야 한다.
- 내외부 고객과 같은 이해관계자들이 팀 전체에 직면하고 그들을 도전할 수 있는 기회를 만들어야 한다.

방 안의 코끼리를 인식하고 식별하기

'방 안의 코끼리(역자 주: 골치아픈 문제)'는 사람들이 팀의 한 구성원을 다루기가 너무 어렵거나 고통스러워서, 침묵의 합의로 그 사람을 그대로 내버려두기로 하는 일반적인 행동을 비유하는 말이다.

그룹 내에서의 사회적 결속력의 필요성은 흔히 무언의 공모로 이어질 수 있는데, 이것은 하나 또는 그 이상의 팀 구성원 행동으로 인해 '배가 흔들리는' 것을 두려워하여 다른 이들에게 무시되는 상황을 의미한다. 그들은 변명을 늘어놓기도 한다(예: '이 창의적인 유형은 모두 프리마돈나라고 하는 등'). 또는 극단적인 경우에는 현실을 대면하지 않기 위해 복잡한 허구를 만들어낼 수 있다(예: '그는 비즈니스를 이해하지 못하지만 회장의 골프 친구이다'라고 설명하는 비임원 관리자를 표현하기 위해 '그는 안 보이는 곳에서 많은 기여를 하고 있다'라고 언급함).

코치는 팀에게 역할과 책임에 대해 더 명확하게, 모니터링과 피드백은 더 정확하고 유의미하게 개발하도록 장려함으로써 방 안의 코끼리를 다루는 데 도움을 줄 수 있다. 또한 팀이 행동상의 기대사항과 규범을 논의하고 건설적인 상호 피드백을 할 수 있도록 합의된 프로세스를 개발하도록 하며, 팀 멤버들에게 자신의 행동과 동기 유발 포인트를 탐구하고 동료들에게 피드백을 얻도록 도전하라고 장려할 수 있다.

물론, 방 안의 코끼리가 행동에 대한 문제가 아닐 수도 있다. 예를 들어, 부서 퇴출 가능성이나 노후화된 연료 탱크가 누출되어 인근 강을 오염시킬 수 있는 가능성 등 팀이 해결하기를 너무 두려워하는 업무 또는 프로세스 문제일 수 있다. 이 경우에도 동일한 원칙이 적용된다. 또 코치는 팀이 위험 분석의 탄탄한 프로세스를 구축하는 데 도움을 줄 수 있다. 조직의 위기 관리는 일반적으로 공장 건설이나 병원 임상 부서 관리와 같은 기업 또는 대규모 프로세스 수준에서 적용된다. 그렇지만 일반적으로 다음과 같은 팀에도 적용할 수 있다.

세부적으로 프로세스를 분석하는 것은 팀 내에서 문제가 발생할 가능성(예상되는 빈도)과 그것이 발생했을 때의 영향에 대해 대화를 나눌 수 있는 기회를 제공한다. 코치는 이 대화를 통해 더 엄격한 접근을 유도할 수 있으며, 모든 프로세스 단계를 철저히 다루고, 문제 발생의 잠재적인 빈도와 영향에 대해 현실적으로 바라볼 수 있도록 한다. 중요한 코칭 질문은 '이 예상에 대한 우리의 근거는 무엇인가?'이다.

코칭 개입 주기 설정하기

거식Gersick(1998)에 의해 밝혀진 시간 기반 코칭 개입의 원칙은 프로젝트 팀에 관련되어 있으며, 이는 업무에 분명한 시작, 중간, 그리고 종료 지점이 있다. 그렇지만 안정적인 팀의 경우, 오랫동안 변화가 없는 단일 업무(예: 생산 라인)이거나 비슷하지만 독특한 일련의 업무들(예: 신문사 편집 팀)을 진행한다. 코치는 프로젝트 팀의 핵심 요소들을 모방하는 루틴을 설계하고 식별하는 데 팀에 도움을 줄 수 있으며, 이를 통해 팀이 각 지점에서 다양한 종류의 코칭 개입을 받아들이고 사용할 수 있는 조건을 만들 수 있다.

이를 위해, 팀은 업무 흐름의 자연스러운 패턴과 그 안의 주요 주기를 식별해야 한다. 일부 안정적인 팀의 경우, 업무의 성격(예를 들어, 팀이 여러 작업을 동시에 진행하고, 이를 팀원들에게 분배하는 경우)에 따라 팀의 일부는 주기의 한 지점에 있을 수 있고, 나머지는 다른 지점에 있을 수 있다. 이 경우, 코치는 자기 업무에서 다른 지점에 있는 팀원들이 동료들의 관찰자이자 평론가로서 역할을 하도록 격려한다.

소통 시스템과 네트워크의 깊이와 품질 향상

대부분 다른 팀 형태와 달리, 안정적인 팀은 외부 네트워크에 대한 장기적인 투자에서 이익을 얻을 수 있는 오랜 지속성longevity을 가지고 있다. 코치는 팀이 다음 질문들을 고려하도록 도울 수 있다.

- 현재와 미래의 업무에 효과적으로 대처하기 위해 우리에게 필

요한 (또는 도움이 될) 정보는 무엇인가?
- 필요한 일을 수행할 수 있도록 팀 외부에서 어떤 영향력을 발휘해야 하는가?
- 정보를 얻고 영향력을 행사하기 위해 우리가 관계를 맺어야 할 주요 인물은 누구인가?
- 이 인물들이 우리와 네트워크를 형성하고 싶어 하게 만들 요소는 무엇인가? 우리가 그들에게 제공할 수 있는 것은 무엇인가?
- 현재 우리는 이러한 사람들과 다른 이해관계자들과 얼마나 잘 소통하고 있는가? 어떻게 알 수 있는가?
- 그들은 우리가 어떤 방식으로 소통하기를 원하는가? 얼마나 자주?
- 그들의 업무를 더 수월하게 하기 위해 무엇을 할 수 있는가?
- 팀 내에서 각 네트워킹 관계 유지에 대한 일차적 및 이차적 책임은 누구에게 있는가?

안정적인 팀에 새 팀원을 적응시키기

안정적인 팀의 새로운 구성원은 흔히 인정받거나 받아들여진다는 느낌을 받기가 어렵다. 팀이 설립된 지 오래되고 그룹 규범이 강할수록 더 어려울 수 있다. 새 구성원들은 대체로 자신의 행동과 태도를 팀에 맞추거나, 이를 조정하지 못하고 떠나게 된다. 그렇지만 새로운 구성원의 합류는 팀의 정체성, 업무 관행, 가정, 비전을 새롭게 하고 활력을 불어넣을 수 있는 좋은 기회이다.

코치의 업무는 팀이 신규 구성원의 적응 과정을 서로에게 학습의 기회로 만들도록 돕는 것이다. 중요한 질문들은 아래와 같다.

- 새로운 구성원이 빠르게 업무에 적응하려면 무엇을 알아야 하는가?
- 신입 사원의 지식, 전문성, 관점의 차이를 팀의 업무 방식에 제도화하기 전에 팀에서 무엇을 할 수 있는가?
- 프로세스를 검토하는 데 새로운 시각이 가장 도움이 되는 곳은 어디인가?

신입 사원 합류 후 첫 몇 주 동안 팀 회의 시간을 할애하여 신입 사원이 가장 궁금해하는 10가지 질문에 대해 토론하는 것도 유용한 방법이 될 수 있다. 이는 신입 사원이 그러한 질문을 하도록 장려하여 학습 속도를 높일 뿐만 아니라, 팀원들이 순수한 관점의 가치를 인정하도록 강권한다.

바나나 먹기 Going bananas

저자가 함께 일했던 네덜란드의 한 연구팀은 '바나나 메모'라는 관행을 도입했는데, 이는 새로운 사회적 환경에 놓인 원숭이들이 비

논리적인 규칙을 따르게 되는 과정을 연구한 결과이다.

이야기 속에는 원숭이 세 마리가 우리에 갇혀 있고, 죽은 나무 꼭대기에는 바나나 한 다발이 매달려 있다. 한 원숭이가 나무에 오르려고 하면 모든 원숭이가 찬물에 흠뻑 젖는다. 몇 번 흠뻑 젖는 경험을 한 원숭이들은 나무를 피하게 된다. 한 원숭이가 제거되고 교체되면 새로 온 원숭이도 나무에 오르고 싶어 하지만 다른 원숭이들이 강제로 나무에 오르지 못하도록 설득한다. 더 많은 원숭이가 교체되고 결국 우리에 있는 원숭이 가운데 누구도 흠뻑 젖은 경험이 없지만, 나무에 오르지 않는다는 규칙이 사회적 규범에 너무 깊숙이 자리 잡고 있어서, 몇 세대가 교체되더라도 바나나는 그대로 유지된다.

바나나 메모는 모든 직원이 작성할 수 있지만, 특히 입사 후 6개월이 지난 직원에게 권장된다. 바나나 메모에는 보통 질문이 포함된다: 우리가 이 일을 하는 이유는 무엇인가? 아니면 왜 그렇게 하지 않는가? 프로세스 소유자 또는 필요에 따라 팀 전체가 이 질문을 진지하게 받아들이고 신입의 눈으로 바라보려고 노력할 의무가 있다. 이 프로세스는 팀의 역할과 내부 고객층의 변화에도 불구하고 과거 한 가지 상황에 맞춰 만들어져 '우리가 하던 방식'으로 남아있던 절차를 검토하고 수정하도록 만들었다.

안정적인 팀을 위한 유익한 코칭 질문들은 다음과 같다.

- 자만심과 싸우려면 어떻게 해야 하는가?
- 우리는 정말 우리가 생각하는 것만큼 잘할 수 있을까? (팀은 본 능적으로 경쟁자들에 비해 자신들의 능력과 다른 긍정적인 특성을 과대평가하는 경향이 있다.)
- 얼마나 많은 사회적 태만이 발생하고 있으며, 우리는 이에 대해 무엇을 해야 하는가?
- 우리가 정기적으로 스스로에게 물어봐야 할 순진한 질문들은 무엇이며, 누가 이를 할 것인가?

승무원 팀 코칭

승무원 팀에서 코치가 가장 먼저 직면하는 문제는 팀을 구성하는 것이다. 팀원들은 매번 독특한 조합으로 모이므로 학습의 초점은 새로운 과제에 적응하고 기여할 수 있는 개인 역량을 쌓는 것이거나 단일 과제 범위 내에서 학습 기회를 만드는 데에 두어야 한다.

항공 승무원을 코칭하는 코치들은 비행 전 브리핑과 비행 후 사교적인 시간을 즉석 코칭의 기회로 활용하고 있으며, 경험이 많은 팀원과 경험이 적은 팀원을 짝지어 주고 있다. 구체적인 학습 목표가 확인되면 후자에서 더 많은 가치를 얻을 수 있다. 예를 들어, '어려운 고객이 발생하면 제니가 고객을 응대하고, 여러분은 이를 보조하고 관찰한다'와 같은 목표를 설정할 수 있다. 학습 내용을 나중에 검토할 시간을 찾기는 어렵지만(장거리 비행 뒤에는 승무원들이 너무 피곤해 학습 내용을 받아들이기 어려울 수 있음), 코칭을 받는 사람들이 배운 내용을 동료들에게 얼마나 빨리 전달할 수 있느냐에 따라 학습이 더욱 효과적으로 정착될 수 있다.

[표 10.4] 승무원 팀의 성과에 대한 동인과 장애물

승무원 팀	업무 성취	학습 성취	생산적인 행동
동인drivers	• 명확하게 정의된 투명한 루틴	• 여러 사람에게서 배울 수 있음	• 자신의 역할과 낯선 사람과의 협업에 대한 전문성
장애물barriers	• 즉흥의 상대적 회피 실험	• 장기적인 학습 관계 구축의 어려움 • 일반적으로 팀 외부에서 이루어지는 교육 • 작업의 범위가 좁음(품질과 일관성을 유지하려면 작업이 단순하고 반복적이어야 함)	• 역할 보호는 분열을 일으킬 수 있음

연극 출연진이나 영화 제작진처럼 더 오랜 기간 근무하는 승무원 팀의 경우, 코칭은 학습자에게 그들이 지원하거나 의존하는 다양한 다른 역할에 대해 교육할 수도 있다. 다시 한번 강조하지만, 팀 코치의 중요한 역할은 경험이 많은 멤버들과 경험이 적은 멤버들, 또는 서로 다른 분야의 동료들 간의 학습 관계를 장려하고 지원하는 것이다.

이러한 유형의 팀과 함께 일하는 코치에게 가장 어려운 임무는

팀이 자신들의 기본 과정과 루틴을 점검하고 도전하도록 돕는 것이다. 각각의 새로운 팀은 즉시 조화를 이루어야 하므로 행동, 과정, 역할 규범은 대개 직업적으로 결정된다. 한 팀이 실험적으로 다른 방식으로 일을 해보더라도, 일주일 뒤에 팀원들은 다시 전통적인 방식으로 업무를 수행하는 팀으로 돌아갈 것이다. 따라서 실험은 개인의 창의력에 제한되는 경우가 많으며, 예를 들어 역할을 어떻게 해석할지, 불만을 지닌 어린 승객을 어떻게 위로할지 등에 초점이 맞춰진다. 승무원 팀을 많이 운영하는 조직들은 가끔 이 문제를 해결하기 위해 한두 팀을 파일럿(의도된 말장난은 아님)으로 선정하고, 그들의 일정에 검토, 분석 및 업무 적응을 위한 성찰 공간을 마련함으로써 이 문제를 극복하기도 한다.

프로젝트 팀 코칭

효과성을 위하여 생애주기에서 어느 시점에 있느냐에 따라 프로젝트 팀에 대한 개입 유형을 달리 해야 한다(Gersick, 1998). 코치의 역할은 팀이 적시에 적절한 업무에 집중할 수 있도록 돕는 것이다.

팀이 구성되면 코치는 목표를 명확히 하고(업무 및 학습 목표에 대한 공동의 목적과 우선순위 개발), 팀이 보유한 지식의 범위와 위치를 파악하고, 기본적인 의사소통 및 조정 시스템을 구축하고, 역할과 행동에 대한 기대치를 확인할 수 있도록 가이드 할 수 있다.

[표 10.5] 프로젝트 팀의 성과에 대한 동인과 장애물

프로젝트 팀	업무 성취	학습 성취	생산적인 행동
동인 drivers	• 활동 초점 좁히기 • 실험할 기회 • 컨셉과 결과물 사이의 비교적 짧은 기간	• 배울 수 있는 다양한 전문 지식 • 프로세스 충돌은 긍정적일 수 있음 • 사람들을 다른 팀 환경으로 유도 • 빠른 지식 습득과 적용에 대한 큰 필요성	• 전문성 인정
장애물 barriers	• 일에 대한 오너십이 분산되어 있음	• 학습 관계를 발전시킬 시간 부족 • 학습 포인트 파악 실패 – 충분히 학습된 내용이 숙성되기 전에 팀이 해산됨 • 과제를 완료해야 한다는 시간 압박으로 인해 복습은 뒷전으로 밀려남	• 일관된 업무 루틴과 사회적 규범을 개발할 시간 부족

중간 지점에서 코치는 팀이 잠시 숨을 고르며 프로세스, 커뮤니케이션 및 관계를 되돌아보고, 팀 전략을 재검토할 수 있는 기회를 가질 수 있도록 한다. 마지막으로, 프로젝트가 끝날 무렵 코치는 팀이 성취해낸 학습에 대해 성찰하고, 이를 어떻게 포착하고 전파할지 생각해 보도록 격려할 수 있다.

목표를 명확히 하기 위한 코칭 질문은 다음과 같다.

- 이 프로젝트가 기획된 배경은 무엇인가?
- 왜 중요한가? 대상은 누구인가?
- 과업task의 목표는 구체적으로 무엇인가? 학습 목표는 무엇인가?

- SMART 목표를 설정하기에 적절한 시기는 언제인가? (설정한 목표가 적절한지 확인하려면 상황에 대한 이해가 얼마나 필요한가?)
- 성공이란 어떤 모습인가?
- 실패란 어떤 모습인가?
- 과업과 학습목표를 얼마나 잘 달성했는지 어떻게 알 수 있는가?
- 개인의 목표는 공동의 목표와 어떻게 부합하는가?
- 목표 달성을 방해하는 요인은 무엇인가?
- 이러한 목표를 달성하기 위해 우리가 올바르게 달성해야 할 다섯 가지 핵심 사항은 무엇인가?

팀이 보유한 지식의 범위와 위치를 파악하기 위한 코칭 질문은 다음과 같다.

- 이 팀이 선정된 이유는 무엇인가? 팀원 개개인은 어떤 구체적인 스킬과 지식을 가지고 있는가? 우리 각자는 어떤 스킬과 지식에 접근할 수 있는가?
- 팀에 필요한 지식은 무엇인가? 어떤 지식이 핵심인가? (또는 없으면 안되는 지식은 무엇인가?) 어떤 지식이 가치를 지니고 있는가? (어떤 지식이 직무task를 더 쉽게 수행하게 해 주는가?) 잠재적으로 유용한 지식은 무엇인가? (특정 상황이나 요구가 발

생할 경우 활용할 필요가 있는 지식은 무엇인가?)
- 명시적 지식(즉, 다른 사람들이 접근할 수 있는 방식으로 기록된 지식)과 암묵적 지식(사람들의 마음속에 간직된 지식)에는 어떤 것이 있는가? 필요할 때 우리는 암묵적 지식에 어떻게 접근할 수 있는가?
- 식별할 수 있는 지식 격차가 있는가? 어떻게 그 격차를 해소할 수 있는가?

커뮤니케이션 및 조정의 기본 시스템을 구축하기 위한 코칭 질문은 다음과 같다.

- 의사 결정과 각 팀 프로세스의 주요 단계에 참여하도록 누구에게 알리고, 상의하고, 초대해야 하는가?
- 그들은 어떤 방식으로 커뮤니케이션이 이루어지기를 기대하는가?
- 과거의 의사소통 실패 경험에서 어떤 교훈을 얻을 수 있는가?
- 우리는 서로가 어떤 의사소통 방식을 선호하는지 인식하고 있는가?
- 의사소통하기 위해 특별한 노력을 기울여야 할 부분은 무엇인가?
- 팀이 분산되어 있는 경우, 얼마나 자주 공식적인 의사소통을 해야 우리의 집중력을 유지할 수 있는가?
- 업무 관련 거래적 의사소통transactional communication과 관계 구축

커뮤니케이션 사이의 균형을 제대로 맞추고 있는가?(다시 한 번 강조하지만, 팀원들이 같은 장소에서 근무하지 않는 프로젝트 팀에게 특히 중요함)

Item[5]이라는 직원 커뮤니케이션 전문 회사는 경쟁사를 인수한 뒤 런던에 있는 인수 회사의 건물로 완전히 이전하기로 결정했다. 이로 인해 전체 또는 대부분 시간을 재택으로 근무하는 직원 수가 증가했다.

사무실에서 계속 근무해온 직원들은 재택 근무 직원들과 전화로 소통하는 방법을 익혀야 했고, 충분한 통화 시간을 확보하거나, 그들이 출근했다면 직원 휴게실 등에서 정기, 비정기적인 다양한 만남을 통해 최대한의 최신 정보를 얻으면서 사회적으로도 조직에 포함되도록 노력할 필요가 있었다. 관계적 의사소통은 재택 근무자들의 동기 유지와 팀 내 두 그룹 간 상호 신뢰를 유지하는 데 있어 거래적 의사소통만큼이나 중요하다는 것이 입증되었다.

역할과 행동에 대한 기대치를 개발하기 위한 코칭 질문은 다음과 같다.

- 우리 각자는 어떤 전문성이 있는가?
- 각자 어떤 전문성을 개발하고 싶은가?

---

5) 저자가 18년 동안 공동창립자 겸 회장으로 재직했다.

- 팀 목표 달성에 도움이 되는 행동과 방해가 되는 행동은 무엇인가?
- 도움이 되지 않는 행동은 신고하고 도움이 되는 행동에 대해서는 정당한 공로를 인정해주는 절차는 무엇인가?
- 우리의 집단적 전문성을 가장 생산적으로 활용하는 방법은 무엇인가? (활용하려면 어떻게 해야 하는가?)
- 누가 어떤 프로세스를 담당하는가?
- 어떤 의사 결정이나 외부와의 커뮤니케이션에 협의가 필요하며 누구와 협의해야 하는가?

프로세스, 커뮤니케이션 및 관계에 대한 성찰을 위한 코칭 질문은 다음과 같다.

- 지금까지 가능한 최선의 방법으로 이 작업을 수행했는가?
- 프로세스에서 가장 취약한 요소는 무엇인가?
- 무엇을 어떻게 더 잘 소통할 수 있었는가?
- 우리는 갈등을 얼마나 효과적으로 관리했는가? (긍정적인 갈등이 충분히 발생했는가?)
- 프로세스, 커뮤니케이션, 관계를 개선하기 위해 무엇을 할 수 있는가?
- 프로젝트에 대한 열정이 처음과 같거나 그 이상인가? 그렇지 않다면 무엇을 어떻게 바꿔야 하는가? 자원 측면에서 해결해야 할 문제는 무엇인가?

전략 재검토를 위한 코칭 질문은 다음과 같다.

- 어떤 것이 효과가 있었고 어떤 것이 효과가 없었는가?
- 운영 환경에는 어떤 변화가 있었는가?
- 팀 내에서 어떤 변화가 있었는가?
- 우리가 하고 있는 일과 그 이유에 대해 어떤 가정에 도전하고 싶은가?
- 성공 시나리오에 어떤 변화를 주고 싶은가?

학습에 대한 성찰을 위한 코칭 질문은 다음과 같다.

- 우리 개인과 집단의 지식, 자기 인식, 현실에 대한 인식에 어떤 변화가 있었는가?
- 팀 구성 프로세스에 대해 우리는 무엇을 배웠는가?
- 학습한 내용을 어떻게 활용했는가?
- 이러한 학습을 포착하고 공유하기 위한 프로세스는 무엇인가?
- 다른 사람이 활용할 수 있도록 하려면 어떻게 해야 하는가?
- 이 학습을 어떻게 발전시켜 나갈 것인가?
- 프로젝트 팀이 해체된 후에도 서로 계속 학습하기 위해 우리는 무엇을 할 수 있는가?

학습을 위한 수단으로서의 프로젝트 팀

학습 동맹은 학습을 위해 특별히 고안된 유일한 팀 유형이기는 하지만, 프로젝트 팀과 진화하는 팀들은 흔히 조직 학습의 가장 유익한 원천이 된다. 이러한 팀들의 효과성에서 핵심적인 요소의 하나는, (논란의 여지가 있을 수는 있겠지만) 이미 조직 내에서 보유한 지식을 어떻게 동원하고 통합하며, 새로운 지식을 창출하고, 그 지식을 다시 조직 내로 재분배하는가에 달려 있다. 이 세 가지 프로세스는 수집, 종합, 재분배로 설명할 수 있다([그림 10.5] 참조). 모든 팀 유형에서의 위험은, 주요 과제를 달성하는 데 너무 많은 주의를 기울이지만 이러한 학습 기회를 놓치거나 하나 이상의 단계가 생략될 수 있다는 것이다. 프로젝트 팀이 학습 과제를 효과적으로 관리할수록 조직적인 지식에 더 기여하며, 따라서 장기적인 역량 향상에 기여할 수 있다.

[그림 10.5] 학습 동맹 내 학습

이론적으로, 이상적인 프로젝트 팀은 과업을 관리하고 완료하는 데 필요한 모든 지식을 갖춘 전문가들로 구성된 팀이다. 그렇지만 실제로 이런 식으로 프로젝트 팀을 설계하면 세 단계 모두의 효과성을 약화시킨다. 전문가들은 다른 지식을 찾는 데 시간과 노력을 투자하기보다는 자신의 지식에 의존하는 경향이 있다. 종합 단계에서는 서로에게서 배울 수 있지만, 자주 함께 일하다 보면 급진적인 대안을 차단하는 루틴routine을 개발하는 경우가 많다. 또한 새로 생성된 지식에 대한 흥미가 떨어지기 때문에 지식을 전파하는 데 덜 투자하게 된다.

프로젝트 팀에서 어떻게 학습이 일어나지 않게 되는가

한 국제 석유 회사는 개발도상국 유전 가운데 한 곳의 토착화 속도를 높여야 한다는 압박을 받고 있었다. 이 회사에는 장차 외국인들의 자리를 대신할 의욕이 넘치고 교육을 잘 받은 젊은 엔지니어들과 관리자들이 있었지만, 관련 직책으로의 진급은 고통스러울 정도로 매우 더디게 진행되었다. 동시에 현지 법인장managing director은 2~3명에서 12명 이상 규모로 200개 이상의 프로젝트 팀과 함께 총체적 품질에 기반을 둔 비용 절감 이니셔티브를 시작했다. 총체적 품질 프로그램은 (적어도 회사 입장에서는) 시급하고 중요했지만 현지 정부 입장에서는 덜 중요했고, 모두가 시한폭탄이라고 인식하고 있었으며, 현지화indigenization 목표는 중요했지만 덜 시급했다. 결과적으로 프로젝트 팀에는 프로젝트 과정에 참여하여 가장 많이 배울 수 있는 사람들보다는 당장 기여할 수 있는 사람들로만 대부분 채워졌다. 이에 따라 프로젝트를 통해 학습하고 성장할 수 있는 중요한 기회가 상실되었다.

이러한 상황에 대한 더 균형 잡힌 접근 방식은 각 프로젝트 팀에 여러 명의 현지 직원을 해외 전문가의 보조자로 포함시켜 전문가들이 특정 지식을 전수하고, 정보 수집을 돕도록 지도하여 현지 직원들의 성장을 촉진할 수 있도록 코칭하는 것이었다. 이러한 방식은 (관리자들이 생각하는 상황과는 달리) 실제 현장 상황에 대한 더 많은 데이터를 프로젝트 논의에 반영할 수 있었을 것이다. 이러한 팀 내 코칭을 통해 현지 직원들은 있는 그대로 분석하고 해체하면서 기술과 비즈니스 프로세스를 이해할 수 있었을 것이며, 조직 내에 빠르게 지식을 전파할 수 있었을 것이다.

학자인 조지 후버George Huber(1999)는 프로젝트 팀과 학습에 관한 문헌을 검토하면서, 조직 내 지식의 사용자와 생성자로서의 프로젝트 팀의 이중적 역할을 살펴본다. 그는 인적 자원 정책을 통해 직원들이 가끔씩은 프로젝트 팀에 배치되어, 자신의 원래 팀에서 맡고 있는 자신의 업무 역할이나 팀 전체에 가치 있는 새로운 지식을 습득할 수 있도록 보장해야 한다고 권고하고 있다.

후버는 모든 유형의 팀들 사이의 지식 이전을 가로막는 세 가지 주요 장애물을 다음과 같이 정의한다.

- **흡수 능력** – 새로운 외부 정보의 가치를 인식하고 이를 동화하여 적용할 수 있는 팀 능력(Lane et al., 1998)을 말한다. 여기서 중요한 점은 팀원 가운데 누군가가 새로운 지식의 특정 영역에 가장 개방적이어서 지식의 통로가 될 수 있는지를 파악하는 것이다.
- **인과관계의 모호성** – 팀의 성과가 좋지 않거나 프로세스가 제대로 작동하지 않는 이유가 명확하지 않은 경우를 말한다. 이를 해결하기 위한 방법은 팀 내에서 지식을 공유하고 문제를 논의하는 효과적인 프로세스를 수립하고, 팀 간에 공식적인 '학습한 교훈lessons learned' 파일을 교환하도록 하는 것 등이다.
- **어려운 관계** – 정보 공유가 너무 힘들어지는 일반적인 상황이 있다. 여기에는 팀원들이나 기술 또는 물리적 환경으로 인해 정보 공유가 너무 어려운 상황들이 포함된다. 예를 들어, 가상 프로젝트 팀에서 일하는 사람들은 직면하는 모든 문제나 개선할 수 있는 좋은 아이디어들을 기록할 수 있도록 격려가 필요할 수 있다. 사실, 그냥 일을 계속하는 것이 더 쉬운 경우가 많다. 이러한 지식을 자주, 그리고 간단하게 수집할 수 있는 공식적인 시스템을 갖추고 사람들이 자신의 노력이 가치가 있다는 것을 인식하게 한다면 상당히 의미 있는 차이를 만들어 낼 수 있다.

팀 코치가 이 세 가지 상황에 모두 개입할 수 있는 기회는 여러 가지가 있다. 그렇지만 다시 한번 강조하지만, 목표는 팀이 이러한 장벽을 스스로 관리할 수 있는 수준까지 끌어올리는 것이다. 상대적으로 수명이 짧을 수 있는 프로젝트 및 진화형 팀의 경우, 초기 단계에서 코칭을 통해 이러한 장벽을 파악하고 팀이 이를 극복할 수 있는 프로세스를 수립하도록 도울 수 있다.

진화하는 팀 코칭하기

진화하는 팀은 프로젝트가 새로운 단계로 넘어갈 때마다 사실상 새로운 팀이 구성되므로 다른 유형보다 훨씬 더 복잡하다. 본질적으로 시작점, 중간 지점, 종료점이 여러 개 있지만 팀원들은 상호간, 전체 프로세스상 또는 두 가지 모두에서 단계를 이탈할 수 있다.

따라서 프로젝트 팀 코치의 역할과 더불어 팀 코치의 역할은 팀이 새로운 단계와 새로운 멤버를 비교적 원활하게 흡수하여 연속성을 유지할 수 있도록 돕는 것이다.

이를 위한 핵심은 팀이 암묵적인 지식을 명시적으로 만들고, 새로운 기여와 과거의 기여를 소중히 여기며, 단계적 전환을 인식하고 관리하도록 돕는 데 있다.

[표 10.6] 진화하는 팀의 성과에 영향을 미치는 동인과 장애물

진화하는 팀	업무 성취	학습 성취	생산적인 행동
동인 drivers	• 새로운 멤버의 형태로 적시성 있는 전문가 투입	• 프로젝트의 장기적인 특성으로 인해 성찰할 시간이 더 많을 때가 있음 • 다양한 업무, 관점 및 지식 풀에 노출됨	• '모바일 다양성' – 팀 구조는 사람들이 서로 다름을 인정하고 더 나은 업무 방식을 개발하도록 의무화함
장애물 barriers	• 지식이나 전문성의 부재로 인해 프로세스 인계가 지연될 수 있음	• 새로운 멤버가 들어올 때마다 따라잡기가 어렵고, 앞에서 이루어진 팀 학습 내용의 이해가 어려움	• 팀은 자주 여러 팀으로 나뉘어 운영되며 팀 간 학습에 대한 논의는 거의 이루어지지 않음

암묵적 지식을 명시적으로 만들기

기존 팀에 새로 합류한 사람은 적응 기간을 거치는데, 이 기간에 팀 업무 방식에 익숙해지거나 팀의 기존 체계에 의해 거부당하기도 한다. 이렇게 받아들여지는 지식은 대부분 본능적, 직관적 그리고 암묵적인 것이며 또한 상당 부분 가정과 반쪽짜리 진실에 근거할 수도 있다.

코치는 팀과 신입 사원이 이 프로세스를 다음과 같이 잘 관리할 수 있도록 도울 수 있다.

- 신입 사원은 집단적 지혜와 규범이 어떻게 진화했는지 이해한다.
- 적응 과정은 두 가지 방식으로 진행되며, 팀은 신입 사원으로부

터 배우게 된다.
- 무엇이 우수 사례인지에 대한 가정은 자주 검증되고 테스트된다.
- 절차와 의사 결정 이면에 있는 생각을 공유하고 탐구한다.

이를 위해 팀 대화는 맥락, 아이디어, 판단력에 초점이 맞춰져야 한다. 맥락은 문제에 대한 접근 방식을 형성하는 데 어떤 일이 일어났는지에 관한 것이고, 아이디어는 어디에서 어떻게 혁신을 시도했는지, 새로운 아이디어를 개발하고 시도하는 과정에 대해 논의하는 것이며, 판단은 선택과 결정을 내리는 데 적용했던 체계적인 사고 방식과 의사 결정 과정의 근간이 된 가정, 즉 결정을 내릴 때 어떤 생각 과정을 거쳤고 그 과정에서 어떤 가정을 전제로 했는지를 이야기하는 것이다.

이러한 상황에서 효과적인 코칭 기법 가운데 하나는 코치가 선임자들과 신입 사원들 사이의 대화를 촉진하는 레트로(레트로 엔지니어링) 학습이다. 이 접근 방식은 코치가 선임자들에게 프로젝트가 시작될 당시의 상황과 설정된 목표를 설명하도록 요청하는 것으로부터 시작된다. 그런 다음 신입 사원들에게 이러한 상황에서 자신이라면 어떻게 행동했을지, 그리고 자신의 결정을 뒷받침하는 가정에 대해 말하도록 요청한다. 그리고 나서, 선임자들이 실제로 일어난 일과 그 이유, 저지른 실수들과 수행시의 제약조건들에 대해 설명한다. 그런 다음 신입 사원들이 자신이라면 어떻게 했을지에 대한 설명을 수정할 기회를 준다. 이 프로세스는 현재 상황에 도달할 때까지 일련의 중요한 지점들을 순환하는 방식으로 계속된다.

마지막에 코치는 모든 참가자를 초대하여 다음에 관하여 나눈다.

- 어떤 암묵적 학습이 이제 명시적 학습이 되었는지 확인하기
- 팀이 운영해 온 가정들을 검토할 시기가 되었는지 질문하기

신규 및 과거의 기여에 대한 가치 평가

레트로 학습은 신입 사원들이 이전의 팀 구성원들이 직면했던 어려움과 난관들을 이해하는 데 도움이 될 수 있다.

추가로 코치는 강점 탐구 appreciative inquiry의 기법을 활용하여 다음 사항들을 확인할 수 있다.

- 이 팀의 진화 단계별 성공 사례는 무엇인가?
- 각 단계에서 어떤 가치 있는 특성이 도입되었는가?
- 신입들이 인정받고 싶어 하는 소중한 특성들은 무엇인가?
- 팀 전체가 어떻게 하면 그렇게 인정받을 수 있는가?
- 과거의 성공을 반복하거나 더 발전시키기 위해 함께할 수 있는 일은 무엇인가?
- 기존 관점과 새로운 관점을 결합하면 어떻게 더 훌륭하게 목표를 달성할 수 있는가?

단계 전환 인식 및 관리

때때로 사람들이 진화하는 팀에 너무 빨리 들어오고 나가서 안정성이 전혀 없는 것처럼 보이기도 한다. 그렇지만 팀이 한 프로젝트 단계에서 다음 단계로 넘어가면서 기본적인 패턴이 나타날 수 있으며, 바로 이 지점에서 코치는 팀이 잠시 멈추고 앞뒤 단계들을 모두 살펴보도록 자극함으로써 가치를 더할 수 있다. 단계 전환은 재정지원 계약이나 신규 리더 임명과 같이 갑작스러울 수도 있고, 또는 인력을 새로운 곳으로 순차 이동시키는 것과 같이 점진적일수도 있지만, 두 경우 모두 사전대응이 가능하다.

이러한 맥락에서의 단계 전환 사전 대응은 보통 두가지 타임라인 상에서 진행할 수 있다. 첫번째는 과제 자체에 대한 것이며 두번째는 핵심인력이나 전문성의 유입 및 유출에 대한 측면이다. 팀과 함께 단계 전환 대응방안 수립을 통해 새로이 출발하고, 진행상황을 검토하고, 그리고 배울 점을 도출하기에 가장 적합한 시기가 언제일지 등에 대한 소통을 할 수 있다. 이러한 개입이 언제 필요할지 더 많이 예측 및 대비가 되어있을수록 코치와 팀 모두에게 그 작업이 더욱 쉬워진다.

가상 팀 코칭

가상 팀은 두 가지 유형으로 나뉘는데, 사람들의 근무 위치가 한 곳으로 정해져 있지 않다는 의미의 A유형과 영향력이 비공식 네트워크로 전해진다는 의미의 B유형으로 구분할 수 있다.

[표 10.7] A 유형 가상 팀의 성과에 영향을 미치는 동인과 장애물

A 유형 가상 팀: 지리적으로 흩어져 있음	업무 성취	학습 성취	생산적인 행동
동인 drivers	• 연속 작업(여러 대륙에 걸친 프로젝트) • 다양한 전문성, 관점 (때로는 문화)	• 정보 교환과 학습은 네트워크의 핵심 통화임 • 구성원의 다양성(일반적으로) – 조직 외부로 확장되는 경우가 많음	• 관계형 커뮤니케이션
장애물 barriers	• 의사소통 장애 • 당면한 프로젝트를 우선시하는 경향 • 기술적 능력과 대인관계 능력의 균형 • 시너지 달성의 난이도 증가	• 공식적인 학습 목표의 부재 • 사람들이 쉽게 팀의 '독점적' 특성으로 인해 포함된 것으로 제외될 수 있음	• 언어적 명확성 부족 • 원거리에서 신뢰를 구축할 때 발생하는 문제 • 격리 및 분리 detachment • 성과 평가 및 인식의 어려움

[표 10.7]과 [표 10.8]에서 볼 수 있듯이 각 유형에는 과제 학습 및 행동과 관련된 고유한 문제가 있다.

A유형 가상 팀과 함께 일하는 코치는 이 팀을 물리적인 회의 기회가 제한적이거나 전혀 없는 프로젝트 팀으로 보통 간주할 수 있다. 프로젝트 팀 코칭과 관련된 모든 활동과 개입이 적용되지만, 거

기에 더하여 코치는 팀이 더 복잡한 의사소통 및 동기 유발 문제를 인식하고 이해하며 관리하도록 도울 수 있다.

[표 10.8] B 유형 가상 팀의 성과에 영향을 미치는 동인과 장애물

B 유형 가상 팀: '클럽'	업무 성취	학습 성취	생산적인 행동
동인 drivers	• 정치적 연계를 통해 자원과 정책에 영향력을 행사할 수 있음	• 정보 교환과 학습은 네트워크의 핵심 통화임	• 공동의 목표를 추구하기 위해 실질적인 지원과 학습을 기꺼이 제공하려는 의지
장애물 barriers	• 명확한 리더십과 경계 부족 • '공식' 지위가 없다는 것은 다른 이익 집단에 의해 전복될 수 있다는 것을 의미함 • 팀의 작업 완료 시점에 대한 명확성 부족	• 공식적인 학습 목표의 부재 • 팀의 '배타적' 특성으로 인해 사람들이 배제되기도 하고, 오히려 쉽게 포함되기도 함	• 개별 우선순위와 기한에 따라 팀원 전환 가능

『가상 팀 마스터하기』(Duarte & Snyder, 2001)의 저자들은 가상 팀 구성원들에게 필요한 핵심 역량을 다양하게 설명하며, 이 모든 역량은 개인 및 팀 코칭을 통해 다루기에 적합한 주제라고 밝히고 있다. 그들은 팀원들에게 다음과 같은 스킬들이 필요하다고 결론짓고 있다.

- 프로젝트 관리
- 기능적, 계층적, 조직적 경계를 넘나드는 네트워킹
- 의사소통 및 협업 기술을 효과적으로 사용하기

- 개인적 경계 설정 및 시간 관리
- 문화적, 기능적 경계를 넘나들며 일하기
- 대인관계 인식 활용하기

코치가 A 유형 가상 팀에게 토론을 유도할 수 있는 유용한 질문은 다음과 같다.

- 우리는 목표와 우선순위에 대해 정말로 동일하게 이해를 하고 있는가?
- 모든 구성원들이 상황의 변화 또는 사고의 변화를 인식하도록 하기 위해 필요한 추가 절차나 안전장치는 무엇인가?
- 물리적인 만남 없이도 어떻게 존중과 호의를 표현할 수 있는가?
- 우리가 서로 경청하는 것을 확실히 하기 위해 어떻게 할 수 있는가?
- 이들 팀 사이의 요구가 충돌할 때 서로에게 어떤 지원을 제공할 수 있으며, 그 방법은 무엇인가?
- 우리가 개인적으로나 집단적으로 일을 잘하고 있는지 어떻게 알 수 있는가?
- 각 유형의 과제나 회의에 가장 적합한 미디어 조합은 무엇인가?
- 온라인 회의를 관리하기 위해 어떤 규칙이 필요한가? (이메일 교환을 통해 이루어져야 할 세부적인 업무를 온라인 회의를 통

해 처리하는 것은 흔히 저지르게 되는 실수이며, 이로 인해 사람들이 동료와의 다음 만남을 두려워하게 만드는 원인이 된다.)
- 수시로 하게 되는 e-커뮤니케이션에는 어떤 규칙이 필요한가? (네티켓에는 대문자를 사용하지 않는 것과 같은 규칙들이 포함되는데, 이는 대문자를 사용하면 수신자들이 자신들에게 마치 소리를 지르는 것과 같은 의미로 받아들일 수 있기 때문이다!)
- 신규 인력의 가입이나 가상 회의 준비와 같은 주요 이벤트에 대해 적용하게 되는 표준은 무엇인가?
- 잠재적 또는 실제 갈등을 인식하고 드러내기에 충분한 수준의 자기 인식 및 문화적 인식을 어떻게 개발하고 유지할 수 있는가?
- 모든 참가자들이 진행되는 대화에 적극 참여하고, 정보를 주고받는 방식이 각자의 선호 방식과 현지 상황에 부합하도록 하려면 어떻게 해야 하는가?

팀 코치는 가상 팀 리더를 지원해야 할 수도 있다. 가상 팀을 이끄는 것은 여러 면에서 일반 팀을 이끄는 것보다 훨씬 더 어렵다. 가상 팀 리더는 사람들이 보고하는 경우를 제외하고는 그들이 무엇을 하고 있는지 모니터링하거나 문제를 파악하기가 쉽지 않다. 또한 많은 경우 팀원들이 자신의 프로젝트와 다른 사람의 프로젝트에 언제 시간을 할애해야 하는지 지시할 수도 없다.

가상 팀 리더에게 필요한 몇 가지 핵심 스킬은 다음과 같다.

- **원격으로 동기 유발하기.** 사람들이 그곳에 있다는 사실을 잊어버려서 참가자들이 홀대받고 있거나 정보를 얻지 못한다고 느끼기 쉽다. 효과적인 가상 팀 리더는 계속 연락을 유지하는데 시간과 노력을 투자하며, 얼마 동안 의사소통은 단순한 업무적 거래가 아닌 관계 구축 시간이 되도록 한다.
- **권위보다는 영향력 발휘를 통해 일 처리하기.** 특히 팀원들이 자신과 지역적으로 더 가까운 관리자를 통하는 다른 보고 라인을 가지고 있는 경우 더욱 중요하다.
- **집중력 유지하기.** 당장 시급한 목표와 장기적인 목표 모두에 초점을 맞춘다.
- **행동 관리.** 대부분 의사소통이 전자 매체를 통해 이루어지면 서로의 동기를 오해할 가능성이 커진다. 한 다국적 영업팀에서는 한 독일인이 이탈리아 팀원에게 도움을 주려는 의도로 건넨 몇 마디가 치명적인 공격으로 받아들여져, 팀 내 화합을 회복하는 데 수개월이 걸리고 팀장이 퍼실리테이터 역할을 하는 대면 회의가 필요했던 경우도 있다.
- **가상 성과 평가.** 팀 리더는 매우 높은 수준의 명확한 지침과 기대치를 제시하는 동시에 각 팀원이 처한 매우 구체적인 상황을 고려한 검토 프로세스를 결합하여 병행해야 한다. 명확한 절대 목표에 대한 성과를 평가하는 것 외에도, 리더는 팀원들이 가상 팀의 동료를 도와 그들이 팀 마감일을 맞추고, 팀 목표를 달성하

는 데 자신이 어떻게 기여하고 있는지(또는 기여하지 못하고 있는지)에 대하여 이해하도록 도와주어야 한다. 이는 흔히 팀원들에게서 서로에 대한 데이터를 수집하는 것을 의미하는데, 사람들이 정직하고 방어적이지 않아야 가능한 까다로운 작업이다.

특히 경험이 부족한 가상 팀 리더의 경우, 프로젝트 일정에 따라 코칭 세션을 비교적 자주 진행해야 할 수도 있다. 팀원 사이의 '정상적인' 상호작용이 부족하다는 것은 팀 특성이 위축될 가능성이 훨씬 크다는 것을 의미하며, 팀원들이 함께 성찰하도록 자주 격려하면 이러한 엔트로피 경향을 상쇄할 수 있다. 그러나 다른 팀 유형과 마찬가지로, 코치는 부분적으로나마 팀이 코칭 기능을 얼마나 빨리 습득하는지에 따라 자신의 성공 여부를 판단해야 한다(이에 대한 자세한 내용은 13장 참조).

B 유형 가상 팀에는 다양한 문제가 있으며 다른 접근 방식이 필요하다. 모든 팀원이 성찰적 활동에 참여하도록 하는 것은 A 유형에서도 어려운 일이지만, 외부인은 팀원들이 누구인지조차 모를 수도 있는 B 유형에서는 더더욱 어렵다. 이러한 유형의 팀을 코칭한 경험은 거의 기록되어 있지 않은 것 같다. 저자가 경험한 바로는, 코칭 세션은 일련의 브리핑과 같은 다소 다른 모습으로 진행된다. 코칭의 진행을 위해서는 대개 조직 내부에서 일하는 비공식 팀의 가치를 인정하고, 조직이 문화, 기술 또는 전략의 일부를 변화시켜

나가야 한다고 확신하는 소수의 핵심 스폰서 그룹이 있는데, 일반적으로 예산 결정권자가 포함되게 된다.

이 상황에서 코치가 던질 수 있는 몇 가지 핵심 질문은 다음과 같다.

- 우리는 어느 정도의 팀이 되기를 원하거나 필요한가?
- 공동의 목표와 우선순위를 어떻게 확보할 것인가?
- 우리는 목표에 얼마나 헌신하는가? (목표를 달성하기 위해 어떤 희생을 감수할 준비가 되어 있는가?)
- 우리는 얼마나 포용적이기를, 또는 배타적이기를 원하는가? (때로는 소규모의 집중적인 그룹이 대규모의 개방적인 그룹보다 더 많은 것을 성취할 수 있으며, 그 반대의 경우도 마찬가지다.)
- 우리는 서로에 대해 어떤 책임을 지고 싶은가?
- 우리는 업무에 대해 얼마나 개방적인 태도를 취하고 싶은가?
- 지배적인 기존 기업 문화에 대해 얼마나 혁신적인 태도를 취하고 싶은가?
- 일반적으로 비공식적인 팀의 일원이 될 때의 위험과 기회는 무엇인가? 특히 이 팀의 경우에는 어떠한가?
- 팀의 진척 상황을 어떻게 확인할 수 있는가? (누가 마감일을 정하고 모니터링하는가?)
- 비공식성을 유지하면서도 효과적으로 업무를 수행하려면 어떤 시스템이 필요한가?

- 필요하다면 어떻게 장기적으로 팀을 유지할 수 있는가?

'클럽 팀'에 대한 코칭 개입의 결과를 측정하는 것은 어렵다. 이 팀들은 은밀하게 활동하기 때문에 성과가 간접적이고 영향력을 통해 나타나는 경우가 많으며, 완전한 효과를 느끼기까지 수년이 걸리기도 한다. 이 경우 코치는 조직에 미치는 영향보다는 과정과 학습 성과에 더 초점을 맞추어야 할 수도 있다.

학습 동맹 코칭

학습 동맹은 여러 가지 형태가 있지만, 일대일 코칭이나 멘토링 관계를 제외하고 가장 일반적인 것은 액션 러닝 세트, 학습 클럽 및 그룹 멘토링이다.

액션러닝은 학습을 현재의 의미 있는 업무와 연관시키는 잘 정립된 프로세스로, 학습자들은 서로의 지원, 비판, 즉시 코칭 ad-hoc coaching의 혜택을 받을 수 있다. 구성원들은 일반적으로 같은 조직의 다른 부서 또는 다양한 조직에서 모일 수 있지만, 경험, 직급, 조직 수준 등의 관점에서 유사한 동료들로 구성되는 경향이 있다. 대부분 액션러닝은 팀원들이 협력적 탐구 프로세스에 익숙해지도록 도와주는 퍼실리테이터/코치의 도움으로 시작하지만, 효과적인 액션러닝은 대개 팀이 적절한 시기에 자체적으로 학습 프로세스를 관리할 수 있는 역량을 갖추도록 하는 것을 목표로 한다.

[표 10.9] 학습 동맹의 성과를 높이는 동인과 장애물

학습 동맹	업무 성취	학습 성취	생산적인 행동
동인 drivers	• 목표는 개인이 소유	• 과제 달성보다는 학습에 집중하기 • 상호 학습의 높은 잠재력(2대 1) • 잦은 적시 학습	• 열린 대화 및 문의
장애물 barriers	• 학습이 업무와 매우 밀접하게 연계되지 않을 수 있음	• 조직 문화가 '비생산적인' 활동에 시간을 소비하는 것을 방해할 수 있음 • 관리자 다수가 효과적인 코치나 멘토가 되기 위한 스킬 및/또는 성향이 부족함	• 서로의 구체적인 업무 역할과 팀 상황에 대한 지식 부족

따라서 액션러닝 코치의 역할은 그룹이 자급자족할 수 있도록 돕는 것이다. 코치는 프로세스를 소개하고 기본 규칙을 설정하며 이어지는 대화에서 사회자 역할을 하는 등 퍼실리테이션으로 역할을 시작할 수 있다. 또한 이 단계에서 코치는 일반적으로 팀원들이 학습 대화에 가져오는 문제와 프로젝트를 이해하고 분석하는 데 사용할 수 있는 지식 정보와 개념적 틀(프레임워크)를 제공하고, 필요에 따라 일대일 코칭을 제공한다. 팀이 점차 과정을 주도하면서 팀 코칭 역할은 점점 중요성이 줄어들고, 결국 팀이 자체적으로 진행하는 지점에 이르게 되고, 코치는 팀 사고의 질을 지원하는데

집중하게 된다. 그렇게 되면, 코치의 역할이 완료되고 우아하게 물러날 수 있다.

여기서 핵심적인 요소는 그룹이 함께하여 얻은 학습과 그룹 구성원 각자가 떨어져 있을 때 일어나는 성찰을 통한 학습을 통합하는 것이다(Rudolph et al., 2006).

학습 클럽은 과거에 독서 동아리라고 불렸던 것이 발전한 형태이다. 회원들은 정기적으로 모여 독서에서 접한 새로운 아이디어와 그 아이디어가 자신의 발전, 관리자나 전문가로서의 실무 또는 조직에 미치는 영향에 대해 토론한다. 어떤 경우에는 모든 사람이 같은 책을 읽거나 책의 여러 부분을 발췌하여 함께 읽기도 하고, 같은 책의 다른 부분을 읽어서 서로의 의견을 보완할 수 있도록 하기도 한다. 다시 강조하건대, 코치의 역할은 그 과정에서 도출된 아이디어에서 최대한 많은 것을 이끌어낼 수 있도록 돕는 것이다.

이러한 맥락에서 일반적인 코칭 주제는 다음과 같다.

- 텍스트에 들어있는 아이디어들을 분석하고 평가하는 방법
- 그룹 전체에 아이디어를 제시하는 방법
- 토론과 대화를 이끌어내는 질문을 만들어 내는 방법
- 학습이 확실하게 적용되도록 하는 방법

팀 학습 프로세스

다양한 유형의 팀 학습 프로세스를 연구한 결과, 학습에 능숙하다고 인식되고 스스로도 그렇게 생각하는 팀들이 채택하는 공통적인 프로세스가 실제로 존재한다는 사실을 발견했다. 대부분 경우와 마찬가지로 이 프로세스는 순환 구조로 이루어진다([그림 10.6] 참조).

이 사이클은 학습 목표를 명확히 하는 데에서 시작된다. 학습 동맹에 대한 최근 연구에 따르면 학습 목표가 얼마나 구체적인지와 목표 달성 정도 사이에 분명한 관계가 있는 것으로 보인다. 학습자의 헌신도 중요한 역할을 한다.

각 단계를 차례로 살펴보기로 하자.

학습 목표 설정

팀 학습 목표는 개인과 조직의 목표가 만나는 지점이다. 핵심 질문은 다음과 같다.

- 팀이 설정한 업무 목표를 달성하기 위해 지금, 향후 12개월 또는 그 이상의 더 긴 기간에 어떤 지식, 스킬 및 행동이 필요한가?
- 이러한 역량이 조직의 목표를 달성하는 데 어떻게 도움이 될지 명확히 알고 있는가?

- 현재 이 상황에서 필요한 지식, 기술 및 행동은 어느 정도의 수준인가?
- 격차가 있다면 얼마나 큰가?
- 팀 전체의 학습을 통해 해결해야 하는 격차는 무엇이고, 개인에게 집중해야 하는 격차는 무엇인가? (예를 들어, 모든 팀원이 효과적으로 일해야 하는 영역에서 일부 팀원들의 미숙함으로 인한 격차가 있을 수 있고, 역할에 따라 팀원 가운데 소수만이 필요로 하는 핵심역량과 관련된 격차가 발생할 수도 있다.)
- 팀 내부적으로나 외부적으로 격차를 해소하기 위한 우리의 자원은 무엇인가? (예를 들어, 외부 자원에는 교육이나 팀 외부의 누군가에 대한 업무 위임이 포함될 수 있고, 내부 자원에는 공동코칭co-coaching이 포함될 수 있다.)

학습 목표는 다양한 출처에서 비롯될 수 있지만, 가장 일반적인 두 가지는 내부의 야망과 외부 피드백에서 비롯된다. 효과적인 팀은 팀 업무와 정체성을 모두 아우르는 집단적 야망을 개발한다. 일반적으로 '경쟁사보다 더 나은 팀'이 되겠다는 야망을 가진 팀이 성공하는 경우는 많지 않다. 팀의 야망, 팀의 근본적인 가치관과 의미, 그리고 이 모든 것이 회사와 개인의 열망과 가치관에 어떻게 연결되어 있는지를 명확히 하는 것은 학습 과정의 중요한 부분이다. 이는 대화를 위한 공유 언어를 제공하고, 팀 구성원들의 비전을 일

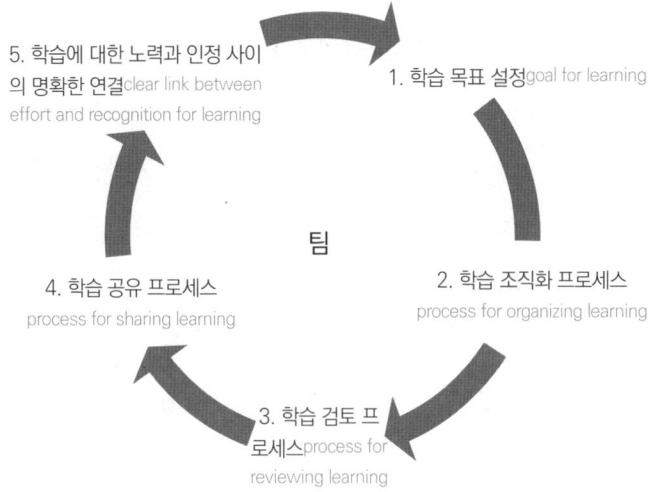

[그림 10.6] 팀 학습 프로세스

상을 넘어서는 차원으로 끌어올리며, 팀의 더 광범위하고 장기적인 목표에 대한 현재의 업무와 학습 활동을 자주 재평가할 수 있는 시금석을 제공한다.

외부 피드백은 적어도 긍정적인 경우에는, 팀의 야망을 강화하여 학습 목표에 대한 헌신을 강화한다(물론 학습의 추진력을 유지할 수 있는 다른 프로세스가 없다면 외부 피드백은 팀을 안주하게 만들 수도 있다). 팀도 개인과 거의 같은 방식으로 포부 수준을 조정하여 성과 피드백에 반응한다는 증거가 있다(Lant, 1992). 부정적인 피드백은 학습 목표를 설정할 기회를 제공하지만, 팀은 먼저 자기 이미지에 대한 좌절을 극복해야 하며 이는 팀의 회복탄력성에 따라 크게 달라질 수 있다. 부정적인 피드백에 긍정적으로 대응하는 방법을 배우는 것이 학습 팀의 핵심 스킬인 것으로 보인다.

에이미 에드먼슨Amy Edmondson(2002)은 조직이 특정 학습 목표를 염두에 두고 팀을 구성해야 한다고 제안한다. 이러한 팀은 본질에서 조직을 대신하는 학습 에이전트가 될 것이다(같은 원리가 개인이 팀의 학습 에이전트가 되는 것에도 적용할 수 있다). 이들 가운데 일부는 기존의 루틴과 역량을 개선하는 점진적 학습에 집중하고, 다른 일부는 상황을 재구성하고 새로운 역량을 개발하거나 모호한 문제를 해결하는 급진적 학습에 집중할 것이다. 이 분석에 따르면, 팀은 외부에서 주도하는 학습 목표를 자신들의 목표로 설정할 때는 조직과 반드시 협의해야 함이 합리적일 것으로 보인다. 그렇지만 지난 5년 동안 팀과 함께 일하면서 실제로 이를 실천한 팀의 사례는 거의 찾아볼 수 없었다.

학습 조직화

학습 조직화는 지금까지의 이야기를 몇 단계 더 나아가도록 한다. 이를 위해서는 팀이 **팀 학습 계획**을 개발하고 실행해야 하며, 집단과 개인 양쪽 모두의 학습에 대한 요구와 우선순위에 대한 공통된 이해가 필요하다. 이러한 맥락에서 팀 학습 계획은 팀의 사업 계획과 직원들의 개인적인 개발 계획을 연결하는 가교 역할을 한다. 이 계획은 책임, 자원 및 일정을 상세하게 명시한다. 효과적인 팀은 경우에 따라 마케팅 제안서의 품질을 개선하는 방법과 같은 집단 학습 과제를 큰 덩어리들sizeable chunks로 나누고 팀원 개개인에게 그룹을 대신하여 해당 학습 과제를 수행하도록 과제를 부여한다. 한 마케팅 사례에서, 해당 팀에서는 학습 과제를 고객으로부터 더 정확하고 시기적절한 피드백 받기, 이탈 고객 되찾기, 더 나은 제안서 작성하기라는 세 가지 요소로 나누었다.

학습 조직화의 핵심 부분은 성찰과 성찰 대화를 위한 기회를 창출하는 것이다. 에이미 에드먼슨(2002)은 이와 관련하여 몇 가지 유용한 통찰을 제시하고 있다. 그녀는 새로운 통찰력을 증진시키는 학습 행동(예: 정보 공유, 오류 토론, 피드백 추구, 과거 성과 분석)과 새로운 통찰력을 적용하거나 사용하는 행동(예: 의사 결정, 변화 및 개선, 새로운 아이디어 구현, 조직 내 다른 사람에게 정보 전달)을 구분하고, 첫 번째 범주는 성찰, 두 번째 범주는 변화라고 설명하고 있다.

성찰하지도 않고 변화를 주도하지도 않는 팀은 학습에 그다지 효과적이지 않을 것이 분명하다. 성찰은 하더라도 결과적으로 변화를 일으키지 않는 팀은 시간을 낭비하고 있을 가능성이 크다. 행동이 일어나지 않는 이유는 일상 습관에서 벗어나기 어려움, 자원 부족, 동기 부족 등 다양할 수 있다. 변화를 시도하지만 성찰하지 않는 팀은 최적 수준에 훨씬 못 미치는 전략과 전술을 끊임없이 추구하고 있을 가능성이 크다. 이 두 가지 경우 어느 팀도 외부 자극에 적절하게 대응하고, 충분한 시간 내에 그들의 습관적인 일상의 루틴을 적응시키지 못할 가능성이 크다(Gersick & Hackman, 1990).

에드먼슨의 연구에 따르면 탐구와 변화를 모두 성공적으로 이끌어낸 팀들은 몇 가지 공통적인 특징을 보였다. 첫째, 팀내 권력 간의 거리감이 거의 없었다. 팀 리더들은 권한이나 지위를 거의 사용하지 않고 열린 토론과 합의를 장려하였고, 팀원들의 의견을 무시하지 않도록 주의를 기울였다. 둘째, 팀원들이 높은 상호의존성을 갖도록 업무를 조직했다. 반면, 변화를 구현하지 못한 팀은 팀원들이 비교적 독립적으로 활동할 수 있도록 업무가 구조화되는 경향이 있었다. 셋째, 성찰과 변화를 모두 수행한 팀에서는 목표가 훨씬 더 명확했고 사람들의 행동은 암시적인 단서나 추론보다는 객관적인 데이터에 의해 이루어졌다. 반대로 효과가 낮은 팀들은 모두 심리적으로 안전함을 충분히 느끼지 못했는데, 이들은 공식적인 목표와 상충되는 암묵적인 목표가 행동을 결정하는 데 우선순위를 차지했다. 예를 들어, 한 팀의 구성원들은 누군가 생산 문제를 해결하기를 기다리는 것에 만족했는데, 이는 수익성이 더 좋은 초과근무를 통해 해결되지 않은 문제들을 해결해야 했기 때문이다.

학습을 정리하는 몇 가지 실용적인 프로세스는 다음과 같다.

- 복잡한 작업을 한 명 또는 두 명의 개인이 담당할 수 있는 단위 chunk로 나눈다. 이들은 팀을 대신하여 학습을 수행할 뿐만 아니라 과거와 현재의 관련되는 다른 모든 학습과 통합하도록 할 책임이 있다.
- 독서 서클을 구성하여 각 팀이 정기 모임마다 다른 책이나 기사를 선정하여 토론할 수 있도록 한다.
- 학습을 위해 특정 시간을 따로 확보한다.
- 경험이 많은 팀원에게 경험이 적은 팀원을 지도하도록 배정한다.

학습 조직화를 위한 코칭 질문은 다음과 같다.

- 누군가 적극적으로 만들어내지 않으면 일어나지 않는 학습은 무엇인가?
- 팀의 집단 지식과 스킬의 각 측면에 대한 책임은 누가 져야 하는가?
- 관련 학습이 일어나고 있다는 것을 어떻게 알 수 있는가?
- 학습 속도를 관리하려면 어떻게 해야 하는가?
- 개인 학습과 집단 학습을 어떻게 연결할 수 있는가?
- 학습 기회를 만들어내고 이를 최대한 활용하려면 어떻게 해야 하는가?

학습 검토

학습 내용 검토는 개인, 팀, 조직 등 모든 수준의 학습에서 필수적인 부분이다. 학습한 내용, 학습을 적용할 수 있는 방법, 새로운 이해에 수반되는 새로운 학습 요구 사항이나 기회에 대해 비판적으로 성찰하면 학습의 속도와 질을 유지할 수 있다.

그러나 배운 점을 팀과 함께 검토해보는 것은 개인과 팀의 정신 모델 간의 상호작용을 도모하여 매우 중요한 추가적인 연결 고리로서의 역할을 한다. 대니얼 킴Daniel Kim(1993)은 팀을 '확장된 개인'으로 보고, 앞서 살펴본 아그리스Argyris와 쇤Schön의 이중 순환 학습 개념을 기반으로 하고 있다. 그는 팀 학습이 불완전해지는 세 가지 상황을 상황 학습(학습이 나중에 사용할 수 있도록 성문화되지 않은 경우), 단편적 학습(개별 정신 모델과 공유 정신 모델 간의 연결이 끊어진 경우), 기회 학습(기회를 포착하기 위해, 공유된 정신 모델과 조직 행동 간의 연결이 끊어진 경우)으로 구분하였다. 이와 대조적으로, 학습은 정신 모델을 검토/조정하고 이를 행동으로 옮기는 과정이 개인, 팀, 조직 사이에 원활하게 연속될 때 최대로 발휘된다. 이것이 실제로 의미하는 바는 성찰의 질이 창의적인 변화를 구상하고 실행하는 팀의 능력에 매우 중요하다는 것이다.

학습 내용 검토를 위한 코칭 질문은 다음과 같다.

- 우리가 한 일과 하지 않은 일에 대해 성찰할 수 있는 공간과 시간을 어떻게 확보할 수 있는가? (때로는 <u>행동에 대한</u> 성찰이라 불리우기도 한다.)
- 우리가 하는 일에서 배울 수 있도록 어떻게 보장할 것인가? (때로는 <u>행동 중</u> 성찰이라 불리우기도 한다.)
- 팀 정신 모델은 과제를 달성하는 데 어떻게 도움이 되는가? 이러한 정신 모델이 무엇인지 알고 있으며, 모른다면 어떻게 알 수 있는가?

학습 공유

학습 내용의 공유는 성찰의 자연스러운 결과이며, 또 그래야만 한다. 팀에는 개인 또는 하위 그룹이 얻은 학습이 나머지 구성원들 사이에서, 그리고 적절한 경우 다른 팀 및/또는 고객과 공유될 수 있도록 하는 프로세스가 필요하다. 공유 프로세스는 공식적인 회의, 기록 보관 등을 통해 구조화될 수도 있고, 비공식적이고 즉흥적인 만남과 기회를 통해 비구조화 될 수도 있다. 학습 공유를 위한 몇 가지 장치는 다음과 같다.

- 팀 학습 일지에 개인 학습 일지 요소 통합하기
- 질문과 답변을 데이터베이스에 기록하기

자주 묻는 질문FAQ 데이터베이스DB

한 소규모 제조 회사는 계절적 수요에 대응하기 위해 1년에 두세 번씩 핵심 생산 팀을 몇 배로 확장해야 했다. 임시직 근로자가 기본 업무에 능숙해지는 데는 2~3일이 걸렸고, 그 기간에 빈번하게 정규직 직원들의 업무가 중단되었다. 그 결과 정규직 직원들의 이직률이 상대적으로 높았다. 이에 대한 간단한 해결책은 각 팀에서 자주 묻는 질문과 적절한 답변이 담긴 DB를 만드는 것이었다. 그다음에는 임시 직원들이 궁금해하면 기존의 베테랑 직원들은 이 DB로 안내하기만 하면 되었다. DB에 포함되지 않은 질문이 발생할 때마다 새로운 항목이 만들어졌고, 기존 직원들의 업무 만족도와 근속률이 크게 향상되었다.

팀 회의에서 '보여주고 배우기show and learn' 세션을 열어 모든 사람이 이전 회의 이후 습득한 특정 학습 항목에 대해 발표하도록 장려하는 것이 도움이 될 수 있다.

학습 공유를 위한 코칭 질문은 다음과 같다.

- 다른 팀원이 다른 사람의 경험이나 지식에서 도움을 받을 수 있는 시기를 어떻게 알아차릴 수 있는가?
- 어떤 공식적 또는 비공식적 코칭 및 멘토링 관계를 구축하길 원하는가?

학습에 대한 인정 및 보상

마지막으로, 학습을 위한 노력과 인정 사이에 명확한 연결 고리가 있으면 학습 과정에 대한 가치가 강화된다. 팀 학습을 가로막는 가장 흔한 장애물 가운데 하나는 동기 유발 환경과 관련이 있다. 성과 창출의 나선형 연계고리는 피드백 시스템이다. 모든 것이 잘 진행되고 있을 때 직원들과 팀은 높은 수준의 자기 효능감을 느낀다. 이러한 자신감의 증가는 높은 동기 부여를 불러일으키기 때문에 성과는 자기 강화의 나선형으로 계속 상승한다. 상황이 나빠지면 그 반대 상황이 발생하게 되어, 자기 효능감이 낮아지고 성과도 저하된다. 때로는 긍정적 또는 부정적인 나선형 연계고리의 원인이 예를 들면, 중요한 고객에 대한 단일 판매 또는 특정 프로젝트에 대한 업계 수상 등과 같은 팀 활동의 한 가지 요소가 팀 자신감에 영향을 미칠 수 있다.

학습 효율과 질은 긍정적인 사이클과 부정적인 사이클 모두에 의해 저하될 수 있다. 지나친 자신감이나 오만함은 성찰을 가로막는 심각한 장애물이 될 수 있다.

효과적인 학습 팀은 팀 회의에서 간단한 칭찬부터 학습 이정표에 대한 더 정교한 축하 행사까지 개인의 학습과 지식 공유가 얼마나 가치 있는지를 보여줄 수 있는 다양한 방법을 찾는다. 예를 들어, 한 팀에서는 개인별 학습 목표가 팀 전체의 보상과 연계되어 있다.

이는 개인에게 학습 목표 달성에 대한 압박감을 주는 동시에, 동료들이 서로를 지원하도록 동기를 부여하기도 하였다.

학습을 인정하고 보상하기 위한 코칭 질문의 예시는 다음과 같다.

- 유용한 학습이 이루어졌는지 어떻게 알 수 있는가?
- 팀 지식에 대한 각자의 기여도를 어떻게 측정하고 인정받고 싶은가?
- 우리 각자가 새로운 지식과 스킬을 업무에 적용했을 때 어떻게 평가받고 인정받고 싶은가?

학습 팀 구축

학습 팀은 그냥 생기는 것이 아니라 적절한 구조, 분위기, 프로세스를 만들기 위해 리더 및/또는 코치의 지원과 안내가 필요하다. 디안드레아-오브라이언D'Andrea-O'Brien과 부오노Buono(1996)는 학습 팀을 구축하는 데 필요한 네 가지 핵심 프로세스를 제시하고 있다.

- **학습 문화를 조성**하려면 리더가 조직과 협력하여 필요한 경우 학습과 지식 공유를 장려하는 보상 시스템을 만들어야 한다. 또한 심리적 안전감을 주는 분위기를 조성하고 새로운 팀원을 코

칭한다; 팀원들이 서로 배울 수 있는 환경을 조성하고; '팀원들의 상호작용과 결과물의 질에 집중한다.' 마지막 항목의 중요한 부분은 팀 운영의 행동 기대치를 명확하게 표현하고 포착하는 것이다.

- **패러다임의 전환을 촉진**하려면, 즉 쉽게 말해 팀이 사고방식과 행동 방식에서 중요한 전환을 이루도록 지원하려면 팀이 평소보다 훨씬 더 광범위한 출처의 피드백과 정보에 개방적이고 새로운 성과 과제를 설정하고 이를 달성하는 방법에서 창의성을 발휘해야 한다.
- **개인 및 집단의 강점을 평가**하려면 구성원의 지식, 스킬, 능력에 대한 목록을 작성하는 등의 프로세스가 필요하다.
- 마지막으로, 팀은 공동의 지식 기반을 바탕으로 전략적 사고, 체계적 사고, 도전 과제 해결을 위한 창의성을 향상할 수 있는 **태도와 커뮤니케이션 역량을 개발**해야 한다. 이를 달성하기 위한 메커니즘으로는 대화, 토론, 관찰, 경험 공유 등이 있다. 특히 팀원들은 단어가 사람마다 다른 의미를 갖는 경우가 많으며(특히 문화권 사이에 차이가 있을 수 있음), 따라서 서로가 서로를 명확하게 이해하고 있는지 확인하기 위해 피드백에 개방적이고 동료들과 후속 조치를 취해야 한다는 점을 인식해야 한다.

같은 문제를 바라보는 또 다른 방법은 팀이 학습을 관리할 수 있는 능력과 역량을 점차적으로 획득하는 일련의 진화 단계로 보는 것이다. 목표는 팀 학습 성숙도로 설명할 수 있으며, 팀이 조직 학습에 크게 기여하고 좋은 학습 사례의 모범이 되는 단계이다.

저자가 함께 한 학습 팀 연구 프로젝트는 팀 학습 성숙도에 따라 네 가지 단계로 나누어 구분하였다.

- **즉흥** Ad hoc – 학습을 위한 실질적인 구조가 없고, 팀원들 사이에 서로의 학습 필요성에 대한 이해가 부족하다. 또한 팀 전체가 습득해야 할 학습에 대한 비전이 없으며, 학습과 지식 이전을 관리할 시스템이 거의 없다. 교육 기회가 개발 계획에 따른 것이 아니라 보상으로 주어질 수 있다.
- **외부 자극** – 학습 목표와 구조가 팀 외부에서 부과된다. 계획된 학습은 주로 중앙 부서의 요청이나 지시에 따라 사람들을 교육 과정에 보내는 것으로 구성된다.
- **내부 자극** – 팀원들은 개별적으로나 집단적으로 필요한 학습에 대한 명확한 비전이 있다. 모든 구성원은 자신과 다른 팀원에 대한 명확한 개발 역할이 있으며, 팀 내에서 학습을 관리할 수 있는 몇 가지 기본적인 시스템이 있다.
- **통합** –조직, 팀, 구성원 개개인의 요구를 통합하는 학습 목표가 존재하고, 사람들은 서로에 대한 다양한 학습 역할을 수행하도록 훈련되고 동기를 부여받으며, 팀 내 학습을 관리하는 강력한

시스템은 다른 팀과의 네트워킹을 장려하고 관리하는 시스템으로 보완된다.

놀랍지도 않은 일이지만, 진정으로 '통합 수준'에 도달했다고 말할 수 있는 업무 팀은 거의 없다. 그렇지만, 그 몇 안 되는 팀들을 살펴본 결과, 핵심 요인 가운데 하나는 리더 또는 관리자가 학습의 수월성을 최우선순위로 설정하고, 팀과 함께 학습 시스템과 프랙티스를 개선하는 방법을 계획하는 데 시간을 할애하며, 코칭하기, 코칭받기, 팀 구성원 사이 코칭 기회를 만들어내기 등에서 롤 모델이 되었다는 점이다.

학습 팀을 지원하기 위한 행동

우리는 연구를 통해 아홉 가지의 반복되는 행동 특성을 발견하였다([그림 10.7] 참조).

- 팀원들이 명확한 목표를 공유할 때 **공통 목적의식**이 형성된다. 이상적으로는 정의된 결과물, 조직 목표와의 연계성, 팀 전체가 과제를 달성하기 위해 무엇을 해야 하는지에 대한 공유된 이해가 있어야 한다. 목표가 명확하면 팀원들이 무엇을 왜 배워야

하는지 알 수 있다.

- **우선순위 판단**은 공유된 목표에서 비롯된다. 무엇이 중요하고 왜 중요한지 알면 사람들은 어떤 학습이 가장 시급한지 결정할 수 있다.
- 진정한 대화를 나누기 위해서는 **기꺼이 열린 마음으로 대화**하는 것이 중요하다. 팀원들이 함께 일한 기간이 길고 긴밀할수록, 일반적으로 팀원들은 서로에 대해 구조적으로 대립적인 태도를 취하지 않으려 한다. 이러한 거부감을 극복하고 서로에게 솔직한 피드백을 제공하면 지속적인 학습이 이루어지게 된다.
- **서로의 강점과 약점을 인식하는 것**은 상호 지원과 공동 코칭을 위한 플랫폼을 제공한다.
- **서로 다름을 소중히 여기는 것**은 상호 존중하는 태도를 쌓고, 동료 간에 서로 배우고 가르칠 수 있는 과정을 원활하게 하는 윤활유 역할을 한다.
- 또한 **지식과 전문성을 공유**하려는 의지를 키우는 데도 도움이 된다. 학습 팀에는 '지식이 곧 힘'이라는 개념이 자리 잡을 여지가 없다.
- 효과적인 학습 팀의 구성원들은 **서로의 사고방식**을 본능적으로 빠르게 **이해**하는 경향이 있다. 따라서 다양한 업무나 의사 결정 과정에서 서로를 대신할 수 있다.
- 이러한 능력은 부분적으로는 **서로의 능력과 선의에 대한 신뢰**

에서 비롯된 것으로, 팀원들이 상호 신뢰를 구축하기 위해 노력했기 때문이다.

- 마지막으로, 우리 연구에서 가장 성공적인 모든 팀과 팀이 중요한 학습 경험이었다고 회상한 모든 응답자들은 '팀워크의 즐거움, **버즈buzz를 생성**'하는 것에 대해 언급했다. 사실 여기에는 두 가지 요소가 있다. '버즈buzz'는 서로 배우고 성장할 수 있는 다른 사람들과 함께 일하는 사회적 환경에서 오는 즐거움이고, '피즈fizz'는 업무 자체에서 오는 즐거움이다. '피즈'와 '버즈'가 결합되면 팀 학습과 업무 성과를 위한 강력한 동기 유발의 요인이 된다.

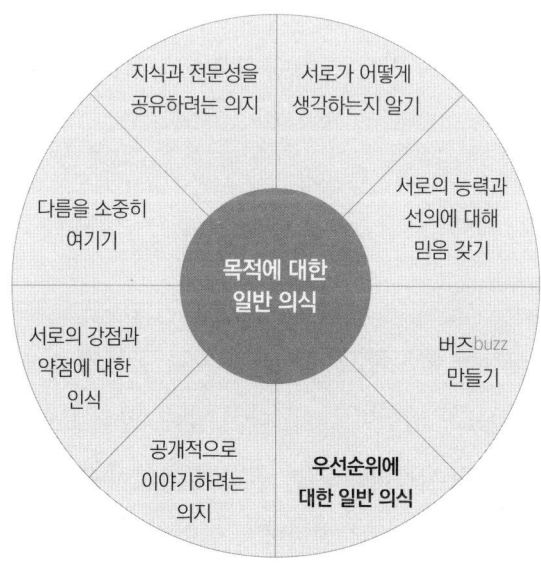

[그림 10.7] 학습 팀의 행동

팀 리더의 역할

팀 학습 연구에서 우리는 여러 개인과 팀을 통해 팀 학습이 부분적으로 또는 전적으로 학습 분위기에 의존하게 되며, 팀 리더가 이러한 분위기를 조성하는 데 핵심적인 요소라는 사실을 발견했다. 이러한 팀 리더들이 기여한 활동들은 다음과 같다.

- 팀원들이 서로 코칭하고 가르치도록 장려하기
- 팀원들이 다른 유형의 팀에 참여하여 새로운 지식을 가져올 수 있도록 장려하기
- 각자의 학습 요구 사항을 팀과 공유하기
- 업무 활동과 학습 활동 간의 균형을 적극적으로 관리하기

팀 개발 계획

팀이 학습 시간을 확보하고 지키려면 학습 활동에 집중할 수 있는 지원 프레임워크가 있어야 한다. 다시 말해, 학습 요구를 해결하고 상호 학습 지원을 제공하기 위한 집단적 계획이 필요하다. 팀 개발 계획의 목표는 다음과 같은 맥락에서 팀의 집단적 학습 필요사항을 파악하는 것이다.

- 팀의 목적과 이를 달성하는 데 필요한 역량이 무엇인지를 파악하는 것
- 팀 목적과 관련이 있거나 팀원 개인의 경력을 위한 자기 관리와 관련이 있을 수 있는 개인 계발 목표를 달성하는 데 동료에게서 필요한 지원을 파악하는 것

효과적인 팀 개발 계획을 세우려면 다음과 같은 7단계를 거쳐야 한다.

1. 팀의 존재 이유, 즉 팀의 목적을 명확히 한다.
2. 팀 목표 달성을 위해 필요한 지식, 스킬 및 기타 역량들을 (가) 기본적인 수준과, (나) 고성과를 내는 팀으로서의 수준으로 세분화하여 명확히 한다. (여기서 유용한 질문은 다음과 같다: 이러한 역량을 적절한 수준으로 갖추지 못했을 때 어떤 영향이 있을까?)
3. 팀 전체가 갖추어야 하는 핵심 역량(모든 팀원이 보유해야 함), 일부 팀원에게만 강력하게 필요한 역량(다른 팀원은 보통 또는 전혀 필요하지 않음), 필요할 때 외부에서 쉽게 얻을 수 있는 역량으로 분류하여 각각이 어떤 역량들인지에 대해 합의한다.
4. 3번에서 파악된 역량을 각 팀원의 개인 개발 계획에 어떻게 통합할 수 있는지 논의한다.

5. 리더를 포함한 모든 팀원이 자신들의 개인 개발 계획을 전체와 공유한다.
6. 팀은 다음 사항들을 심층적으로 논의한다.
   i. 필요한 학습에 대한 개인 및 집단적 책임을 어떻게 분담할 수 있을까?
   ii. 서로의 학습을 어떻게 지원할 수 있을까? (예: 공동 코칭)
   iii. 개인과 집단 학습 과정을 어떻게 모니터링할 것인가?
   iv. 학습 과정을 언제 어떻게 검토할 것인가?
7. 팀 개발 계획은 공식적인 문서로 작성하여 다음 사항을 명확하게 한다.
   i. 학습 목표
   ii. 개인과 집단의 책임
   iii. 필요한 자원
   iv. 일정

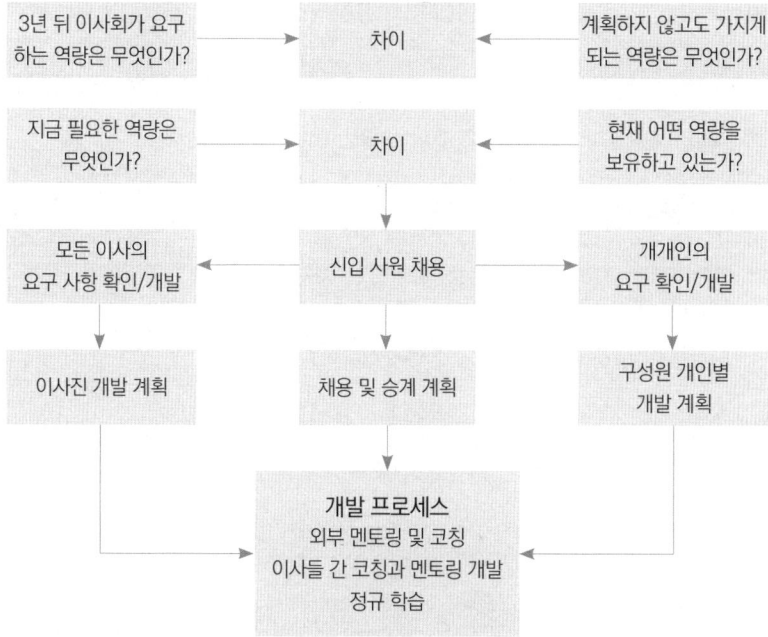

[그림 10.8] 팀 개발 계획

[표 10.10] 학습 프로세스

	1점~10점	확신(1~5점)
1. 우리는 모두 자기 계발 계획을 세우고 이를 활용한다.		
2. 우리는 개별 학습을 통합하고 향후 1~2년 동안 팀이 어떻게 발전해야 하는지에 초점을 맞춘 팀 개발 계획을 수립하여 사용한다.		
3. 우리는 진화하는 시장 및 비즈니스 전략에 팀의 학습 요구 사항들을 연결한다.		
4. 우리는 정기 회의 안건에 학습 목표와 업무 목표를 포함한다.		
5. 우리는 상호 코칭에 참여하며 서로에게 중요한 학습자원이 되어 준다.		

[표 10.10] 학습 프로세스(계속)

	1점~10점	확신(1~5점)
6. 우리는 도전적인 아이디어를 제시해 줄 외부인을 초대한다.		
7. 우리는 변화에 뒤처지지 않고 변화에 앞서가는 것을 선호한다.		
8. 우리는 우리의 가정과 업무 방식에 도전하며 그것을 재검토한다.		
9. 우리는 차후에 팀과 공유할 수 있는 개인별 학습 시간을 할당하며, 모든 팀원이 이 시간을 유용하게 사용하길 기대한다.		
10. 우리는 집단 학습과 성찰을 위해 시간을 낸다.		
11. 우리에게는 실수와 좌절로부터 배우는 강력하고 긍정적인 관행이 있다.		
12. 우리는 좌절에서 얻은 교훈을 실질적인 변화로 전환하는 데 능숙하다.		
13. 우리는 새로운 아이디어를 도출하기 위해 광범위한 네트워크를 구축하고 이에 투자한다.		
14. 우리는 조직 내 다양한 지위에 있는 사람들의 도전을 마다하지 않는다.		
15. 리더는 지속적인 학습의 롤 모델이 되는 것을 중요하게 여긴다.		
16. 우리는 조직 체계 내에서 계층마다 지속적인 학습의 필요성이 증가함을 인식한다.		
17. 우리는 학습을 인정하고 보상한다.		
18. 우리는 솔직한 피드백을 소중하게 여긴다.		
19. 우리는 교육 훈련 예산을 확보하여 학습에 대한 중요성을 강조한다.		
20. 우리는 회의에서 코칭 마인드셋을 갖춘다.		

요약

팀 내 학습의 효과는 심리적 안전감의 수준, 팀 리더의 역할, 학습 관리 프로세스의 유무와 활용, 팀내 다양성의 수준 등 여러 가지 요인에 따라 달라진다. 또한 팀 역동성의 차이에 따라 팀 코치가 활용할 수 있는 학습 접근 방식도 달라질 수 있다.

참고 문헌

피터 센게 저, 강혜정 역 (2014). 학습하는 조직, 에이지 21
Argyris, C, and Schön, D (1978). *Organizational Learning: A Theory of Action Perspective*, Addison Wesley, Reading, MA
Argyris, C (1993). Education for Leader-Learning, *Organizational Dynamics*, 21(3), pp 5-17
Argyris, C (1982). *Reasoning, Learning and Action: Individual and Organizational*, Jossey-Bass, San Francisco, CA
Bunderson, JS and Sutcliffe, KM (2003). Management Team Learning Orientation and Business Unit Orientation, *Journal of Applied Psychology*, 83(3), pp 552-560
Cannon-Bowers, JA, Salas, E and Converse, S (1993). Shared Mental Models in Expert Team Decision Making. In Castellan, J (Ed) *Current Issues in Individual and Group Decision Making*, Erlbaum, Hilldale, NJ
Choi, HK and Thompson, L (2005). Old Wine in a New Bottle: Impact of Membership Change on Group Creativity, *Organizational Behavior and Human Decision Processes*, 98, pp 121-132
D'Andrea-O'Brien, C and Buono, AF (1996). Building Effective Learning Teams: Lessons from the Field, *SAM Advanced Management Journal*, Summer, pp 4-9
Duart, DL and Snyder, N (1999). *Mastering Virtual Teams*, Jossey-Bass, San Francisco, CA

Earley, PC and Mosakowski, E (2000). Creating Hybrid Team Cultures: An Empirical Test of Transnational Team Functioning, *Academy of Management Journal*, 43(1), pp 26–49

Edmondson, AC, Bohmer, RM and Pisano, GP (2001). Disrupted Routines: Team Learning and New Technology Implementation in Hospitals, *Management Learning*, 29 (1), pp 4–20

Edmondson, AC (2002). The Local and Variegated Nature of Learning in Organizations, *Organization Science*, 13 (2), March–April, pp 128–146

Ely, RJ and Thomas, DA (2001). Cultural Diversity at Work: The Effects of Diversity Perspectives on Work Group Processes and Outcomes, *Administrative Science Quarterly*, 46(2), pp 229–73

Foldy, EG (2004). Learning from Diversity: A Theoretical Exploration, *Public Administration Review*, September/October, 64(5), pp 529–538

Gersick, C (1998). Time and Transition in Work Teams: Toward a New Model of Group Development, *Academy of Management Journal*, 31(1), pp 9–41

Gersick, C and Hackman, JR (1990). Habitual Routines in Task-performing Teams, *Organization Behavior and Human Decision Processes*, 47(1), pp 65–97

Huber, GP (1991). Organizational Learning: The Contributing Processes and Literatures *Organization Science*, 1, pp 88–115

Jacques, E (1989). *Requisite Organization*, Routledge, New York, NY

Kim, D (1993). The Link between Individual and Team Learning, *Sloan Management Review*, Fall

Lant, TK (1992). Aspiration-level Adaptation: An Empirical Exploration, *Management Science*, 38(5), pp 623–644

Norton, MI, Sommers, SR, Apfelbaum, EP, Pura, N and Ariely, D, (2006). Colour Blindness and Interracial Interaction, *Psychological Science*, 17, pp 949–953

Offenbeek, M van (2001). Processes and Outcomes of Team Learning, *European Journal of Work and Organizational Psychology*, 10(3), pp 303–317

Rudolph, JW, Taylor, SS and Foldy, EG (2006). Collaborative Off-line Reflection: A Way to Develop Skill in Action Science and Action Inquiry, 3rd Edition. In P Preason and H Bradbury (Eds), *Handbook of Action Research*, Sage, London

van Vegt, GS (2005). Learning and Performance in Multidisciplinary Teams: The Importance of Collective Team Identification, *Academy of Management Journal*, 48 (3), pp 532–547

11장
팀 리더의 중요한 역할

리더는 사람들이 자신의 존재를 거의 모를 때, 자기 일이 끝나고 목표가 성취되었을 때 사람들이 '우리가 해냈다'라고 말할 때 가장 좋다.

— 노자

구글 스칼라에 '리더십'이라는 단어를 입력하면 4백만 개의 연구 논문, 서적 및 기타 기사가 표시된다(이 책을 읽는 지금은 5백만 건도 넘어섰을 것이다). 아마존에서 '리더십'을 검색하면 10만 권 이상의 타이틀이 제공된다. 약 네 권의 리더십 관련 신간이 매일 출판된다.

  기업들은 리더십이 무엇인지, 무엇이 좋은 리더를 만드는지 명확히 알지 못한 채, 리더십 잠재력을 가진 사람을 발굴하고 육성하며, 보상하고 동기를 유발하고 유지하는 데 막대한 비용을 투자한다.

인재 관리 및 승계 계획에 관한 연구에서 수백 건의 인터뷰와 광범위한 문헌 분석을 통해 얻은 피할 수 없는 결론은 이러한 노력의 대부분은 문제 일부이지 해결책 일부가 되지 못한다는 것이다. 그 이유 가운데 하나는 리더십 잠재력을 정확하게 판단할 수 없다는 것이다. 특히 효과적인 리더십은 상황에 따라 크게 좌우되기 때문이다. 다른 하나는 사람과 조직 사이의 관계는 복잡하고 적응이 필요한 시스템이지만, 조직이 인재 관리에 사용하는 거의 모든 도구는 단순하고 선형적 시스템 사고에 기반한 것이다.

효과적인 리더십을 정의하는 문제에 대한 정확한 요약이 하버드 비즈니스 리뷰에 실렸다(George et al., 2007). 이 기사에서는 1,000건 이상의 연구를 통해 리더의 특성, 스타일 및 성격 특성을 살펴봤지만, 이상적인 리더에 대한 명확한 정의를 제공하지 못했다는 결론을 내렸다.

리더가 되면 더는 자신의 학습에 투자할 필요가 없다고 가정하는 것이 문제다. 역할의 복잡성으로 인해 지속적인 학습의 필요는 더 높은 자리로 갈수록 훨씬 더 커진다는 것을 알 수 있다.

저자가 좋아하는 리더십 정의는 '산을 움직이는 대화를 하는 것'이다. 덜 자기중심적으로 들리지만, 복잡하고 무형이며 끊임없이 진화하는 역할의 한 부분을 균등하게 대표한다. 우리는 리더십의 자질을 보면 알아차리지만(또는 적어도 알아차렸다고 스스로 확신하지만) 리더십이 무엇인지 정확히 파악하는 데 어려움을 겪는다.

그 이유 가운데 하나는 리더십이 상황에 따라 달라지기 때문이다.

이에 대한 전형적인 예는 소방대fire brigade와 협력할 때 나타났다. 동일한 조직 내에서 매우 다른 두 가지 리더십 모델이 나란히 작동했다. 두 가지 모델이 모두 인정받고 동등한 가치를 지니게 되었을 때 조직은 번영했다. 리더십의 한 유형은 경영진 수준에서 발견되었다. 여기서 리더십은 비전을 설정하고, 조직에 필요한 재정 및 기타 자원을 확보하고, 조직 안에서 정치만 하려고 하는 이들을 막고, 외부 이해관계자에 대한 책임을 지는 것이다. 다른 유형의 리더십은 중간 및 하급 관리층의 수준에서 발견되었다. 여기서 리더십은 화재나 기타 긴급한 극적인 상황에서 효율적으로 대응하는 데 필요한 깊은 신뢰와 효율성을 조성하는 것과 관련 있다. 이 수준의 리더가 위험한 환경에서 '나를 따르라'라고 말하면 전체 팀은 의심 없이 대응할 준비가 되어 있어야 한다. 어떤 소방관이라도 첫 번째 유형의 고위 리더를 따라 위험한 상황에 빠진다는 것은 비웃음을 산다. 마찬가지로, 두 번째 유형의 리더는 지역 내 고위 인사들에게 반갑게 인사하는 것에 전혀 익숙하지 않다.

2010년, 유명 컨설팅 회사인 맥킨지는 리더들을 대상으로 설문 조사를 실시하여 성공적인 변화 관리와 관련된 일련의 역량들을 도출했다. 그들은 성공적인 변화 관리와 관련된 다섯 가지 역량을 다음과 같이 설명했다.

- 개인 차원의 의미가 있으며 표현하는 것
- 도전과 변화를 강조하여 그 안에 있는 기회를 강조하는 방식으로 제시하기
- 강력한 지지자 네트워크 보유
- 개인적, 조직적 위험에 대한 긍정적인 태도
- 자신과 다른 사람들의 에너지 관리하기

이 연구에 따르면 이 모든 행동을 마스터한 리더는 개인적인 삶과 리더로서의 역량에 모두 만족할 가능성이 20배나 크며, 한 가지만 마스터한 리더라도 변화를 관리하는 능력에 대해 전혀 마스터하지 못한 리더보다 자신감을 가질 가능성이 2배 더 크다고 한다. 이 연구에 대한 비판은 원인과 결과를 적절히 구분하지 못했다는 점일 수 있다. 그러나 이 결과는 리더의 자기 인식을 검토한 다른 연구와 일치한다.

리더십 자질에 대한 가장 크고 포괄적인 연구 가운데 하나는 수년에 걸쳐 61개국의 문화와 리더십을 조사한 글로벌 리더십 및 조직 행동 효과성 Global Leadership and Organizational Behavior Effectiveness(GLOBE) 연구(House et al., 2004)이다. 이 연구에서는 보편적으로 인정되는 다섯 가지 리더십 차원, 즉 진실성, 영감 주기, 결과 지향성, 비전 제시, 팀 지향성을 발견했다. 비윤리적인 것과 자기 보호 또는 자기 향상 advancement이라는 두 가지 차원은 보편적으로 받아들여 지

지 않았다. 또한 지위 의식, 절차 지향, 자율성, 인도 지향, 대의를 위한 위험 감수, 경쟁력 등 여섯 가지 요인은 문화적 조건에 따라 결정되었다. 즉 리더십 효과의 상당 부분은 문화에 따라 달라진다.

이 모든 것이 왜 조직이 리더십 역량 프레임워크에 그토록 큰 노력을 기울였는지 의문을 품게 한다. 모든 리더가 같은 방식으로 보이고 행동해야 한다는 가정은 명백히 잘못된 것인데, 왜 우리는 이를 기준으로 선발할까? 시스템적 인재 관리에 대한 저자의 연구(Clutterbuck, 2012)에서 설명한 바와 같이, 결과적으로는 다양성에 대한 편견과 경직된 시스템을 능숙하게 조작하는 소시오패스에게 열린 문이 될 수 있다.

지속적인 실험의 하나로 몇 년 전부터 리더십과 코칭에 관한 최근(2010년 이후) 기사와 논문에서 공통적인 패턴을 찾기 시작했다. 저자의 초점은 학술지와 대중적인 아티클(블로그 포함)의 저자들이 리더십과 코칭의 가장 효과적인 프랙티셔너에게 부여하는 자질에 맞춰졌다. 실제로 사용된 용어는 다양하지만 두 역할 모두 긍휼compassion, 호기심, 용기라는 세 가지 주제가 일관되게 반복된다. 이것은 경험적 연구가 아니다. 동료 심사를 거친 저널에 게재하기 위한 기준을 충족하지 못한다. 그렇지만 이 연구는 리더십이라는 복잡한 주제에 또 하나의 빛을 던졌고, 이 세 가지 자질은 저자가 수행한 글로벌 연구 대상이었던 주요 다국적 기업의 최고 성과를 내는 팀의 리더들에게서도 발견되었다.

긍휼

긍휼은 공감보다 훨씬 더 긍정적이고 유용한 특성이다. 공감은 누군가와 *함께* 느끼는 감정으로, 쉽게 다음과 같은 결과를 초래할 수 있다. 감정적 과부하, 거리 두기, 극단적으로는 무감각으로 이어질 수 있다.

긍휼은 다른 사람을 *위한* 감정이며, 다른 사람의 고통을 덜어주고자 하는 욕구를 동반한다. 긍휼의 핵심 구성 요소는 자기 인식, 친절, 자기 연민, 수용, 평정심이다. 성과가 높은 팀에 관한 최근 연구에서 관찰된 주요 사항 가운데 하나는 이러한 팀의 리더가 성과가 낮은 팀의 리더보다 훨씬 더 큰 개인적 안정감을 느끼는 경향이 있다는 것이다.

자신과 타인에 대한 자신감이 있고, 실수(자신 또는 타인의)에 관대하며, 자신에 대한 신뢰가 있기 때문에 타인에게 신뢰를 확장하여 결정을 내리고 스스로 관리할 힘을 기를 수 있다.

호기심

호기심은 창의력과도 연결되는데, 호기심 없는 마음은 새로운 아이디어를 창출하기 위해 개념을 쉽게 조합하지 않기 때문이다. 호기심은 내면의 세계(내가 왜, 어떻게 생각하고, 느끼고, 행동하고, 기능하는가?), 외부 세계와 상호작용하는 방식, 그리고 그 세계 자체가 어떻게 기능하는지를 탐구하게 한다. 호기심의 핵심 요소에는 마음챙김, 고차원적 추론, 학습 지향성이 포함된다.

용기

용기는 개인적이고 광범위한 위험을 인식하면서 옳은 일을 할 수 있는 능력이다. 용기의 핵심 요소에는 자신의 가치관을 명확히 하는 것, 깊은 윤리 의식, 긍정적인 자기 비판, 포기하고 앞으로 나아가는 능력, 좌절에 대한 회복력 등이 있다.

용기에는 (호기심을 통해 생성되거나 지지받는) 꿈이 현실이 될 때까지 놓치지 않고 살아가려는 의지도 포함된다. 이를 통해 우리는 어려운 결정을 내리고, 대화를 나누고, 다들 불편해하는 문제를 피하지 않고 다루고, 우리가 되고자 하는 미래의 우리 모습에 더 가까이 다가가기 위한 방식으로 행동할 수 있다.

이러한 자질이 적어도 안면 타당성 수준에서 효과적인 리더와 효과적인 코치 모두에게 공통으로 나타난다는 사실은 훌륭한 리더가 코치의 스킬과 행동을 하고 있다는 여러 연구(Hackman, 1987)의 결론에 힘을 실어준다. 불명확한 것은 훌륭한 코치가 훌륭한 리더의 자질도 갖추어야 하는지이다.

분산 리더십

리더십에 대한 현대적 사고를 특징 짓는 반복되는 주제는 리더십 분산 개념이다. 피터 호킨스Peter Hawkins는 그의 저서『리더십 팀 코칭』(2017)에서 리더십을 한 사람이 맡기에는 너무 복잡해졌기 때문에 '영웅적인' 개인 리더십의 시대는 지났다고 강력하게 주장한다. 리차드 해크먼은 리더가 팀 성과에 대해 잘못 공로를 인정받거나 비난받는 경우가 많다는 사실을 관찰했다. 이는 그가 '리더 귀인 오류'라고 부르는 현상이다(Hackman, 2004). 훌륭한 리더가 훌륭한 팀을 만든다는 가정은 투입-과정-산출 모델이지만, 이에 대한 설득력 있는 증거는 거의 없다. 실제로 해크먼은 인과관계의 흐름이 반대 방향일 수 있다고 말한다. 높은 성과를 내는 팀에서 볼 수 있는 자질은 높은 성과의 원인이 아니라 결과일 수 있다(Staw, 1975). 리더가 팀의 행동을 형성하기보다는 팀 구성원의 행동이 리더십 스타일을 창출할 수 있다(Farris & Lim, 1969; Lowin & Craig, 1968; Sims & Manz, 1984).

다시 말해, 리더십과 팔로워십은 양쪽 모두로부터 영향을 주고받고 환경적 요인에 의해 영향을 받는 복잡한 역동 관계이다. 이것이 바로 팀 리더에게 집중된 코칭이 의도한 결과를 얻지 못하는 이유 가운데 하나이다. 성과를 창출하는 것은 한 개인이 아니라 시스템이다.

단일 리더 모델의 지속성은 적어도 부분적으로는 다음과 같이 공통적이지만 증거가 없는 가정에 기인한다.

- 리더십은 개인의 특성이다. 리더십에 관한 대중 서적들은 대부분 리더가 성격 요인들과 행동의 특정한 조합을 가진 사람이라는 관점을 갖고 있고, 리더의 카리스마, 에너지, 개인의 사례와 이끌어가는 이들의 야망을 표현함으로써 구성원들의 동기를 유발할 수 있다는 입장을 견지한다. 어느 정도는 사실일 수 있지만, 이는 리더십에 대한 일차원적인 관점일 뿐이다. 리더-구성원 교환Leader-Member Exchange(LMX)에 대한 학술 문헌들은 리더십이 시스템적이라는 점을 인식하고 있다. 리더와 구성원들의 자질 모두가 성공과 실패의 필수 구성 요소이다.
- 어떤 사람은 리더십을 발휘하는 데 필요한 자질을 갖추고 있고 어떤 사람은 그렇지 못하다. 다시 한번 말하지만, 대부분 실제 증거는 효과적인 리더의 속성과 특성이 상황에 따라 다르다는 것을 시사한다.
- 개인이 그룹보다 더 나은 결정을 내린다. 개인과 그룹 모두 결단력이 있을 수도 있고 우유부단할 수도 있다. 그룹이 집단 사고의 영향을 더 많이 받을 수 있지만, 개인은 훨씬 더 융통성이 없고 명백한 것을 보지 못할 수 있다.
- 리더는 방향을 제시한다. 때로는 사실일 수도 있지만, 분명하게

이미 존재하는 방향 감각을 리더가 명확히 하는 경우도 많다. 그들은 파도를 만드는 것이 아니라 파도와 함께 간다.
- 리더가 없으면 모든 것이 무너진다. 1970년대와 1980년대의 반자율적 작업 그룹 실험은 반드시 그렇지만은 않다는 것을 설득력 있게 보여주었다. 게다가 인터넷과 같이 현대 사회에서 가장 중요한 혁신 일부는 리더 없이 등장했다. 그 대신 선동자instigator들이 등장했다. 선동자들은 흔히 혁신과 에너지를 보여주지만, 상황이 어떻게 전개되는지 통제하려는 욕구는 거의 보이지 않는다. 이들은 아이디어(또는 밈meme)가 매우 강력하다면 사람들이 그것을 채택할 것이라는 가정이 있다.

분산 리더십 활용도 높이기

분산 리더십은 직무 역할과 기술descriptions을 바꾸어 다음을 강조한다.

- 개인이 아닌 공동의 과제와 책임 - 내가 무엇을 위해 여기 있느냐가 아니라 우리가 무엇을 위해 여기 있느냐가 중요함
- 팀 구성원의 성장과 자원을 신속하게 전환할 수 있는 역량 측면에서 역할 상호 교환 가능성이 바람직하게 여겨짐
- 집단(팀) 학습

- 개인의 강점과 약점에 맞춘 리더십 업무 조정. 예를 들어, 한 회사는 일부 지역 영업 관리자가 동기 유발과 인력 관리에 훨씬 능숙한 반면, 다른 지역 영업 관리자는 영업 실적 달성에 더 능숙한 경향이 있다는 사실을 파악했다. 그래서 이 회사는 현장 영업팀을 통합하여 서로 다른 두 가지 스타일과 목표를 반영하는 공동 리더십을 도입했다.

이 분야에서 흥미로운 실험이 전문 서비스 회사와 교육 기관에서 이루어졌는데, 동등한 수의 팀원 가운데 한 명이 일정 기간 CEO 역할을 맡기로 합의하고 기간이 끝나면 이전 역할로 돌아가 동료에게 인계하는 방식이다. 이 방식의 장점은 지명된 리더가 개인적인 권력 기반을 공고히 하는 역할을 하는 것이 아니므로 동료들의 의견을 경청해야 한다는 점이다. 이는 때때로 급진적인 변화에 대한 저항을 완화할 수도 있지만, 마찬가지로 급진적인 변화를 추구하는 사람들이 자신의 차례에 주도권을 잡을 수 있도록 충분한 동료의 지지를 구축할 기회를 제공한다.

CEO 자리가 고착적으로 되면 경영진 내부에서 창의적이고 건설적인 도전과 새로운 사고를 할 수 있는 역량이 크게 줄어드는 경우가 많다. 다른 관점을 가진 반대 의견은 쉽게 배제되는 경향이 있다. 반자율적 작업 그룹의 선구자인 아이너 솔스러드Einar Thorsrud는 조직에 의회 시스템처럼 여당과 야당으로 구성된 두 개의 이사회를 두자고 제안한 적이 있다. 이 아이디어가 빠르게 확산할 것 같지는 않지만(30년 전에 가라앉아 아직 수면 위로 떠오르지 않는다!), 다양한 관점이 더 나은 의사 결정을 촉진한다는 원칙은 잘 입증되어 있다. 비교적 소규모의 열성적인 개인들로 구성된 팀에게 CEO 역할을 확대하고 교대로 리더 역할을 맡기면 솔스러드가 목표로 했던 대부분 이점을 얻을 수 있고 단점은 거의 없을 것이다.

단일 리더 모델은 관리자들이 경력 초기에 분산된 리더십을 연습할 기회가 거의 없으므로 여전히 부분적으로는 견인력traction을 유지하고 있다. 액션러닝 그룹의 한 세션에서 구성원들은 내부에서 리더를 임명해야 하는지를 놓고 열띤 논쟁을 벌였다. 일부는 본능적으로 리더, 즉 이 그룹을 대표하여 결정을 내리고 이를 최고 경영진에게 보고하는 사람이 필요하다고 느꼈다. 다른 사람들은 리더를 한 명으로 두는 것은 팔로워들의 책임을 포기하는 것이라고 설득력 있게 주장했다. 결국 리더를 지정하는 것은 학습 목표를 훼손할 수 있다는 데 동의했다. 이 관리자들이 이전에 분산 리더십을 경험했다면 이러한 논쟁은 거의 발생하지 않았을 것이다.

애자일agile 및 스크럼scrum 방법론은 소프트웨어 개발이나 변화 관리 분야에서 주로 사용되는 분산형 리더십의 예로서 빠르게 성장하고 있다. 스크럼에서는 전통적인 리더십 역할이 스크럼 마스터라고 불리는 코치와 프로젝트의 이해관계자를 대표하는 제품 소유자product owner로 대체된다. 프로젝트는 스프린트라고 불리는 작은 시간 단위로 나뉘며, 팀원들은 필요한 것을 어떻게 제공할지 결정한다. 스크럼 마스터는 팀이 무엇을 할 것인지 생각하고 각 스프린트 중에 발생한 일로부터 배울 수 있도록 도와준다. 놀랄 것도 없이 이러한 방법론을 적용하는 기업은 이전에 전통적인 계층 구조에서 관리자였던 사람들이 이 새로운 방식에 적응하고 관리 본능을 포기하는 데 어려움을 겪는다는 사실을 흔히 발견했다. 일부 직원은 공동 관리보다는 관리받는 것을 더 편하게 느낄 수 있다.

비슷한 개념으로 홀로크라시 holocracy 도 있다. 다음과 같은 철학이다.

- 사람들은 함께하는 주변 사람들이 아닌 수행해야 하는 작업을 중심으로 정의된 여러 가지 유연한 역할을 한다. 직무 기술서 (존재하는 경우)는 끊임없이 변화한다.
- 권한과 의사 결정은 되도록 가장 낮은 수준까지 분산된다.
- 모든 팀은 끊임없이 진화하는 조직 구조 내에서 자기 조직화된다.
- 위에서부터 아래까지 모두가 동일한 투명한 규칙에 구속된다.

결론은… 결론이 없다는 것이다. 효과적인 리더십은 상황적이고, 진화하며, 역동적인 과정이다. 리더에 대한 것만이 아니며, 리더, 팀, 그리고 팀 외부의 힘 사이의 상호작용에 관한 것이다.

리더십에 대한 시스템적 관점

리더십에 대한 시스템적 관점은 팀과 높은 성과를 내는 팀에 대한 상충하는 데이터를 이해하려고 한다. 예를 들어, 해크먼Hackman은 당연해 보일 수 있지만 팀 효과성에 있어 적절한 스킬 조합이 중요하다는 사실을 파악했다. 전통적으로 팀 리더는 다른 팀원들과 별다른 상의 없이 새로운 팀원을 면접하고 선발한다. 채용에 대한 시스템적 인식 접근 방식은 새로 합류한 직원이 어떻게 팀 문화에 적응 및/또는 팀 문화를 낫게 만들 것인지, 어떤 스킬과 지식에 기여할 것인지, 어떤 유용한 개인적 특성을 가져올 것인지 등을 탐색하는 데 있어 기존 팀 멤버들을 참여시킨다. 새로 합류하는 직원과 팀이 함께 일만 하는 것만은 아니다. 그들은 기존 역동을 보완하기 위해 어떤 자질과 속성이 필요한지에 대한 귀중한 통찰력을 가지고 있다. 높은 성과를 내는 팀에 관한 저자의 연구에서 이것이 바로 밝혀진 과정이다.

 팀 효과성의 다른 모든 입증된 측면은 통제자로서의 리더의 개념에 맞춰 선형적인 방식으로 볼 수도 있고, 팀과 리더가 상호작용하는 방식의 복잡성을 인정하는 시스템적 접근 방식으로 볼 수도 있다. 예를 들어, 리더는 팀의 비전, 목적, 목표를 설정하거나 팀원들이 목표를 함께 만들어 가도록 유도할 수 있다. 리더는 외부와의 유일한 중개자가 되어 팀에게 필요한 정보만 전달하고 간섭에서 팀을 보호하거나, 팀 전체가 외부 세계와 연결되도록 독려할 수도 있다. 리더는 갈등을 중재하는 역할을 맡거나, 팀원들이 스스로 갈등 관리의 주인이 될 수 있도록 팀 내 관계와 기대치를 구축할 수 있다. 리더는 내부 시스템과 프로세스를 설계하고 시행하거나, 팀과 함께 이를 공동으로 개발하고 지속해서 조정할 수 있다. 리더는 개인별 평가와 개발 검토를 단독으로 수행할 수도 있고, 개인과 집단 개발을 통합하여 수행할 수도 있으므로 공동 학습과 공동 코칭은 팀 문화의 필수적인 부분이다.

팀 효과성 측면에서 문제는 다음과 같다: *이 두 가지 접근 방식 중 어떤 것이 시스템 내의 시스템으로서 팀의 복잡성에 더 잘 대처할 수 있을까?* 리더십 개발 측면에서는 다음과 같은 질문이 있다: *이러한 복잡성에 적응할 수 있는 충분한 시스템 인식을 갖춘 리더를 어떻게 육성할 수 있을까?*

따라서 팀 코치의 역할 가운데 중요한 부분은 리더와 팀이 팀 내부와 주변의 시스템을 더 잘 인식하고 이러한 시스템에 지능적으로 대응할 수 있도록 돕는 것이다. 리더와 팀 사이의 상호작용도 하나의 시스템을 형성한다는 점을 인식하는 것이 중요하다.

비슷한 맥락에서, 인디애나 대학교에서 302명의 고위급 리더를 대상으로 실시한 설문조사에 따르면:

- 90%는 리더십과 팔로워십이 서로 연관되어 있다고 생각했다.

- 99%는 좋은 리더십이 팔로워십을 향상시킨다고 믿었다.
- 94%는 좋은 팔로워십이 리더를 향상시킨다고 믿었다.

코치 힐러리 라인스Hilary Lines와 재키 숄스-로드Jacqui Scholes-Rhodes(2013)는 리더십을 리더와 팔로워 사이의 새롭고 끊임없이 변화하는 관계로 묘사한다. 시스템의 에너지는 이러한 관계에 따라 달라진다. PERILL 모델의 요소들이 리더의 행동에 어떤 영향을 미치는지 좀 더 자세히 살펴보겠다. 그렇지만 그 전에 또 다른 근본적인 질문을 생각해 보자: *이 팀에는 어떤 리더십이 필요할까?*

이 팀에는 어떤 리더십이 필요할까?

모든 팀은 그 구성과 역동 관계가 독특하므로 모든 팀 코칭 개입에서 탐구해야 할 핵심 질문이다. 내가 팀과 자주 하는 연습 가운데 하나는 팀 리더와의 합의를 통해 팀원들이 최선의 성과를 낼 수 있도록 어떻게 팀 리더가 이끌기를 바라고 어떤 리더십이 필요한지 탐색하는 것이다. 이때 팀 리더가 이 활동을 지지하는 동시에 대화에 참여하지 않는 것이 중요하다. 팀과의 코칭 대화에서 규칙을 정할 때, 이것이 불평의 자리가 아니며, 리더십 스타일의 변화로 인한 책임은 그들과 리더 모두에게 동등하게 있음을 강조한다. 다시 말해, *"이 팀에 어떤 종류의 리더십이 필요한가요?"* 라고 묻는 것 외에도 *"그 변화를 지원하고 가능하게 하는 데 당신의 책임은 무엇인가요?"* 라고 묻는다. 그런 다음, 팀에게 그들의 결론을 리더에게 제시하도록 초대한다. 이것은 요청 사항들의 연속이 아닌 *"우리는 함께 어떻게…"* 로 시작하는 일련의 질문들이다. 마지막으로, 팀과 리더가 무엇을 다르게 하고 싶은지, 서로를 어떻게 지원할 것인지, 성공을 어떻게 측정할 것인지에 대해 합의한다. 이 프로세스는 현재 이 팀에 리더십 측면에서 무엇이 필요한지, 그리고 그것이 개인과 집단의 일상 행동에서 무엇을 의미하는지를 명확히 하기 위해 비교적 안전한 공간을 만들어 준다.

이러한 접근 방식을 통해 얻을 수 있는 이점 중에는 리더 역할의 복잡성과 압박감을 팀이 더 깊이 이해하고, 리더의 리더십 스타일이 팀 성과에 어떤 도움을 주거나 방해가 되는지 팀과 리더 간에 정기적으로 검토할 수 있는 템플릿이 있다는 점이 있다. 이러한 코칭 대화의 빈번한 결과는 팀이 리더의 어깨에서 일부 부담을 덜어준다는 것이다. 그렇지만 가장 큰 성과는 이 대화가 PERILL 모델의 다른 모든 영향 요인에 대해 공개적으로 토론할 수 있는 토대를 마련한다는 점이다.

팀 코치가 관리자가 자신의 리더십 스타일에 대해 생각하도록 자극하기 위해 적용할 수 있는 질문은 다음과 같다.

- 팀과 관계의 질은 어떤가?
- 당신은 팀을 존중하고 팀도 당신을 존중하는가?
- 팀과 같은 목표를 공유하고 있는가? 어떻게 알 수 있는가?
- 팀이 정보, 학습, 상향식 지원에 대한 여러분의 요구를 이해하고 있는가?
- 팀에서 여러분을 필요로 하는 것은 무엇인가?
- 상향 및 하향 관리에서 이 팀에 적합한 균형은 무엇인가?
- 팀과 어떤 문제에 대해 논의하는 것을 기피하는가?
- 가장 자주 미루는 결정과 행동은 무엇인가?
- 팀의 성과를 개선하기 위해 어떤 일을 중단할 수 있는가?
- 팀의 성과를 개선하기 위해 무엇을 더 할 수 있는가?
- 이 팀에는 얼마나 많은 리더십이 필요한가?
- 어떤 리더십 스타일이 가장 적합한가?
- 만약 드림팀을 선택할 수 있다면 어떤 팀인가?
- 기존 팀을 드림팀으로 만들기 위해 무엇을 할 수 있는가?

목적을 만들고 동기를 유발하는 리더의 역할

6장에서 살펴본 바와 같이, 목적과 동기는 목적의식이 동기를 유발하기 때문에 연결된다. 리더의 목적의식을 팀원들과 공유하는 것이 리더십에 필요하다. 리더가 항상 목적을 만들어내야 하는 것은 아니지만, 다른 사람들이 그 목적에 동참하고 싶도록 영감을 준다. 또한 리더는 그 안에 내재된 자질과 가치를 예를 들어 보여줌으로써 목적에 생명을 불어넣는다.

팀 코치는 코칭 대화를 준비하면서 다음과 같은 핵심 탐색을 할 수 있다.

- 리더가 생각하는 팀의 목적
- 팀이 생각하는 팀의 목적
- 이러한 목적이 어디서 일치하고 어디서 일치하지 않는지 – 이로 인한 영향
- 목적에 대한 인식이 어떻게 동기를 유발하고 활력을 불어넣는지

깔끔한 사명 선언문과 가치관이 있다고 해서 반드시 팀에 활력을 불어넣을 수 있는 것은 아니다. 집단으로 높은 성과를 내기 위해서는 그 외의 다른 무언가를 통해 구성원들의 마음을 설레게 할 수 있어야 한다. 팀 코칭은 팀 리더가 다음과 같은 질문을 통해 목적에 관한 대화를 더 깊고 정서적으로 공감할 수 있는 수준으로 끌어올리는 데 도움이 될 수 있다.

- 이 일에서 성공하거나 실패하는 것이 당신에게 어떤 의미인가?

- 이러한 목적이 정말 중요한 일에 어떤 기여를 할 수 있는가?
- 이 목적을 달성하는 것이 당신이 간절히 원하는 자신의 모습으로 만드는 데 어떻게 기여하는가?

'카리스마'라는 단어는 흔히 동기 유발 맥락에서 사용되는데 어떤 사람들이 다른 사람들의 열정을 불러일으키는 방법을 설명하기 위해 자주 사용된다. 그렇지만 이 단어는 사실 '배려care'에서 유래했다. 카리스마 있는 리더는 대의cause에 관심을 두는 사람이다. 대의에 대한 그들의 열정이 영감을 주는 것이지, 그들 자신이 영감을 주는 것은 아니다. 위의 각 코칭 질문의 근간에는 팀원 각자가 진정으로 추구하는 것이 무엇이며, 공동의 과업을 통해 어떻게 그러한 배려를 실현할 수 있는지에 대한 호기심이 깔려 있다. 따라서 목적에 대한 시스템적 접근 방식은 '집단적 배려collective caring'가 어떤 것인지 살펴보고, 그 본질을 말과 감정 모두에서 포착할 수 있도록 돕는 것이 리더의 역할이다.

아침 일찍 사무실을 가로질러 '투덜거리며' 직원들에게 인사를 하고는 구석진 방으로 들어가서 문을 쾅 닫고 비서가 회의를 위해 부를 때까지 고립된 채로 있는 리더가 있다. 우리는 그 리더가 자신만의 비구름을 갖고 출근했다는 농담을 하곤 했다. 물론 리더가 팀 분위기를 조성한다는 개념은 사실이지만, 리더의 행동 방식과 보여주는 분위기가 팀원들의 동기에 영향을 미친다는 것은 분명한 사실이다.

그렇다고 해서 리더가 항상 쾌활해야 한다는 뜻은 아니다. 리더들도 똑같이 지칠 수 있다. 중요한 것은 다시 한번 시스템에 주의를 기울이는 것이다. *나는 팀의 동기 유발과 에너지 수준에 어떤 영향을 미치고 있는가?*

다음은 10명으로 구성된 운영팀의 리더인 댄의 말을 의역한 예시이다.

오랫동안 나는 내 걱정을 팀원들에게 떠넘겨서는 안 된다는 것을 당연하게 여겼다. 왜 팀원들까지 우울하게 만들까? 그러자 내 멘토는 내가 왜 그렇게 우울한지조차 몰랐기 때문에 팀원들의 사기를 두 배로 떨어뜨리고 있다고 지적했다. 그래서 내가 신뢰하고 오랫동안 알고 지내던 팀원 두 사람에게 한두 가지 문제에 대한 의견 수렴 창구sounding board로 활용할 수 있는지 물어보았다.

놀랍게도 그들은 요청받아서 기뻐했다. 그들은 좋은 아이디어도 가지고 있었다. 그러자 일부 젊은 팀원은 소외감을 느꼈다고 말했다. 이제는 팀 회의에서 내가 걱정하는 몇 가지 사항을 공유하는 자리를 정기적으로 마련하고 있는데, 팀원들도 마찬가지다. 팀원들이 겁을 먹지 않을까 걱정했는데, 오히려 팀원들이 신뢰해줘서 고맙다고 말했다. 우리는 또한 팀원들이나 자신에게 여유space가 필요할 때 이를 알아차리고 서로 존중하는 법을 배웠다. 누구 한 사람이라도 배제되지 않고, 모두가 지원받고 인정받고 있다고 느끼기 때문에 동기가 유발된다.

그러나 팀 리더가 에너지를 낭비해서는 안 되는 한 가지는 팀원들의 동기를 유발하는 것에 대한 책임감이다. 『Freedom Inc.』이라는 책에서 강조하는 핵심 원칙 가운데 하나는 팀 리더가 팀원들의 동기를 유발하는 데 집중하기보다는 '사람들이 스스로 성장하고 동기를 유발할 수 있는 환경을 조성해야 한다'는 것이다. 격려의 말 pep talk은 냉소주의를 낳고(인위적인 모습을 감추기 어렵기 때문에) 리더와 팀을 분리시킨다. 팀원들이 스스로 동기를 유발하고 그러한 조건을 갖출 수 있도록 돕는 것이 더 낫다. 최근 몇 년간 저자가 관찰한 고성과 팀의 리더들의 특징 가운데 하나는 바로 팀원들과의 대화가 자연스럽다는 점이다.

외부 이해관계자 관리를 위한 리더의 역할

리더의 역할에 대한 이러한 측면을 구분하는 유용한 방법은 하위 역할로 나누는 것이다. 가장 중요한 역할들 몇 가지는 다음과 같다.

- **대변자** advocate. 리더는 팀을 외부 세계에 알리는 일, 특히 팀의 성공과 외부 지원의 필요성을 알리는 역할을 한다. 관찰력이 뛰어난 팀 코치는 리더가 성과를 자신의 성과로 표현하는지, 팀의 성과로 표현하는지 또는 팀의 성과로 표현하되 자신의 리더십

은 최소한으로 공로를 인정한다.
- **사과자**apologist. 이 하위 역할은 팀에 영향을 미치는 위로부터의 결정을 맥락에 맞게 설명하는 것으로, 조직 중간에서 윗사람의 동기와 능력에 대해 느끼는 냉소주의에 대한 일종의 실용적인 해독제이다!
- **선동자**instigator. 여기에서 리더는 팀이 이해관계자와 소통하고 그들의 의견을 경청하며 배운 내용을 팀 전체에 피드백하도록 개별적으로 권장한다.

팀 내 협업 관계 형성을 위한 리더의 역할

여기서 핵심 문제는 심리적 안전감을 조성하는 것이다. 때에 따라 이는 안전하지 않은 조직 시스템 내에 안전한 고립 지역을 구축하는 것을 의미할 수도 있다.

심리적 안전감을 조성하기 위한 몇 가지 간단한 도구는 다음과 같다.

- **취약성 보여주기**. 리더가 자신에 대해 피드백을 구하고 환영한다면 나머지 팀원들은 더 편안하게 피드백을 주고받을 수 있다.
- **실수와 실패 소중히 여기기**. 실수하는 것이 혁신과 발전의 필수

적인 부분이라는 태도를 보이고 비난 의식을 제거함으로써 리더는 무엇이 잘못되었는지 더 쉽게 이야기하고 배울 수 있다. 최고의 실수(실수 자체가 아닌 실수로부터 얻은 교훈을 바탕으로)에 대해 매월 시상하는 것도 심리적 안전감을 촉진한다.

효과적인 리더는 팀원들이 (아이디어에 대한) 긍정적인 갈등과 (성격에 대한) 부정적인 갈등의 차이를 인식하도록 장려한다. 전통적으로 관리자는 중재자 역할을 하지만, 성과가 높은 팀을 연구한 결과, 관리자는 팀원들이 이 두 가지를 모두 책임지도록 독려한다. 다음은 이러한 팀 가운데 한 팀원의 의견이다.

물론 때때로 사람들 사이에 충돌이 일어나기도 해요. 여기 한 가지 규칙이 있죠. 관리자에게까지 문제가 확대되면 둘 다 실패한 것이라고요. 다른 모든 방법이 실패하면 동료에게 중재를 요청할 수도 있지만, 대부분 다른 모든 사람이 자신에게 기대하는 바를 알기 때문에 함께 문제를 해결합니다. 성격 차이로 인한 갈등을 관리자에게 말해야 한다면 정말 부끄러울 것 같아요. 제 잘못은 아닐지 몰라도 제 책임이 될 테니까.

효과적인 내부 시스템과 프로세스 구축을 위한 리더의 역할 및 프로세스

팀의 시스템과 프로세스가 높은 성과를 지원하는지, 아니면 방해하는지는 여러 가지 요인에 따라 달라지며, 리더가 영향을 미친다. 다음과 같은 요인들이다.

- 시스템과 프로세스의 용도, 즉 팀 목적에 어떻게 기여해야 하는지 명확하게 파악하는지
- (팀의) 목적을 지속해서 언급하면서 효율성과 효과성을 구분하는지
- 팀이 피드백을 수집하여 시스템이 잘 작동하는 시기와 작동이 잘 안 되는 시기를 결정하도록 보장하는지
- 지속적인 품질 개선을 위한 검토가 이루어지는지
- 미래의 기회와 위협을 파악하는지
- 새로운 기술을 따라잡고 있는지
- 모범 사례를 벤치마킹하는지
- 팀의 개인 및 집단 에너지를 효과적으로 사용하는지 – 예를 들어, 회의가 진정으로 생산적인지 확인
- 비용을 간소화하고 절감할 방법을 모색하는지

이러한 운영 요소 외에도 효과적인 리더는 팀이 시스템적으로 사고하도록 장려한다.

학습 환경 조성을 위한 리더의 역할

리더는 학습과 관련하여 최소한 네 가지 측면에 책임을 진다.

- 자신의 학습
- 팀원 개개인의 학습
- 팀 전체로서의 집단 학습
- 팀 내 학습을 사용하여 공급망 내의 다른 팀과 같은 주요 이해관계자 간 학습 지원

리더는 학습과 자기 계발의 롤 모델이 되는 것이 중요하다. 리더가 학습을 위한 시간을 찾는 것이 자신보다 하급자가 해야 할 일이라는 인상을 준다면 팀원들은 학습 시간을 따로 마련하고 학습 기회를 찾는 것의 중요성을 낮게 평가할 가능성이 크다. 리더가 취할 수 있는 간단하고 실용적인 단계에는 다음이 포함된다.

- 개인 계발 계획을 공유하고 팀원들의 참여를 유도하여 팀원들

이 계획을 달성하도록 돕기
- 팀원들로부터 적시에 피드백을 받을 수 있도록 진정으로 열린 자세를 취하기 – 실제로 피드백 요청하기
- 다이어리상 학습 시간에 우선순위 두기
- 실수에서 배우는 것의 가치를 인식하고 어려운 상황에 겸손하게 접근하는 등 취약한 모습을 편안하게 받아들이기

리더는 팀원들과 나누는 성과 대화의 역동성 또한 바꿀 수 있다. 기존의 과거 지향적, 관리자 주도의 판단적 평가 리뷰는 점점 더 성과만큼이나 학습을 강조하는 미래 지향적, 직원 주도의 열망적 대화로 바뀌고 있다. 하지만 학습 대화로 전환하기가 어려울 수 있다. 팀 코칭은 리더가 통제에 대한 욕구를 버리고 팀원들에 힘을 실어주는enabling 방향으로 전환하는 데 도움을 줄 수 있는 영역 가운데 하나이다.

리더 – 팀 – 코치의 역동 관계

팀 코칭의 맥락에서 부주의한 코치는 팀과 리더 사이에 끼어들어 중개자 역할을 하거나 더 심하게는 리더의 일부 역할을 맡게 될 수도 있다.

코치는 리더, 팀 전체, 개별 팀원을 지도할 수 있지만 팀 외부에 머물러야 하며, 그렇지 않으면 일이 잘못될 때 비난의 대상이 될 위험이 있다. 특히 팀에서 편견 없는 외부인이 타협안을 제시해 주기를 원하는 경우 코치에게 중재자 역할을 요청할 때 문제가 발생할 수 있다.

이러한 역할을 맡게 되면 코치의 역할과 기대치가 달라진다. 이것보다 코치는 팀과 리더가 현재 진행 중인 역동 관계를 이해하고 이에 대해 무엇을 할지 선택할 수 있도록 도와줌으로써 팀을 지원할 수 있다. 이는 미묘한 차이로 보일 수 있지만 코치 역할의 명확성을 유지하는 데 도움이 된다.

리더가 문제라면…

이러한 팀이 코칭의 혜택을 받을 수 있을지는 리더의 태도에 따라 크게 달라진다. 리더가 문제가 있음을 인식하고 팀과 코치에게 문제 해결을 위해 함께 노력하겠다고 약속할 준비가 되어 있다면 변화를 위한 비옥한 환경이 조성될 수 있다.

일반적으로 코치는 처음에는 리더와 단독으로 협력하여 그들이 달성하고 싶은 것이 무엇인지, 팀과 어떻게 다르게 참여할 것인지 범위를 정하도록 돕는다. 리더가 팀에게 이러한 사항을 설명할 때 코치가 참석할 수 있지만 어떤 방식으로든 책임져서는 안 된다.

[표 11.1] 리더십 특성

	1점~10점	확신(1~5점)
1. 팀 전체가 리더십에 대한 필요성을 명확히 이해하고 이에 동의한다.		
2. 필요한 리더십 스타일에 대해 팀원들과 리더가 동의한다.		
3. 적절하다고 판단될 때 팀 내에서 리더 역할이 변경될 수 있다.		
4. 리더는 자신의 개발 목표를 공유하고 팀의 협조를 구한다.		
5. 리더의 스타일은 사람을 관리하기보다 스스로 관리할 수 있도록 촉진하는 것이다.		
6. 회의 안건은 함께 만든다.		
7. 리더는 모든 구성원이 개인과 조직의 목표를 이해하도록 하는 데 상당한 에너지를 쏟는다.		
8. 리더는 팀이 목표와 관련된 더 넓은 맥락을 이해하도록 돕는다.		
9. 리더는 팀의 피드백을 구하고 이를 활용한다.		
10. 리더는 외부에서 오는 최악의 간섭으로부터 팀을 보호한다.		
11. 리더는 자신보다 팀과 팀원들의 성취와 평판을 위해 적극적인 태도를 보인다.		
12. 팀은 리더의 지식과 전문성(반드시 기술적인 것만이 아님)을 중요하게 생각한다.		
13. 팀은 리더의 지성을 중요하게 생각한다.		
14. 팀은 리더의 인간적인 면모를 중요하게 생각한다.		
15. 리더는 매우 친근하다.		

[표 11.1] 리더십 특성(계속)

	1점~10점	확신(1~5점)
16. 리더는 팀의 미션과 목적에 관심이 있음을 보여준다.		
17. 리더는 팀원에게 관심을 두고 있음을 보여준다.		
18. 리더는 용기를 보여준다.		
19. 리더는 팀이 추구하는 가치의 롤 모델이다.		
20. 리더는 자신과 다른 사람을 코칭함에 있어 자기 계발에 대한 롤 모델이 되어준다.		

요약

리더가 팀의 성공과 성과에 가장 큰 영향을 미친다는 고전적인 묘사는 팀 역동, 리더십의 질을 왜곡하고 있다. 지정된 한 사람의 상사가 리더십을 행사하든, 팀원들에게 리더십이 분산되어 있든 이는 팀 성과와 역기능의 동인이 개별적으로 또는 복합적으로 표현되는 방식에 현저하게 영향을 미친다. 따라서 높은 성과는 집단적 리더십 역량 개발과 관련이 있다. 긍정적이고 부정적인 리더십 행동이 어떻게 표현되는지에 대한 토론과 통찰이 필요하다.

참고 문헌

Clutterbuck, D (2012) *The Talent Wave*, Kogan Page, London

George, B, Sims, P, McLean AN and Mayer, M (2007) Discover YourAuthentic Leadership, *Harvard Business Review*, February

Farris, GF, and Lim, FG, Jr. (1969) Effects of Performance on Leadership, Cohesiveness, Influence, Satisfaction, and Subsequent Performance, *Journal of Applied Psychology*, 53, pp 490–497

Hackman, JR (1987) The Design of Work Teams. In Lorsch, J (Ed), *Handbook of Organizational Behavior* (pp 315–342), Prentice-Hall, Englewood Cliffs, NJ

Hackman, JR (2004) What Makes a Great Team? *Psychological Science Agenda*, 1 June

Hawkins, P (2017) *Leadership Team Coaching: Developing Collective Transformational Leadership*, Kogan Page, London (3rd edition)

House, RJ, Hanges, PJ, Javidan, M, Dorfman, PW and Gupta, V (2004) *Culture, Leadership and Organisations: The GLOBE Study of 62 Societies*, Sage Publications Inc., Thousand Oaks

Lines, H and Scholes-Rhodes, J (2013) *Touchpoint Leadership*, Kogan Page, London

Lowin, B and Craig, JR (1968). The Influence of Level of Performance on Managerial Style: An Experimental Object-lesson in the Ambiguity of Correlational Data, *Organizational Behavior and Human Performance*, 3, pp 440–458

Sims, HP and Manz, CC (1984). Observing Leader Verbal Behavior: Toward Reciprocal Determinism in Leadership Theory, *Journal of Applied Psychology*, 69, pp 222–232

Staw, BM (1975). Attribution of the 'Causes' of Performance: A General Alternative Interpretation of Cross-sectional Research on Organizations, *Organizational Behavior and Human Performance*, 13, pp 414–432

12장
경영진과 이사회 코칭하기

경영진과 이사회는 그룹 역동 측면에서 특별한 사례이다. 먼저 이들은 조직 피라미드의 최상단에 위치하므로 조직에 미치는 영향력이 아래 팀보다 훨씬 크다. 또한 이들은 주주, 언론, 정부 등 여러 외부 이해관계자 그룹과의 주요 연결 고리이기도 하다. 특히 '이사 director'라는 직함을 가지고 있다면 조직의 성과와 사업 진행 방식에 대한 공동의 법적 책임을 지게 된다.

이사회가 하나의 팀이 될 수 있는지, 그리고 실제로 그렇게 해야 하는지에 대해서는 논란의 여지가 있다. 유럽식 두 계층 이사회(감독위원회 1명과 임원 1명이 있는 경우), 영국식(임원과 비임원이 함께 있는 경우), 미국식(대부분 비임원이지만 CEO와 다른 1명 포함하는 경우) 등 대부분 국가에서 주의 의무와 같은 법적 책임에 있어서 임원과 비임원을 법적으로 구분하지 않는다.

이사회의 핵심은 구성원들이 '집단적 독립성'을 행사하여 경영진이 회사를 대신하여 하는 일을 감시하고 의문을 제기하는 것이다. 이사회가 비판적 시각을 잃는다면 이사회는 제 역할을 하지 못한다. 이 장의 뒷부분에서 팀 기능의 어떤 측면이 이사회와 관련이 있는지 살펴볼 것이다.

먼저 조직의 최상위 팀인 임원진부터 시작하고자 한다. 이들은 조직에서 한 부서function(또는 여러 부서)를 이끌고 조직을 이끄는 이중의 책임을 지는 유일한 팀이다. 당연하게도 이것이 팀(그리고 그에 따른 조직) 역기능의 일반적인 원인이다. 왜냐하면 최고에 오르는 사람들은 높은 자존심을 갖고 있는 경향이 있기 때문이다. 더욱이 그들은 한 분야에 깊이 빠져 있으므로 집단으로 전략을 세우는 데 필요한 익숙하지 않은 기술에 투자하기보다는 그곳의 경험에 의존하는 경향이 있다.

저자가 팀 코칭을 준비하면서 경영진 팀에게 가끔 요청하는 실습 하나는 기능적 수준과 집단적 수준 모두에서 서로의 직무 역할에 대해 반 페이지 분량의 설명을 작성하게 하는 것이다(즉, 각자의 역할과 기대하는 바를 설명하는 것이다). 그들은 짝을 지어 이를 공유한 다음 팀원들과 함께 배운 점과 인식에 어떤 변화가 있었는지 탐구한다. 동료의 관점에서 자신과 자신의 역할을 바라보는 것은 흔히 팀 성과 개선의 프로세스를 시작하는 시작점이 된다.

PERILL 모델에서 상위 팀을 살펴보면 팀 코치가 해결해야 할 몇 가지 추가 과제가 더 명확해진다.

목적

저자는 흔히 경영진 팀에게 12개월 동안 팀으로 만나지 않으면 어떻게 되는지 물어본다. 조직이 더 좋아질까, 아니면 나빠질까? 아니면 경영진이 단순히 자신의 기능적 책임 영역에만 집중하고 있다는 사실을 아무도 눈치채지 못할까? 그런 다음 팀으로서 가치를 더하기 위해 그들이 하는 일(또는 해야 하는 일)을 자세히 설명하려고 노력한다. 결국, 우리는 보통 피터 호킨스Peter Hawkins의 다음 다섯 가지 분야와 상당히 일치하는 합리적 수준의 합의를 하게 된다: 커미셔닝, 명확화, 공동 창조, 연결 및 핵심 학습(2014).

그런 다음 '팀원들이 이러한 활동과 결과에 여러분은 얼마나 많은 시간과 에너지를 집중하고 있는가'라고 묻는다. 팀 회의 안건에 포함되지 않는 경우도 드물지 않게 발견할 수 있다.

또한 경영본부와 이사회의 역할이 겹치는 부분에 대해서도 유용한 다이알로그가 흔히 있다. 여기서 중요한 것은 이러한 역할이 어떻게 나뉘는지가 아니라 책임 소재를 명확히 하는 것이다. 예를 들어, 엑스코는 전략을 수립하지만 이사회는 그 전략이 기업 가치와 코칭 최고 팀 및 이사회의 미션에 어떻게 부합하는지 검토한다. 일부 중복은 피할 수 없지만(그리고 틀림없이 유익할 수도 있다), 엑스코와 이사회는 이를 관리하는 방법에 관해서는 거의 논의하지 않는 것 같다.

자주 발생하는 목적은 다음과 같다.

전략적 통합

이는 비즈니스와 그 내부 기능들 사이의 하향식과 상향식의 반복 iteration이다. 1990년대 초에 저자가 수행한 한 연구에서는 조직에 가치를 더 효과적으로 전달하기 위해 인사 부서가 어떻게 자신들의 평판을 관리했는지에 대한 모범 사례를 조사했다. HR 책임자가 인사 전략을 전체 비즈니스 목표 및 전략과 연계하는 것은 일반적인 일이지만, 생산, 영업, IT 등 다른 부서의 하위 전략과도 연계하는 경우는 훨씬 드물다.

역할 모델링

조직 구성원들은 다양한 행동에 대한 분위기를 조성하기 위해 리더십 팀을 바라본다(Sims & Brinkman, 2002). 특히 최고 경영진은 조직의 가치에 대한 단서, 즉 표방하는 가치가 아니라 실제 가치에 대한 단서를 지속해서 제시한다. 모든 리더십 팀의 주요 과제는 표방하는 가치와 실천하는 가치가 동일하게 유지되도록 하는 것이다.
  이 과정에서 조직 내외부 사람들로부터의 잦은 피드백은 필수적인(그리고 흔히 고통스러운) 부분이다. 팀 코치의 역할에는 팀이 이러한 고통을 받아들이고 찾도록 돕는 것도 포함된다.

역할 모델링과 관련된 다른 일반적인 문제는 다음과 같다.

위험 관리

90년대 말 위기 당시 스코틀랜드 왕립 은행과 다른 금융 기관이 붕괴된 것은 대부분 최고 경영진의 리스크 관리 실패가 조직 전체에 영향을 미쳤기 때문이다. 리스크 관리는 그 자체로 하나의 규율이지만, 리더들은 흔히 리스크 관리를 잘하는 데 무엇이 필요한지 본능적으로 알고 있다고 착각한다. 팀 코치는 최소한 위험 관리의 도구와 개념에 관한 기본적인 지식이 있어야 한다. 이러한 문제를 해결하기 위한 몇 가지 먼저 할 질문은 다음과 같다.

- 이 팀은 무엇이 위험인지 아닌지 어떻게 판단하고 있는가?
- 다양한 형태의 위험을 인식하고 있는가? (예를 들어, 평판, 재무적 위험 등)
- 각 위험은 누가 책임지는가?
- 이 위험을 얼마나 자주 모니터링해야 하는가?
- 모니터링은 누가 어떻게 수행하고 있는가?
- 이 모니터링 접근 방식이 팀에 필요한 깊이와 품질의 정보를 제공할 수 있다고 얼마나 확신하고 있는가?
- 누가 정보를 필요로 하고 있는가? 그들은 모니터링 프로세스에

어떤 의견을 가지고 있는가?
- 팀에서는 이를 통해 무엇을 기대하고 있는가?
- 이 문제에 대한 부적절한 커뮤니케이션과 관련된 위험은 무엇인가?

혁신

혁신은 위험의 이면이다. 혁신에 실패하는 것(또는 너무 많이 실패하는 것!)은 전형적인 비즈니스 위험이다. 경영진의 태도와 행동은 회사 전체의 분위기를 좌우한다. 리더십 팀에서 자주 듣는 불평 가운데 하나는 아래 사람들이 너무 주도적인 모습을 보이지 않고 혁신적인 아이디어를 너무 적게 낸다는 것이다. 아래 직원들에게 물어보면 정반대로 리더가 혁신과 주도성을 장려하지 않고 원하지 않는다고 말할 것이다.

혁신과 변화 관리를 더욱 잘하는 것이 목표였던 한 대형 식품 제조업체의 리더십 팀과 함께한 과제에서 저자가 발견한 것이 바로 이것이다. 먼저 팀원들에게 두 가지 주요 혁신 프로젝트에 대해 시작부터 완료까지 자세히 설명해 달라고 요청했다. 그런 다음 그다음 단계의 사람들에게 그들이 인식한 이야기에 대해 인터뷰했다.

그리고 공장 현장까지 내려갔다. 물론 반복할 때마다 이야기는 근본적으로 바뀌었다. 리더십 팀은 이러한 다양한 내러티브를 사용하여 변화가 책상을 떠났을 때 실제로 어떤 일이 일어났는지 이해하고 전체 변경 관리 및 혁신 프로세스를 크게 수정할 수 있었다.

팀 코치는 경영진이 유사한 정보를 수집하는 데 도움을 줄 수 있으며, 시작 질문에는 다음이 포함되도록 해야 한다.

- 조직원들이 진정으로 우리가 혁신을 장려한다고 생각하는가?
- 조직에서 혁신이 어떻게 일어나는지에 대해 실제로 무엇을 알고 있는가? 그리고 우리는 무엇을 가정하고 있는가?

윤리성

리더십 팀은 도덕적 분위기를 조성하는 데 있어서 이사회와 책임을 공유한다. 대표적인 사례로, 바클레이스의 CEO였던 제스 스테일리Jes Staley는 거액의 벌금을 물게 된 윤리적 스캔들 이후 회사를 정화하려는 모든 노력을 스스로 무너뜨렸다. 그는 순간적으로 잘못된 판단을 내려, 내부 고발자의 익명성을 깨뜨리려고 시도했다. 그 자신도 규제 당국에 의해 벌금을 물었을 뿐만 아니라, 그의 행동으로 인해 다른 직원들이 잘못을 신고할 가능성이 훨씬 작아졌다.

다양성

조직이 다양성을 증진하기 위해 아무리 큰 노력을 기울여도 내부와 외부의 사람들은 헌신적인 노력의 증거를 윗선에서 찾게 된다. 리더십 팀에 인종이나 성별의 다양성이 없으면 팀원들은 다양성 문제에 대해 덜 인식하고 관심을 덜 기울이는 경향이 있으며, 소외된 그룹의 사람들은 승진에서 밀려나는 창피를 당하고 싶지 않으므로 자신을 승진 후보로 내세울 가능성이 작다. 변화를 끌어내는 데 필요한 것은 리더십 팀과 그들이 발전을 장려하고자 하는 사람들 모두가 이 문제에 적극적으로 참여하는 것이다. 한 대형 미디어 조직의 카리브해 출신 직원은 나에게 이렇게 설명했다. "처음에는 회사의 새로운 다양성 정책으로 인해 여러 차례 승진 면접에 응하게 되었을 때 기뻤어요. 그러다 내가 항상 '보여주기식의 흑인token black'이라는 사실을 깨달았고, 이런 식으로 이용당하는 것에 너무 화가 나서 지금은 그냥 '아니오'라고 말해요." 리더십 팀이 문제가 심각하다는 가장 간단한 신호 가운데 하나는 소수자 그룹의 누군가가 아래로부터 멘토링을 받는 것이다.

    리더십 팀이 다양성 정책에 대한 조언을 구할 수 있는 곳은 많다. 팀 코치의 역할은 팀이 이러한 맥락에서 자신의 성과를 비판적으로 살펴볼 기회를 제공하여 팀에서 무엇을 다르게 하고 싶은지 결정할 수 있도록 하는 것이다.

자원 조달/배분 resourcing

이는 부분적으로는 조직에서 사용할 수 있는 자원을 확장하는 것이기도 하지만, 자원 배분에 대한 어려운 결정을 내리는 것이기도 하다. 이전 장에서 살펴본 바와 같이, 모든 수준의 성과가 높은 팀에서는 구성원들이 자신의 우선순위를 집단적 목적에 종속시킨다. 그렇지 않은 팀에서는 자원 배분이 경쟁하는 자아들 간의 전쟁터가 된다. 영역 다툼은 팀 목표에서 개별 리더의 지위 유지로 에너지를 돌리게 한다.

승계 계획

리더십 팀은 조직의 다른 수준보다 자체 승계 계획에 훨씬 더 적극적인 역할을 맡을 것으로 예상된다. 일반적으로 이는 필요할 때 리더십 팀으로 올라갈 수 있는 사람뿐만 아니라 조직 내에서 활용할 수 있는 리더십 인재 전체에 주의를 기울이는 것을 의미한다. 여기서 도움이 되는 코칭 질문은 '승계 계획 프로세스에 깊이 관여했다면 어떤 모습일까?'이다.

외부 프로세스 및 시스템

많은 이해관계자에게 리더십 팀은 곧 조직이다. 리더십 팀, 특히 CEO가 하는 일은 기업 평판에 큰 영향을 미치며, 이는 주가, 고객 호감도, 채용, 다른 조직이 회사를 합작 투자의 잠재적 파트너로 보는지에 영향을 미친다. 외부 프로세스와 시스템에 관해 7장에서 설명한 모든 내용이 여기에 적용되지만 복잡성은 훨씬 더 크다. 복잡한 요인 가운데 하나는 개인이 여러 다른 이해관계자 그룹의 구성원일 수 있다는 것이다. 항공기 제조업체가 고객과 주주를 위한 미래 계획과 직원을 위한 미래 계획 두 가지 버전을 내놓았을 때 직원(일부는 주주이기도 함)의 반발에 대비하지 못했다.

기업과 자선단체까지 자신이 하는 일의 부작용에 책임을 져야 하는 환경에서는 외부 세계를 인식하고 그 요구에 적절히 대응하는 것이 리더십 팀의 핵심 역량이다. 최근 경영진이 잘못한 사례로는 고객 데이터를 제대로 사용하지 못한 페이스북, 직원과 계약업체의 성매매를 막지 못한 국제 구호 자선단체, 매출을 올리는 국가에서 세금을 납부하지 않은 아마존 등이 있다. 법적으로 허용되는 것과 도덕적으로 허용되는 것 사이의 간극은 점점 더 커지고 있다.

이러한 문제를 해결하는 데 도움이 되는 질문이 하나 있다: '이 사업이 향후 10년 동안 운영할 사회적 허가를 받으려면 어떻게 해야 하는가? 어떻게 보장할 수 있는가?' 다른 질문으로는 다음과 같은 것들이 있다.

- 사업 방식에 반대할 가능성이 있는 사람은 누구인가?
- 그들이 함께 모여 더 강력한 목소리를 내면 어떻게 되는가?
- 외부에서 오는 중요한 신호를 놓쳤을 때 무엇을 배울 수 있는가?

관계

리더십 팀은 조직 내 정치가 정점에 이르는 곳이다. 스스로 또는 다른 사람이 대신하는 정치적 술수manoeuvering 없이는 정상에 오르기 어렵다. 경영진에게 가장 큰 과제는 개인적인 이득을 위한 정치를 어떻게 탈피할 것인가이다.

두 가지를 구분하는 것이 도움이 된다. 첫 번째는 정치적인 것politicking(이익을 위한 책략)과 정치적으로 기민한astute 것의 차이다. 정치는 단순한 이야기와 이기적인 행동으로 이어지는 경향이 있지만, 리더는 원하는 결과를 달성하기 위해 시스템 내에서 일할 수 있는 정치적 기민함이 필요하다. 이러한 구분의 올바른 측면을 지키기 위한 핵심은 진정성authenticity을 유지하는 것이다. 우리는 다음과 같이 요약할 수 있다: '정치적으로 생각하고, 정직하게integrity 행동하기'

두 번째 구분은 사고방식과 관련이 있다. 기업가들은 비즈니스에 대한 잠재적 이익으로 인해 동기가 유발되는 반면, 정치인은 개인적인 평판 관리를 위해 손해나 손실을 피하는 데 급급하다. 정치화된 경영진은 더 정치인처럼 행동하지만 자아를 만족시키기 위해 매우 위험한 결정을 내릴 가능성도 크다.

리더십 테이블에 참석하는 모든 사람이 어느 정도 직능function을 대표한다는 사실 때문에 정치적 이해관계가 얽혀 있다. 팀원 각자는 개인적 책임과 집단적 책임 사이의 역할 갈등을 강화하려는 아래로부터의 압력을 받고 있다.

경영진에게 '이러한 문제에 관해 이야기하지 못하는 이유는 무엇인가?'라고 물었을 때 돌아온 대답은 '문제를 다룰 언어가 없다'라는 것이었다. 그래서 우리는 시작점을 제공할 수 있는 일련의 질문을 만들기 시작했다.

- 잔인할 정도로 솔직하게 말하는 것과 특정 결과를 달성하기 위해 말해야 한다고 느끼는 것 사이에는 어떤 차이가 있는가?
- 언제 자신이 조종당하고 있다고 느끼는가?
- 언제 다른 사람을 조종하고 있다고 느끼는가?
- 언제 한 가지를 타협하여 다른 한 가지를 달성해야 할 것인가?
- 팀의 목적을 달성하는 더 좋은 방법은 무엇인가?

이러한 토론(및 다른 많은 팀과의 토론)을 통해 두 가지 분명한 메시지가 드러난다. 첫째는 정치적 사고가 항상 나쁜 것은 아니며, 긍정적인 의도로 전달될 때 팀의 '빈틈없는 거래horse trading'를 가능하게 하는 필수적인 부분일 것이다. 두 번째는 교류가 더 개방적일수록 진실성을 유지하고 존중하고 준수할 타협점을 찾기가 더 쉽다는 것이다.

팀 코치의 위험은 편을 들어야 하는 등 팀의 정치에 휘말릴 수 있다는 점이다. 팀원들에게 자신이 중재자가 아님을 상기시키면 이러한 함정을 피하는 데 도움이 된다.

성격 충돌과 경쟁

경영진은 '거물급' 인재를 영입하는 경향이 있으며, 이에 따라 성격이 충돌할 가능성이 커진다(Boss, 2018). 높은 성과를 내는 경영진은 상호 존중을 통해 이러한 차이를 활용하여 아이디어를 더 엄격하게 비평할 수 있다. '적자생존' 승계 계획은 또한 리더십 팀 사이에 치열한 경쟁을 유발할 수 있다. 특히 각 구성원이 열망할 수 있는 내부 역할이 하나밖에 없기 때문이다. 팀 코칭은 질문을 던진다: '어떻게 하면 각자의 타고난 경쟁력을 긍정적으로 활용할 수 있는가? 집단적 성과를 높일 수 있는가?'

내부 프로세스 및 시스템

리더십 팀은 궁극적으로 조직 내의 모든 프로세스와 시스템에 대한 책임이 있지만, 이를 회의 내에서 일어나는 일과 나머지 조직원들과의 상호작용에서 일어나는 일로 나눌 수 있다.

저자가 가진 기업 지배구조 주제의 논문 파일 어딘가에 미국의 한 연구 보고서가 있었다. 성과가 높은 이사회는 성과가 낮은 이사회보다 매년 3배 더 많은 의사 결정을 내리는 것으로 나타났다. 이것이 리더십 팀에도 적용된다면 리더십 팀, 팀 코치는. 전반적인 결단력을 측정하는 방법으로 팀의 주의를 돌릴 수 있다. 무엇이 이 조직에서 '큰' 의사 결정에 해당하는가? 경쟁에서 앞서 나가기 위해서는 끊임없이 의사 결정이 필요하다. 환자 치료의 질을 개선하기 위해, 또는 단순히 생존을 위해 얼마나 많은 의사 결정이 필요한가?

다른 팀들과 마찬가지로 회의의 질이 중요하다. 이에 대해 간단한 관점 가운데 하나는 관찰자를 초대하여 그들이 본 것에 대한 서면 의견을 제공받는 것이다. 관찰자는 내부(하급 및 중간 관리자가 전략적 대화를 이해하는 데 도움이 되는 좋은 방법)에서 또는 외부에서 올 수 있다. 특히 귀중한 자원은 경영진 바로 아래에서 이 단계로 올라가고자 하는 사람들이다. 이들은 경영진이 어떻게 일하는지 배우고자 하는 동기가 강하기 때문에 그들이 보는 것의 뉘앙스에 유난히 주의를 기울일 것이다. 다른 코칭과 마찬가지로, 팀 코치는 팀이 무엇을 다르게 할 수 있는지 고려하도록 유도하는 질문을 던지고 팀이 충분히 숙고할 때까지 아이디어를 냄비에 넣고 끓이는 것을 보류한다.

리더십 팀 테이블에서 토론의 질이 적절한지 어떻게 알 수 있는가? 관찰 모드에서 팀 코치를 위한 몇 가지 주요 지침은 다음과 같다.

1. 정책과 전략, 전술에 대한 논의 사이에 적절한 균형이 있는가? (리더십 팀은 적절한 조합이 무엇인지 정의하고 적절한 조합이 무엇인지 정의하고 실제로 어떤 일이 일어나는지 모니터링해야 한다.)
2. 시간적 범위time horizons가 적절하게 혼합되어 있는가? (과거와 현재에 대한 검토, 가까운 미래와 중기, 장기적인 미래를 내다보는 과거와 현재를 검토하고, 단기, 중기, 장기 미래를 기대하며 장기적인 미래에 대한 검토)
3. 토론, 논쟁 및 다이알로그가 적절하게 혼합되어 있는가?
4. 구성원들이 건설적으로 도전하는가?
5. 회의 중 성찰할 수 있는 충분한 공간이 있는가?
6. 구성원들이 토론을 위해 잘 준비되어 있는가?
7. 이사회가 전체적으로 그리고 개별적으로 토론을 통해 배우고 있는가?
8. 주제별로 토론에서 원하는 결과가 명확한가? (예: 문제 이해, 정책/전략 결정, 공감대 형성)
9. 모든 사람이 필요한 말을 했다고 생각하는가?
10. 모두가 자기 말에 귀 기울였다고 느끼는가?
11. 리더십 팀 소속이 아닌 직원이 토론에 의견을 제시할 수 있는가?
12. 결정에 대한 진정한 동의가 있는가, 아니면 단순히 묵인하는가?
13. 한두 사람이 토론을 지배하는가, 아니면 모두가 기여하는가?

14. 교환의 개방성을 제한하는 (일반적으로 또는 특정 문제에 대해) 교류의 개방성을 제한하는 명백한 경계선fault line이나 연합coalition이 있는가?

15. 사람들이 익숙하지 않은 이슈에 대해 질문할 수 있다고 느끼는가?

16. 토론이 대체로 요점 위주로 진행되는가, 아니면 계속해서 삼천포로 빠지는가going off on tangents?

17. 토론에서 새로운 이슈가 발생했을 때, 그 이슈가 나중에 의제에 포함될 수 있도록 하는 효과적인 메커니즘이 있는가?

18. 의장은 토론이 적절한 시점에 요약되었는지 확인하는가?

19. 회의는 일반적으로 '깜짝 놀랄 거리가 없는' 이벤트인가?

20. 토론의 질을 수시로 검토하는가?

21. 회의가 즐겁거나 지루하거나 따분한가? (구성원들도 기대하는가?)

학습

현대의 리더에게 요구되는 것은 너무 많고 복잡하므로 불가능하지는 않더라도 모두 이행fulfill하기가 어렵다. 그러다 보니 가장 흔하게 희생되는 것 가운데 하나가 바로 자기 계발이다. 역할의 복잡성이 증가함에 따라 자기 계발에 관한 관심도 함께 증가해야 한다는 강력한 주장은 어찌 보면 당연하다. 여기에 '내가 잘하지 않았다면 커리어에서 이 단계까지 오지 못했을 것이다(그래서 학습의 필요성이 적다)'라는 자기 망상까지 더해지면, 일정 기간 의도적으로 학습한 시간을 기록하라는 요청을 받았을 때 그 비중이 극히 적은 것은 놀라운 일이 아니다.

경영진의 학습은 다른 팀들보다 더 통합적이며, 조직 내부와 외부의 지식, 통찰력, 스킬을 통합한다. 또한 조직 학습과 리더 자신의 학습을 통합하여 경영진, 이사회 개인과 집단적으로 통합하는 것도 포함된다. 이러한 통합이 어떻게 이루어지고 조직 목적과 미션에 어떻게 기여하는지는 거의 고려되지 않는다. 팀 코칭은 이러한 프로세스를 조명한다.

리더십

리더십 팀에서는 모두가 리더이다. 다만 팀 내에서 지위가 다를 뿐이다. 중요한 코칭 질문은 다음과 같다.

- 팀과 조직의 목적을 달성하는 데 가장 적합한 리더십 스타일은 무엇인가?

- 우리의 셀프 리더십 방식을 통하여 어떤 행동과 사례가 하위 직급 리더의 행동에 가장 긍정적인 영향을 미칠 수 있는가?

팀 코치의 요구 사항

이 수준의 팀 코치는 기업 지배구조 및 전략적 프로세스와 관련된 일련의 추가 스킬과 지식이 필요하다.

여기서 우리는 코치가 고객 집단의 환경, 상황 및 요구 사항을 얼마나 이해하고 공감해야 하는지, 그리고 단순히 좋은 코칭 스킬만을 사용하여 얼마나 많은 부분을 다룰 수 있는지에 대한 어두컴컴한murky 물속으로 들어가게 된다.

고객들의 피드백에 따르면, 코치가 이 수준에서 신뢰할 수 있는 것은 최고 경영진 자리에 앉아본 실무 경험이나 직장에서 경영진이나 이사회를 관찰한 경험이 풍부한 경우에만 가능하다. 개인을 상대할 때는 학습 요구의 성격이 행동 변화에 초점을 맞출 수 있으며, 이는 비즈니스 전략이나 시장과 무관하게 다뤄질 수 있다. 그러나 경영진을 상대할 때는 전략과 전략적 사고가 논의 중인 이슈의 핵심이며, 최소한 기업 지배구조의 원칙과 관행에 대한 기본적인 인식이 필요하다.

이사회와 협력하기

이사회는 팀과 같은 모습을 보여줄 수 있거나 보여줘야 하는 방식에 대한 기본 제한이 있으므로 팀 코치는 너무 많은 것을 약속하지 않는 것이 좋다! 또한 이사회가 운영 방식에 대한 피드백을 요청할 수 있지만 항상 비판에 열려있지 않을 수 있다는 문제도 있다.

이사회가 비상임 위원들로 구성되는 경우, 그들의 참여는 일반적으로 정기 이사회 회의, 연례 총회 및 이사회 소위원회와 관련된 일부 활동으로 제한된다. 이사회의 활동에서 발생하는 유일한 통합 및 조정은 모든 활동이 '메시지에 부합on message'하는지 확인하는 것이다.

이사회 수준의 코칭 과제는 이사회의 프로세스와 행동에 대한 외부의 시각을 요청하는 것으로 시작되는 경향이 있다. 이러한 요청 과제와 퍼실리테이션을 구분하기 어려울 수 있으며 경계가 모호해지는 것은 불가피하다. 새로 임명된 이사를 교육하고 영국의 (지금은 없어진) 국립 정부 학교의 이사회 평가를 수행하는 업무를 하면서 자주 발생하는 문제는 '효과적인 이사에게 기대되는 역할은 무엇인가'였다.

다양한 팀 역할 진단은 모두 독립적인 사고와 관리 감독이 아닌 작업 통합과 협업에 기반을 둔 가정에서 시작되었다. 주로 영국 조직 이사들과의 인터뷰를 통해 비전 수립, 통제, 발견 및 통합이라는 네 가지 범주로 분류되는 열네 가지 역할이 확인되었다.

- **비전 수립**visioning 역할은 미래를 내다보고, 조직 운영 환경의 알려지거나 알려지지 않은 변화에 대처할 수 있는 전략을 마련하고, 목표 달성을 위한 전략적 프레임워크를 만드는 이사회의 임무를 의미한다.
- **통제**controlling 역할은 이사의 업무와 관련이 있다. 경영진이 위험과 기회를 적절히 고려하고 있는가? 조직이 효율적, 합법적, 도덕적으로 관리되고 있는가?
- **발견**discovering 역할은 현재와 미래에 대한 가정을 테스트하는 질문을 통해 조직이 내부 및 외부 환경에 매우 민감하게 반응하도록 보장한다.
- **통합**integrating 역할은 집단적 대화와 의사 결정에 기여하는 프로세스와 관계를 관리하는 등 이사회의 원활한 운영과 더 밀접한 관련이 있다.

이 네 가지 측면은 모두 이사회의 효율성에 있어 중요하다. [그림 12.1]에 나오는 열네 가지 포괄적인generic 역할 외에도 여러 가지 구체적인 역할이 있을 수 있다. 모든 이사가 필요에 따라 이러한 역할을 모두 수행할 수 있어야 하지만, 대부분 사람은 다른 역할보다 일부 역할을 더 선호할 것으로 예상된다. 예를 들어, 어떤 사람은 미래지향적이어서 비전 제시 역할에 더 익숙한 반면, 어떤 사람은 통제 역할에 더 능력이 있거나 경험이 많다.

[그림 12.1] 이사의 주요 역할

개인 성향에 따른 일부 부정적인 역할에 대한 낮은 수준의 표현은 정상적이고 예상되는 것이지만, 부정적인 측면에 대한 높은 점수는 우려의 원인이 되며 이사회의 기능을 심각하게 방해할 수 있다. 이사회 전체의 긍정적 역할에 대한 표현 수준이 낮으면(예: 강력한 홍보대사가 아무도 없음) 이사회가 집단으로 약해질 수 있다.

이사의 역량은 거시적인 수준에서 다음과 같이 간단하게 표현할 수 있다.

- 구체적인 **경험**(비즈니스/섹터에 대한 지식 또는 기업 인수와 같은 상황에 대한 지식) 또는 다른 문화권에서 일했거나 다른 이사회에서 활동한 경험 등
- 이사 역할을 하는 데 도움이 되는 구체적인 스킬과 이를 사용하는 방법에 관한 **전문성**
- 경험과 전문 지식을 바탕으로 추론하여 지혜를 발휘하는 **판단력**
- 이러한 각 핵심 영역은 유능한 이사의 다른 필수 특성을 지원한다. 경험을 통해 이사는 외부 세계에서 무슨 일이 일어나고 있는지, 즉 비즈니스, 시장, 기술 및 사회적 추세에 대한 인식을 갖게 된다. 우리는 이것을 **환경 인식**이라고 부른다. [그림 12.2]는 이러한 기본 역량에 깊이를 더한다.

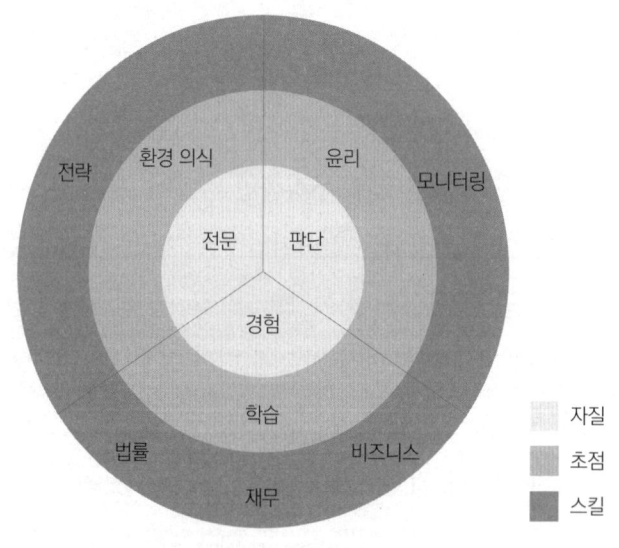

[그림 12.2] 이사의 자질, 초점 및 스킬

- **전략적 사고**는 경험과 환경에 대한 인식을 바탕으로 한다. 이는 본질에서 급격한 변화에 대한 조직의 선제적 preemptive 대응이다.

올바른 판단에는 도덕적 차원을 수반한다. 판단력이 없으면 이사가 강한 윤리 의식을 유지하기가 어렵다. 이사라면 윤리적 문제를 인식하고, 그 문제와 그 의미를 분석할 수 있는 적절한 방법을 갖추고 있어야 하며, 자신과 조직의 가치에 부합하는 해결책을 도출해야 한다.

또 모니터링에 능숙해야 하며, 무엇을 찾아야 하는지, 왜, 얼마나 깊이 문제를 조사해야 하는지 파악할 수 있어야 한다. 임원은 다음 사항들을 모니터링할 수 있어야 한다.

- 재무 성과(예: 손익, 주주 가치, 현금 흐름)
- 주요 프로젝트의 진행 상황
- 기타 주요 외부 지표(예: 매출, 고객 충성도)
- 기타 주요 내부 지표(예: 직원 의견 조사 결과, 인재 유지)

이사회와 리더십 팀 모두에게 동일하게 적용되는 역량 문제를 해결하는 또 다른 방법은 모든 사람에게 합의된 역량 세트에 대해 자신과 이사회/팀을 종합적으로 평가하도록 요청하는 것이다.

예상대로, 개인이 자신을 평가하는 평균 점수는 집단 역량을 평가하는 평균 점수보다 거의 항상 높다. 이 데이터를 팀 또는 이사회와 공유하면 구성원들이 가장 중요한 인식의 격차와 변화(variation)에 집중할 수 있다.

요약

경영진과 이사회와 함께하는 팀 코칭의 복잡성은 또 다른 차원이다. 조직과 팀 코치 모두의 이해관계도 마찬가지다.

참고 문헌

Boss, J (2018) Why Top Leadership Teams Struggle, *Forbes*, 10 April, https://www.forbes.com/sites/jeffboss/2018/04/10/why-top-leadershipteams-struggle/#60c54f927fba

Hawkins, P (2014) *Leadership Team Coaching: Developing Collective Transformational Leadership*, Kogan Page, London

Sims, RR and Brinkman, J (2002) Leaders as Moral Role Models: The Case of John Gutfreund at Salomon Brothers, *Journal of Business Ethics*, 35, p 327

13장
셀프 코칭 팀

팀 코치 역할에 매료되기는 쉬운 일이다. 사람들이 원하고, 인정받고, 한 집단이 진정으로 높은 성과를 내는 팀으로 뭉치는 것을 지켜보는 것은 멋진 일이다. 그렇지만 효과적인 팀 코치의 핵심 역량은 언제 한발 물러서서 팀의 자율에 맡겨야 하는지 아는 것이다. 그렇게 하지 않으면 건강하지 않은 의존 관계가 형성될 위험이 있다. 이는 외부 팀 코치뿐만 아니라 일선 관리자 코치도 마찬가지이다. 물론 팀에 새로운 도전 과제가 생기면 코칭의 도움을 받을 수도 있지만, 코치는 이제 초대받아 가끔 방문하는 사람이다.

코치가 한발 물러설 수 있으려면 팀이 내부 자원에서 코칭 프로세스를 흡수하고 자신감을 가져야 한다. 또 때때로 코치에게 개입을 요청하는 것이 더 나은 시점을 인식할 수 있어야 한다. 다시 말하지만, 셀프 코칭 스킬을 검토하고 향상하기 위해 코치에게 다시 개입을 요청하는 것이 더 나을 수도 있다.

셀프 코칭으로의 전환 관리

팀 코치는 이와 같은 새로운 국면의 코칭을 준비할 때 이러한 전환의 성격, 이유, 관리 방법을 초기 단계에 명확하게 설정해야 한다. 팀이 학습 프로세스상에서 충분히 성숙한 상태라면, 코치는 팀원들에게 전환 프로세스를 설계하도록 요청할 수 있다.

처음부터 다음과 같은 차이점을 명확히 하는 것이 도움이 된다. 코칭을 받는 팀과 스스로 코칭하는 팀의 차이점을 명확히 하여 모든 사람이 이 중요한 전환에 대한 비전을 공유하고 이를 어떻게 달성할 것인지에 관한 논의에 기여할 수 있도록 한다. 전환 자체는 갑작스럽지 않을 것이며, 어떤 면에서는 다른 면보다 더 많은 진전이 있을 것이고, 다른 모든 행동 변화와 마찬가지로 시작 단계에서 실패할 수도 있고, 잘 나가다가 예전 방식으로 돌아갈 수도 있다. [표 13.1]은 전환의 가장 중요한 특징 가운데 일부를 나타낸다.

[표 13.1] 코칭을 받는 것과 셀프 코칭 비교

코칭 받기	셀프 코칭
코치:	팀:
어려운 질문을 한다.	어디에 있든 어려운 질문을 찾아낸다.
새로운 지식으로의 탐험을 이끌어준다.	새로운 지식을 추적한다.
코칭 프로세스를 정의하고 주도한다.	코칭 프로세스를 조정adapt하고 주도한다.
관찰 및 피드백을 제공한다.	내부 및 타인에게서 자체 피드백을 생성한다.
칭찬과 '피그말리온 효과'를 통한 학습 동기를 유발시킨다.	스스로 학습 동기를 유발시킨다.

스스로 어려운 질문 찾기

새로운 관점에서는 새로운 질문이 생긴다. 팀은 문제를 다르게 볼 수 있는 능력을 개발하고 외부의 다양한 관점을 지속해서 제공받을 수 있도록 해야 한다. 이를 위해 취할 수 있는 실질적인 조치는 다음과 같다:

- 두 가지 질문을 바탕으로 고객 및 기타 이해관계자에게서 피드백을 수집한다: *고객이 우리에게 무엇을 알려주면 유용한가? 그리고 고객이 우리에게 무엇을 말하고 싶은가?*
- 다른 팀과 조직에 대한 벤치마킹: *그들이 하는 일 가운데 우리가 하지 않는 일은 무엇인가?*
- 적절하고 좋은 코칭 질문, 즉 경험을 통해 유용한 대화를 유도할 수 있는 질문으로 구성된 자체 라이브러리를 구축하라. 이러한 새로운 질문을 생성하는 한 가지 방법은 새로운 문제에 접근하는 것이다: *코칭 질문은 무엇인가?*

우리는 『Making Coaching Work』(Clutterbuck & Megginson, 2005)라는 책에서 대화를 배우는 목적은 더 나은 답을 찾는 것이 아니라 더 나은 질문을 찾는 데 있다고 지적했다. 더 나은 질문에서 자연스럽게 가능성이 흐르고, 더 나은 답변은 발견을 향한 여정에서 소용돌이를 일으킨다. 정답을 찾는 데 끊임없이 집중하는 것은 매우 비생산적일 수 있다. 변화가 빠른 경영과 기술의 불투명한 세계에서는 정답이 존재한다고 해도, 새로운 답변이 필요하게 되는 것은 시간 문제일 뿐이다. 코치는 팀원들에게 좋은 코칭 질문을 가득 담은 바구니를 건네주어 혼자만의 여정을 시작하게 할 수도 있지만, 팀 내에서 스스로 코칭 질문을 던질 수 있는 스킬을 개발하도록 돕는 것이 훨씬 더 중요하다.

새로운 지식 추적

새로운 지식은 어디에서나 찾을 수 있다. 실용적인 단계는 다음과 같다.

- 팀의 네트워킹 기술을 향상하여 다른 사람과 다른 팀이 지식 풀 pool로 가져올 수 있도록 한다.
- 팀원들이 원 소속 팀 이외의 팀에 참여하도록 장려한다. 예를 들어, 안정된 팀의 모든 구성원이 적어도 1년에 한 번은 여러 팀에서 참여하는 프로젝트 그룹에 소속되도록 한다.
- 팀의 직접적인 관심 분야뿐만 아니라 새로운 아이디어와 프랙티스를 창출할 수 있는 주변 또는 병행parallel 분야의 웹 기반 커뮤니티를 적극적으로 찾아서 참여한다.

여기서 핵심은 이러한 활동을 일일 또는 주간 루틴에 포함하고 그 가치를 입증함으로써 지속 가능한 활동을 보장하는 것이다.

코칭 프로세스 인수인계

효과적인 학습 팀 리더는 코칭을 하는 것보다 코칭이 잘 이루어질 분위기를 조성하는 데 더 중점을 둔다. 팀이 코칭 프로세스를 내재화하려면 팀원들이 코치와 코치이의 역할에 모두 능숙해야 한다. 또 다음과 같은 기본 규칙을 설정하는 것도 도움이 된다:

- 모든 사람은 필요와 기회가 있을 때 코칭하고 코칭을 받을 책임이 있다.
- 팀원들은 자신의 코칭 필요성에 대해 솔직하게 이야기하고 팀 내 및 외부 전문가에게 코칭을 받을 수 있도록 주도적으로 노력해야 한다.
- 팀은 정기적으로 코칭의 질을 검토한다.
- 팀 개발 계획은 코칭 능력의 지속적인 개선과 향상을 다룰 것이다.

피드백 제공

학습 팀은 구성원들이 서로에게 개방적이고 정직하며 시기적절한 피드백을 제공할 수 있는 충분한 심리적 안전감을 가지고 있다. 그렇지만 사람들이 매우 바쁘거나 상호작용할 기회가 자주 없으므로 기회를 놓치는 경우가 흔히 있다. 따라서 피드백을 생성할 구체적인 기회를 마련하는 것이 중요하다. 예를 들어, 다음과 같은 기회를 활용할 수 있다.

- 프로젝트의 중간 및 종료 시점
- 정기적인 팀 회의(대면 또는 가상) 중 또는 회의 직전
- 업무 관리, 학습, 행동의 개선을 모색하기 위한 목적으로 마련된 정기 포럼에서

자기 동기 유발 학습

계획된 학습에 대한 열정은 끊임없는 압박과 산만함이 있는 일반적인 직장에서는 지속하기 어려울 수 있다. 코치는 팀이 학습 동기를 평가 및 검토하고, 개인이 학습 동기를 잃기 시작할 때 이를 인지하고 대응하는 스킬을 개발하도록 도울 수 있다. 업무 성과와 학습 측면에서 팀의 동기 유발 환경을 정기적으로 검토하는 것은 간단하지만 실질적인 도움이 된다. 이 검토 과정의 일부로 팀의 근본적인 분위기를 살펴보는 것이 유용할 때가 있다. 대체로 낙관적인가 아니면 비관적인가? 희망적인가 아니면 절망적인가? 조심스러운 분위

기인가 아니면 모험심이 강한 분위기인가? 그리고 근본적인 분위기를 바꾸려면 어떻게 해야 할까?

[표 13.2]는 팀의 학습 동기를 평가하는 간단하지만 효과적인 방법을 제시한다.

[표 13.2] 학습 동기 평가하기

높은 학습 동기	적당한 학습 동기	낮은 학습 동기
우리는 항상 하는 일에서, 서로에게서, 팀 외부의 출처에서 학습할 많은 기회를 발견한다.	우리는 업무에서 학습할 기회가 제한되어 있다.	우리는 일을 하느라 너무 바빠서 학습에 신경 쓸 여유가 없다.
우리는 새로운 것을 배우고 새로운 것을 하는 것을 즐긴다.	우리는 시간이 날 때마다 토론하고 배울 기회를 즐긴다.	우리가 시간적 여유가 있다고 해도 업무 얘기는 되도록 피하고 싶다.
학습은 그 자체로 가치가 있다.	학습은 즉시 적용할 수 있을 때 가치가 있다.	우리는 단순히 업무를 수행하는 데 필요한 것 이상의 학습에는 관심이 없다.

셀프 코칭 팀을 위한 환경 조성하기

이러한 기본 사항이 갖추어졌거나 적어도 코칭을 받다가 셀프 코칭으로 전환하는 과정에서 훈련이 되었다면, 셀프 코칭 팀은 다음과 같은 지속 가능한 역량을 개발해야 한다.

- 과제, 학습, 행동에 초점을 맞춰 균형을 잡는다.

- 공식적이든 비공식적이든 학습을 위한 대화의 기회를 자주 마련한다.
- 불편한 것을 편안하게 받아들인다.
- 팀 학습 프로세스를 관리한다.
- 더 큰 성과를 요구함으로 인해 스트레스를 유발하는 등의 외부 영향이 학습 계획을 무너뜨리지 않도록 보호 메커니즘을 구축한다.

업무, 학습, 행동에 초점을 맞춰 균형 잡기

균형을 맞추는 힘이 없다면, 대부분 팀은 자연스럽게 성찰과 학습을 희생하면서 업무 활동에 몰두하게 될 것이다. 정기적인 팀 회의의 하나로 코칭 질문하는 것이 도움이 된다.

- 우리가 놓친 학습 기회는 무엇인가?
- 업무 수행에 방해가 되는 행동은 무엇인가?
- 우리가 하지 않아도 될 일을 한 것은 무엇인가?
- 우리의 집단적 역량에 추가된 것은 무엇인가?

공식적이든 비공식적이든 학습을 위한 대화 기회를 자주 마련한다

효과적인 학습 팀은 6개월에 한 번씩 열리는 팀 빌딩 행사를 기다렸다가 배움을 폭식하지binge 않는다. 그들은 기회가 있을 때마다 학습을 위한 대화가 이루어지기를 기대한다. 여기에는 커피 머신 앞에서 우연히 나누는 대화, 공식적인 팀 회의, 일대일 코칭 세션, 프로젝트 회의 등이 모두 포함된다. 한 회사는 매월 하루 종일 진행되는 최고 경영진 회의의 첫 2시간을 코칭 세션으로 활용한다. 팀원들의 주의를 분산시킬 많은 걱정을 없앨 수 있으므로 이후 회의의 질이 크게 향상했다는 것을 알게 되었다.

불편한 것을 편안하게 받아들이기

더 나은 성과를 내기 위해 끊임없이 고통의 장벽을 뛰어넘는 운동선수처럼, 팀과 팀원들은 실제 또는 잠재적 갈등의 어려운 문제를 해결하는 것에 대한 자연스러운 두려움을 극복해야 한다. 이는 모호함과 건설적인 대립에 대한 관용의 폭을 넓힘으로써 가능하다. 어려운 대화를 시작하고 관리하는 스킬은 특히 문화적으로 다양한 구성원이 있는 팀에서 매우 중요하다. 비교적 안전한 환경의 팀 내에서 이러한 스킬을 연습할 수 있다면 팀과 외부 환경 간의 접점

interface을 관리할 수 있는 소중한 역량을 키울 수 있다.

팀 학습 프로세스 관리

효과적인 학습 팀의 경험에 따르면 일반적으로 학습의 질과 양은 특히 리더가 팀 학습을 관리하는 과정을 얼마나 진지하게 받아들이는지에 따라 영향을 받는다. 이러한 관심이 없으면 학습은 개인에게만 집중되어 분산되지 않거나, 업무 부담이 적은 시간대에만 한정되어 돌발적으로 spasmodic 일어날 수 있다. 매일 하는 팀 활동, 주간 구조에 학습 루틴을 구축하여 학습을 지속적이고 유동적인 활동으로 만들었다.

외부 탈선자로부터 팀 학습 보호

특히 매트릭스 조직에서는 팀원들의 시간, 주의력, 리소스에 갑작스럽고 불합리한 요구가 가해지기 쉽다. 학습이 낮은 우선순위로 밀려나기란 너무나 쉽다. 단기적으로 강조되는 사안이 그대로 일상화되어 버리는 것이 문제를 일으키는 원인 가운데 하나다. 그러나 효과적인 역량에 대해 팀이 높은 수준의 명확성을 가지고 있다면 코칭 관점을 적용하여 불합리한 요구에 더 잘 저항할 수 있다. 예를 들어 다음과 같은 행동이다.

- 새로운 요구 사항을 고민해 볼 공간을 확보하기 위해 팀이 중단해야 할 일을 묻는다.
- 고객과의 소통을 통해 양측(팀코치, 고객) 모두 요구 사항의 의미를 더 깊이 이해하도록 한다.
- 팀에 대한 요구 사항을 더 광범위한 조직의 우선순위와 조직의 가치와 연결한다.

물론 만병통치약은 없으며 어떤 압력에 대해서는 저항할 수 없다. 그렇지만 지속적인 코칭 대화를 통해 팀이 통제할 수 있는 영역, 영향을 미칠 수 있는 영역, 그냥 감당해야 하는 영역으로 구분할 수 있도록 하며, 이 세 가지 영역의 틈새 어딘가에는 보통 지속적 학습을 위한 공간이 존재한다.

스탠퍼드 경영대학원의 에드 바티스타Ed Batista(2012)는 개인이 어떻게 셀프 코칭을 하는지에 대해 연구했으며, 그의 결론은 팀 코칭과도 관련이 있다. 그는 **셀프 코칭**이 자기 자신에 대한 근본적인 태도이자 정기적으로 대화에 참여하는 *지속적인 과정인 자기 참여*self-engagement에서 시작된다고 설명한다. 셀프 코칭을 하는 사람은 자신을 계속 진행형의 사람work in progress으로 여기고, 성장 마인드를 가지며, 자신만의 경험에서 벗어나 성찰하고 배우려고 한다.

그의 분석에 따르면, 연중행사로 전략 워크숍을 떠나 한꺼번에 많은 성찰을 몰아서 하는 것보다는 짧게 자주 이런 대화를 나누는 것이 더 효과적이다. 그는 자연스러운 규칙적인 리듬을 찾아서 지속 가능성을 확보하라고 조언한다. 또한 팀에 적합한 일기 형식을 찾아 학습되는 대로 기록할 것을 권장한다. 이 모든 것은 팀에도 동일하게 적용될 수 있다.

팀 학습 역할이 셀프 코칭 팀을 지원하는 방법

팀 역할의 개념은 1970년대부터 팀 빌딩에서 널리 사용됐다. 오늘날 널리 사용되는 두 가지 주요 도구는 벨빈Belbin(2003)과 마저리슨-맥캔Margerison-McCann이 개발했다. 그러나 팀 학습 역할의 개념은 오직 팀 학습에 관한 우리의 연구에서만 서서히 등장하기 시작했다. 벨빈과 다른 연구자들은 과제 달성이 팀의 유일한 중요한 존재 이유라는 가정하에 다양한 팀이 어떻게 과제 목표를 달성하는지를 관찰하면서 팀 역할을 발전시켰다. 이러한 관점은 강력하게 도전받을 수 있다. 팀에는 여러 가지 연속적인 목적이 있을 수 있으며, 과제 달성은 그 가운데 하나의 목적일 뿐이다. 사회화(친목)와 학습은 팀이 동시에 추구할 수 있는 명백히 다른 목표이다.

    팀 학습에 관한 연구 참여자들의 경험에 따르면, [그림 13.1]과 [그림 13.2]에 표현된 바와 같이 자신 또는 자신들을 도왔던 사람들이 여러 가지 발전적 역할을 한 것이 분명했다. [그림 13.1]은 도전과 양육(즉, 팀과 팀원을 성장시키려는 의도와 지원 및 격려하려는 의도의 정도), 실행(행동)과 성찰의 두 가지 차원을 기반으로 둔다. 이러한 차원들은 네 가지 역할이 생기게 한다.

- **동기 유발자** – 공유된 학습 목표를 달성할 수 있는 비전과 열정을 제공한다.
- **스킬 코치** – 다른 팀원들이 스킬과 지식을 습득할 수 있도록 도와준다.
- **검토자** – 팀이 성찰하고 학습 대화에 참여할 수 있는 시간을 갖도록 한다.
- **질문 제기자** – 토론과 대화의 주제가 되어야 하는 이슈가 적절한 시기에 제기될 수 있도록 한다.

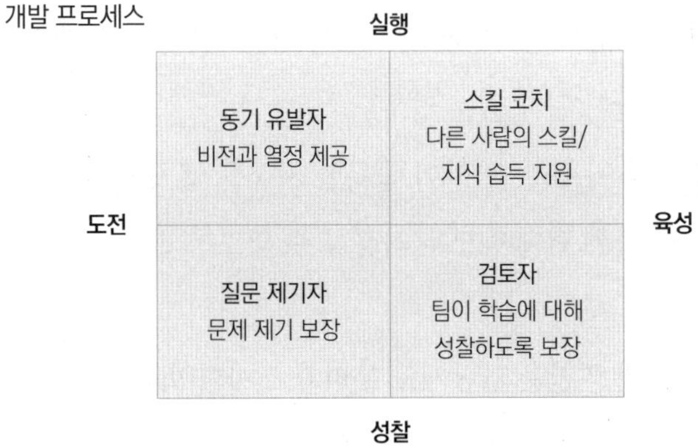

	실행	
개발 프로세스	동기 유발자 비전과 열정 제공	스킬 코치 다른 사람의 스킬/ 지식 습득 지원
도전		육성
	질문 제기자 문제 제기 보장	검토자 팀이 학습에 대해 성찰하도록 보장
	성찰	

[그림 13.1] 개발을 위한 팀 역할

[그림 13.2]는 학습 동전의 반대편, 즉 학습이 도출되는 지식을 수집하는 프로세스에 관한 것이다. 여기서는 외부 대 내부(지식 출처가 팀 내부에 있는지 또는 외부에 있는지), 공식적 대 비공식적(역할이 눈에 보이거나 승인된 구조 또는 시스템 일부여야 하는지) 차원이 있다. 결과적으로 네 가지 역할을 다음과 같이 설명할 수 있다.

- **권한/정보에 대한 관문** - 실험, 교육, 비용 지출 등에 대한 조직의 동의를 얻고, 일반적으로 사용 가능할 수도 있고 그렇지 않을 수도 있는 공식적으로 보유한 정보에 액세스할 수 있다.
- **지식의 관문** - 비공식 네트워크를 사용하여 팀 외부 사람들의 전문 지식과 경험에 액세스한다.
- **전문가** - 하나 이상의 분야에서 지식 자원이 된다(일반적으로 다른 사람들이 관심을 두지 않지만 때때로 귀중한 것으로 판명되는 분야, 예를 들어 컴퓨터가 고장 났을 때 어떻게 해야 하는지 아는 사람이 팀에 있는 경우).
- **기록자** - 팀 및/또는 팀원이 습득한 지식을 캡처하고 기록하여 팀 내부와 다른 팀에서 모두 사용할 수 있도록 한다.

이러한 다양한 역할은 놀랍게도 우리가 조사한 학습 지향적인 팀들 사이에서 공통적이고 일관되게 나타났다. 사람들은 필요와 상황에 따라 다양한 역할을 했으며, 팀 학습 역할의 범위가 놀라울 정도로 유연했지만 불가피하게 특정 역할을 다른 역할보다 더 선호하거

지식 수집

	외부	
공식	권한/정보에 대한 관문 리소스에 대한 동의를 획득하고 정보에 액세스함	지식의 관문 네트워크 활용을 통한 전문 지식 및 경험에 액세스함
	기록자 팀에서 습득한 정보를 캡처함	전문가 하나 또는 그 이상의 영역에서 지식 자원이 됨
	내부	비공식

[그림 13.2] 지식 수집을 위한 팀 학습 역할

나 더 잘하는 때도 있었다. 그 결과 여섯 가지 유형의 팀 모두에서 모든 역할이 수행되고 있었지만, 어떤 역할이 가장 중요한지에 대한 일관된 패턴은 발견되지 않았다. 가장 효과적으로 학습하는 팀들은 필요에 따라 모든 역할을 사용하지만 반드시 동시에 사용하는 것은 아닌 것으로 보인다. 이러한 학습 역할이 팀 업무 성과에도 영향을 미치는지는 더 많은 연구가 필요하며, 그 영향은 간접적일 가능성이 크다(즉, 직접적인 원인과 결과의 원인이 아니라 조절 요인). 또한 성과가 높은 팀은 각 팀 학습 역할을 중요하게 여기고, 사람들이 이러한 역할을 하도록 장려하며, 이를 위한 노력을 인정할 가능성이 더 큰 것으로 나타났다. 학습 측면에서의 성과는 팀 지식의 깊이와 지속성 증가, 습관 강화, 개인과 팀의 계획된 학습, 더 엄격하고 일관된 팀 학습 프로세스 등으로 나타난다.

셀프 코칭 팀 및 승계 계획

학습에 초점을 맞춘 결과, 학습 팀은 흔히 인재의 산실로서 명성과 실적을 쌓는 경우가 많다. 승계 계획은 일반적으로 개인에게 집중된 것으로 여겨지지만, 개인의 성과나 실패가 전적으로 개인의 노력에 기인하는 경우는 드물다. 학습 팀에서는 사람들이 서로의 평판을 높여준다. 효과적인 팀 학습 행동을 개발함으로써 팀은 인재 육성을 위한 안전한 환경을 제공할 수 있다. 실제로 조직에서 학습 팀 인재를 다른 부서나 기능 조직에서 발굴하거나 학습 팀 구성원이 다른 팀원들의 코치로 활동하는 경우를 흔히 볼 수 있다. 어떤 경우에는 핵심 인재들이 관리자로서 처음 발령되는 경우, 학습 팀은 이들을 관리하는 과제를 맡게 되는 때도 있다. 팀이 신임 관리자를 코칭하는 것은 일반적인 코칭과는 눈에 띄게 다른, 팀의 학습 성숙도를 나타내는 신호이며, 잠재적으로 관리자로 새로 입사하는 인원에게 강력한 기반grounding이 될 수 있다(물론 이런 종류의 상향식 코칭은 수백 년 동안 군대에서 시행됐다).

다른 팀 코치하는 법 배우기

저자가 관찰한 가장 효과적인 학습의 전이 가운데 하나는 슈퍼마켓

체인인 ASDA에서 소수의 매장을 통해 직원 커뮤니케이션을 관리하는 새로운 방법을 시범적으로 도입한 경우이다. 각 시범 매장은 외부 컨설턴트의 도움을 받아 실험을 진행하면서 효과가 있는 것과 없는 것에 대한 경험을 점차 쌓아갔다. 통상적으로 새로운 절차는 인사팀과 컨설턴트에 의해 배포되었을 것이다. 그렇지만, ASDA는 시범 매장의 팀원들이 나머지 매장의 홍보대사이자 코치로 활동할 수 있도록 교육하는 방법을 선택했다. 이들은 매일 매장에서 업무를 수행했기 때문에 외부인이나 본사에서 온 사람보다 훨씬 더 신뢰할 수 있었고, 새로운 업무 방식에 대한 저항을 극복하는 데 훨씬 더 효과적이었다.

    코칭과 멘토링의 장점 가운데 하나는 다른 사람의 학습을 돕기 위해서는 교육 또는 훈련 전문가가 되어야 한다는 많은 조직의 고정관념을 무너뜨린다는 점이다(가르치기 위해서 훈련을 받아야 한다는 것은 사실이며, 이것이 대부분의 대학이 배움의 기관이기보다는 가르치는 기관인 이유는 가르치기 위해 훈련받아야 하기 때문이다). 최근 많은 대기업에서 생겨나고 있는 '기업대학'은 주로 교육이나 훈련 전문가들이 주를 이루고 있지만, 기업대학의 선구자들은 매우 다른 모델을 가지고 있었다. 교수진은 고위 관리자와 숙련된 전문가로 구성되었으며, 해당 직급의 모든 사람이 자신을 조직 내 모든 사람을 위한 학습의 원천으로 여기도록 장려했다. 시간이 지나면서 그들은 다른 직급에 있는 사람들도 비공식적으로나 기업 교수진 구조 내에서 코치 역할을 할 수 있는 큰 잠재력을 가지고 있다는 것을 깨달았다.

특히 디지털electronic 코칭의 등장으로 한 팀이 다른 팀을 코치하거나 팀 내의 하위 그룹이 다른 지역에 있는 동급의 상대를 코치할 수 있는 잠재력은 무궁무진하다. 예를 들어, 중국 내 공장을 인수한 유럽의 한 기업은 인수에 참여한 핵심 팀원들에게 영어로 이해하고 대화할 수 있도록 교육에 투자한 것으로 알려졌다. 그런 다음 이 팀들을 유럽에서 유사한 제조 업무를 수행하는 영어 사용 팀과 연결했다. 한 달에 한 번, 각 팀은 화상 회의를 통해 상대 팀의 팀 회의에 참석했다. 중국 팀은 유럽 팀에게서 조언과 피드백을 얻고, 유럽인들이 고민하는 문제를 관찰함으로써 배울 수 있었다. 결국 학습의 흐름은 (멘토링에서 늘 그래왔던 것처럼 그리고 코칭에서 흔히 그렇듯이) 양방향이 되었다.

전문성이 전문가에게만 있는 것이 아니라는 점을 인식한 또 다른 기관으로는 영국의 국민 건강 서비스가 있다. 이 기관의 전문가 환자 제도에는 의료 전문가를 위한 환자의 코칭이 포함되어 있다. 영리 조직 내 코칭과 멘토링에도 동일한 원칙이 적용될 수 있다. 비교적 젊은 멘토가 경영진에게 다양성의 현실이나 고객 접점에서 실제로 일어나는 일을 이해하도록 돕는 '상향식upward 멘토링'이 이미 빠르게 성장하고 있다. 최고 경영진이 두려워서 피하는 경우를 제외하고는 비즈니스의 최전방에 있는 팀과 유사한 학습 체계를 만들지 않을 이유가 없다.

코칭 팀으로서의 역할을 고려하는 데 도움이 되는 유용한 코칭 질문은 다음과 같다.

- 우리에게 어떤 이득이 있는가? 우리가 필요한 인정과 지원을 어떻게 받을 수 있는가? 이를 통해 더 많은 실험을 할 수 있고 우리가 원하는 것을 얻을 수 있는가?
- 다른 팀에게 도움이 될 수 있는 지식과 스킬은 무엇인가?
- 어떻게 하면 상대방의 반감을 사지 않으면서 학습 내용을 공유할 수 있는 관계를 만들 수 있는가?
- 다른 팀으로 쉽게 이전할 수 있는 방식으로 학습 내용을 캡처하려면 어떻게 해야 하는가?
- 이런 방식으로 다른 사람을 도울 수 있는 자원(특히 시간)은 어디서 찾을 수 있는가?
- 이러한 코칭 대화에 양방향 학습이 포함되도록 하려면 어떻게 해야 하는가?

코치의 역할: 우아하게 넘겨주기

팀 코칭을 맡았을 때 큰 즐거움 하나는 팀원들이 코칭 과정에 너무 익숙해지고 몰입해서 코치가 있다는 사실을 잊어버릴 때이다. 저자는 아무 말도 하지 않고 우리 사이에 약간의 거리를 두는 법을 배웠다. 팀원들이 효과적으로 코칭을 받고 있다고 판단되면 한 발짝 더 뒤로 물러난다. 결국에는 출입구에 서 있다가 마침내 밖으로 나와서 관찰한다. 팀원들이 나의 부재를 알아차리기까지 20분 이상 걸릴 때도 있다. 그러고 나서야 '내가 정말 더 필요한가'라고 물어볼 수 있는 결정적인 순간이 찾아온다. 이를 전문 용어로 '내니 맥피의 순간Nanny McPhee moment'이라고 부른다.

그렇다면 코치는 원활하고 효과적으로 셀프 코칭 모드로 전환하기 위해 무엇을 할 수 있을까? 몇 가지 기본 규칙은 다음과 같다.

초기 단계부터 준비하기

코치와 팀 간의 관계는 매우 편안해지기 쉽다. 팀이 코치에게 어려운 질문을 하고, 적절한 시기에 문제를 제기하고, 실제 또는 잠재적 갈등을 관리하기 위해 코치에게 더 많이 의존할수록 한 발짝 물러나기가 더 어려워진다. 코칭 프로그램에 시간 프레임을 설정하는 것도 도움이 된다(예: '회의가 6회밖에 없으니 최대한 이 기회를 활용하자'). 코칭 개입의 성공 여부를 처음에 명확히 하고, 중간 검토 회의를 통해 종료에 대한 기대감을 강화하는 것도 도움이 된다.

팀원들이 스스로 일을 할 수 있도록 동기 유발

자급자족self-sufficiency을 팀 목표로 삼는 것은 기대치를 관리하는 명백한 방법이다. 유용한 질문은 다음과 같다.

- 지원 없이 이 작업을 수행한다면 어떤 느낌인가?
- 팀 내에서 이런 대화가 필요할 때마다 자연스럽게 이루어지려면 무엇이 필요한가?
- 자급자족 코칭에 대한 비전은 무엇인가?

솔루션 및 프로세스 오너십ownership 이전

저자가 관찰한 최악의 코치 가운데 한 명은 무대 위 마술사가 객석의 꼭두각시를 대하는 것과 거의 같은 방식으로 고객을 대했다. 그는 신경언어학 프로그래밍 과정을 수강한 적이 있을 정도로 영리한 트릭을 구사했고, 고객들이 그의 스킬에 감탄하는 것을 보고 힘을 얻었다. 공정하게 말하자면 그는 몇 가지 좋은 통찰이 있었지만, 그 과정을 누가 책임지고 있는지는 의심의 여지가 없었다. 게다가 그는 고객이 자연스러운 반응을 보이지 않을 수 있으므로 그 과정이 고객에게 미스터리로 남는 것이 더 낫다고 생각했다.

이 코치가 간과한 것은 코칭이 협력적인 노력일 때 가장 효과적이라는 점이다. 코치이(개인이든 팀이든)는 자신에게 권한이 주어 질 때만 진정으로 성장할 수 있다. 관계의 힘은 누가 목표를 소유하고 누가 프로세스를 소유하는가 하는 두 가지 요소에 달려 있다. 권한을 부여하는 코칭은 학습자에게to 하는 것이 아닌 학습자와 함께 with 하는 것이다. 따라서 사용되고 있는 코칭 프로세스와 기법을 설명하고, 이를 사용하는 것에 대한 고객의 동의를 얻고, 코칭 대화 중이나 코치가 없을 때 이러한 프로세스 관리하는 방법을 셀프 코칭의 형태로 가르쳐야 한다는 주장이 강하게 제기되고 있다.

코치는 코칭 과정을 설명할 때 다음과 같은 내용을 다뤄야 한다.

- 접근 방식 또는 기법이 달성하고자 하는 목표
- 사용 시 장점과 단점(가능한 경우 실제 사례 사용)
- 그 이면의 이론 및/또는 심리학
- 일반적으로 효과가 있는 경우와 없는 경우
- 접근 방식에 대해 자세히 알아보는 방법(예: 추가 자료 읽기)

시간과 기회가 있다면 코치는 팀원들이 덜 중요한 문제에 대해 기법을 연습할 기회를 제공할 수도 있다. 저자는 때때로 팀원들에게 위협적이지 않은 연습 기회로 어떤 문제에 대해 코칭해달라고 팀을 초대했고, 이것이 팀원들의 자신감을 강화한다는 것을 발견했다.

팀원들이 스스로 더 많이 일하도록 격려하기

내가 진행하던 3일간의 팀 코치 집중 교육 전날 뉴욕행 비행기에서 목소리를 잃은 것은 나에게 큰 교훈을 주었다. 내가 살아남을 수 있는 유일한 방법은 통제권을 포기하고, 우리가 하고 있는 훈련의 의도와 과정을 쉰 목소리로 설명한 다음, 그룹 구성원에게 주도권을 넘겨주는 것이었다. 그 과정을 통해 그룹이 주도권을 가질수록 더 많은 학습이 이루어진다는 것을 깨달았다. 나는 이제 내가 진행하는 모든 팀 코칭과 팀 코칭 교육에 이 원칙을 적용하고 있다.

코치와 팀 리더가 한발 물러서서 다른 팀원들이 대화를 주도하도록 격려하면 공동 학습과 분산형 리더십의 습관을 기르는 데 도움이 된다.

팀이 향후 여러 지원과 성찰의 원천을 찾을 수 있도록 준비

옛 속담을 인용하자면 어떤 팀도 외딴섬은 아니다. 셀프 코칭 역량을 갖추기 위한 목표는 팀이 외부의 도움과 조언을 전혀 필요로 하지 않는 것이 아니다. 그렇지만 팀은 훨씬 더 다양한 출처에서 외부 지원을 받고 활용하는 방법을 훨씬 더 명확하게 알 수 있어야 한다. 유용한 코칭 질문은 다음과 같다.

- 누가 우리의 사고를 자극하고 다른 관점을 제공할 수 있는가?
- 우리가 구축/유지하는 데 필요한 중요한 지원 관계는 무엇이며, 팀 내에서 이러한 지원 관계를 유지하는 책임 있는 사람은 누구인가?
- 팀 성찰 공간을 만들기 위한 대내외적 정당성을 어떻게 확보하고 유지할 것인가?
- 앞으로 타겟targeted 코칭이 도움이 될 만한 상황을 언제, 어떻게 인지할 수 있는가?
- 우리는 누구를 차례로 코칭 해야 하는가?

이 마지막 요점은 팀의 학습 성숙도를 반영한다. 다른 팀, 심지어 환경이 맞는다면 고위 경영진을 코칭할 수 있을 만큼 자신감과 능력이 있다는 것은 그 자체로 코칭을 잘 받은 팀이라는 확실한 신호이다. 이 정점에 도달하는 데는 시간이 걸릴 수 있지만, 팀과 코치 모두에게 짜릿한 순간이 될 것이다.

요약

이 장에서는 팀 코칭의 궁극적인 목표(즉, 팀 스스로가 필요한 기술, 동기 부여 및 환경을 갖추고 문제 해결에 적절한 시기와 방식, 통찰력을 바탕으로 코칭 기법을 능숙하게 적용할 수 있는 상대적 자립을 달성하는 것)에 대해 살펴보았다.

참고 문헌

Batista, E (2012) Conversations with Ourselves (Self-Coaching and Self-Engagement) blog, 20 June, http://www.edbatista.com/2012/06/ perception-and-understanding-self-coaching-and-self-awareness.html

Belbin, M (1981, 2nd edition 2003) *Management Teams: Why They Succeed or Fail*, Butterworth Heinemann, Oxford.

Clutterbuck, D and Megginson, D (2005) *Making Coaching Work*, CIPD, Wimbledon

Margerison-McCann Team Management Index, available from www.changingminds.org

14장
팀 코칭의 도전 과제

팀 코칭은 복합적인 활동이다. 코치는 팀이 복잡한 시스템의 몇 가지 영역을 인식하고 이해하도록 돕고, 이해한 바에 따라 어떻게 대응할지 합의하도록 돕는다. 어떤 주제를 선택하든, 고려하지 않은 시스템 일부분은 흔히 예상치 못한 방식으로 계속 영향을 미칠 수 있다. 코치는 팀이 업무 수행에 필요한 것에 연계하여 갈등의 유형과 양을 조정하도록 돕는다. 팀 코칭 세션에서 코치는 팀 전체, 각 팀원 사이, 팀과 리더 사이, 팀원 자신 사이, 그리고 흔히 팀원과 코치 사이에 어떤 일이 일어나고 있는지 지속해서 인식해야 한다. 이 장에서는 가장 흔히 발생하는 몇 가지 문제를 살펴본다.

이 장에서는 팀 코치가 직면하는 가장 일반적인 문제 몇 가지와 이를 관리하는 방법에 대해 (흔히 쓰라린 경험을 통해) 배웠던 걸 살펴본다. 그렇지만 먼저, 팀 코치들이 수퍼바이저에게 제기하는 대부분 문제가 어떤 식으로든 잘못된 계약이나 거절했어야 할 과제를 수락하는 데서 비롯된다는 사실을 발견했다. 이 두 가지 상황은 모두 팀과 팀의 역동 관계를 파악하는 준비 단계에서 지름길과 관련되는 경향이 있다.

팀 코치를 맡지 않는 것이 좋은 경우

다음은 저자가 코칭 과제를 거절하는 가장 일반적인 이유 가운데 일부이다(실제로도 그렇게 했다).

1. 팀으로 구성되어 있어야 할 설득력 있는 근거가 없는 경우
   - 예를 들어, 그룹 구성원의 상호의존성이 거의 없는 경우
2. 진정한 팀이 되기에 너무 규모가 큰 경우 – 8명이 넘으면 팀으로 뭉치기 어려워지고, 12명이 넘으면 사회적 태만과 기타 역동 관계로 인해 성과에 큰 장애가 된다.
3. 리더만 팀 코칭을 원하는 경우
4. 팀 리더가 약한 경우 – 예를 들어 불화를 처리할 수 없는 경우. 이러한 상황에서 팀 코치는 대리surrogate 리더의 역할을 하게 되기 쉽다.
5. 팀원들이 스스로 문제를 해결하는 대신 코치가 그들을 구해 주기를 기대하거나 문제에 대한 해결책을 찾아 주기를 바라는

경우. 팀원들이 과정이나 결과에 책임지지 않는다면, 일이 잘 풀리지 않을 때 코치가 희생양이 될 수 있다.
6. 팀이 성공하는 데 필요한 자원을 확보할 가능성이 없는 경우
7. 코치가 팀의 이해관계자인 경우 - 실제 또는 잠재적 이해 상충으로 인해 업무 효율성이 저하될 수 있다.
8. 팀원 가운데 일부와 친밀한 관계를 맺고 있지만 다른 팀원과는 그렇지 않은 경우
9. 팀의 문제가 병리적pathological인 경우 - 매우 건강하지 못한 팀은 팀 코칭 프로세스에 참여하는 것이 불가능하다.

과제를 수행하다가 위험 신호를 발견하면 먼저 팀 리더와 후원자에게 우려 사항을 이야기하라. 공식적인 코칭이 시작되기 전에 상대방이 문제를 인정하고 여러분과 함께 문제를 해결할 준비가 되어 있지 않다면 그 자리를 떠나라. 개별적으로든 집단적으로든 나머지 팀원들과 이슈를 나누는 것을 허락하지 않는다면 그냥 박차고 나와라. 문제의 복잡성이 자신의 역량을 넘어선다고 생각되면 그냥 포기하라. 어떤 경우든 우려되는 이유를 명확하게 설명하면 실패가 내재된 과제를 맡을 때보다 더 큰 존중과 자존감을 얻을 수 있을 것이다!

팀 코칭 과제를 시작하면 팀이 현재 형태로는 코칭이 불가능할 수 있다는 징후가 있는지 눈을 크게 뜨고 관찰한 내용을 팀과 대면할 준비를 하라. "이것이 제가 관찰한 것입니다. 이에 대해 여러분

은 함께 무엇을 하고 싶으신가요?" 정기적으로 재계약하고 적절한 경우 팀 코칭의 한계를 반복해서 설명하라.

코칭할 수 없는 팀을 코치하게 되더라도 당황하지 마라. 경험이 많은 팀 코치라면 누구나 한 번쯤 겪게 되는 일이다. 운동선수에게 스포츠 부상이 있듯이 코치라는 역할의 직업적 위험 요소라고 생각하라! 되도록 빨리 몸을 추스르고 이 경험을 통해 배울 점을 생각해 보는 시간을 가져라.

그렇지만 이러한 문제를 해결할 수 있는 방법도 있다.

팀 규모가 너무 큰 경우

일반적으로 팀원 수가 8명을 넘어가면 팀 효율성이 기하급수적으로 감소하는 것으로 알려져서 이보다 훨씬 큰 규모의 팀을 코칭하는 것은 상당한 문제를 일으킨다. 팀원 수가 많을수록 팀원들의 동의를 구하기가 더 어려워지고, 갈등이 있는 하위 그룹으로 나뉠 가능성이 커지며, 심리적 안전감을 찾기 어렵고, 간단한 문제라도 논의하는 데 시간이 더 오래 걸릴 수 있다.

대규모 팀에서는 두 명의 팀 코치가 함께 일하는 것이 필수적이다. 팀이 여러 그룹으로 나뉘는 경우, 각각 한 명의 코치와 협력하여 공통의 의제로 다시 모이게 할 수 있다. 모두가 함께 있을 때, 뒤쪽에 있는 코치는 잠재적인 분열의 징후를 조기에 발견하여 긍정적인 개입을 계획할 수 있다.

대규모 팀에서 성과를 내기 위한 핵심은 업무와 관련된 하위 팀의 출현을 장려하고 이들 사이에 매우 높은 수준의 효과적인 커뮤니케이션이 이루어지도록 하는 것이다. 커뮤니케이션할 때 정해야 하는 원칙protocol에는 다음이 포함될 수 있다.

- 각 하위 그룹이 팀의 목적과 목표를 달성하는 데 어떻게 기여할 것인가?
- 현재 각 하위 그룹의 우선순위가 무엇이며 그 이유는 무엇인가 (각 하위 그룹이 현재 우선순위를 두고 있는 항목과 그 이유)?
- 각 하위 그룹이 다른 하위 그룹으로부터 어떤 도움이 필요한가?
- 각 하위 그룹이 다른 하위 그룹에 어떤 도움을 줄 수 있는가?
- 그들이 지금 어떤 걸 걱정하는가?
- 공식적, 비공식적으로 얼마나 자주 소통할 것인가?
- 누가 의사소통을 할 것인가?
- 하위 팀이 협력하는 방법을 언제, 어떻게 검토할 것인가?

여기서 가장 큰 문제는 팀 규모가 커질수록 코치가 프로세스 관리에 더 많은 에너지를 소비해야 하고 코칭 마인드를 유지하는 데 주의를 덜 기울일 수 있다는 점이다. 팀 코칭보다는 프로세스 컨설팅을 제공하는 것이 더 효과적일 수 있음을 정직하게 밝힌다.

팀 전체가 동시에 모일 수 없는 경우

이런 상황에 대한 본능적인 반응은 '안 된다'는 것이다. 그렇지만 일부 팀은 업무 특성상 물리적으로 또는 가상으로 동시에 모두 모일 수 없다. 예를 들어, 취약한 성인을 담당하는 사회복지팀은 항상 고객과 함께 근무하는 팀원과 그렇지 않은 팀원이 있다. 그렇다면 어떻게 해야 할까?

첫째, 팀 코칭의 목적과 각 팀원에게 기대되는 바를 최소한 공통으로 이해할 수 있도록 모든 팀원과의 코칭 전 인터뷰가 필수적이다. 둘째, 모든 사람이 동등하게 정보를 얻고 참여할 수 있도록 팀 전체가 소통에 책임져야 한다. 이를 지원하기 위한 실용적인 방법은 다음과 같다.

- 짝꿍 정하기 buddying up - 팀 코칭 세션에 참석할 수 없는 사람은 모두 대리인 proxy이 있어야 한다. 대리인이 세션에서 자신의 의견을 대변할 수 있도록 할 수 있다(이를 위해서는 명확한 의제가 필요하고, 사전에 배포되어야 한다). 대리인은 세션에 참석하지 못한 팀원에게 세션 후 브리핑을 제공하는 역할도 담당한다.
- 세션 녹화 - 기밀 유지 문제가 있는 경우 불가능할 수도 있다.
- 일부 세션을 안전한 비공개 온라인 토론방에서 진행한다. 토론은 비동기식 asynchronous으로만 하거나, 동기식 synchronous 비동기

식 모두 하는 것도 가능하다. 이러한 토론을 촉진하려면 팀 코치에게 다른 스킬이 필요할 수 있다.

이러한 유형의 팀 리더는 특히 팀의 규모가 비교적 큰 경우, 교대 근무 패턴을 수용해야 하는 힘든 역할을 한다. 그들이 팀원들과 소통하는 데 쏟는 시간과 에너지는 당연히 더 작고 동기적인 팀보다 더 많을 수밖에 없다. 그러나 특히 돌봄 직종이나 팀 규모에 비해 업무량이 너무 많으면 다른 팀원들의 업무량을 분담하는 데만 몰두할 수 있다. 따라서 팀 코칭을 할 때 별도로 팀 리더를 코칭하는 것은 팀 자체를 코칭하는 것만큼이나 중요하거나 그 이상이다.

소수의 팀원이 함께하기를 원치 않는 경우

모든 사람이 팀 플레이어가 되기를 원하는 것은 아니다. 그렇지 않은 팀원의 경우, 리더는 팀원들에게 합의된 방식으로 행동하도록 강요할 수 있고, 해고하거나 격리하는 등의 방법을 선택할 수 있지만, 이것들 가운데 어떤 방법도 문제를 해결할 수 없다. 이러한 팀원들이 독특한 스킬이나 인맥이 있다면, 그냥 참는 데 드는 비용이 그들을 제거하는 데 드는 비용보다 적을 수 있다.

팀 코칭을 통해 팀을 재설계하여 새로운 경계를 설정하고 반항적인 팀원을 팀의 공급자 역할로 재계약할 수 있다. 이 계약서를 작성하려면 팀이 기대하는 바를 명확히 하고 팀 플레이어이기를 거부하는 팀원도 이에 동의해야 한다. 대부분 계약서에 명시된 최소한의 기대치만 충족하면 더는 눈치 볼 필요가 없고 자신의 우선순위에 집중할 수 있기 때문에 관련 당사자에게는 안도감을 준다. 당연히 여기에는 팀 코치가 도움을 줄 수 있는 섬세한 대화가 필요하다.

팀 코칭을 리더의 안전한 공간으로 만들기

팀 리더는 일반적으로 가장 많은 '스킨(권한 또는 주도권)'을 가지고 있다. 그들은 사실상 자신이 주도할 수 있는 대화를 쉽게 하기 위해 자신의 권한 일부를 팀 코치에게 빌려주고 있다. 팀 코치는 팀원들이 매니저에게 솔직해지도록 독려하는 것과 매니저가 위협을 느끼도록 하는 것 사이에서 미묘한 균형을 유지해야 한다. 따라서 팀 코치는 리더의 권위를 보호하면서 동시에 리더의 옹호자처럼 보이지 않아야 한다.

최근의 한 예로, 교육 세션에서 비교적 경험이 적은 팀 코치가 플립차트를 독차지한 적이 있다. 이것이 팀 리더를 무시하는 행동이라는 지적을 받자, 팀 코치는 팀 리더에게 대신 플립챠트를 보라고 권유했다. 팀 리더가 자연스럽게 주도권을 잡으려는 성향 때문에 대화의 역동 관계가 바뀌었고, 팀 코치가 만들고자 했던 개방성이 무너져버렸다.

리더의 안전감을 관리하는 핵심은 각 코칭 세션 전에 리더와 함께 시간을 보내면서 결과뿐 아니라 감정적인 측면에서도 리더에게 필요한 것이 무엇인지 살펴보는 것이다. 리더는 얼마나 취약해지기를 원하는가? 대화가 리더를 점점 더 자기중심적으로 만드는 방향으로 흘러간다면 리더와 코치는 어떻게 잠재적인 학습을 놓치지 않으면서 이를 억제하기 위해 협력할 수 있을까? 이러한 우려 사항을 미리 고려할수록 안전한 학습 공간을 유지하기가 더 쉬워진다.

리더의 안전성을 높일 수 있는 간단한 규칙은 '공동의 책임 없이는 비판하지 않는다'이다. 이것이 실제로 의미하는 바는 팀원들이 리더의 다른 행동을 원한다면 현재와 원하는 행동 모두에서 자신의 역할을 인정해야 한다는 것이다(예를 들어, '당신은 나에게 명확한 지시를 내리지 않는다'라는 것은 '나는 당신에게 명확한 지시를 받아야 한다고 주장하지 않는다'가 된다).

팀이 코치에 맞서 단결할 때

어려운 내부 문제에 직면했을 때 팀은 책임져야 할 희생양을 찾는 것이 문제를 직면하여 해결하는 것보다 더 쉽다고 생각하는 경우가 많다. 팀 코치는 팀원들이 어려운 진실을 직시하도록 돕는 역할을 하므로 가장 쉽고 가까운 희생양은 바로 자신일 수 있다.

이 시나리오를 관리하는 핵심은 한 사람이 방어적이거나 날카로운 발언을 할 때 다른 사람의 도전을 받지 않는 경우, 프로세스 초기에 이를 인식하는 것이다. 이러한 소극적인 수용은 곧 공격적인 편향으로 바뀔 수 있다.

이를 인지한 후에는 팀원들에게 진행 중인 프로세스를 알리기 위해 개입할 수 있다. 예를 들어

- 제프의 우려에 아무도 응답하지 않는 것이 궁금합니다. 이야기하기 불편한 근본적인 문제가 무엇인가요?
- 지금 이 방에서 무슨 일이 일어나고 있는지 잠시 생각해 볼까요? 여러분 각자에게 지배적인 감정은 무엇인가요?

우려 사항을 공개적으로 제기한 뒤에는 질문을 통해 책임이 코치에게 돌아오는 것을 방지할 수 있다: *그리고 이 문제를 해결하기 위해 함께 무엇을 할 수 있는가?*

필요한 경우 코치와 팀, 팀원과 팀원 간의 합의서를 다시 참조할 수도 있다.

심리측정 도구 사용

팀원들이 자신과 서로를 더 잘 이해하도록 돕기 위해 사용할 수 있는 심리측정 및 기타 도구의 종류는 매우 다양하다. 가장 일반적인 도구는 다음과 같다.

- MBTI
- 16PF
- 벨빈Belbin 팀 역할
- 마저리슨-맥캔Margerison-McCann 팀 역할
- 허니Honey와 맘포드Mumford의 학습 스타일
- 호건Hogan 개발 설문조사
- 라이스Reiss 동기 부여 프로파일링
- 셰릴 케네디Sherrill Kennedy의 의사 결정 영향 분석

이 모든 것에는 매니아 층과 비평가가 있다. 적절히 활용하면 모두 매우 유용할 수 있다. 그렇지만

- 모든 도구는 사용자가 점수의 뉘앙스를 이해할 수 있도록 충분한 시간을 할애하여 맥락에 맞춰질 필요가 있다.
- 도구에 대한 비판이 있을 때 이를 인지하고 토론하는 것이 중요하다.

- 또 이러한 도구를 사용하는 목적이 무엇인지 명심하는 것도 중요하다.
  - 개인과 집단 행동에 관한 이해로 이어지는 대화를 촉진하기 위해
  - 팀 내 다양한 강점의 가치를 높이 평가하기 위해
- 사람들은 흔히 MBTI 및 기타 심리측정 결과를 이용해 자신이나 타인에게 역기능적인 행동을 변명하는 편리한 꼬리표를 제공한다.
- 시간이 지나면 사람들은 피드백의 뉘앙스를 잊어버리고 꼬리표만 기억하는 경향이 있으므로, 심리측정에서 얻은 학습을 팀 프로세스와 문화에 통합하는 것이 중요하다.

팀 코치들이 수퍼비전 경험을 통해 얻은 중요한 교훈은 심리측정 도구는 적당히 활용해야지, 과도하게 많은 도구를 사용하면 거부감을 느낀다는 것이다. 예를 들어, 고객 팀에게 일상적으로 다양한 진단 도구를 제공하던 한 팀 코치는 첫 번째 코칭 세션이 끝난 뒤 팀에게 신뢰 수준에 대한 또 다른 설문을 제안했지만 팀이 단호하게 거절하자 충격을 받았다. 그들은 심리측정에 질려버린 것이다!

실질적인 기본 원칙은 팀의 역동 관계를 체계적으로 파악할 수 있는 설문지(예: Hawkin's Team Connect 360 또는 PERILL 진단)를 제외한 모든 설문지는 팀이 해결하고자 하는 문제를 파악한

다음 단계를 위해 유보하는 것이다. 특정 목적을 위해 진단하기로 선택한 때, 팀은 진단을 환영하고 생성된 데이터를 효과적으로 활용할 가능성이 훨씬 더 크다.

팀 상호작용 극대화

사람들이 회의에서 상대방과의 관계 속에서 어디에 앉느냐에 따라 행동 방식과 대화의 질이 달라진다. 팀 코칭 세션에서 얻은 실제 경험에 따르면 다음과 같은 모범 사례를 제안한다.

- 테이블 없이 열린 원형으로 앉는다(테이블은 심리적 장벽을 형성하여 사람들이 회의실 안의 다른 사람들의 얼굴이 아닌 자신의 노트에 집중할 수 있도록 도와준다).
- 플립차트를 사용하는 경우 이것이 또 다른 '존재'가 되지 않도록 원 바깥에 둔다. 플립차트를 사용하고 싶거나, 사용하도록 초대를 받은 사람이 있으면, 사용을 마치고 원 안으로 다시 들어와야 대화에 참여할 수 있다(원 밖에 있는 동안에는 다른 사람의 말만 기록할 수 있다. 여기에는 코치도 포함된다!).
- 두 코치는 나란히 앉지 말고 서로를 볼 수 있도록 앉아야 한다. 이상적인 위치는 팀 리더와 삼각형을 이루는 것이다.

- 원을 너무 크게 만들지 않는다. '4미터 규칙'에 따르면 모든 사람이 다른 사람의 눈을 또렷하게 볼 수 있을 정도로 가까이 있어야 한다.

비밀 유지

팀 코칭 중 인터뷰 단계에서 팀 코치는 많은 비밀 유지 데이터를 수집하며, 이는 부수적인 대화(예: 다음 세션을 계획하는 리더와의 대화)와 공동 코치들이 정보를 공유해야 한다는 사실로 인해 더욱 복잡해진다. 이러한 복잡성을 관리하는 데는 두 가지 옵션이 있다고 리어리-조이스Leary-Joyce와 라인스Lines(2018, p.41)는 말한다.

- 코치는 모든 일대일 대화를 익명으로 비밀을 유지하기로 약속하지만, 수집된 데이터에서 광범위한 주제를 팀과 공유하는 데 동의한다.
- 코치는 팀의 모든 데이터와 관점이 공유된다는 점에 동의하며, 따라서 팀 내에서는 코치가 공개할 수 있다(단, 이해관계자에게는 공개하지 않음).

첫 번째 옵션은 팀내 안전성을 높이고 코치에게 더 개방적인 태도로 임할 수 있게 해준다. 두 번째 옵션은 별도의 일대일 코칭을 줄이는 것으로, 이는 필요하지 않으며 코치가 팀원들 개개인의 말을 주의 깊게 관찰할 필요가 없다는 것을 의미한다. 실제로 경험이 많은 팀 코치는 팀이 팀 코칭 프로세스에 익숙해지면 높은 수준의 비밀 유지에서 낮은 수준의 비밀 유지로 변경할 수 있는 옵션을 팀에 제공하는 경향이 있다.

또 다른 유용한 메커니즘은 팀의 '진정성 확인authenticity checks'에 동의하는 것이다. 코치는 주제와 관련성이 있지만 기밀인 특정 정보가 공유되지 않고 있다는 사실을 알게 되면, 각 팀원이 지금 이 순간에 얼마나 진정성을 느끼고 있는지 빠르게 확인할 수 있다. 이 시점에서 정보를 보류하고 있는 팀원이 더는 말할 의무가 없다는 사실이 중요하다. 팀원이 더 많은 정보를 공개하고 싶다면 팀은 이를 존중하기로 계약한다. 코치는 "이 세션 외에 이 문제에 대해 다른 사람과 해야 할 대화가 있을까요?"라고 물어볼 수도 있다. 이를 통해 자신감을 가진 사람이 준비가 되었을 때 자신의 방식으로 문제를 공개할 수 있도록 도와준다.

매우 열정적인 팀 코치는 자신의 역할이 모두가 서로에게 완전히 솔직해질 수 있도록 하는 것이라고 설명했다. 저자가 동의할 수 있는 견해는 아니다. 우리 자신과 서로에게 하는 큰 거짓말과 우리가 가지고 있는 큰 비밀은 역기능을 초래할 수 있지만, 작은 거짓말은 사회적 접착제(사회적 유대를 형성하는)의 중요한 부분이다!

가상 팀 코칭

가상 팀은 함께 모여 있는 colocated 팀과 비교했을 때 여러 가지 차이점이 있다. 긍정적인 측면은 지리적으로 분산되어 있어서 더 넓고 다양한 인재를 활용할 수 있다는 것이다. 또한 사람들이 여러 시간대에 있는 경우 24시간 이슈 관리 oversight가 더 쉽다. 또 원격 미디어를 사용할 때 권력 거리 power distance(사람들이 지위나 권위가 높은 사람을 선호하는 경향 또는 더 높은 지위나 권위를 가진 사람을 따르는 사람들의 성향)가 줄어든다는 증거도 있다.

단점도 있다.

- 팀 내에서 갈등이 발생할 가능성이 더 크며, 팀이 문화적으로 다양할 경우 이러한 갈등이 악화할 수 있다.
- 정보 공유에는 더 많은 어려움이 있다. '눈에 보이지 않으면 마음에서도 멀어진다'라는 말은 다양한 차원에서 정기적으로 소통하지 않으면 동료가 있다는 사실이 떠오르지 않는다는 뜻이다. 가상 팀은 모든 사람이 기술, 전술 및 고객 정보에 대해 가상 동료를 평가하도록 상기시키는 강력하고 효과적인 메커니즘이 필요하다. 실제로 가상 동료 사이에서는 비공식적인 대화를 나누기 어렵기 때문에 함께 같은 공간에서 일하는 동료들보다 소통에 더 큰 노력을 기울여야 한다. 팀 코칭의 즉각적인 효

과 가운데 하나는 팀원들이 각 가상 동료의 관심사와 강점에 대한 인식을 높이는 것이다.
- 고립감을 느낄 가능성이 더 크다. 이러한 소외감은 가상 회의에서 모든 사람이 자기 경험을 솔직히 공유하지 않거나 다른 팀원들이 대화 시 사용하는 은유와 정신 모델 등에 대한 연결감이 없을 때 더욱 강화될 수 있다.
- 팀원 가운데 일부가 본사에 근무하는 경우, 다른 팀원들은 이 사람들의 의견이 자신의 의견보다 더 중요하고 자신의 의견에 귀를 기울일 가능성이 작다고 생각하여 의견을 제시하지 않을 수 있다.

코칭을 위한 가상 팀 준비하기

팀과 계약을 맺는 모든 일반적인 측면은 같은 위치에 있는 팀에 적용되며, 그 외에도 몇 가지 사항은 가상팀 코칭에도 적용된다. 여기에는 다음이 포함된다.

- 팀 코칭 세션에 온전히 참석하는 것에 대한 기본 규칙을 세우는 것이 중요하다. 음소거 상태는 말하는 사람의 소리를 잘 들을 수 있어서 유용하지만, 대면 회의에서는 일반적으로 불가능했

던 산만한 작업을 계속할 수 있게 해준다. 경청은 동료에 대한 예의 그 이상이며, 성찰 대화의 속도와 깊이를 유지하는 데 필수적이라는 점을 계약서에 명시하여 이해를 강화해야 한다.

- 반대 의견을 어떻게 드러내고 참여시킬 것인지에 대한 동의를 얻어야 한다. 건설적인 반대 의견을 억누르는 메커니즘은 공동 작업 팀과 가상 팀 간에 다를 수 있다. 예를 들어, 많은 문화권에서는 일반적으로 아이디어를 먼저 제시하는 사람이 되는 것이 부적절하다. 합의가 이루어지고 있는 것처럼 보이는 경우, 문화적 억제 요인으로 인해 사람들은 이에 대한 반발을 꺼릴 수 있다. 채팅방에서 사람들이 첫 번째 댓글에 흔들릴 경우 이 기술은 집단 사고groupthink를 조장할 수 있으므로, 팀과 팀 코치는 새로 형성되는 합의에 이의를 제기할 수 있는 명확한 방법을 수립해야 한다.

- 가상 환경에서는 시간이 오래 걸리고 감정상의 숨은 뜻subtext을 인식하기가 더 어렵기 때문에 팀이 감정적인 데이터를 피하는 경향을 관리할 수 있도록 돕는다. 모든 사람이 이성적인 분석뿐만 아니라 감정에 대해서도 솔직하게 이야기할 것이라는 기대치를 설정하는 것이 중요하다. 그 이유 가운데 하나는 '이성적 결정'에 있어 감정적 뇌가 중요한 역할을 하기 때문이다.

- 성찰이 이루어지는 장소에 대해 열린 토론을 시작한다. 함께 모여 있는 팀에서는 코칭 세션에 상당한 시간이 할당되기 때문에

일반적으로 함께 성찰에 참여하기가 더 쉽다. 가상 팀 코칭에서는 1분 1초가 중요하므로 대부분 성찰은 팀 코칭 전후에 이루어져야 한다. 이는 팀 코칭 프로세스의 구조에서 근본적인 차이점이며, 팀은 팀 코칭 중 또는 팀 코칭 세션 외부의 온라인 토론에서 스스로 성찰한 다음, 생각을 조합하는 데 익숙해져야 한다.

- 일부 사람이 항상 업무 외 unsocial 시간에 회의에 참석해야 하는 상황을 피하려고 팀원들이 언제가 공평한 회의 시간인지 합의하도록 유도한다.
- 가상 팀에 새로 합류한 사람은 첫 날부터 가치 있는 사람이라고 느껴야 한다. 팀 코칭 전에 나머지 팀원들과 일대일 가상 미팅을 하는 것은 팀원들의 초기 적응 induction 과정에서 필수적인 부분이다.

가상 팀 코칭 세션 관리

이메일만으로도 가상 팀 코칭 세션을 진행할 수는 있지만, 제대로 작동시키기가 매우 어렵다! 유일한 장점은 비동기적이라는 점이다. 사람들이 각자의 시간대에 맞춰 하루 또는 그 이상에 걸쳐 서로 다른 시간에 참여할 수 있다는 점이다. 이 방식을 사람들이 동시에 모이는 방식과 비교한 유의미한 연구는 아직 없지만, 팀 코치들 사이에서는 팀 전체가 실시간으로 참여하여 상호작용해야 한다는 의견이 압도적으로 많다.

몇 가지 기본 규칙은 다음과 같다.

- 세션은 짧게 집중적으로 진행한다. - 90분이 절대적인 최대 시간이다. 따라서 함께 모여 있는 팀에서는 지난 회의록 확인이나 미팅 중 등장하는 주제와 같은 표준 회의 절차를 생략하는 것이 더욱 중요하다. 팀원 가운데 일부에게만 해당되는 사안을 포함해 이메일로 미리 처리할 수 있는 모든 사안을 처리해야 한다. 짧은 시간이라는 점을 감안할 때 모든 사람이 끝까지 참여하는 것이 중요하다.
- 코칭 세션 전에 근황 토크social sharing를 장려한다. 모든 사람에게 짧은 이메일 한 통으로 직장 및 업무 외의 개인적인 하이라이트를 공유하는 것만으로도 충분하다.
- 기술을 최대한 활용한다. 대역폭 문제로 인해 방해받지 않는 한, 모든 사람이 시각적으로 참석할 수 있도록 한다. 음성 대화와 함께 채팅방 대화를 장려한다. 대화를 지원하기 위해 즉석에서 빠르게 설문조사를 실시한다. 예를 들면 다음과 같다.
  - 오늘 우리는 얼마나 활기찬가?
  - 우리는 이 일에 대해 얼마나 긍정적인가?
  - 우리는 이러한 예측에 대해 얼마나 확신하는가?

◦ 아직 아무도 말하지 않았지만 나와야 하는 이야기는 무엇인가?
  ◦ 이 문제와 관련하여 우리의 우선순위는 무엇인가?
  ◦ 3대 리스크는 무엇이라고 생각하는가?
- 준비, 신속성, 끼어들기, 배경 소음이 방해되지 않는 조용한 장소 등에 관한 명확한 규범을 정한다.
- 귀중한 시간을 빼앗는 파워포인트 프레젠테이션에 갇히지 않는다.
- 의사 결정을 위한 명확한 프로토콜을 마련한다. 설문조사나 채팅방을 통해 모든 사람이 동의하는지 확인한다.
  ◦ 결정이 내려졌다는 사실
  ◦ 정확한 내용 – 누가 무엇을 책임지는가?
  ◦ 언제 시행할 것인지
  ◦ 검토 시기 및 방법
- 장황하게 말하는 사람들은 골칫거리가 될 수 있다. 이를 어떻게 관리할지 팀과 합의한다. 이 사람을 통제하려고 하면 팀은 여러분이 원하는 것과는 정반대로 계속 여러분에게 책임을 맡기려고 할 것이다. 팀원 중 아무도 책임지지 않는다면 다음과 같이 말하는 것이 효과적인 개입 방법이다. '간결하게 말하기로 서로 약속한 내용을 상기시켜도 될까요?' 이는 상황 관리에 대한 팀의 책임을 강조하는 동시에 문제를 일으킨 팀원에게 분명한 힌트를 줄 수 있다!

- 코칭 세션 중에서 등장하는 다른 이슈들에 대한 명확한 합의사항에 동의한다. 이를 '주차장'(역자 주: 논의할 주제를 모아 두었다가 다시 이야기를 나눌 수 있는 곳)에 넣어 두고 세션이 끝날 때 몇 분간 시간을 내어 다음 세션이 시작되기 전에 이 문제들 가운데 일부 또는 전체에 대해 생각하는 과정을 어떻게 시작할 수 있을지 논의한다. "이 문제와 관련하여 생각해 보고 싶은 중요한 질문은 무엇인가요?"라고 물어본다(이 단계에서 어려움을 겪는다면 언제든지 질문을 제안할 수도 있고, 그 질문을 찾아내는 것이 숙제가 될 수도 있다).

요약

저자는 새로운 팀 코치들에게 새로운 팀을 만날 때마다 - 예외 없이 - 어느 순간 두 가지 깨달음을 얻게 된다고 말하는 것을 좋아한다.

'내가 크게 잘못 생각한 것 같다.'

'이제 어떻게 해야 할지 모르겠어요.'

기대했던 대로 되지 않는 수많은 실험을 통해 과학이 발전하듯이, 팀 코칭은 팀과 팀 코치 모두에게 지속적인 학습 경험이다. 우리는 이러한 도전에 겁을 먹고 익숙한 프로세스라는 안전지대로 후퇴할 수도 있고, 팀이 이러한 도전에 참여할 수 있도록 돕기 위해 팀과의 도전에 참여할 수도 있다. 페이스북에는 '더 제대로 실패하라 Fail harder'라는 훌륭한 격언이 있는데, 이는 훌륭한 팀 코치가 자신의 역할에서 직면하는 도전에 어떻게 대처해야 하는지를 정확하게 설명한다.

참고 문헌

Leary-Joyce, J and Lines, H (2018) *Systemic Team Coaching*, AoEC Press, St Albans

15장
팀 코치 육성

일대일 코치에서 팀 코치로 전환하는 것은 도전적인 일이다. 훌륭한 일대일 코치는 지식과 스킬, 그리고 긍휼, 호기심, 용기, 겸손 등의 개인적인 특성을 갖추고 있다. 훌륭한 팀 코치에게는 이 모든 것, 그리고 그 이상이 필요하다! 한 사람과의 학습 다이얼로그를 지원하는 것에서 여러 사람(처음부터 팀일 수도 있고 아닐 수도 있는) 간의 다이얼로그를 지원하는 것까지 복잡성은 엄청나게 증가하며, 그룹에 한 사람이 추가될 때마다 대략 두 배로 증가한다. 그러므로 팀 코칭을 실제로 진지하게 프랙티스하고 관찰해본 대부분 팀 코치는 한 명이 코칭을 주도하고 한 명은 관찰하면서 자주 역할을 바꾸어 집중력을 극대화하는 짝으로 코칭할 것coaching in pairs을 권장한다.

이 장에서는 먼저 팀 코치에게 필요한 자질과 역량, 그리고 사람들이 팀 코칭을 통해 '성장'하도록 돕는 교육자의 역할을 살펴볼 것이다. 또 팀 코치가 지속해서 성장할 방법과 그 안에서 수퍼비전의 역할에 대해서도 살펴볼 것이다.

팀 코치에게 필요한 지식, 스킬 및 역량은 무엇인가?

지식

팀 코치가 필요로 하는 지식에는 당연히 그룹 역동성에 대한 이해가 어느 정도 포함되어야 한다. 가족 치료는 이러한 맥락에서 우리에게 많은 교훈을 제공할 수 있다. 또 그룹과 팀 간의 차이점에 대한 통찰이 필요한데, 이는 흔히 겉으로 보이는 것보다 훨씬 세밀한 것으로 나타날 수 있다. 대부분 팀 코치는 여러 하위 그룹으로 구성될 수 있는 팀 또는 그룹(이를 '부대troop'라 부를 수 있음) 사이에 있는 무언가를 마주하게 될 수도 있다.

시스템 이론 또한 기본적인 지식 요소이다. 내외부적으로 팀 행동과 성과를 구동하는 시스템은 무엇인가? 이러한 시스템은 어떻게 표현되며 팀은 이를 얼마나 인식하고 있는가? 단순하고 선형적인 시스템은 일반적으로 비교적 쉽게 알아볼 수 있지만, 팀과 코치에게 가장 큰 도전이 되는 것은 복잡하고 적응이 필요한 시스템이며, 이를 파악하기 위해서는 시스템의 역동성dynamics에 대한 높은 수준의 인사이트가 필요하다.

경영진 팀을 코칭할 때 팀 코치는 전략적 사고에 능숙해야 하며, 이러한 수준의 리더십을 직접 경험해본 적이 없다면 리더십 팀의 관점을 취하기 어렵기 때문에 실제 경험은 분명히 도움이 된다.

코치의 코칭 지식 수준도 중요하다. 훌륭한 코칭의 핵심은 코치이가 자신과 필요한 대화를 할 수 있도록 하는 것이다. 특정 모델이나 프로세스(예: GROW)만 따라가면 어려울 수 있다. 팀에서는 동시에 여러 대화가 진행되며, 대부분 무언의 대화이므로 코치는 자신이 원하는 방향으로 대화를 이끌기보다는 대화가 자연스럽게 필요한 방향으로 흘러가도록 허용하고, 가능한 범위 내에서 무언의 대화를 수면 위로 끌어올리는 데 익숙해야 한다.

스킬

팀 코치에게 필요한 대부분 스킬은 개인 대화와 그룹 역동성 사이의 맥락 차이와 관련이 있다. 여기에는 다음이 포함된다.

다양한 학습 속도 관리
팀 코칭에서는 팀원 가운데 일부는 앞으로 나아갈 방향에 대해 이미 결론을 내린 반면, 다른 팀원은 여전히 생각의 초기 단계에 있는 경우가 일반적이다. 팀 코치는 이러한 속도 차이가 갈등의 원인이 되지 않도록 프로세스를 마련하고, 이를 건설적으로 활용하여 팀이 전반적으로 더 나은 결정을 내릴 수 있도록 도와야 한다.

하위 그룹 관리

많은 팀이 하위 그룹으로 나뉜다. 이러한 하위 그룹은 논의 중인 주제나 인지된 위협의 성격에 따라 달라질 수 있으며, 항상 명확하지는 않다. 이러한 하위 그룹을 인식하고 이들이 코칭 대화를 가로채지 않게 하려면 그룹의 역동성 관계와 충성도가 어떻게 변하는지에 대한 전반적인 이해가 필요하다. 코치가 팀원들에게 이러한 행동을 인식시켜 의식적으로 변화를 추구할 수 있도록 하려면 코치가 먼저 이러한 행동에 민감하게 반응해야 한다!

비밀 유지

일대일로 나눈 대화는 전체 그룹 앞에서 말하기에 적절하지 않을 수 있다. 그렇지만 코치는 일반적으로 팀원들의 개인적인 비밀을 많이 알고 있을 것이다. 이를 관리하려면 섬세한 판단력과 기술이 필요하다.

퍼실리테이션

팀 코치의 역할은 퍼실리테이터의 역할과 같지는 않지만(문제 해결과 역량 구축이라는 중요한 차이점이 있음), 퍼실리테이션 스킬과 팀 퍼실리테이션 기법과 방법에 관한 툴킷을 잘 파악하고 있어야 한다.

    기타 유용한 기술 스킬 목록은 많지만 자주 발생하는 몇 가지는 기술은 다음과 같다.

- 의사 결정 이론과 실무에 대한 이해
- 문화 및 다양성 역량
- 공격성$_{aggression}$ 관리 - 집단 분노, 특히 코치를 손쉬운 희생양 $_{scapegoat}$으로 삼는 경우 이를 다루는 방법을 아는 것
- 일대일 코칭의 많은 표준 접근 방식과 자질은 팀 코칭에도 필수적이지만 더 높은 수준의 스킬이 요구되는 경향이 있다. 예를 들어:
  - **경청**은 모든 코치의 핵심 역량이다. 그러나 팀 코치는 말하는 사람과 회의실에 있는 다른 모든 사람의 말을 모두 들어야 한다. 보디랭귀지를 관찰하고 듣는 사람의 분위기를 직감하여 그들의 비언어적 대화를 알아채는 것은 쉽지 않다. 특히 열정적이거나 설득력 있는 화자의 경우 더욱 그렇다.
  - **침묵**을 효과적으로 사용하는 것은 자신감 있고 성숙한 코치의 특징이다. 그러나 그룹 상황, 특히 팀이 주로 활동가$_{activist}$들로 구성된 경우 침묵을 만드는 것은 훨씬 더 어렵다.
  - **강력한 질문**은 코칭의 핵심인 경우가 많다. 일대일 코칭에서는 일반적으로 코치가 고객의 학습을 자극할 수 있는 적절한 질문을 적시에 찾는 데 중점을 둔다. 팀 코칭에서는 팀이 스스로 강력한 질문을 찾도록 돕는 데 더 중점을 둔다.
  - **스토리**. 코치는 개별 고객이 자신의 이야기를 명확하게 표현하고, 이를 통해 성찰하고, 배울 수 있도록 도와준다. 팀 코칭

에도 동일한 원칙이 적용되지만 사람마다 스토리에 대한 인식이 조금씩 다르고 때로는 근본적으로 다르다. 팀 코치는 팀원들이 서로의 팀 스토리를 받아들이고 통합하여 일관성 있고 양립 가능한 미래의 선택을 내러티브로 만들 수 있게 도와야 한다.

- **정체성.** 코치는 개인이 자신의 정체성을 명확하게 표현하고 이해하도록 도와준다. 팀으로서 이러한 인식을 달성하는 것은 더 복잡한 경향이 있다.
- **갈등 관리.** 일대일 코치는 흔히 고객이 직장(또는 다른 곳)에서 갈등을 처리하기 위한 전략을 수립하도록 도와준다. 이러한 전략은 코치와 고객만 알 수 있다는 의미에서 '불투명 opaque'한 특성이 있다. 그러나 팀 코칭에서 갈등 관리 전략은 일반적으로 모든 플레이어가 한 공간에 있고 대화의 일부이므로 투명해야 한다. 이러한 상황에서 감정적 에너지를 다루는 것은 숙련이 필요하다!

개인 속성

경험이 풍부하고 성숙한 코치일수록 코칭을 하는 것이 아니라 코치가 되는 것에 대해 더 편안하게 코칭 대화에 참여할 수 있게 된다. 훌륭한 일대일 코치가 될 수 있었던 자질은 이제 코치 역할에서 살아남는 데 필수적인 자질이 되었다! 저자가 인터뷰했던 경험이 풍부한 모든 팀 코치는 혼자서 자주 길을 잃고 무능력하다고 느낀다고 인정했다. 우리는 모두 실수를 저지르고 그룹이나 팀에 용서를 구해야 할 때가 있다. 용기, 긍휼, 호기심, 겸손의 자질은 우리가 힘든 상황과 때때로 무례한 태도를 극복할 수 있게 해준다. 특히 다음과 같은 방법이 있다.

- 우리 자신의 두려움에 직면하여 팀이 스스로 마주할 수 있게 돕는다.
- 우리 자신을 긍휼히 여기고 용서한다.
- 어떤 결과가 나올지, 우리가 제안한 것이 효과가 있을지 모르는 상황에서 실험을 위해 팀에 허락을 구한다.
- 우리 자신도 팀에 기쁨을 가져다주는 경험뿐만 아니라 진정으로 상처 입는 경험을 포함하여, 우리 자신도 계속 발전 중이며 각 경험에서 팀에게 배울 것이 많다는 사실을 받아들인다!

지식, 스킬, 개인적 자질이라는 세 가지 영역이 모두 결합하여 훌륭한 팀 코치가 될 수 있다. 그렇지만 한 가지 측면에서는 이 세 가지가 특히 중요한데, 그것은 바로 팀 코치직을 수락할지를 결정하는 것이다. 아직 경험적 연구는 없지만, 경험이 풍부한 팀 코치들에 따르면 제안된 과제 5건 가운데 적어도 1건은 본질에서 코칭이 불가능한 팀을 위한 것으로 추정한다. 병적인 역기능pathological dysfunction, 팀 과제를 달성하기 위한 자원 부족, 팀을 하나로 모으기에는 너무 약한 리더 등 여러 가지 이유가 있다. 팀을 떠나야 할 때 walk away를 알아차리는 것은 그 자체로 역량이다!

일대일 코칭과 팀 코칭의 차이점 때문에 일대일 환경에서 주로 일해 온 코치는 팀 코칭으로 전환하기 전에 이 복잡한 역할의 추가 요구 사항에 대비하기 위한 추가 교육을 이수하는 것이 필수적이다. 이를 통해 코치들은 거의 항상 이러한 추가 스킬이 일대일 코칭에도 영향을 미친다는 것을 발견하게 된다.

팀 코치 역량 프레임워크

코치를 위한 최초의 역량 프레임워크를 만든 EMCC는 조만간 팀 코치를 위한 유사한 프레임워크도 발표할 것이다. 지금까지 저자가 언급한 내용 가운데 이와 모순되는 내용은 없을 것으로 예상한다. 그러나 역량(본질에서 업무 수행을 위한 자격증)과 탁월성excellence(추가적인 숙달 수준을 나타냄)의 차이를 인식하는 것이 중요하다.

역량은 팀 코치를 개발하는 데 매우 중요한 부분이지만, 긴 학습 여정의 시작점에 불과하다. 저자가 수퍼비전하는 대부분 팀 코치가 직면하는 딜레마는 실제 프랙티스를 많이 할수록 학습의 공백을 더 많이 발견한다는 것이다(저자 역시 동의함!). 팀 코칭이 워낙 복잡하다 보니 우리는 모두 프랙티스의 어떤 측면에 도움이 될 만한 책들을 책장에 꽂아두고 읽어야겠다고 생각한다. 따라서 메타 역량은 새로운 관점을 지속해서 추가하는 능력, 즉 기존 지식과 통합하는 동시에 기존 지식과 가정에 도전하는 데 사용하는 능력일 수 있다.

교육자의 역할

모든 전문 활동의 발전에서 초기 단계는 정의definition의 혼란으로 표시된다. 어떤 단어나 문구가 유행하는 것처럼 보이거나 일상적인 활동보다 프리미엄이 붙을 수 있다면 기업가 정신을 가진 사람들은 서둘러 자신이 하던 일의 이름을 바꾸려고 한다. 따라서 '팀 코칭'이라는 용어는 팀 빌딩은 물론이고 그룹이나 팀과 조금이라도 연결되는 거의 모든 종류의 컨설팅 활동을 포함하여 광범위한 활동에 적용되었다.

두 번째 발전 단계에서는 새로운 전문 단체가 결성되어 더 명확하게 하려고 표준화를 시작되거나, 기존 전문 단체가 규율discipline에 힘을 실어주거나, 두 가지가 모두 일어난다. 현재 팀 코칭은 이 단계에 속해 있다.

교육자는 이러한 발전에 발맞추어 코치와 코칭 고객 모두의 새로운 표준과 기대에 맞게 제공하는 내용을 조정해야 한다.

지속적인 자기 계발

팀 코치가 됨으로써 얻을 수 있는 큰 이점 가운데 하나는 활용할 수 있는 학습 자료가 매우 많다는 점이다. 그 가운데서 가장 중요한 것은 다음과 같다.

- **고객 팀**. 학습 시스템으로서 대부분 팀은 코치의 지식에 기여할 만한 것을 갖추고 있다. 예를 들어, 코치에게 익숙하지 않은 진단 도구를 사용할 수 있으며, 이를 레퍼토리에 추가하지는 않더라도 최소한 알고 있는 것이 유용하다. 또는 함께 일하는 다른 팀에 이전할 수 있는 다른 작업 방식을 가지고 있을 수도 있다. 예를 들어, 애자일 팀agile teams에 관한 저자의 지식은 일반적인 독서와 일부 애자일 팀과의 연구 인터뷰에 기반을 두었다. 낯선 문화권에서 애자일 팀 몇 곳과 직접 일하면서 실제 애자일에 대해 깊이 있게 배울 좋은 기회였다.
- **온라인 커뮤니티**. 'The Team Coaching Zone 14'은 팀 코칭에 관한 가장 광범위한 팟캐스트 라이브러리로, 해당 분야의 전문가 100명 이상이 참여하는 60분짜리 세션이 포함되어 있다.
- **자신만의 독서**. 이 책 뒤에 나오는 부록의 참고 문헌 권장 읽기 목록이 좋은 출발점이 될 수 있다. 구글 스칼라Google Scholar는 동료 심사를 거친 논문과 일부 전문 저널을 소개한다.

- **팀 코칭 공동 코치**co-coach. 권장되는 모범 사례는 각 팀 코칭 세션 중과 직후에 서로에게 피드백을 제공하는 것이 모범 사례가 될 것이다. 또 일반적으로 서로에게서 무엇을 배울 수 있는지 살펴보고 팀 코칭 세션 중에 작업을 할당하는 방법에 이를 계획하는 것도 도움이 된다.
- **온라인 콘퍼런스**. 이 가운데 가장 큰 규모의 콘퍼런스는 코칭 분야에서 가장 권위 있는 목소리를 낼 수 있는 플랫폼을 제공하는 것을 목표로 하며 팀 코칭에 특별한 관심을 두고 있는 WBECS이다.
- **수퍼비전**. 앨리슨 호지와 저자가 수행한 연구(Clutterbuck & Hodge, 2017)에 따르면 자격을 갖춘 수퍼바이저이면서 경험이 풍부한 팀 코치인 수퍼바이저가 거의 없다는 사실을 발견했다. 이는 일시적인 문제이기를 바라지만, 팀 코치들이 가장 어려운 사례를 해결하는 방법을 검토하는 데 필수적인 지원이 부족하다는 것을 의미한다. 당분간은 동료 수퍼비전 그룹을 만드는 것도 한 가지 방법이고, 팀 코치 쌍으로 일하면서 피드백 기회를 최대한 활용하는 것도 한 가지 방법이다.

팀 코치 개발 계획

코치(일대일 코치와 팀 코치 모두)에게 고객이 자기 계발 계획을 세우기를 기대하는지 물어보면 대부분 긍정적으로 대답한다는 점이 흥미롭다. 그렇지만 그들 가운데 대부분이 코치나 팀 코치로서 자기 계발 계획이 있는 경우는 드물다.

고객과의 신뢰를 유지하는 것 외에도 코치 개발 계획은 아래와 같은 이유로 필요하다.

- 코치가 코칭의 세계와 고객의 요구에 비해 어떻게 성장하고 있는지 더욱 주의 깊게 여기게 만든다(몇 년 전에는 '좋은' 것으로 인정받았을지 모르지만 이제는 점점 더 일반화한 것으로 보임).
- 효과적인 코칭에 필수적인 겸손함을 유지하는 데 도움이 된다(많은 경험이 있을지라도 저자 또한 아직 배우는 중임).
- 스스로 성찰하고 반영하여 수퍼비전에 반영할 수 있는 풍부한 주제를 제공한다.
- 코칭 스킬, 프랙티스 및 철학 개발에 집중할 수 있고 방향성을 제시한다.

코치 개발 계획은 매우 개별적이므로 이를 작성하는 '올바른' 방법은 따로 없다. 그렇지만 다음 질문들은 자신의 학습 스타일과 선호하는 학습 목표 설정 방식과 추구 스타일에 맞는 구조화된 접근법 방식을 설계하는 데 도움이 될 수 있다.

- 어떤 스킬을 가장 향상하고 싶은가? 또는 내가 어떤 스킬을 개선하면 고객에게 가장 큰 도움이 될 수 있는가? (예를 들어 경청, 마음챙김, 자기 인식, 시스템 인식, 침묵의 활용 등의 스킬이 포함될 수 있음)
- 자신의 도구 상자에 어떤 도구, 스킬 또는 코칭 구성construct을 추가하고 싶은가? 안전하고 현명하게 적용할 수 있을 만큼 충분히 깊이 이해하려면 어떻게 해야 하는가? 기존 도구 상자와 어떻게 통합할 수 있는가?
- 모델, 프로세스, 도구 및 스킬에 대한 의존도를 줄이려면 어떻게 해야 하는가?
- 코칭에 대한 피드백의 양과 질을 높이려면 어떻게 해야 하는가?
- 학습 네트워크를 확장하려면 어떻게 해야 하는가? 모범 사례의 롤 모델로 누구를 활용할 수 있는가?
- 전문 수퍼바이저에게 필요한 것은 무엇인가? 교환할 때가 되었는가?
- 코치로서의 개인 철학을 발전시키고 더 명확하게 표현하려면 어떻게 해야 하는가?
- 평판을 쌓으려면 어떻게 해야 하는가?

- 코치로서 자신감을 키우려면 어떻게 해야 하는가?
- 어떻게 하면 더욱 진정성 있는 사람이 될 수 있는가?
- 코칭에 대한 가정과 코치로서 역할에 대한 적절한 도전은 어디에서 찾을 수 있는가?
- 프랙티스에 대한 성찰의 질을 높이려면 어떻게 해야 하는가?
- 코치로서 가장 효율적이거나 가장 효율적이지 않은 때는 언제인가? 어떻게 알 수 있는가? 코치로서 자신에게 거울이 되는 사람은 누구인가?
- 어떤 방식으로 코칭의 경계를 넓히고 싶은가?
- 코치로서의 성장을 지원하기 위해 어떤 자원을 이용할 수 있는가? (예: 독서, 소셜 네트워크, 역할 모델, 교육 참여코스, 수퍼비전…) 누구에게 도움을 요청할 수 있는가?
- 1년, 2년, 5년 뒤 자신이 원하는 코치의 비전은 무엇인가?
- 이 비전을 실현하기 위해 얼마나 많은 에너지, 시간 및 기타 자원을 투자할 수 있는가?
- 진전이 있는지 어떻게 알 수 있는가?
- 그 밖에도 어떤 것들이 있는가?

만일 공동 코치와 정기적으로 협력하면 개별 개발 계획과 학습 요구 사항에 따른 통합 계획을 가질 수 있다.

팀 코치로서 자신 평가하기

무대 위의 배우처럼, 팀 코치로서의 역할을 수행하며 더는 긴장을 느끼지 않게 되는 날이 바로 감을 잃기 시작하는 것과 마찬가지이다. '적당한 자신감just confident enough'을 가지고 두려움과 오만함 사이의 균형을 이루려면 지속적인 재조정recalibration이 필요하다. 아래 설문은 경험이 풍부하고 적절한 자신감을 가진 팀 코치들을 관찰한 결과를 바탕으로 작성되었다. 역량 테스트가 아니라 팀 코치로서 자신의 현재 위치를 간단히 점검하거나 수퍼바이저와의 대화를 시작하기 위한 출발점이 될 수 있다!

팀 코치로서의 자신

1. 나는 대부분 상황에 대비하기 위해 함께 일하는 팀의 역동 관계를 이해하는 데 충분하게 시간을 할애한다.
2. 팀 코칭 세션에서는 팀이 정의한 목적에 집중할 수 있도록 도와주되, 대화 진행 방식은 팀원들이 결정하도록 한다.
3. 일이 계획대로 진행되지 않을 때는 팀원들에게 무슨 일이 일어나고 있는지 생각해 보라고 권유한다.
4. 나는 어떤 일이 발생하더라도 나에게 책임을 전가하지 않고

팀이 책임지도록 한다.
5. 팀의 숨겨진 갈등을 표면화하고 관리할 수 있도록 도울 수 있다는 자신감이 생겼다.
6. 내 역할은 팀 코칭 세션에서 해결책을 제시하는 것이 아니라 팀이 준비되었을 때 스스로 결정을 내릴 수 있도록 인식을 제고하는 것으로 생각한다.
7. 팀원들이 서로에게 더 취약해질 수 있도록 나 자신을 취약하게 만들 수 있다.
8. 나는 팀 코칭 대화를 주도하거나 통제하기보다는 부드럽게 이끌어간다.
9. 나는 회의실에서 일어나는 모든 일을 팀이 서로와 시스템을 더 잘 이해할 수 있도록 돕는 기회로 생각한다.
10. 각 팀 코칭 세션에서 무엇을 배울 수 있을지 매우 궁금하다.

요약

팀 코칭은 우리의 전제가 매번 새로운 팀과 관련될 때마다 유효기간이 지나는out of date 매우 복잡한 시도이다. 만약 우리가 '이전에도 이 상황을 많이 겪었다'라고 생각하게 되면, 이것은 각 팀과 그 환경이 독특하며 지속해서 발전해야 하는 것을 상기시켜 주는 적신호로 받아들여야 한다. 일대일 코치로서 학습하는 데 어려움을 겪는다면, 팀 코치로서 더 큰 도전을 준비해야 할 것이다.

참고 문헌

Clutterbuck, D and Hodge, A (2017) Team Coaching Supervision Survey

16장
미래 전망

공식적인 수치로 집계된 내용은 없지만, 팀 코칭이 점점 더 많은 관심을 받고 있다. 더 많은 일대일 코치가 자신들의 전문적 포트폴리오에서 다음 단계로 여기고 있으며, 기업에서도 팀 코칭이 비즈니스에 주는 이점을 더 크게 인식하고 있다. 비유하자면, 팀 코칭은 현재 일대일 코칭이 1990년대 중반에 겪어온 바와 같이 전문적인 정체성, 공통의 기준과 가치를 확립하고 고객과 중개자의 마음속에 팀 코칭이 무엇을 해야 하는지에 대한 명확성을 확립하는 데 여전히 어려움을 겪고 있는 단계에 있다.

이 마지막 장에서 선택한 주제들은 팀 코칭이 무엇인지, 좋은 코칭이 무엇인지에 대한 우리의 인식에 상당한 변화를 불러올 수 있다는 공통점이 있다. 팀 코치들을 위한 수퍼비전, 인공지능, 외부에서 영입한 팀 코치를 내부 팀 코치로 전환하는 것이 이에 해당한다. 후자의 경우, 코칭이 소수의 엘리트들을 위한 스킬에서 조직을 맡고 있는 리더들을 포함한 모든 사람에게 필요한 일반적인 역량으로 변화할 수 있다는 것은 전반적인 '코칭의 민주화'라 할 수 있다.

수퍼비전

현재 수퍼비전과 팀 코칭 전 분야에 대한 자격을 갖춘 수퍼바이저의 부족은 앞으로 팀 코치들이 수퍼비전 자격을 계속 취득할 것이고, 자격을 보유한 일대일 코칭 수퍼바이저들이 팀 코칭 경험을 하게 되면서 점차 해결될 것이다. '수퍼비전 현황' 연구(Clutterbuck & Hodge, 2019)에 따르면 효과적인 팀 코치 수퍼바이저의 자질은 다음과 같다.

- 일대일 코칭 및 팀 코칭 경험과 전문성
- 강력한 학문적 및/또는 심리학적 배경
- 수퍼비전 전문 자격(반드시 코칭 수퍼비전이어야 하는 것은 아님)
- 그룹 프로세스 및 그룹 퍼실리테이션에 관한 깊은 이해
- 실제로 팀에서 일하고 팀을 이끈 경험
- 다양한 문화권 및 원격 근무를 포함한 조직 구조에 대한 이해
- 팀 코칭의 범위와 이것이 기업 내 전 영역에 어떻게 확장되는지에 대한 올바른 인식

팀 코치 슈퍼비전의 과제는 일대일 코칭 수퍼비전을 하기 위해 고안된 기존 모델이 팀 코칭의 더욱 복잡한 환경에 얼마나 잘 맞느냐는 것이다. 예를 들어, 호킨스의 일곱 눈 모델(Hawkins & Smith, 2013)은 일대일 코칭 개입의 다양한 관점을 탐구하는 실용적인 방법으로 널리 받아들여지고 있다. 팀 코칭의 복잡한 맥락에서는 팀원 사이의 관계, 팀원과 팀 리더 사이의 관계, 두 명의 공동 코치 사이의 관계와 관련하여 고려해야 할 여러 가지의 추가 관점이 있다.

저자가 개발한 코칭의 일곱 가지 대화 모델은 일대일 코칭 개입을 의식적이든 무의식적이든 구어체 대화에 영향을 미칠 수 있는 무언의 대화로 해체한다(Clutterbuck, 2011). 팀 코칭에서는 사람들이 동료들 앞에서 안전하게 말할 수 있는 것과 말할 수 없는 것을 선택하기 때문에 팀 내에서 일어나는 무언의 대화는 훨씬 더 복잡한 상호작용을 한다. 이러한 무언의 대화는 코치의 신체 언어 표현에 대한 관찰과 직관력을 통해서만 파악할 수 있다. 한 팀원이 말하지 않은 것을 짚어내면 다른 팀원들도 표현을 드러내도록 부추기기도 하나 반대로 마음을 열려는 의지가 꺾이는 역효과가 발생할 수 있다.

전체 스펙트럼 모델(Murdoch, Adamson & Orriss, 2006)은 관계 역동에 초점을 맞추므로 팀 코칭 수퍼비전의 일부 측면에 쉽게 적용할 수 있다. 마찬가지로 컨스텔레이션(Moral, 2011; Whittington, 2016)은 시스템적 관점을 취하며, 약간의 조정을 통해 여러 상호작용 시스템을 탐색할 수 있다.

따라서 이제 팀 코치를 지원하기 위한 수퍼비전 접근법의 포트폴리오를 갖추게 된 것 같다.

팀 코칭과 인공지능

인공지능AI은 코칭에 혁명을 일으킬 것이다. 특히 비교적 간단한 문제들에 대해 개인이 스스로 '셀프 코칭'을 할 수 있게 될 것이다. AI 알고리즘은 수천 건의 대화를 분석하여 학습자에게 어떤 질문과 정보가 유용할지 예측할 수 있다. 또 어려운 선택지를 더 명확하게 제시하고 개인의 가치관에 부합하는 방식으로 제시할 수 있다. 요컨대, AI는 이미 초보 수준의 코치가 할 수 있는 거의 모든 일을 하고 있거나 곧 할 수 있게 될 것이다. 트라우마 치료사(사람)와 AI를 비교한 실험에서 절반 이상의 고객이 AI를 선호한다는 결과가 나왔는데, 이는 부분적으로는 AI가 덜 편견적이라고 느껴지며 진단도 더 정확하기 때문이다.

AI가 할 수 없는 것은 지혜와 판단력이다. 더 정확히 말하자면, AI는 세 가지 유형의 지혜 가운데 첫 번째 유형만을 제공한다.

- **린 지혜**Lean wisdom – 상황(업무)에 맞는 지혜

- **폭넓은 지혜**Broad wisdom – 삶의 경험에 대한 성찰(개인 및 간접적 경험)
- **메타 지혜**Meta-wisdom – 변화하는 여러 관점을 한데 모으는 것

폭넓은 지혜와 메타 지혜는 여전히 코치나 멘토의 몫이다.

AI는 예측 가능성을 추론하는 방식으로 작동한다. AI의 위협에서 자유로운 코치들은 이러한 높은 수준의 지혜를 가지고 있으며, 불확실한 영역과 예측 불가능한 상황을 더 잘 다룰 수 있는 사람들이다. 이들은 AI와의 파트너십을 통해 고객의 사고방식을 크게 변화시킬 수 있다.

팀 코칭의 맥락에서 AI와의 파트너십은 큰 잠재력을 지니고 있다. 코치봇은 팀 역동 분석에 필요한 사전 작업의 상당 부분을 이미 담당하고 있으며 팀 코칭이 집중할 수 있는 유익한 영역을 파악하는 데 도움을 주고 있다. 지금은 미리 설정된 공식에 따라 작업하는 수준이나, 앞으로는 더 유연하게 인터뷰하고 주제별 분석을 통해 설문으로는 미처 파악해내지 못한 이슈들을 밝혀낼 것이다. 미래의 코치봇들은 팀 유형에 맞춰 질문을 조정하고, 유사한 팀들과의 비교를 통해 코치가 더 깊이 파고들 필요가 있는 부분을 알려줄 수 있을 것이다.

팀 코칭 세션에서 AI는 인간이 할 수 없는 임무를 수행한다. 모든 팀원을 동시에 관찰하면서 각 팀원의 참여도와 감정 기복에 따른

미세한 표정 변화나 음성 및 뉘앙스에서 드러나는 미묘한 차이를 파악한다. AI는 코치가 문제를 해결하기 위해 할 수 있는 방법까지 제안할 수 있다. 이것이 장기적인 언어 분석 내용과 결합하면 문화적 배경이나 성격 유형이 다른 팀원들이 언어를 어떻게 다르게 해석하는지를 파악하는 데 도움을 준다. AI는 코치의 말을 들으며 이전 코칭 세션과 비교하여 논의 중인 문제에 관련된 모델, 프레임워크 또는 진단 도구 등과 같은 유용한 정보를 준비할 수 있다.

AI-팀 코치 파트너십의 위험 요소로 볼 수 있는 항목은 다음과 같다.

- AI에 대한 통제력을 상실하는 것이다. AI와 코치 모두 파트너로서 함께 일하는 방법을 배워야 한다.
- 데이터에 압도당하는 것이다. AI가 제대로 작동할 때는 복잡한 데이터 속에서 간단한 규칙을 찾아내지만, 제대로 작동하지 않을 경우 단순한 규칙을 만들거나 코치가 처리하기 어려운 수많은 선택지를 제시한다. 이는 조용하고 절제된 상담사와 지나치게 간섭하는 잔소리꾼 사이의 차이와 같다고 할 수 있다!

팀 코칭의 알고리즘

AI는 팀 코칭에서 중요한 역할을 한다.

- 팀원들과의 초기 면담은 많은 시간이 소요되지만 필수적이다. 단순 설문은 이를 대체할 수 없다.
- 코치와 유사하게 AI는 구조화된 정보 수집 대화를 진행하는 방법을 학습할 수 있다.
- 그런 다음 코치-AI 파트너십은 팀의 역동을 더 잘 이해하기 위해 어떤 설문이 도움이 될지 검토한다.

외부 팀 코치에서 내부에서 확보된 팀 코치로 전환

보통 외부 코치가 내부 코치보다 더 효과적일 것으로 생각하는 경향이 있는데, 일부 코칭 기관에서도 이에 대해 부정하지 않았다. 폭넓은 메타 연구를 통해 레베카 존스와 그녀의 동료들(Jones et al., 2015)은 이 신념을 무효화했다. 이 연구에서는 효과 또는 결과에 대한 네 가지 측정 항목을 고려했다:

- 정서적 결과: 태도 및 동기 부여 결과(예: 자기 효능감, 웰빙, 만족도)
- 인지적 결과: 선언적 지식, 절차적 지식, 인지적 전략(예: 문제 해결)
- 스킬 기반 결과: 새로운 스킬(예: 리더십 스킬, 기술적 스킬, 역

량)의 편집 및 자동성
- 결과: 개인, 팀, 조직의 성과

그리고 결론은

내부 코치와 외부 코치 모두 학습과 성과에 도움이 되었지만, 내부 코치에 의한 코칭의 효과가 외부 코치보다 더 강력했다…. 내부 코치가 조직의 문화와 분위기를 더 잘 이해하고 있으므로 코치이가 직장에서 생산성을 높여 일할 수 있도록 하는(즉, 조직마다 가진 장애 요인이나 성취를 돕는 요인들을 현실적으로 논의하고 해결하며, 성장을 위한 통합적인 방식으로 목표를 설정함으로써) 더 나은 위치에 있을 수 있다는 것이 그 설명이다.

물론 경험이 많은 외부 팀 코치가 내부 코치보다 선호될 수 있다. 이는 내부 코치의 효과가 코칭 대상 팀과의 권력 관계로 저하될 수 있기 때문이다. 그러나 이미 내부에 경험이 많고 인증된 일대일 코치진을 구축한 조직들은 이런 소중한 자원을 팀 코칭이라는 새로운 방식으로 적절하게 활용할 수 있는 발전 단계로서 팀 코칭을 찾는 일이 더 많아지고 있다. 물론 한 가지 주된 이유는 비용이다. 또 다른 이유는 내부 코치 풀coach pool이 제대로 활약할 수 있도록 하려면 이들에 대한 지속적인 (역량) 개발이 중요하다는 점이다. 발전이나 도전이 없다면, 급격히 침체될 수밖에 없을 것이다.

외부 팀 코치와 내부 팀 코치 모두를 최대한 활용하기 위한 실용적인 접근 방식은 둘을 협력시키는 것이다. 내부 팀 코치는 다른 조직에 대한 외부 코치의 경험을 통해 배울 수 있고, 외부 코치는 조직의 맥락과 내러티브를 더 깊이 이해할 수 있다는 이점이 있다.

예측해 볼 수 있는 추세는 내부 코치와 외부 코치 사이의 경계가 점점 더 모호해질 것이라는 점이다. 예를 들어, 전문 팀 코치를 컨설팅 계약을 통해 고용하기보다는 시간제 고용 계약을 체결하는 것이 코치와 조직 모두에게 유익할 수 있다.

요약

팀 코칭은 스포츠계에서는 잘 정립되어 있지만, 기업에서는 여전히 신흥 분야로 대두되고 있다. 직장에서 높은 성과를 내는 팀의 중요성은 매우 커지고 있으며, 외부 지원이 주로 조직의 상위 그룹에만 맞춰 제공되는 현재 방식보다는 수준과 상관없이 모든 팀이 이 소중한 '코칭'이라는 자원을 활용할 수 있도록 진화해야 할 것이다. 이는 내부 팀 코치의 양성과 배치에 대한 압박을 증가시킬 것이다. 이러한 발전은 점진적으로 일어나고 있지만, 팀 코칭에 AI가 도입되면 더욱 큰 획기적인 변화를 불러올 가능성이 크다.

참고 문헌

Clutterbuck D (2011) Using the seven conversations in supervision. In Bachkirova, T, Jackson, P and Clutterbuck, D *Coaching and Mentoring Supervision*, McGraw-Hill Open University Press, Maidenhead 55-66

Hawkins, P and Smith, N (2013) 2nd edition, *Coaching, Mentoring and Organisational Consultancy*, McGraw-Hill, Maidenhead

Hodge, A and Clutterbuck, D (2019) Supervising Team Coaches - Working with Complexity at a Distance. In Clutterbuck, D, Gannon, J, Hayes, S, Iordanou, I, Lowe, K and MacKie, D, *The Practitioner's Handbook of Team Coaching*, Routledge, London, pp 331-342 클러터벅 (2019) 『팀 코치 수퍼비전: 멀리 떨어져서 복잡성 다루기』 팀 코칭 이론과 실천 23장, 한국코칭수퍼비전아카데미

Jones, R, Woods, SA and Guillaume, YRF (2015) The Effectiveness of Workplace Coaching: A Meta-analysis of Learning and Performance Outcomes from Coaching, *Journal of Occupational and Organizational Psychology*, 89 (2)

Moral, M (2011) A French Model of Supervision: Supervising a 'Several to Several' Coaching Journey. In Bachkirova et al (2011) *Coaching and Mentoring Supervision*, McGraw-Hill, Maidenhead

Murduch, E and Arnold, J (2013) *Full Spectrum Supervision: Who you are, is how you supervise*, Ecademy Press, London

Whittington, J (2016) 2nd eidition, *Systemic Coaching & Constellations*, Kogan Page, London. 존 휘팅턴 (2022) 『시스템 코칭과 컨스텔레이션』, 한국코칭수퍼비전아카데미

부록
추천 도서 목록

팀에 관해

Amy C. Edmondson (2010) *Teaming: How Organizations Learn, Innovate, and Compete in the Knowledge Economy*, Jossey Bass, San Francisco, CA. 에이미 C. 에드먼슨(2015) 『티밍: 조직이 학습하고 혁신하는 스마트한 방법』, 정혜

Deborah Duarte and Nancy Tennant Snyder (2001) *Mastering Virtual Teams*, Jossey-Bass, SF

Kimball Fisher (1993) *Leading Self-Directed Work Teams*, McGraw-Hill, NY

J Richard Hackman (2002) *Leading Teams: Setting the Stage for Great Performances*, Harvard Business School Publishing, Boston

Jon Katzenbach (1998) *Teams at the Top*, Harvard Business School Press, Boston

Jon Katzenbach and Douglas Smith (1993) *The Wisdom of Teams*, HarperBusiness, NY

Barry Oshry (2007) *Seeing Systems: Unlocking the mysteries of corporate life*, Berrett-Kohler, Oakland, CA

Vesa Ristikangas and Tapani Rinne (2018) *Stellar Management Teams*, Routledge, London

Leigh Thompson (1999) *Making the Team: A guide for managers*, Prentice-Hall, Upper Saddle River, NJ. Second edition, 2001

Ruth Wageman, Debra Nunes, James Burruss, J Richard Hackman (2008) *Senior Leadership Teams*, Harvard Business Review Press, Brighton, MA

팀 코칭에 관해

David Clutterbuck, Judie Gannon, Sandra Hayes, Ioanna Iordanou, Krister Lowe and Doug MacKie (2019) *The Practitioner's Handbook of Team Coaching*, Gower, London. 데이비드 클러터벅 , 주디 개넌 , 샌드라 헤이스 , 이오안나 요르다누 , 더그 맥키 , 크리스터 로, (2022)『팀 코칭 이론과 실천』, 한국코칭수퍼비전아카데미

Peter Hawkins (2017) *Leadership Team Coaching* 3rd edition, Kogan Page, London. 피터 호킨스 (2022),『리더십 팀 코칭』, 한국코칭수퍼비전아카데미

Peter Hawkins (2018) *Leadership Team Coaching in Practice* Kogan Page, London. 피터 호킨스 (2023)『리더십 팀 코칭 프랙티스』, 한국코칭수퍼비전아카데미

John Leary-Joyce and Hilary Lines (2018) *Systemic Team Coaching*, AOEC Press, St Albans

Jacqueline Peters and Catherine Carr (2013) *High Performance Team Coaching*, Friesen Press, Victoria BC

Christine Thornton (2010) *Group and Team Coaching*, Routledge, Hove

그룹에 관해

Jenny Rogers (2010) *Facilitating Groups,* McGraw-Hill, Maidenhead

T Martin Ringer (2002) *Group Action: The Dynamics of Groups in Therapeutic, Educational and Corporate Settings,* Jessica Kingsley, London

PERILL 설문

PERILL 모델은 팀 기능 및 역기능에 관한 연구와 기타 문헌을 광범위하게 분석하여 도출된 것이다. 각 팀원은 각 질문에 대해 1(매우 동의하지 않음)에서 10(매우 동의함)까지 점수를 매긴다. 또한 자신이 매긴 점수에 대한 확신을 1(자신 없음)에서 5(매우 자신 있음)까지 평가한다. 이 두 점수를 곱해 평가의 정확도를 더욱 높일 수 있다. 개별 점수는 팀의 종합 점수로 집계된다. 더 많은 데이터를 얻기 위해 이해관계자에게 수정된 버전으로 설문하여 360도 전방위적 관점에서 데이터를 수집할 수 있다(p.591 참조).

이 설문은 일회성 점검 또는 연례 점검으로, 부분적으로 또는 전체적으로 사용될 수 있다.

목적과 동기 유발

	1점~10점	확신(1~5점)
1. 우리는 공동의 목적을 함께 명확하게 표현할 수 있다.		
2. 우리는 팀이 해야 할 일에 대해 매우 잘 정렬되어 있다.		
3. 우리는 조직의 목적과 미래 비전에 대해 동의하며 명확히 인지하고 있다.		
4. 향후 1~2년 이내에 달성하고자 하는 공동 목표와 우선순위에 대해 명확히 인지하고 있다.		
5. 향후 1~2년 이내의 조직 목표와 우선순위에 대해 구성원 간의 높은 합의가 있다.		
6. 당사의 주요 이해관계자는 조직의 목적, 비전, 목표 및 업무의 우선순위를 인지하고 있다.		
7. 우리는 정기적으로(몇 개월마다) 조직의 목표와 우선순위를 검토하여 환경 변화에 대응한다.		
8. 우리는 조직의 공유 가치에 대해 매우 명확히 알고 있다.		
9. 나는 조직의 목적과 비전을 달성하기 위한 도전에 열정을 갖고 있다.		
10. 우리는 조직의 목적과 비전을 달성하기 위한 도전에 함께 열정을 갖고 있다.		
11. 나는 향후 1~2년 내에 달성해야 하는 조직의 목표에 대해 열정을 느낀다.		
12. 우리는 향후 1~2년 내에 달성해야 하는 조직의 목표에 대해 함께 열정을 느낀다.		
13. 나는 나의 일을 통해 세상에 특별한 기여를 할 수 있다고 믿는다.		
14. 우리는 우리의 직무를 통해 세상에 특별한 기여를 할 수 있다고 믿는다.		
15. 팀은 외부로부터 필요한 모든 지원을 제공받고 있다.		
16. 우리는 개인의 우선순위보다 팀의 우선순위를 우선시하는 데 능숙하다.		

	1점~10점	확신(1~5점)
17. 우리는 어려움에 빠르게 대처하여 회복한다.		
18. 우리는 업무를 분배할 때 개인의 강점을 최대한 활용한다.		
19. 우리는 우리의 업무를 즐기며 충만함을 느낀다.		
20. 우리는 팀 동료들과 함께 일하며 즐거움과 충만함을 느낀다.		

외부 프로세스, 시스템 및 구조

	1점~10점	확신(1~5점)
1. 고객과 경쟁사 측면을 모두 고려해서 시장에서 일어나는 일을 매우 잘 모니터링한다.		
2. 우리는 시장 외부의 위협과 기회(예: 신기술 또는 새로운 잠재적 경쟁자)에 대한 뛰어난 탐지 능력을 보유하고 있다.		
3. 우리는 고객의 전략과 도전에 관한 좋은 정보를 보유하고 있다.		
4. 우리는 필요할 때 현재 보유한 인재와는 다른 인재를 찾기 위한 프로세스를 갖고 있다.		
5. 우리는 이해관계자들이 누구인지, 그리고 우리가 이해관계자에게 부여하는 우선순위가 어떠해야 하는지 매우 명확히 알고 있다.		
6. 우리는 우리의 가치가 이해관계자의 가치와 어떻게 정렬되는지 이해한다.		
7. 우리는 이해관계자들에게 우리가 하는 일과 그 이유를 잘 설명한다.		
8. 우리는 고객의 의견을 잘 듣는다.		
9. 우리는 이해관계자들을 중심으로 장기적인 계획을 세우고 포부를 키운다.		
10. 우리는 이해관계자들이 팀에서 누구와 대화해야 하는지 알고 팀에 쉽게 접근할 수 있도록 한다.		
11. 팀을 확장하거나 구성원을 교체해야 하는 경우, 누구에게 도움을 요청해야 하는지 알고 있다.		

	1점~10점	확신(1~5점)
12. 팀과 주요 이해관계자들 간에 높은 수준의 신뢰가 형성되어 있다.		
13. 우리는 고객으로부터 끊임없이 학습한다.		
14. 이해관계자들이 뒤에서 우리가 일하는 현장을 지켜보더라도 두렵지 않다.		
15. 우리의 목적과 목표를 설정하는 이해관계자들은 우리 팀의 능력과 프로세스에 대해 전폭적으로 신뢰한다.		
16. 우리의 목적과 목표를 설정하는 이해관계자들에게 충분한 정보를 제공한다.		
17. 고객과 공급업체를 설명할 때는 존중하는 언어를 사용한다.		
18. 우리는 우리가 추구하는 가치가 이해관계자 그룹과 공유되고 있는 실제적 가치인지 정기적으로 검토한다.		
19. 우리는 이해관계자들과 협력하여 운영 프로세스를 검토하고 개선한다.		
20. 우리는 성공에 필요한 모든 외부 자원을 보유하고 있다.		

관계

	1점~10점	확신(1~5점)
1. 우리는 목표를 달성하기 위한 적절한 기술과 전문 지식을 갖춘 사람들을 보유하고 있다.		
2. 나는 팀 동료들이 말한 대로 행동할 것이라고 믿고 의지할 수 있다.		
3. 나는 팀 동료들이 나의 성공을 바란다고 생각한다.		
4. 우리는 어려울지라도 서로에게 솔직한 피드백을 제공한다.		
5. 우리는 서로의 말을 경청한다.		
6. 우리는 서로를 돌본다.		

	1점~10점	확신(1~5점)
7. 우리는 업무 외의 삶에도 서로 관심을 보인다.		
8. 우리는 서로의 강점과 약점을 서로 보완한다.		
9. 우리는 각자의 성격, 배경, 경험의 차이를 존중한다.		
10. 만약 오늘 이 팀이 새롭게 시작한다고 하면, 나는 이 사람들을 동료로 선택할 것이다.		
11. 우리는 회의에서 모든 사람이 의견을 제시할 수 있도록 한다.		
12. 우리끼리는 주장을 굽히지 않되 대외적으로는 단합한다.		
13. 우리는 서로의 능력을 매우 존중한다.		
14. 상황에 따라 누가 주도권을 잡아야 하는지 알고 있다.		
15. 동료가 자신의 책임 범위가 아닌 영역일지라도 관련 업무에 대해 질문하고 제안하는 것은 괜찮다.		
16. 실수를 인정하고 논의하는 것이 괜찮다.		
17. 우리는 서로의 아이디어를 모아 의견을 만드는 데 능숙하다.		
18. 일반적으로 성격으로 인한 갈등보다는 아이디어를 중심으로 갈등을 매우 긍정적으로 활용한다.		
19. 우리는 공과 사를 불문하고 모든 자리에서 서로를 존중한다.		
20. 우리는 서로에게 감사를 전하는 시간을 갖는다.		

내부 프로세스, 시스템 및 구조

	1점~10점	확신(1~5점)
1. 목표 달성에 알맞은 팀 규모이다.		
2. 팀 내부 인력과 외부 인력을 명확하게 파악할 수 있다.		
3. 필요한 경우 외부 전문자원을 활용하여 팀원의 스킬과 강점을 보완한다.		
4. 우리의 내부 프로세스와 구조는 외부 변화에 매우 빠르게 대응한다.		
5. 우리는 대부분 상황에서 서로를 대신할 수 있다.		
6. 우리는 회의 및 기타 장소에서 취해야 할 올바른 행동에 대한 명확한 규범을 갖고 있다.		
7. 우리는 서로에게 의존하는 부분을 정확히 알고 있다.		
8. 우리는 조직의 시스템을 잘 이해한다.		
9. 우리는 시스템을 정기적으로 검토하여 더 효과적으로 만들고, 그 이면에 있는 가정에 의문을 제기한다.		
10. 효율보다 효과에 더 중점을 둔다.		
11. 우리는 리더가 정보를 제공해주기를 기대하기보다는 서로 정보를 공유할 책임을 진다.		
12. 우리는 동료의 업무 과부하를 빠르게 인식하고 지원할 마음으로 대응한다.		
13. 우리는 각자의 전문성에 따라 리더십 역할을 맡을 수 있다.		
14. 우리는 각자의 강점에 최대한 맞춰 업무를 할당한다.		
15. 우리는 의사 결정 시 견고하고 신뢰할 수 있는 절차에 따라 편향되지 않은 의사 결정을 내린다.		
16. 리더는 팀이 업무에 집중할 수 있게 허용할 수 있는 충분한 자신감을 느낀다.		

	1점~10점	확신(1~5점)
17. 리더는 외부의 간섭을 최소화한다.		
18. 우리는 조직 내 정기적인 모임을 기대하며 기다린다.		
19. 우리는 효과적이고 신속하게 혁신한다.		
20. 우리는 회복탄력성을 갖고 있다.		

학습

	1점~10점	확신(1~5점)
1. 우리는 모두 자기 계발 계획을 세우고 이를 활용한다.		
2. 우리는 개별 학습을 통합하고 향후 1~2년 동안 팀이 어떻게 발전해야 하는지에 초점을 맞춘 팀 개발 계획을 수립하여 사용한다.		
3. 우리는 진화하는 시장과 비즈니스 전략에 팀의 학습 요구 사항들을 연결한다.		
4. 우리는 정기회의 안건에 학습 목표와 업무 목표를 포함한다.		
5. 우리는 상호 코칭에 참여하며 서로에게 중요한 학습자원이 되어 준다.		
6. 우리는 도전적인 아이디어를 제시해 줄 외부인을 초대한다.		
7. 우리는 변화에 뒤처지지 않고 변화에 앞서가는 것을 선호한다.		
8. 우리는 우리의 가정과 업무 방식에 도전하며 그것을 재검토한다.		
9. 우리는 차후에 팀과 공유할 수 있는 개인별 학습 시간을 할당하며, 모든 팀원이 이 시간을 유용하게 사용하길 기대한다.		
10. 우리는 집단 학습과 성찰을 위해 시간을 낸다.		
11. 우리에게는 실수와 좌절로부터 배우는 강력하고 긍정적인 관행이 있다.		

	1점~10점	확신(1~5점)
12. 우리는 좌절에서 얻은 교훈을 실질적인 변화로 전환하는 데 능숙하다.		
13. 우리는 새로운 아이디어를 도출하기 위해 광범위한 네트워크를 구축하고 이에 투자한다.		
14. 우리는 조직 내 다양한 지위에 있는 사람들의 도전을 마다하지 않는다.		
15. 리더는 지속적인 학습의 롤 모델이 되는 것을 중요하게 여긴다.		
16. 우리는 조직 체계 내에서 계층마다 지속적인 학습의 필요성이 증가함을 인식한다.		
17. 우리는 학습을 인정하고 보상한다.		
18. 우리는 솔직한 피드백을 소중하게 여긴다.		
19. 우리는 교육 훈련 예산을 확보하여 학습의 중요성을 강조한다.		
20. 우리는 회의에서 코칭 마인드셋을 갖춘다.		

리더십

	1점~10점	확신(1~5점)
1. 팀 전체가 리더십 필요성을 명확히 이해하고 이에 동의한다.		
2. 필요한 리더십 스타일에 대해 팀원들과 리더가 동의한다.		
3. 적절하다고 판단될 시 팀 내에서 리더 역할이 변경될 수 있다.		
4. 리더는 자신의 개발 목표를 공유하고 팀의 협조를 구한다.		
5. 리더의 스타일은 사람을 관리하기보다 스스로 관리할 수 있도록 촉진하는 것이다.		
6. 회의 안건은 함께 만든다.		

	1점~10점	확신(1~5점)
7. 리더는 모든 구성원이 개인과 조직의 목표를 이해하도록 하는 데 상당한 에너지를 쏟는다.		
8. 리더는 팀이 목표와 관련된 더 넓은 맥락을 이해하도록 돕는다.		
9. 리더는 팀의 피드백을 구하고 이를 활용한다.		
10. 리더는 외부에서 오는 최악의 간섭으로부터 팀을 보호한다.		
11. 리더는 자신보다 팀과 팀원들의 성취와 평판을 위해 적극적인 태도를 보인다.		
12. 팀은 리더의 지식과 전문성(반드시 기술적인 것만이 아님)을 중요하게 생각한다.		
13. 팀은 리더의 지성을 중요하게 생각한다.		
14. 팀은 리더의 인간적인 면모를 중요하게 생각한다.		
15. 리더는 매우 친근하다.		
16. 리더는 팀의 미션과 목적에 관심이 있음을 보여준다.		
17. 리더는 팀원에게 관심을 두고 있음을 보여준다.		
18. 리더는 용기를 보여준다.		
19. 리더는 팀이 추구하는 가치의 롤 모델이다.		
20. 리더는 자신과 다른 사람을 코칭할 때 자기 계발의 롤 모델이 되어준다.		

PERILL 설문: 360 버전

목적과 동기 유발

내 관찰에 따르면, 이 팀은:

	1점~10점	확신(1~5점)
1. 공동의 목적을 명확하게 설명한다.		
2. 팀이 해야 할 일에 대해 매우 잘 정렬되어aligned 있다.		
3. 조직의 목적과 미래 비전에 대해 동의하며 명확히 인지하고 있다.		
4. 향후 1~2년 이내에 달성하고자 하는 공동 목표와 우선순위에 대해 명확히 인지하고 있다.		
5. 향후 1~2년 내의 조직 목표와 우선순위에 대해 구성원 간의 높은 합의가 있다.		
6. 조직의 목적, 비전, 목표 및 우선순위를 이해하기 위해 시간을 투자한다.		
7. 정기적으로(몇 개월마다) 조직의 목표와 우선순위를 검토하여 환경 변화에 대응한다.		
8. 조직의 공유 가치에 대해 매우 명확히 알고 있다.		
9. 목적과 비전을 달성하기 위한 도전에 함께 열정을 느낀다.		
10. 향후 1~2년 이내에 달성해야 하는 조직의 목표에 대해 함께 열정을 느낀다.		
11. 자신의 직무를 통해 세상에 특별한 기여를 할 수 있다고 믿는다.		
12. 외부로부터 필요한 모든 지원을 제공받고 있다.		

	1점~10점	확신(1~5점)
13. 개인의 우선순위보다 팀의 우선순위를 우선시하는 데 능숙하다.		
14. 어려움에 빠르게 대처하여 회복한다.		
15. 업무를 분배할 때 개인의 강점을 최대한 활용한다.		
16. 업무를 즐기며 충만함을 느낀다.		
17. 팀 동료들과 함께 일하며 즐거움과 충만함을 느낀다.		

외부 프로세스, 시스템 및 구조

내 관찰에 따르면, 이 팀은:

	1점~10점	확신(1~5점)
1. 고객과 경쟁사 측면을 모두 고려해서 시장에서 일어나는 일을 매우 잘 모니터링한다.		
2. 시장 외부의 위협과 기회(예: 신기술 또는 새로운 잠재적 경쟁자)에 대한 뛰어난 탐지 능력을 보유하고 있다.		
3. 고객의 전략과 도전에 대한 좋은 정보를 보유하고 있다.		
4. 필요할 때 현재 보유한 인재와는 다른 인재를 찾기 위한 프로세스를 갖고 있다.		
5. 이해관계자들이 누구인지, 그리고 조직이 이해관계자에게 부여하는 우선순위가 어떠해야 하는지 매우 명확하다.		
6. 기업의 가치가 이해관계자의 가치와 어떻게 정렬되는지 이해한다.		
7. 이해관계자들에게 우리가 하는 일과 그 이유를 잘 설명한다.		
8. 고객의 의견을 잘 듣는다.		

	1점~10점	확신(1~5점)
9. 이해관계자들을 중심으로 장기적인 계획을 세우고 포부를 키운다.		
10. 이해관계자들이 팀에서 누구와 대화해야 하는지 알고 팀에 쉽게 접근할 수 있도록 한다.		
11. 팀을 확장하거나 구성원을 교체해야 하는 경우, 누구에게 도움을 요청해야 하는지 알고 있다.		
12. 팀과 주요 이해관계자들 간에 높은 수준의 신뢰가 형성되어 있다.		
13. 고객으로부터 끊임없이 학습한다.		
14. 이해관계자들이 뒤에서 우리가 일하는 현장을 지켜본다고 하더라도 두렵지 않다.		
15. 우리의 목적과 목표를 설정하는 이해관계자들은 우리 팀의 능력과 프로세스를 전폭적으로 신뢰한다.		
16. 목적과 목표를 설정하는 이해관계자들에게 충분한 정보를 제공한다.		
17. 고객과 공급업체를 설명할 때는 존중하는 언어를 사용한다.		
18. 회사가 추구하는 가치가 이해관계자 그룹과 공유되고 있는 실제적 가치인지 정기적으로 검토한다.		
19. 이해관계자들과 협력하여 운영 프로세스를 검토하고 개선한다.		
20. 성공에 필요한 모든 외부 자원을 보유하고 있다.		

관계

내 관찰에 따르면, 이 팀은:

	1점~10점	확신(1~5점)
1. 목표를 달성하기 위한 적절한 기술과 전문 지식을 갖춘 사람들이 있다.		
2. 팀 동료들이 말한 대로 행동할 것이라고 믿고 의지할 수 있다.		
3. 서로가 성공하기를 바란다.		
4. 어려울지라도 서로에게 솔직한 피드백을 제공한다.		
5. 서로의 말을 경청한다.		
6. 서로를 돌본다.		
7. 업무 외의 삶에도 서로 관심을 보인다.		
8. 강점과 약점을 서로 보완한다.		
9. 각자의 성격, 배경, 경험의 차이를 존중한다.		
10. 처음부터 다시 시작하더라도 서로를 다시 동료로 선택할 것이다.		
11. 회의에서 모든 사람이 의견을 제시할 수 있도록 한다.		
12. 우리끼리는 주장을 굽히지 않되 대외적으로는 단합한다.		
13. 서로의 능력을 매우 존중한다.		
14. 상황에 따라 누가 주도권을 잡아야 하는지 알고 있다.		

	1점~10점	확신(1~5점)
15. 동료가 자신의 책임 범위가 아닌 영역일지라도 관련 업무에 대해 질문하고 제안하는 것을 괜찮다고 믿는다.		
16. 실수를 인정하고 논의하는 것이 괜찮다고 믿는다.		
17. 서로의 아이디어를 모아 의견을 만드는 데 능숙하다.		
18. 성격으로 인한 갈등보다는 아이디어를 중심으로 갈등을 긍정적으로 활용한다.		
19. 공과 사를 불문하고 모든 자리에서 서로를 존중한다.		
20. 서로에게 감사를 전하는 시간을 갖는다.		

내부 프로세스, 시스템 및 구조

내 관찰에 따르면, 이 팀은:

	1점~10점	확신(1~5점)
1. 목표 달성에 알맞은 팀 규모이다.		
2. 팀 내부 인력과 외부 인력을 명확하게 파악할 수 있다.		
3. 필요한 경우 외부 전문자원을 활용하여 팀원의 스킬과 강점을 보완한다.		
4. 내부 프로세스와 구조가 외부 변화에 매우 빠르게 대응하도록 보장한다.		
5. 대부분 상황에서 서로를 대신할 수 있다.		
6. 회의 및 기타 장소에서 취해야 할 올바른 행동에 대한 명확한 규범을 갖고 있다.		
7. 서로에게 의존하는 부분을 정확히 알고 있다.		

	1점~10점	확신(1~5점)
8. 조직의 시스템을 잘 이해한다.		
9. 시스템을 정기적으로 검토하여 더 효과적으로 만들고, 그 이면에 있는 가정에 의문을 제기한다.		
10. 효율보다 효과에 더 중점을 둔다.		
11. 리더가 정보를 제공해주기를 기대하기보다는 서로 정보를 공유할 책임을 진다.		
12. 동료의 과부하를 빠르게 인식하고 지원할 마음으로 대응한다.		
13. 각자의 전문성에 따라 리더십 역할을 맡을 수 있다.		
14. 각자의 강점에 최대한 맞춰 업무를 할당한다.		
15. 의사 결정 시 견고하고 신뢰할 수 있는 절차에 따라 편향되지 않은 의사 결정을 내린다.		
16. 리더는 팀이 업무에 집중할 수 있도록 허가할 수 있는 충분한 자신감이 있다.		
17. 외부의 간섭을 최소화하는 리더가 있다.		
18. 조직 내 정기적인 모임을 기대하며 기다린다.		
19. 효과적이고 신속하게 혁신한다.		
20. 회복탄력성을 갖고 있다.		

학습

내 관찰에 따르면, 이 팀은:

	1점~10점	확신(1~5점)
1. 자기 계발 계획을 세우고 이를 활용한다.		
2. 개별 학습을 통합하고 향후 1~2년 동안 팀이 어떻게 발전해야 하는지에 초점을 맞춘 팀 개발 계획을 수립하여 사용한다.		
3. 진화하는 시장 및 비즈니스 전략에 팀의 학습 요구 사항들을 연결한다.		
4. 정기 회의 안건에 학습 목표와 업무 목표를 포함한다.		
5. 상호 코칭에 참여하여 서로에게 중요한 학습자원이 되어준다.		
6. 도전적인 아이디어를 제시해 줄 외부인을 초대한다.		
7. 변화에 뒤처지지 않고 변화에 앞서가는 것을 선호한다.		
8. 그들의 가정과 업무 방식에 도전하며 그것을 재검토한다.		
9. 차후에 팀과 공유할 수 있는 개인별 학습 시간을 할당하며, 모든 팀원이 이 시간을 유용하게 사용하길 기대한다.		
10. 집단 학습과 성찰을 위해 시간을 낸다.		
11. 실수와 좌절로부터 배우는 강력하고 긍정적인 관행이 있다.		
12. 좌절에서 얻은 교훈을 실질적인 변화로 전환하는 데 능숙하다.		
13. 새로운 아이디어를 도출하기 위해 광범위한 네트워크를 구축하고 이에 투자한다.		
14. 조직 내 다양한 지위에 있는 사람들의 도전을 마다하지 않는다.		

	1점~10점	확신(1~5점)
15. 지속적인 학습의 롤 모델이 되는 것을 중요하게 여기는 리더가 있다.		
16. 조직 체계 내에서 계층마다 지속적인 학습의 필요성이 증가함을 인식한다.		
17. 학습을 인정하고 보상한다.		
18. 솔직한 피드백을 소중하게 여긴다.		
19. 교육 훈련 예산을 확보하여 학습의 중요성을 강조한다.		
20. 회의에서 코칭 마인드셋을 갖춘다.		

리더십

	1점~10점	확신(1~5점)
1. 리더십 필요성을 명확히 이해하고 이에 동의한다.		
2. 필요한 리더십 스타일에 대해 리더와 동의한다.		
3. 적절하다고 판단될 시 팀 내에서 리더 역할이 변경될 수 있다.		
4. 리더가 자신의 개발 목표를 공유하고 팀의 협조를 구한다.		
5. 리더의 스타일은 사람을 관리하기보다 스스로 관리할 수 있도록 촉진하는 것이다.		
6. 회의 안건은 함께 만든다.		
7. 리더가 모든 구성원이 개인과 조직의 목표를 이해하도록 하는 데 상당한 에너지를 쏟는다.		

	1점~10점	확신(1~5점)
8. 목표와 관련된 더 넓은 맥락을 이해하도록 리더가 돕는다.		
9. 리더가 팀의 피드백을 구하고 이를 활용한다.		
10. 리더가 외부에서 오는 최악의 간섭으로부터 팀을 보호한다.		
11. 리더가 자신보다 팀과 팀원들의 성취와 평판을 고려한다.		
12. 리더의 지식과 전문성(반드시 기술적인 것만이 아님)을 중요하게 생각한다.		
13. 리더의 지성을 중요하게 생각한다.		
14. 리더의 인간적인 면모를 중요하게 생각한다.		
15. 리더가 매우 친근하다.		
16. 리더가 팀의 미션과 목적에 관심이 있음을 보여준다.		
17. 리더가 팀원에게 관심을 두고 있음을 보여준다.		
18. 리더가 용기를 보여준다.		
19. 리더가 팀이 추구하는 가치의 롤 모델이다.		
20. 리더가 자신과 다른 사람을 코칭할 때 자기 계발의 롤 모델이 되어준다.		

색인

A

2인 1조 코칭 115, 116
360도 피드백 45, 100, 192, 289
ASDA 519
CID-CLEAR 모델 53
CLEAR 모델 53
EMCC(European Mentoring and Coaching Council) 8, 560
ETI(에너지, 시간 및 지적 초점) 343
GROW 모델 36, 204
PERILL 모델 26, 28, 191, 341, 460, 461, 478, 538, 581
RACI(Responsibility, Accountability, Consult and Inform) 매트릭스 모델 333-5

ㄱ

가상 팀 33, 257, 364, 377, 379, 380, 381, 384, 411-6, 542-5
가족 치료 111, 182, 326, 552
가치
  갈등 281
  비교 247
  이해관계자 공유 235-7
  정렬 214-5
  회사 228-9
강력한 질문 555-6
강점, 정체성 193-4
개발 계획서 562-5
개발 초점 83
개별 코칭 154-7
개인 목적 vs 집단 목적 212-7
개인 역량 향상 목표 46-8
개입 주기 277
갤로Gallo, A. 285
갤웨이Gallwey, T. 35
거래 관련 대화 55-6
거식Gersick, C. 104, 174, 388
검토 428-9
검토자 515
결과 검토 207
결과 통제 89
결정에 대한 헌신 156-7
경계선 492

경영진 477-8, 490-2
경청 스킬 557
계약하기 196-201, 204
계획 100, 300-1
  목표 달성하기 48
  승계용 518
  오류 307
  학습 424-7
고성과팀 121-3
  지표 138-9
  특성 123-31
공감 450
공동 상호의존성 83
공동 작업 관리 336-7
공동 창출 82, 145, 228, 229
공동의 목적 29, 71, 72, 133, 148, 158, 224, 290, 379, 396, 582, 590
공유 지식 247, 256-8, 284-5
학습의 공유 429
공유 가치와 목적 234-7
공유된 의미 체계 266
공유된 정보의 편향 305
과신 307
관계 137, 139, 141, 155, 162, 174, 290-4
  갈등 270-85
  에 대한 성찰 401-2
  일하다 290-4
관계(자세한 내용은 이사회 참조) 487-9
관계 중심 코칭 174-6
관리 vs. 코칭 85
관리 역량 83
관리자 165-70, 178, 261-4

관리자가 이끄는 팀 87, 90
관점 57-60
교육자 559-60
구글 227, 229
  구글 스칼라 445, 561
  산소 프로젝트 165
구딩과 케네디 Gooding, J. & S. Kennedy 304
구소련의 공산주의 노동조합 Kosomol 192
구조 232
권력 차이 43, 285-90
권한/정보에 대한 게이트웨이 516
귀인편향 135
그랜트 Grant, A. 218-9
그레이 등 Gray, D. et al. 36
그룹 코칭 대 팀 코칭 69-72, 77-8, 158-9
글로벌 리더십 및 조직행동 효과성(GLOBE) 연구 448
긍정적인 태도 129, 448
기능 영역 112, 113
기록자 516
기술 대화/다이알로그 54, 262
기술적 역량, 요구사항 93
기회 만들기 50
기회 학습 428
긴급성 및 갈등 277
깊은 내부 세계 59

ㄴ

나델라 Nadella, S. 229
내러티브-협업 프랙티스 54
내부 메커니즘 232
내부 시스템과 프로세스 223, 299-300,

459, 469
내부에서 촉발된 학습 구조 434
너트 Nutt, P. 314
네트워크 232
노력 99
노자 Lao Tzu 445
뉴먼 등 Neuman, G. A. et al. 114

ㄷ

다국적 팀 266-70
다양성 265-70, 484
 성격 유형 상의 114-7
 학습과 366-72
다양한 관점 97
다이알로그와 같은 대화 261-4
다중성 이론 113-7
단계 전환 410
단순 작업 팀 91-2
단순한 이해 354
단일 리더 모델 456
단일 순환 학습과 이중 순환 학습 367
 상황별 학습 428
단편적 학습 428
당위적 존중 249
대면 세계 59
대표성 308
더 큰 외부 세계 59
도덕적 권위 234
동기 유발/부여 136, 138, 141
 갈등 281
 개인적인 성장 목표를 위해 47
 리더의 역할 462, 466

목표별 74
진단 224-5
학습 507
동기 유발자 513
동질성 대 이질성 266-8
두아르테와 스나이더 Duarte, D. L. & N. Snyder 412
드러커 Drucker, P. 86, 300, 311
드보노 De Bono, E. 310
디안드레아-오브라이언과 부오노 D'Andrea-O'Brien, C. & A. F. Buono 360, 432

ㄹ

라스케 Laske, O. 106
라인스와 숄스-로드 Lines, H. & J. Scholes-Rhodes 460
라틀리프 Ratliff, R. 91, 92, 93, 94
라포 367
런던 비즈니스 스쿨 312
레트로 학습 408, 409
렌시오니 Lencioni, P. 134
로렌스 Lawrence, P. 113, 114
로저스 Rogers, K. 249
역할 모델링 480-4
리더-구성원 교환 168, 453
리더십 138, 139, 165-70, 493-4
 경영진 493
 기준 448-51
 분산 452-7
 스타일 460-2
 시스템 관점 458-60
 정의 445-8
 특성 473-4
 안전한 131

리더십 자질 및 행동 136, 141
리더십 피라미드 343
리더십에 대한 시스템적 관점 458-60
리더의 긍휼 450
리어리-조이스Leary-Joyce, J. 39
리어리-조이스와 라인스Leary-Joyce, J. & H. Lines 540
린lean 지혜 572
릴레이 팀 92
링겔만Ringelmann, M. 94

ㅁ

마이크로소프트 227, 229
매몰 비용 오류 308
맥락 204-5
    내부적 vs. 외부적 41-2, 48-9
    조언 40
    지속적인 전문성 개발Continued Professional Development(CPD) 560-5
맥키MacKie, D. 193
맥킨지McKinsey 447-8
메긴슨Megginson, D. 53
메타 지혜 573
멘토링 35, 38-42
모델 기반 코치 62
목적 136, 138, 141, 479-85
    리더의 역할 462-6
    이해관계자들에게 공유된 235-8
    조직적인 211-2, 223
    조직적인 vs 개인적인 212-7
    진단 224-5
목표 167, 212

갈등 280-1
공유된 73
달성가능 요인 78
목표 명확화 130, 132, 396-7
목표 정렬 217-9
    설정 100
    학습을 위한 421-4
무의식적인 기본 가정 그룹 110
문제 해결 92, 94, 100, 167
문화적 다양성 266-8, 292
미국, 멘토링 및 코칭 39
미루는 사람 329

ㅂ

바나나 메모 391-3
바티스타Batista, E. 511
바흐키로바Bachkirova, T. 61, 113
발달적 접근 37-8, 173
방 안의 코끼리 387-8
버글라스Berglas, S. 327
버디 시스템buddy system 532
버즈Buzz 290-4
번더슨Bunderson, J. S과 서트클리프K. M. Sutcliffe 358
베르뮐렌과 시바나탄Vermeulen, F. & N. Sivanathan 313
벨빈Belbin, M. 512
변화
    ~에 대한 긍정적인 태도 129
    ~에 대한 모델 95-6
    대화 263
    효과적인 152

변화에 대한 적응성 95-6
변화에 대한 회복탄력성 95, 129
보완적 스킬 71
복잡적응계 299
복잡적응계에서 명확히 하기 299
분산 리더십 452-7
브래들리 외Bradley, B. H. et al. 276
브리지워터 어소시에이트Bridgewater Associates 285
브리핑briefings 175
블랙홀 효과 162
　목적 479-85
　역할 496
　협업하다 495-500
비밀 유지 155, 540-1, 554
비온Bion, W. R. 110
비지시적 코칭 37

ㅅ

사명 212, 215-6
사회 시스템, 팀으로 76
사회적 긴급성 233
사회적 대화 22, 261
사회적 상호작용 130, 262, 368
사회적 요구 93
사회적 정체성 102-3
사회적 태만 94, 385, 393, 528
삭스Sachs, J. 305
상호 지원 77, 99
상호 책임 71
상호 탐구 352, 354
상호의존성 74-5, 80, 83, 84, 87, 100

새로운 팀 151-176
샤인Schein, E. 173
샴푸 외Champoux, T. et al. 132
선동자 454, 467
선스타인과 해이스티Sunstein, C. R. & R. Hastie 309
선점 327-8
성격 요인 114-7
성과 121-3
　관리 100, 167
　성격 요인의 영향 114-7
　역기능 134-41
　향상 149-51
성과 평가 167
성공, 개인의 인식 측면에서의 213
성별 다양성 269
성실성 114
성인 발달 106-7
성찰적 공간 355-9
성찰적 사고 344
성찰적 준비 352-3
성찰적 학습 343-6
세계 59
센게Senge, P. 23, 351
셀프 코칭
　~로 전환 501-16, 520-4
　승계 계획 516
셀프 코칭을 위한 환경 507-12
손튼Thornton, C. 159
솔스러드Thorsrud, Einar 455
순차적인 상호의존성 83
슈워츠Schwartz, R. 172
스카프SCARF 모델 108-10

스크럼 방법론 456
스크립트 작성 45
스킬 코치 513
스킬, 다양성 268
스톡스Stokes, P. 65
스포츠 비유 82-5
승계 계획 485, 516
승무원 175
승무원 팀 378, 384-5, 393-5
시간 관리 327-33
시스템 이론 552
시스템적 사고 접근법 302
시스템적 접근 57-60, 135-41
시스템적 절충 코치 62
신경과학 108-11
신뢰 129, 132, 134, 247, 253-7, 465
심리측정 537-9
심리적 계약 235-7
심리적 안전 250-3, 467-8
  그리고 학습 365, 372-3, 375
  팀 리더의 534-5
심장 수술 팀에서의 학습 373-5

ㅇ

아이디어의 가용성 308
아지리스와 쇤 351, 367
안정성 75-6, 376-81
안정적인 팀 376-7, 383, 385-6, 388-93
안코나Ancona, D. 231, 258
알고리즘 335, 572, 574
암묵적 학습 407-9
애빌린 역설 111

애자일 방법론 456
액션러닝 세트 418-9, 456
양극화 307
얼리와 모사코프스키Earley, C. & E. Mosakowski 267
업무 갈등 271-2, 276
업무 관리 315-35
업무 실행 315, 316-25
업무 조정 231, 259-60
업무, 에너지 220-2
에너지 127-8, 220-2, 326, 330, 343
에드먼슨Edmondson, A. 250, 251, 252, 424, 425, 426
엘리와 토마스Ely, R. J. & D. A. Thomas 367, 368
역량 318, 320
  vs. 능력 122
역할 317-20, 333-5
역할과 행동에 대한 기대치 개발 399-40
연쇄 효과 307
영국 국민 건강 서비스 518
영향 235
영향 맥락 매핑 48-9
예비 팀원 93
오버Ober, S. 59
오케스트라 비유 86
오펜벡Offenbeek, M. van 359
오해의 패턴 326
옥시토신OXYTOCIN 약어 256
온라인 자료 561
올슨과 브랜치Olson, J. & K. M. Branch 94
옹호자 역할 534
완벽주의자 329
외부 관계 227-43

외부 당사자로부터의 영향 233-8
외부 시스템과 프로세스 136-7, 139, 141, 485-6
외부 자극을 통한 학습 체계 434
요나 증후군 282
우선순위 322-5, 333
워터 쿨러 효과 180
원인의 모호성 405
원가Wonga 313
웨이그먼Wageman, R. 177
웨이그먼 등Wageman, R., et al. 171
위기/위험 관리 46-7, 388, 481-2
유사 팀 81
윤리 483, 499
응집력 99, 259, 262, 267, 378
의사 결정 156-7, 167, 275, 303-15
의사소통/커뮤니케이션 77, 98, 100, 257-64, 326
   가상 팀에서 415
   복잡 적응 시스템에서 229, 351-4
   토론과 대화, 성찰을 통해 400
의사소통 시스템 389-90
의식적 작업 그룹 110-1
의존성 111
이건Egan 106
이사 477-8
   목적 479-85
   역할 497-9
   협업하다 495-500
이사회 477-8
이사회의 통제 역할 496
이사회의 통합 역할 496
이중 순환 학습 367, 428

이질성 대 동질성 266-8
이해관계자 227-43, 466-7
이해관계자 매핑 238-9
이해관계자의 영향을 받는 계약 227
인공지능(AI) 572-5
인종 다양성 371
인터뷰 189-90, 532
일대일 코칭 154-7
일선 관리자 165-71, 178, 261-4
일선 관리자 코칭
   7단계 43-52
   전문 코칭 42-3
임원회의체 477-8
   관계 487-9
   내부 시스템 및 프로세스 489-92
   리더십 493-4
   목적 479-85
   외부 시스템 및 프로세스 485-6
   코칭 494
   학습 492-3
일반적인 스캐닝 역할 231, 232

ㅈ

자기 관리 팀 87, 90
자기 설계 팀 87, 90
자기 통찰력, 대화 65, 263
자기 평가 565
자기중심적 편향 308
자원 조달/배분 484-5
자주 묻는 질문, 데이터베이스 430
자치 팀 87, 90
자크Jacques, E. 343

자크Zak. P. 254, 256
작업 관리
   개인 및 그룹 315-36
   공동 336
재량의 계층 구조 88
재즈 비유 86-7
전략 174, 212, 216-7, 401
전략 재검토 401
전략적 대화/다이알로그 55, 263
전략적 사고 498, 553
전략적 통합 480
전문 단체 560
전문 지식 361-3
전문가 514-5
전문가 대 일선 관리자 코칭 42-3
전문성 다양성 268-9
전술 212, 217-9
전술적 대화/다이알로그 54-5, 263
전체 스펙트럼 모델 571
전통적 코칭 36-7
절충적인 코칭 172
접근성과 합법성 369
정보 수집 360, 402-3
정보 신호 306
정보 저장 359
정보 전달 359
정보 수집, 종합 및 재분배 402-3
정보의 재분배 402-3
정보의 종합 402-3
정보의 해석 359
정찰하기scouting 231
정치적 사고/생각하기 487-9
제우스와 스키핑턴Zeus, P. & S. Skiffington 179

조언 vs. 맥락 40-1
조작적 조건화 코칭 171, 173
존스 등Jones. R. et al. 575
좌절, 대처 51-2
준비 단계 188-96
즉흥, 학습 구조 434
증거 수집 45-6
지도자의 용기 451
지도자의 호기심 450-1
지시적인 코칭 36, 171-2
지식
   ~로의 출입구 514
   다양성 268
   새로운 것을 추구 504-5
   암묵적 407-9
지식, 스킬과 역량 99-100
지식의 관문 514
지켜보기parading 259
지혜 572-3
진단 191-4, 197, 224-5
진동 시스템 112-3
진행 상황, 설정 49
진화하는 팀 378-9, 383, 406-10
질문 제기자 513
집단 지성(집단 지식) 361-3, 401

ㅊ

차별과 공정성 369
창의성 308, 339
채용 125-7
채용 매트릭스 126
책임 134

책임 매핑 239-41
책임 차트 작성 333
책임의 원 240
철학에 기반한 코치 62-3
최신 지식 효과 307
측정 335-6
친화성 114
침묵, 포용 555

ㅋ

카네먼Kahneman, D. 309, 310, 311
카리스마가 있는 리더 464
카우프만과 쿠투Kauffman, C. & D. Coutu 218
카이델Keidel, R. 82, 83
카젠바흐Katzenbach, J. 71, 73
카츠Katz, N. 85
커미셔닝commissioning 228, 229, 479
코일Coyle, N. 131, 291
코슬로프스키Koslowski, S. W. J. 174
코치
　개발 계획 562-5
　개인 속성 557-8
　내부에서 확보된 575-7
　수퍼비전 570-2
　역량 60-3, 558-9
　요구되는 스킬 553-6
　요구되는 지식 552-3
　자기 진단 566-7
　지속적인 전문성 개발Continued Professional Development(CPD) 560-5
　직면한 도전들 527-35, 542-8
코치의 수퍼비전 561-2, 570-2

코치의 역량 60-3, 558-9
코치의 전문성 60-3
코치의 정체성 556
　사회적인 102-3
　집단적 267
코치이의 역량 63-6
코칭
　다른 팀 517-9
　정의 35-7, 145-8
　지시적 vs. 비지시적 35-8
코칭 대화 52-7
코칭을 위한 준비 195-6
코칭의 심리 327
콘퍼런스 561
크기/규모 71-2, 92-5, 530-1
　유형 81-2, 87, 90-2
클라인 등Klein, C. et al. 161
클러터벅 & 메긴슨Clutterbuck, D. & D. Megginson 54, 61, 261, 503
클러터벅 & 허스트Clutterbuck, D. & S. Hirst 233
클러터벅 & 호지Clutterbuck, D. & A. Hodge 154, 561, 570
클러터벅 등Clutterbuck, D. et al. 217
클럽 팀(가상 팀 참조) 379-81
킴Kim, D. 428

ㅌ

터크먼Tuckman, B. 103, 152
토론 351
톰슨Thompson, L. 73
통계, 발명된 311
통합 작업 92, 93

통합과 학습 369
통합된 학습 구조 434-5
통합적 대화/다이알로그 55, 56, 263
투쟁 또는 도피 110
팀
   ~에 대한 비유 82-8
   ~의 정체성 102-3
   다양한 관점 97
   다중성 이론 113-7
   성숙도 106-8
   시간에 따른 변화 103-5
   심리학 108-11
   역기능 134-41
   정의 69-78
   진동 시스템 112-3
   필요성 79-81
   학습 95-6
팀 개발 계획 345, 438-41
팀 관찰하기 45-6, 50, 190
팀 구조 232
팀 내 갈등 270-85
   소스 분석 280-5
   피하기 273-6
팀 리더 165-71
   계약 198-9
   목적과 동기를 유발하는 역할 462-6
   문제의 원인 472-3
   시스템과 프로세스 생성 469-70
   심리적 안전감 467-8
   외부 이해관계자 관리 466-7
   침묵 309-10
   코치로서의 350
   학습에서의 역할 438, 470-1

팀 리더의 역할 469-70
팀 빌딩 161-3
팀 코칭
   vs 그룹 코칭 158-9
   vs 일대일 코칭 154-7
   vs 팀 빌딩 161-3
   vs 팀 리딩 165-71
   vs 퍼실리테이션 160-1
   대화 204-6
   연구 171-8
   이점 148-54
   접근 방식 171-2, 179-82
   정의 145-8
   코치의 역할과 스킬 178-83
   프로세스 177, 187-209
팀 학습 347-432
   역할 512-6
   지원적 행동 435-7
   팀 구축하기 432-5
팀 회의 191, 331-2
팀과 충돌하는 개인 281-4
팀에 대한 비유 82-8
팀에 알리기 259
팀워크 98-101
팀워크의 품질 98
팀원
   갈등 270-85
   개인의 강점 128
   계약하기 199-200
   공유된 정보의 편향 305
   관계 137, 139, 141, 155, 162
   기여 99
   다양성 265-70

사이의 커뮤니케이션 257-64
사회적 상호작용 130
상호신뢰 253-7
상호작용 539-40
상호존중 245-9
신입(신규) 390-1, 409
심리적 안전 250-3
유연한 232
채용 125-7
코치들의 지식 증진 560-1
팀 플레이어 자질 100-1
팀원 사이의 합chemistry 290-4
팀원들의 스킬 72
팀의 수명 75
팀의 심리학 108-11

ㅍ

판단 유예 352, 353
패러다임 전환 433
퍼실리테이션 160-1, 554
퍼실리테이터 협회 160
페넬롱Fénelon, F. 39
페라Ferrar, P. 43
페어링 or 짝 이루기 111
페이스북 290, 486, 549
펜틀랜드Pentland, A. 258, 261
펠드Pelled, L. H. 271
평판의 압력 306
평형이론 104
폭넓은 지혜 573
폴디Foldy, E. 367, 368, 369
프레이밍 효과 308-9

프로세스 317-20
  갈등 274
  상담 173
  에 대한 성찰 400
  통제 89
프로세스 검토 206-7
프로세스 기반 코치 62-3
프로세스 스킬 개발 202-3
프로세스, 커뮤니케이션, 관계에 대한 성찰 400
프로젝트 팀 377, 388, 395-406
프리휠/관성적 업무 221
피드백 192, 195
  외부 423
  외부적인 vs 내부적인 50
피즈와 버즈Fizz & Buzz 290-4
피터스 등Peeters, M. A. G. et al. 114
필수적인 다양성 265-70

ㅎ

하버드 비즈니스 리뷰 218, 306, 446
하위 그룹 531, 554
학습 321, 492-3
  경영진 492-3
  기회 509
  다른 팀으로 이적 517-9
  다양성 366-72
  다양한 속도 553-4
  대안적인 관점 359-61
  동맹 418-20
  모델 1과 모델 2 367-70
  목표 421-4

문화 432-3
복습 428-9
성찰적 343-6, 401
심리적 안전감 365, 372-3, 375
암묵적 407-9
연구/리서치 프로젝트 381-2, 434
자기 동기 유발 506-7
자원 348
장애물에 대한 404-6
조직화 424-7
주인의식 348
초점의 균형 355-9
촉진 432-5
클럽 420
팀 347-432
팀 개발 계획 438-42
팀 구축 432-5
팀 리더의 역할 438
팀 유형(유형의 팀) 376-81, 383-418
팀을 지원하는 행동 435-7
프로세스 136, 137, 139, 141, 167, 421-32, 441-2
학습에 대한 인정 및 보상 431-2
환경 350-4, 364-5, 372-3, 470-1
학습 조직화 424-7
학습 팀 연구 176
해독-밀라 Haddock-Millar, J. 125
해치와 위크 Hatch, M.& K. Weick 86, 87
해크먼 Hackman, J. R. 90, 124, 458
해크먼과 웨이그먼 Hackman, R. & R. Wageman 165, 171

핵심 학습 228, 229, 479
행동
  고성과 팀에서 132
  학습지원 435-7
행동 변화를 위한 다이얼로그 55
헤르츠 Herts 훈련과 교육 위원회 381
혁신 338-40, 482-3
협업 75, 76
협업적 독립성 88
호킨스 Hawkins, P. 20, 53, 58, 122, 136, 145, 147, 228, 325, 452, 479, 538, 571
호혜적 상호의존성 83
혼돈의 가장자리에서 춤추기 352-4
홀로크라시 holocracy 457
홍보대사 역할 259
환심을 사는 사람들 319
회의 190, 331-3, 489-92, 539
효과적인 문화 변화 152
효율/효율성 153
후버 Huber, G. 404
후원자 200
휘트모어 Whitmore, J. 36, 53
결함 없는 갈등 관리 278-80
흡수 능력 405
희생양 102-3, 110, 135, 282, 529, 535, 536, 555
히트 팀(프로젝트 팀 참조) 377

역자 소개

동국상담코칭연구소

동국상담코칭연구소(Dongguk Counseling & Coaching)는 상담과 코칭의 학문적 지식을 구축하고 지속 가능한 인간의 성장을 이룰 수 있도록, 국내외 각종 학술단체, 정부기관, 연구기관과의 교류를 통하여 다양한 융복합 연구와 연구역량을 갖춘 상담 코칭 전문가 양성을 목적으로 동국대학교에 설립된 연구소이다. 동국상담코칭연구소 산하에 아시아상담코칭학회(https://www.accskorea.org/)가 있다.

본 연구소가 개설된 배경에는 4차 산업혁명이라는 변화된 환경 속에서 새로운 시스템을 적용할 수 있는 상담 및 코칭 프로그램을 개발하고 적용할 체계적인 연구와 교육이 필요하고, 질 높은 상담 및 코칭의 활용과 접근을 높일 수 있는 방안을 마련하여, 더 많은 사람이 정신 건강을 확립할 수 있는 다양한 전문가 인력 양성이 요구되기 때문이다.

본 연구소에서는 다음과 같은 사업에 초점을 맞추고 있다.

- 상담(미술치료, 놀이치료, 부모자녀 상호작용 치료) 및 코칭 연구와 프로그램 개발
- 각종 학술회의, 연구 발표회 및 강연회 개최
- 학술지, 학술총서, 자료총서 등의 간행 및 자료 수집
- 국내외 각 학회, 연구기관과의 교류 협력
- 동국대 재학생들에게 상담 및 코칭 제공을 위한 연구
- 상담 및 코칭의 실무적 역량 향상을 위한 연구
- 상담 및 코칭이 가능한 온라인 플랫폼 계획을 위한 연구
- 지역사회의 발달장애인과 가족을 위한 양질의 상담과 코칭 제공을 위한 기반 마련
- 연구소의 목적에 부합되는 학회 운영

역자 소개

신현정(들어가며, 16장, PERILL 설문)
저동중학교 상담 교사
동국대학교 상담코칭학과 코칭박사과정 수료
한국코치협회 KAC

신서정(1장, 15장)

동국대학교 GROW 진로 코치

동국대학교 상담코칭학과 코칭박사과정 재학

한국코치협회 KAC

양유정(2장)

LG디스플레이 조직문화기획팀

동국대학교 상담코칭학과 겸임교수

국제공인 NLP Trainer/한국코치협회 KPC

문상숙(3장, 4장)

세이브더칠드런 커뮤니케이션부문 부문장

동국대학교 상담코칭학과 코칭박사과정 수료

한국코치협회 KPC

이송이(5장, 6장)

동국대학교 상담코칭학과/융합상담코칭학과 교수

동국메타융합상담코칭센터 연구소 소장

아시아상담코칭학회 편집위원장

이남기(7장, 9장)
인사이트 컨설팅 대표
동국대학교 상담코칭학과 코칭박사과정 수료
한국코치협회 KPC

김유천(8장)
동국대학교 상담코칭학과/융합상담코칭학과 교수
아시아상담코칭학회 학회장
동국대학교 코칭학 박사(심리학 Ph.D)

이지성(10장 앞부분)
코칭센터 마인드트립 센터장
동국대학교 상담코칭학과 코칭박사과정
한국코치협회 KPC

윤경희(10장 뒷부분)
동국대학교 상담코칭학과 겸임교수
국제코칭연맹 PCC/한국코치협회 KPC
美 갤럽 공식인증 강점코치

김해덕(11장, 12장)
동국대학교 사회과학대학 학사운영실장
동국대학교 상담코칭학과 코칭박사과정 수료
한국코치협회 KPC

임연제(13장, 14장)
대한민국시장·군수·구청장협의회 홍보과장
동국대학교 상담코칭학과 코칭박사과정 수료
국가공인 Brain Trainer

김상학(조율)
(사)글로벌인재경영원장
동국대학교 상담코칭학과 겸임교수
한국 EMCC Ambassador

발간사

호모코치쿠스 47
『팀 코치 되기』

개인 코치에서 팀 코치로 활동을 확대하는 것은 어떤 자세와 준비가 요구되는가?

　개인 코치 활동 누적과 경험 양의 축적은 그대로 '팀 코치-되기'를 보증하는가? 이는 엄밀한 검토가 요구된다. 팀 코칭은 방법에 숙달하거나 이를 현장과 상황에 응용하면 되는 것 이상이 요구되기 때문이다. 이 책의 필자 역시 단호하고 부드럽게 둘 사이에 칸막이를 설치한다. 먼저 팀 코치는 개인 코치가 지닌 개인 특성(지식과 스킬, 긍휼, 호기심, 용기, 겸손)을 포함한 그 이상을 요구한다. 또 팀 코칭 대화는 면대면 상호작용 대화인 개인 코칭과 다르고 다수와 동시에 상호작용하는 대화이고 이것이 주는 '복잡성'과 대처는 개인 대화와는 차원이 다르다는 것이다. 이런 복잡성으로 인해 시스템 역동이 더 복잡하고 또한 직접적으로 출몰하므로 이를 활용하고 코칭 전개에 적절히 삽입해야 하기 때문이다. 이를 위한 적극적 대안이 코치 두 명이 참여하는 공동 운영 시스템이다. 그러나 우리는 공동 코치에 대한 수퍼비전 구조의 병렬 진행을 추가한다.

코치는 개인과 전문성의 지속적 개발Countinuing Personal and Prefessional Development(CPPD)을 자기 성장과 활동 영역 확대를 준비하는 윤리적 자세로 여긴다. 이 자기 계발 모델은 이미 코치가 된 이후의 훈련 과정이기에 자격증 취득이나 기술과 방법 익히기 이상의 문제의식을 지닌다. 코치 일상에서부터 코칭 실천 경험과 이론적 정비를 동시에 진행하는 것이어야 하기 때문이다. CPPD는 실천 경험에 대한 지속적이고 다면적인 성찰(고리)로 자신의 실천을 엮어 나가고, 코칭 이론과 철학적 사유 작업으로 다듬는 과정이다. 궁극적으로 코치에게 실천과 이론이란 '열 걸음의 실천을 한 단락의 이론화로 응축하고, 이론과 철학의 한 문장이 열 걸음의 실천으로 풀어내는 긴장' 그 자체이다. 이런 이론과 실천의 긴장은 코치의 성찰성(reflectivity)과 반성성(reflexivity)을 더욱 강화한다.

'성찰성'이란 ①회기 및 실천 안에서의 성찰, ②실천 **직후**의 성찰, 회기와 회기 사이 중 학습과 사유를 겪으며 갖게 되는 ③회기 및 실천에 **대한** 새로운 성찰, 이후 수퍼비전을 준비하며 갖게 되는 ④회기와 실천 전체를 **향한** 성찰 등이 종합되면서 몸살을 통한 몸내림으로 강화된다. 반면에 '반성성'이란 '자기 자신으로 코칭'해 온 코치가 실천 과정에 함께한 코치이의 '진실'과 직면하고 실천과 성찰에서 오는 여진과 진동을 온전히 간직할 때 더 실감한다. 자기 활용을 통해 다가오는 자기에 대한 앎을 위해 스스로 나 자신과 거리를 두고 나 자신 외부에 서서 나를 바라보게 한다. 자기 자신을 대상화, 타자화할수록 '(옛) 나'와 또 다른 '(새) 나'가 구별되고, 자기 대화가 촉진되며, 자신에게 (새롭고 강하게) 지시하는 자기-지시적 '반성적 사유'가 더 큰 힘을 얻는다. 이런 자신에 대한 메타인지는 자기를 위해 덧붙여 왔던 자기-소조(塑造)와 자기 깎기인 자기-조소(彫塑)의 노력에서 차원 이동을 가능하게 한다. 그동안 직면하고 변화, 변신해 왔는데도 여전히 남아 있는 변치 않는 '진절머리 나는 나'와 이별하고 '잠수함 타고 이동하기'로 자기 자신에서 분리되고 자신을 넘어, 자신을 고양하는 수용력을 얻는다. 바로 이런 성찰성, 더 나아가 반성성 지점에 코치의 '되기'가 있다.

코치에게 '되기'란 양적인 축적만이 아닌 이를 근거로 한 어떤 질적 변화를 위한 '요인'을 포함한다. 양적 축적이 질적 비약을 위해서는 이를 가능하게 하는 질적 요인이 양적 축적 과정에서 움트고 자라나야 한다. 그렇지 않은 양적 축적이란 무망한 일이다. 언제나 '빌려온 앎'과 '주입된 앎'에서 벗어나기 어렵고 자신의 다움과 잠재력을 꽃피게 하지 못한다. 결국 '됨의 향기'를 잃은 꽃으로 남을 뿐이다.

코치-되기에서 새로운 '팀 코치-되기'를 위해 더 절실한 점은 그동안 '코치-되기'에서 소홀히 했던 이런 점을 강화하는 것이다. 새로운 영역으로 진입을 위한 손쉬운 생각이 '자격 인증 프로그램' 이수이다. 그러나 이것도 역시 새 영역으로 초대받는 일이며 문에 들어서는 일이다. 도달하려 했던 자격 취득이 곧 새로운 시작이었음을 익히 경험하지 않았던가? 그러므로 CPPD를 유지하며 훈련 과정도 더욱 촘촘하게 보강해야 한다. 팀 코치-되기 훈련 구조의 세 가지 요소는 이렇다.

첫째 '팀 생활 체험 방식의 운영'으로 직접 고객 체험을 동시에 하는 것이다. 이는 '팀-시각'을 이해하고, 팀 생활에서 오는 '내부 역동'을 경험하면서 걷게 한다. 다음으로는 실제 팀 코칭 현장에 대한 '참여 관찰'이다. 이를 통해 평면적 상황에서 살아 움직이는 시스템 맥락과 역동을 볼 수 있고 '개인-성찰'을 '팀-성찰'로 상승해 낼 수 있다. 특히 '면대면 상호작용'이 두드러진 개인 코칭과 달리 팀 코칭은 '다수 동시 상호작용, 대화의 동시성과 복잡성이 더욱 활성화한다. 2인 공동 진행과 역할(진행과 관찰) 교대는 회기를 진행할지라도 '지금-여기'에서 '매 순간' 독특한 별도 장field의 흐름이 형성되고 작용한다. 이는 장 안의 체험과 장 밖의 시각과 결합할 때 병치juxtaposition의 효과를 높일 수 있다. 더욱이 팀 코칭은 코치와 팀이 만든 정태적 컨텍스트가 아니라 모든 참가자가 텍스트를 생산하는 컨텍스트 직조의 역동적인 컨텍스트화 국면으로 전환이다. 결과의 산물이 아닌 과정의 측면이 더 크다. 마지막으로 학습 과정부터 '사례 연구 방법론에 근거한 사례 연구'가 첨가되어야 한다. 적절한 수준에 맞는 꼼꼼한 사례 분석을 통해 환경적 요인을 초점화하고, 이를 배경화할 줄 알고, 사례를 이끄는 동작주agent에 의한 텍스트의 컨텍스트화를 찾아내야 한다. 이런 노력이 실제 현장을 접하며 부재에서 현전presence으로, 담론에서 몸으로, 매개된 표현에서 직접적 만남으로, 그 사이에 있는, 변형의 경계론적인, 과정적 수단을 찾아낼 수 있고 이를 명료화할 수 있기 때문이다. 코치의 팀 코치 되기는 이런 훈련의 전체 구조를 설계하고 이런저런 과정을 통해 메꿔 가는 외로운 작업이다. 이를 위해 필요한 것이 CPPD에 의한 자기 계획을 갖는 것이다.

무엇보다 팀 코칭 소개가 학교라는 아카데미 진영에서 집단적 노력을 통해 진행되었다는 점이 너무 반갑고 고맙다. 이론과 실천, 연구와 토론의 장인 대학원에서 그것도 많은 수의 참여로 이뤄졌다는 점이 특징이다. 이를 위해 보이지 않게 노력했을 개별 역자, 함께 힘을 모았던 '번역 팀'의 노력에 경의를 표한다. 부디 이 책이 강의 현장뿐 아니라 향후 우리의 팀 코칭 연구에 중요한 시작이 되었으면 하는 바람이다.

호모코치쿠스의 발걸음이 마흔일곱 번째이다. 돌아보면 새삼스럽다. 오래전 해외 서적으로 코칭 실천이 주는 의문과 공부의 갈증을 채워왔었다. 시작 때는 우리 코칭의 좁은 협곡에 한 이백 권 소개하면 차곡차곡 쌓이고 거름이 되어 학문으로서 코칭, 경험 기반 실천의 이론화, 실천 발걸음의 어지러움을 해결할 수 있을 것으로 기대했다. 또 조금만 지나면 응답과 행진을 위한 북소리가 협곡에 울릴 것으로 기대했다. 고독한 걸음에 묵묵히 함께해 준 정익구 코치, 이상진 선생에게 감사하다. 또 이런 취지에 호응해 번역에 참여해 온 코치들에게 동지의 연대를 전한다.

2024년 5월을 보내며
발행인/코치 김상복

호모코치쿠스

코칭 튠업 21
: ICF 11가지 핵심 역량과 MCC 역량

김상복 지음

뇌를 춤추게 하라
: 두뇌 기반 코칭 이론과 실제
Neuroscience for Coaching

에이미 브랜 지음
최병현, 이혜진 옮김

마음챙김 코칭
: 지금-여기-순간-존재-하기
Mindful Coaching

리즈 홀 지음
최병현, 이혜진, 김성익, 박진수 옮김

코칭 윤리와 법
: 코칭입문자를 위한 안내
Law & Ethics in Coaching

패트릭 윌리암스, 샤론 앤더슨 지음
김상복, 우진희 옮김

조직을 변화시키는 코칭 문화
How to create a coaching culture

질리안 존스, 로 고렐 지음
최병현, 이혜진 외 옮김

내러티브 상호협력 코칭
: 3세대 코칭 방법론
A Guide to Third Generation Coaching:
Narrative-Collaborative Theory and Practice

라인하드 스텔터 지음
최병현, 이혜진 옮김

임원코칭의 블랙박스
Tricky Coaching

맨프레드 F. R. 케츠 드 브리스 외 편집
한숙기 옮김

마스터 코치의 10가지 중심 이론
Mastery in Coaching

조나단 패스모어 편집
김선숙, 김윤하 외 옮김

코칭·컨설팅
수퍼비전의 관계적 접근
Supervision in Action

에릭 드 한 지음
김상복, 조선경, 최병현 옮김

정신역동과 임원코칭
: 현대 정신분석 코칭의 기초1
Executive Coaching:
A Psychodynamic Approach

캐서린 샌들러 지음
김상복 옮김

수퍼비전
: 조력 전문가를 위한 일곱 눈 모델
Supervision in the Helping Professions

피터 호킨스, 로빈 쇼헤트 지음
이신애, 김상복 옮김

코칭 프레즌스
: 코칭개입에서 의식과 자각의 형성
Coaching Presence: Building Consciousness and Awareness in Coaching Interventions

마리아 일리프 우드 지음
김혜연 옮김

멘탈력
정신적 강인함에 대한 최초의 이론적 접근
Developing Mental Toughness:
Coaching strategies to improve
performance, resilience and wellbeing

더그 스트리챠크직, 피터 클러프 지음
안병옥, 이민경 옮김

코치 앤 카우치
Coach and Couch

맨프레드 F.R. 케츠 드 브리스 외 지음
조선경, 이희상, 김상복 옮김

리더의 정치학
: 조직개혁과 시대전환을 위한 창발 리더십 모델
Leading Change: How Successful Leaders
Approach Change Management

폴 로렌스 지음
최병현, 윤상진, 이종학, 김태훈, 권영미 옮김

고용 가능성
고용+가능성 업그레이드 전략
Developing Employability and Enterprise:
Coaching Strategies for Success in the Workplace

더그 스트리챠크직, 샬롯 보즈워스 지음
조현수, 최현수 옮김

게슈탈트 코칭
바로 지금 여기
Gestalt Coaching: Right here, right now

피터 브루커트 지음
임기용, 이종광, 고나영 옮김

강점 기반 리더십 코칭
: 조직 내 긍정적 리더십 개발을 위한 가이드
Strength_based leadership Coaching
in Organization An Evidence based guide
to positive leadership development

덕 매키 지음
김소정 옮김

영화, 심리학과 라이프 코칭의 거울
The Cinematic Mirror for Psychology and
Life Coaching

메리 뱅크스 그레거슨 편저
앤디 황, 이신애 옮김

영웅의 여정
자기 발견을 위한 NLP 코칭
The Hero's Journey: A voyage of self-discovery

스테판 길리건, 로버트 딜츠 지음
나성재 옮김

VUCA 시대의
조직 문화와 피어코칭
Peer Coaching at Work

폴리 파커, 팀 홀, 캐시 크램,
일레인 와서먼 지음
최동하, 윤경희, 이현정 옮김

정신역동 마음챙김 리더십
: 내면으로의 여정과 코칭
Mindful Leadership Coaching
: Journeys into the interior

맨프레드 F.R. 케츠 드 브리스 지음
김상복, 최병현, 이혜진 옮김

실존주의 코칭 입문
: 알아차림·용기·주도적 삶을 위한
철학적 접근
An Introduction to Existential Coaching

야닉 제이콥 지음
박신후 옮김

공감으로 완성하는 코칭
: 평범함에서 탁월함으로
Coaching with Empathy.

앤 브록뱅크, 이안 맥길 지음
김소영 옮김

내러티브 코칭
: 새 스토리의 삶을 위한 확실한 가이드
Narrative Coaching: The Definitive Guide to Bringing New Stories to Lif

데이비드 드레이크 지음
김상복, 김혜연, 서정미 옮김

ADHD 코칭
: 정신건강 전문가를 위한 가이드
ADHD Coaching: A Guide for Mental Health Professionals

프란시스 프레벳, 아비가일 레브리니 지음
문은영, 박한나, 가요한 옮김

시스템 코칭
: 개인을 넘어 가치로
Systemic Coaching: Delivering Value Beyond the Individual

피터 호킨스, 이브 터너 지음
최은주 옮김

글로벌 코치 되기
: 코칭 역량과 ICF 필수 가이드
Becoming a Coach

조나단 페스모어, 트레이시 싱클레어 지음
김상학 옮김

시스템 코칭과 컨스텔레이션
개인, 팀 및 그룹에 대한 원칙, 실천 및 적용
Systemic Coaching & Consitellations

존 휘팅턴 지음
가향순, 문현숙, 임정희, 홍삼렬, 홍승지 옮김

10가지 코칭 주제와 사례 연구
: 20개 사례, 40개 논평, 720개 주석, 19개 실습 사례
Complex Situations in Coaching

디마 루이스, 폴린 파티엔 디오숑 지음
김상복 옮김

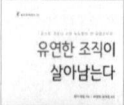

유연한 조직이 살아남는다
포스트 코로나 시대
뉴노멀이 된 유연근무제
Flexible Working□

젬마 데일 지음
최병현, 윤재훈 옮김

인지행동 코칭
: 30가지 고유한 특징
Cognitive Behavioural Coaching: Distinctive Features

마이클 니난 지음
엘리 홍 옮김

쿼바디스
: 팬데믹 시대, 죽음과 리더의 실존적 도전
QUO VADIS?: The Existential Challenges of Leaders

맨프레드 F. R. 케츠 드 브리스 지음
고태현 옮김

코칭과 트라우마
: 생존 자기를 넘어 나아가기
Coacjing and Trauma

줄리아 본 스미스 지음
이명진, 이세민 옮김

단일 회기 코칭과 비연속 일회성 코칭
: 30가지 고유한 특징
Single-Session Coaching and One-At-A-Time Coaching: Distinctive Features

윈디 드라이덴 지음
남기웅, 안재은 옮김

리더십 팀 코칭
: 변혁적 팀 리더십 개발을 넘어
Leadership Team Coaching

피터 호킨스 지음
강하룡, 박정화, 박준혁, 윤선동 옮김

코칭과 정신 건강 가이드
: 코칭에서 심리적 과제 다루기
A Guide to Coaching and Mental Health:
The Recognition and Management of Psychological Issues

앤드류 버클리, 캐롤 버클리 지음
김상복 옮김

팀 코칭 이론과 실천
팀을 넘어 위대함으로
The Practitioner's handbook of TEAM COACHING

데이비드 클러터벅, 주디 개년 편집
강하룡, 박순천, 박정화, 박준혁,
우성희, 윤선동, 최미숙 옮김

리더의 속살
: 추악함, 사악함, 기괴함에 관한 글
Leadership Unhinged: Essays on the Ugly, the Bad, and the Weird

맨프레드 F. R. 케츠 드 브리스 지음
강준호 옮김

생의 마지막 여정을 돕는
웰다잉 코칭
Coaching at End of Life

돈 아이젠하워, J. 발 헤이스팅 지음
정익구 옮김

정신역동 코칭
: 30가지 고유한 특징
– 현대 정신분석 코칭의 기초2
Psychodynamic Coaching: Distinctive Features

클라우디아 나겔 지음
김상복 옮김

리더의 일상적 위협
: 모래 늪에서 허우적거릴 때 살아남는 방법
The Daily Perils of Executive Life: How to Survive When Dancing on Quicksand

맨프레드 F. R. 케츠 드 브리스 지음
고태현 옮김

경영자의 마음
: 리더십, 인생, 변화에 대한 명상록
The CEO Whisperer: Meditations on Leadership, Life, and Change

맨프레드 F. R. 케츠 드 브리스 지음
강준호 옮김

리더십 팀 코칭 프랙티스(3판)
: 매우 효과적인 팀을 만드는 사례 연구
Leadership Team Coaching in Practice:
Case studies on creating highly effective teams

피터 호킨스 편저
강하룡, 박정화, 윤선동, 최미숙 옮김

코칭심리학(2판)
실천연구자를 위한 안내서
Handbook of Coaching Psychology

스티븐 팔머, 앨리스 와이브로우 편저
강준호, 김태리, 김현화, 신혜인 옮김

팀 코칭 사례 연구
The Team Coaching Casebook

데이비드 클러터벅, 타미 터너 외 지음
박순천, 박정화, 우성희, 윤선동 옮김

팀 코치 되기
: 팀 코칭 가이드
Coaching the Team at Work: The definitive guide to team coaching

데이비드 클러터벅 지음
동국대학교 동국상담코칭연구소 옮김

·········· (출간 예정)

수퍼바이지와 수퍼비전
: 수퍼비전을 위한 가이드
Being Supervised A Guide for Supervision

에릭 드 한, 윌레민 레구인 지음
김상복, 박미영, 한경미 옮김

잡크래프팅
Persnalization at Work

롭 베이커 지음
김현주 옮김

임원코칭
: 시스템 - 정신역동 관점
- 현대 정신분석 코칭의 기초 3
Executive coaching: System-psychodynamic persfective

하리나 버닝 편집
김상복 옮김

현대 코칭의 이론과 실천
The SAGE Handbook of Coaching

타티아니 바흐키로바, 고든 스펜스,
데이비드 드레이크 편저
김상복, 윤순옥, 한민아, 한선희 옮김

인지행동 기반 라이프코칭
Life Coaching: A Cognitive behavioural approach

마이클 니난, 윈디 드라이덴 지음
정익구 옮김

탁월한 팀을 만드는 55가지 도구와 기법
The Team Coaching Toolkit: 55 Tools and Techniques for Building Brilliant Teams

토니 르웰린 지음
박순천, 박정화, 윤선동 옮김

정신역동 코칭의 이해와 활용
; 현대 정신분석 코칭의 기초 2
Psychodynamic Coaching: focus & depth

올라 샤롯데 벡 지음
김상복 옮김

관계 중심 팀 코칭
Relational Team Coaching

에릭 드한, 도로시 스토펠시 편저
김현주, 박정화, 윤선동, 이서우 옮김

해결 중심 팀 코칭
Solution Focused Team Coaching

커스틴 디롤프, 크리스티나 필, 카를로 페레페토, 라팔 스자니아프스키 지음
김현주, 이서우, 정혜선, 허영숙 옮김

조직 역할 분석(ORA) 기반 코칭
Coaching in Depth: The Organizational Role Analysis Approach

존 뉴턴, 수잔 롱, 버카드 시버스 지음
박정화 옮김

조직개발 중심 팀 코칭
: 팀, 리더, 조직, 코치, 수퍼비전 접근
Team Coaching for Organisational Development: Team, Leader, Organisation, Coach and Supervision Perspectives

헬렌 징크 지음
김채식, 박정화, 우성희, 윤선동 옮김

잡크래프팅
: 자율적 직무재창조와 실천
ジョブ・クラフティング: 仕事の自律的再創造に向けた理論的・実践的アプローチ

다카오 요시아키, 모리나가 유타 엮음
김현주, 이정숙 옮김

코칭수퍼비전의 이론과 모색
Coaching and Mentoring Supervision: Theory and Practice

타티아나 바흐키로바, 피터 잭슨, 데이비드 클러터벅 편저
김상복, 최병현 옮김

호모스피릿쿠스

나르시시스트와 직장생활하기
Narcissism at Work: Personality Disorders of Corporate Leaders

마리 린느 제르맹 지음
문은영, 가요한 옮김

정신분석 심리치료의 기본과 실천
: 정신분석·지지적 심리치료와의 차이

아가쯔마 소우 지음
최영은, 김상복 옮김

조력 전문가를 위한 공감적 경청
共感的傾聽術
:精神分析的に"聽く"力を高める

고미야 노보루 지음
이주윤 옮김

코로나 시대의 정신분석적 임상
'만남'의 상실과 회복
コロナと精神分析の臨床

오기모토 카이, 키타야마 오사무 편집
최영은, 김태리 옮김

트라우마와 정신분석적 '접근'
핵심 이론과 일곱 가지 사례
トラウマの精神分析的アプローチ

마쓰기 구니히로 편집
김상복 옮김

라캉 정신분석 치료
이론과 실천의 교차점
ラカン派精神分析の治療論

아가사가 가즈야 지음
김상복 옮김

코칭 하이브리드

영화처럼 리더처럼
: 크고 작은 시민리더 이야기

최병현, 김태훈, 이종학,
윤상진, 권영미 지음

마음챙김 코칭
: WHO에서 실행까지
Mindfulness Coaching: Have Transformational Coaching Conversations and Cultivate Coaching Skills Mastery

사티암 베로니카 찰머스 지음
김종성, 남관희, 오효성 옮김

사랑하는 사람의 상실로
슬픈 나를 위한 셀프 코칭
슬픈 나를 위한 코칭

돈 아이젠하워 지음
안병욱, 이민경 옮김

고통의 틈 속에서 아름다움 찾아내기
: 슬픔과 미망인의 여정에 대한 회고

펠리시아 G Y 램 지음
강준호 옮김

코칭 A to Z

누구나 할 수 있는 코칭 대화 모델
: GROW_candy 모델 이해와 활용

김상복 지음

세상의 모든 질문
: 아하에서 이크까지, 질문적 사고와 질문 공장

김현주 지음

첫 고객·첫 세션 어떻게 할 것인가
(1) 윤리적 가이드라인과 전문가 기준에 의한 고객 만남
(2) 코칭 계약과 코칭 동의 수립하기

김상복 지음

코칭방법론
: 조직 운영과 성과 리더십 향상을 돕는 효과성 코칭의 틀

이석재 지음

코치 100% 활용하는 법
: 코칭을 만난 당신에게

김현주, 박종석, 박현진, 변익상, 이서우, 정익구, 한성지 지음

실전 코칭 운영과 코칭 스킬
: capability, skill, narrative

김상복 지음

코쿱북스

코칭의 역사
Sourcebook Coaching History

비키 브록 지음
김경화, 김상복 외 15명 옮김

101가지 코칭의 전략과 기술
: 젊은 코치의 필수 핸드북
101 Coaching Strategies and Technique

글래디나 맥마흔, 앤 아처 지음
김민영, 한성지 옮김

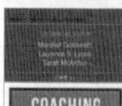

리더십을 위한 코칭
Coaching for Leadership

마샬 골드 스미스, 로렌스 라이언스 외 지음
고태현 옮김

집필자 모집

- 멘토링 기반 코칭 방안과 사례 연구
- 컨설팅 기반 코칭 방안과 사례 연구
- 조직개발 코칭 방안과 사례 연구
- 시네마 코칭 이론과 실천 방안 연구
- 정서 다루기와 감정 관리 코칭 및 사례 연구
- 코칭 장場 field · 공간과 침묵
- 라이프 코칭 핵심 과제와 사례 연구(청년 및 중년)
- 커리어 코칭 핵심 과제와 사례 연구(청년 및 중년)
- 노년기 대상 라이프 코칭 방안과 사례 연구
- 비혼 · 혼삶 라이프 코칭 방안과 사례 연구
- 부모 리더십 코칭과 사례 연구(양육자 연령별)
- 코칭 이론 기반 코칭 방안과 사례
- 커플 코칭 방안과 사례 연구
- 실전 코칭 시리즈

▣ 동일 주제라도 코칭 대상과 방식, 코칭 이론별 집필이 가능합니다.
▣ 최소 기준 A4 기준 80페이지 이상. 코칭 이론과 임상 경험 집필 권장합니다.
▣ 편집위원회와 관련 전문가 심사로 선정됩니다.
▣ 선정 원고는 인세를 지급하며, 무료로 출판합니다.

Coaching the team at work

호모코치쿠스 47

팀 코치 되기

초판 1쇄 발행   2024년 6월 14일

| 펴낸이 | 김상복
| 지은이 | 데이비드 클러터벅
| 옮긴이 | 동국대학교 동국상담코칭연구소
| 편 집 | 정익구
| 디자인 | 이상진
| 제작처 | 비전팩토리
| 펴낸곳 | 한국코칭수퍼비전아카데미
| 출판등록 | 2017년 3월 28일 제2018-000274호
| 주 소 | 서울시 마포구 포은로 8길 8. 1005호
| 문의전화 (영업/도서 주문)
| 전화 | 050-7791-2333
| 메일 | jyg9921@naver.com
| 편집 | hellojisan@gmail.com

www.coachingbooks.co.kr
www.facebook.com/coachingbookshop

ISBN 979-11-89736-51-4 (93320)
책값은 뒤표지에 있습니다.

코칭북스는 한국코칭수퍼비전아카데미의 코칭 전문 브랜드입니다.